2019年司法部国家法治与法学理论研究项目
“个人破产制度构建的难点与对策研究”（项目编号：19SFB2030）最终成果

破产法文库

总主编 王欣新

学术系列

个人破产制度构建的难点与对策研究

汤维建 胡守鑫 著

STUDY ON THE DIFFICULTIES AND COUNTERMEASURES IN THE CONSTRUCTION OF PERSONAL BANKRUPTCY SYSTEM

法律出版社 LAW PRESS · CHINA

北京

图书在版编目(CIP)数据

个人破产制度构建的难点与对策研究 / 汤维建，胡守鑫著. -- 北京 : 法律出版社，2022
(破产法文库 / 王欣新总主编)
ISBN 978-7-5197-7291-8

Ⅰ. ①个… Ⅱ. ①汤… ②胡… Ⅲ. ①破产法-研究-中国 Ⅳ. ①D922.291.924

中国版本图书馆 CIP 数据核字(2022)第 208259 号

个人破产制度构建的难点与对策研究
GEREN POCHAN ZHIDU GOUJIAN DE NANDIAN YU DUICE YANJIU

汤维建 胡守鑫 著

策划编辑 沈小英
责任编辑 毛镜澄
装帧设计 汪奇峰

出版发行 法律出版社
编辑统筹 法治与经济出版分社
责任校对 晁明慧 王 皓
责任印制 吕亚莉
经　　销 新华书店

开本 710 毫米×1000 毫米 1/16
印张 25.75 **字数** 407 千
版本 2022 年 11 月第 1 版
印次 2022 年 11 月第 1 次印刷
印刷 固安华明印业有限公司

地址:北京市丰台区莲花池西里 7 号(100073)
网址:www.lawpress.com.cn
投稿邮箱:info@lawpress.com.cn
举报盗版邮箱:jbwq@lawpress.com.cn
销售电话:010-83938349
客服电话:010-83938350
咨询电话:010-63939796

书号:ISBN 978-7-5197-7291-8
定价:128.00 元

《破产法文库》编审委员会

总　序

现代破产法融清算退出与挽救更生程序于一体，是警醒正常市场主体“向死而生”之法，是帮助困境企业“涅槃重生”之法，是促使失败企业“规范退出”之法。破产法律制度是市场经济法律体系不可或缺的重要组成部分，甚至被称为市场经济之“宪法”。市场经济社会的基本法则乃公平竞争、优胜劣汰。故，凡市场经济之法治国家，无不将破产法视为其法律体系不可或缺之重要组成部分，并将其作为评价一国市场经济地位和营商环境水准的重要标志。

中国自改革开放以来，高度重视营商环境建设。1986 年 12 月 2 日第六届全国人民代表大会常务委员会审议通过了《中华人民共和国企业破产法(试行)》，于 1988 年 11 月 1 日起施行。2006 年 8 月 27 日第十届全国人民代表大会常务委员会第二十三次会议审议通过了《中华人民共和国企业破产法》，自 2007 年 6 月 1 日起施行，《中华人民共和国企业破产法(试行)》同时废止。2013 年 11 月《中共中央关于全面深化改革若干重大问题的决定》指出：“健全优胜劣汰市场化退出机制，完善企业破产制度。”2014 年 10 月《中共中央关于全面推进依法治国若干重大问题的决定》指出：“社会主义市场经济本质上是法治经济。使市场在资源配置中起决定性作用和更好发挥政府作用,必须以保护产权、维护契约、统一市场、平等交换、公平竞争、有效监管为基本导向,完善社会主义市场经济法律制度。"2018 年 9 月第十三届全国人大常委会立法规划发布,《中华人民共和国企业破产法》的修订纳入立法规划,属于"需要抓紧工作、条件成熟时提请审议"的项目。2018 年 11 月中央全面深化改革委员会第五次会议审议通过了《加快完善市场主体退出制度改革方案》,将加快以破产法为核心的市场主体退出制度建立健全的步伐,以更好地服务供给侧结构性改革和营商环境优化建设。

我国破产法的历史虽然短暂,但也已走过了 30 余个春秋,《中华人民共和国企业破产法》及其司法解释构成了较为完整的破产法制度体系,全国各地各级法院组建了约 100 家破产审判庭,北京、上海、深圳三地更是在最高人民法院的批准下组建了破产法庭,破产审判的法治化、专业化建设取得了长足的进步,破产案件数量逐渐上升,破产法的理念、文化与制度规则也得到了更广泛的传播和认可。

破产法律制度的建立健全和破产审判的法治化、常态化推进,是市场经济可持续发展、营商环境优化建设的重要保障,市场经济之发展亦注定离不开破产法学研究之繁荣。中国人民大学破产法研究中心和北京市破产法学会自成立以来,始终坚持学术为本、理论联系实际和以问题为导向的研究理念,不遗余力地创办"中国破产法论坛"及其专题研讨会等权威交流平台,多年来持续编辑出版《破产法论坛》等图书,凝聚了中国破产法理论与实务界之顶尖研究力量,致力于破产法治事业之发展与进步,赢得了全体"破人"之赞誉与支持。

为进一步整合中国破产法理论界与实务界之研究力量,经与浙江省高级人民法院民四庭庭长章恒筑法官、中国人民大学破产法研究中心副主任郑志斌律师、中国人民大学破产法研究中心副主任兼秘书长徐阳光教授、法律出版社法治与经济出版分社社长沈小英编审反复商议,中国人民大学破产法研究中心、北京市破产法学会决定联合法律出版社创办"破产法文库",面向国内外同仁开放。

"破产法文库"设置 5 个子系列,其中,学术系列希冀广纳中国学界高水准之破产法专著；译著系列拟推介域外之经典破产法文献与法典；论坛文集系列继续推出“中国破产法论坛”及其专题研讨会之优秀论文；实务系列侧重出版破产法实务经验总结之佳作；茶座系列则旨在分享破产法实施中的趣闻轶事以及破产法同仁办理破产案件的心得体会。

从历史上看，中国缺乏破产法文化传统与理论实务研究积淀。“破产法为一重要之法律，然学者研究之者，远不如研究民刑之法之夥；良以向者适用较少，兴趣遂减。”民国法学家吴传颐先生数十年前之感慨，仍让今人有现实之叹。而今，破产法的社会调整作用日益得到人们的认可与重视，破产法的研究也日益深入。破产法是一个综合性的法学领域，破产法治建设是我们共同的事业追求。但愿“破产法文库”之创办能够团结更多法学同仁来关注和研究破产法理论与实践之重点难点问题，并将自己高水平的研究成果纳入文库中出版，共同推动中国破产法学术之繁荣、立法之完善与司法之进步。

是为序！

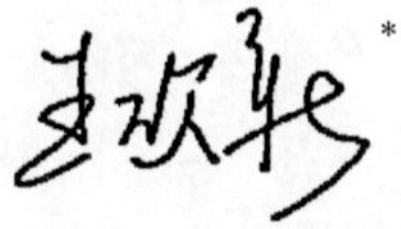*

2016年7月16日撰写

2019年2月26日修订

---

* 中国人民大学法学院教授、博士研究生导师，中国人民大学破产法研究中心主任，北京市破产法学会名誉会长。

目　录

导论一：制定我国个人破产法的必要性

关于个人破产立法的探讨始于20世纪90年代末，在1986年《企业破产法（试行）》颁行后，学术界开始研究在我国是否规定个人破产制度这样一个命题。2006年《企业破产法》修订过程中对该命题的研究达到了一个高潮，在该法的草案中，一直保留个人破产制度及其相应的程序设计，但后来有关个人破产制度的规定鉴于某种原因被撤了下来。[①] 从此，个人破产制度又成为理论上需要重新反思和深入研讨的问题。笔者认为，我国目前制定个人破产法或将个人破产制度纳入现行破产法之中，制定一部我国的统一的破产法，条件已经基本成熟。[②]

一、个人破产法的立法之利

利之一：制定个人破产法是完善我国市场经济法律体系的题中应有之义。市场经济贯彻两条基本法

---

① 参见贾志杰：《关于〈中华人民共和国企业破产法（草案）〉的说明》，载中国人大网，http://www.npc.gov.cn/wxzl/gongbao/2006-09/26/content_5354979.htm。

② 关于制定我国个人破产法的初步探讨，参见汤维建：《关于建立我国个人破产制度的构想》（上），载《政法论坛》1995年第3期。

则:一是竞争法则;二是优胜劣汰法则。破产法是一种法定的市场主体退出机制,是优胜劣汰规律的法律化表现。我国目前所实施的《企业破产法》是第十届全国人大常委会第二十三次会议于2006年8月27日通过的,其前身是第六届全国人民代表大会常务委员会第十八次会议于1986年12月2日通过的《企业破产法(试行)》。《企业破产法(试行)》的适用范围是"全民所有制企业"(第2条)。《企业破产法》对破产法的适用范围进行了扩展,规定所有的企业法人均可适用破产法(第2条)。然而至今,个人仍处在我国破产法调整的门槛之外,事实上的个人破产难以通过立法上的破产程序加以有序排解,这不仅使我国的破产法仍处于"半部破产法"的状况,而且还影响了企业破产法功能的充分发挥,最终影响了整个破产法治的有效构建和顺利实施。鉴于此,党的十九届四中全会通过的《中共中央关于坚持和完善中国特色社会主义制度、推进国家治理体系和治理能力现代化若干重大问题的决定》提出"加快完善社会主义市场经济体制……健全破产制度"。此后,我国又发布了多个政策性文件倡导设立个人破产制度。[①] 个人破产法的制定不仅有助于破产法自身的完善,而且有助于拉动市场经济其他法律法规的健全和完善,比如,社会救助法、社会保障法、劳动法、财产登记法、保险法、信用法等,从而完善立法体系,更新立法体系的内容,为中国特色社会主义市场经济体制的构建夯实基础,完善营商环境,畅通优胜劣汰的法律机制,实现经济体制的整体转换,与国际经济秩序形成对接和对话机制。[②]

---

① 如2020年5月,中共中央、国务院发布的《关于新时代加快完善社会主义市场经济体制的意见》明确提出,完善经济领域法律法规体系,健全破产制度,改革完善企业破产法律制度,推动个人破产立法,建立健全金融机构市场化退出法规,实现市场主体有序退出。2019年7月,国家发展改革委等13部委印发了《加快完善市场主体退出制度改革方案》并提出,在进一步完善企业破产制度的基础上,研究建立非营利法人、非法人组织、个体工商户、自然人等市场主体的破产制度,扩大破产制度覆盖面,畅通存在债权债务关系的市场主体退出渠道;研究建立个人破产制度,重点解决企业破产产生的自然人连带责任担保债务问题;明确自然人因担保等原因而承担与生产经营活动相关的负债可依法合理免责;逐步推进建立自然人符合条件的消费负债可依法合理免责,最终建立全面的个人破产制度。2019年2月,最高人民法院发布了《关于深化人民法院司法体制综合配套改革的意见——人民法院第五个五年改革纲要(2019—2023)的通知》(以下简称《五五纲要》),其指出:"研究推动建立个人破产制度及相关配套机制,着力解决针对个人的执行不能案件。"

② 参见汤维建:《修订我国破产法律制度的若干问题思考》,载《政法论坛》2002年第3期。

利之二:制定个人破产法有助于破解“执行难”。造成“执行难”的原因是多方面的。对于处在破产状态的债务人,其根本无力偿还债务,但又无可适用的破产机制将其所负债务彻底了断,从而长期悬而未决,这也是造成部分案件“执行难”的一个客观原因。据最高人民法院统计,全国无财产可供执行案件占到全部执行案件的40% ~50%,其中,个人债务在执行案件中占了70%。①截至2018年9月,全国法院累计发布失信人1211万例,以拒不执行判决裁定罪接受刑事处罚的涉案人员14,647人。这些人中,有一部分确实是非诚信的“逃废债”者,但也有一部分属于“诚信但不幸”的债务人,这些人确实无财产可供执行。如果没有个人破产的特别司法救济,这些被执行人恐怕永远滞留在“终本案件”库上无法解脱。② 有了个人破产法,法院长期面对同时又影响司法权威的“执行难”便有望得到缓解。

利之三:制定个人破产法是平等保护市场经济各类主体的需要。与传统破产法有极大区别的现代破产法,其不仅具有公平清偿债权人债权的概括执行功能,而且具有保障和促使债务人与所有债权人进行和解协商整理债务的具体拯救功能。也即,现代的破产法不仅是债务公平清偿法,而且还是对债务人的人道保护法和司法拯救法。破产法不仅要保护有法人资格的企业和公司,而且对非法人组织、个体工商户、农村承包经营户、自然人等也要实行平等保护。随着“大众创业、万众创新”的普遍发展,除个体经营者外,大量自然人以个人名义直接参与到商事活动中,成为规模多元化、形式多样化和性质多种化的市场主体。③ 此外,还有大量自我雇用的商事主体以微商、电商、自由职业

---

① 参见程宇:《何谓“执行不能”? 如何处理“执行不能”案件?》,载全国法院决胜“基本解决执行难”信息网2018年10月11日,http://jszx.court.gov.cn/main/ExecuteInterlocution/120155.jhtml。

② 终结本次执行程序也称终本程序,是指人民法院已穷尽一切执行措施,未发现被执行人有可供执行的财产或者发现的财产不能处置的,将暂时终结执行程序并作结案处理,待发现可供执行财产后继续恢复执行的一项制度。2016年,最高人民法院发布《关于严格规范终结本次执行程序的规定(试行)》,对终结本次执行程序的实质标准和程序标准作了规定。终本程序本质上属于执行中止制度,与破产程序没有比较意义上的直接关联性。

③ 以深圳为例,据统计,截至2020年1月底,在深圳登记设立的商事主体已达329.8万户,其中,个体工商户123.6万户,占比为37.5%。关于《深圳经济特区个人破产条例(征求意见稿)》的说明,载微信公众号“破产法实务”2020年6月3日,https://mp.weixin.qq.com/s/u0ZGavgXW37MqPJYR4Djmg。

者等形式存在。对于这些商自然人,破产法的司法保护没有理由长期缺位,制定了个人破产法,就有利于非法人的企业有序退出市场,也能够为个人免责解困提供合法化渠道,使法律平等保护原则得到彰显。

利之四:建立个人破产制度,有利于维护社会稳定。“破产”这个概念往往与维稳联系在一起,那种反对实行个人破产的观点之一,就是个人破产会导致社会不稳定。其实,这个问题现在刚好是相反的,债务人陷入债务困境,如果其不能寻求破产法的保护,则各种暴力讨债的现象就难以避免,社会将陷入不安定状态。因此,不是有个人破产法将会导致社会不稳,而是无个人破产法才会导致社会不稳。一旦个人破产制度缺位,非法治化的债务清理机制将会大行其道。通过破产制度对个人债务进行集中清理,既能够防止债务追索中发生侵犯个人权益的恶性事件,又能够有效降低单一债权实现的成本,避免财产处置中的价值破坏,更加高效地实现资源再分配。个人破产制度通过建立公平合理的债务处理机制,在一个中间立场和社会视角下,平衡债权人的财产利益和债务人的生存发展利益,让各方都能得到相对满意的结果,形成“双赢多赢共赢”的良性法治生态环境。尤为重要的是,在个人破产法上,除清算程序外,还有和解程序和重整程序,后两种程序更有利于弘扬文明、和谐、公正、法治、诚信、友善等社会主义核心价值观,在个人不幸陷入债务危机、财务危机、生活危机时,通过和解程序豁免或割让部分债务,或者延展偿债期限,通过个人重整程序帮助债务人走出困境,恢复其偿债能力,这既兼顾了债权人的财产权,又考虑了债务人的生存权和发展权,同时还有效地避免了私力救济的越界横行,涵盖了社会稳定的公益性,无疑是各种利益衡平最佳状态的综合体现,彰显了社会合作与社会和谐新风尚,是我国法律制度文明程度得以提升的又一例证。

综上所述,在我国制定个人破产法是我国法律制度发展至今的一个规律性选择,有了个人破产法,我国的破产法就臻于完善,破产法治的立法空白就得到了弥补;破产法是中国特色社会主义法律体系中的重要一环,它直接表述和承载优胜劣汰的市场经济发展规律,可以说,有了个人破产法,法治中国建设的水平将步上新的台阶,国家治理体系现代化和治理能力现代化的建设将更有成效，市场经济的营商环境将得到极大改善。与此同时，长期困扰人们的“执行难”问题、非法讨债影响社会稳定的问题、为保护企业家精神提供法律支撑的问题等，均将得到一定程度上的解决。因此，实施个人破产法的利远大于其弊，它的制定乃势在必行。

二、个人破产法的立法问题

（一）观念问题

我国第一部地方性个人破产条例——《深圳经济特区个人破产条例》经深圳市第六届人民代表大会常务委员会第四十四次会议于2020年8月26日通过，自2021年3月1日起施行，这被认为是我国个人破产法的“破冰之举”。该条例向社会发布后，引起了各界高度关注，网友纷纷跟帖评论，一度成为微博“热搜”，很多人都担心一旦条例施行，会造成大量负债人“逃废债”，在“欠债还钱、天经地义”传统观念仍主导公众认知，以及借款刚性兑付占据主流认识的背景下，个人破产法会不会异化为“个人逃债法”？法律是文化的载体，缺乏文化的支撑，法律不会行稳致远。目前，我国个人破产法的制定和实施在文化上有两个问题：一是诚信文化欠缺；二是宽容文化欠缺。后者正是前者的折射，前者才是问题的根本。目前，社会上对于“诚实而不幸”的债务人宽容度还不够，这便形成了制定个人破产法的观念障碍。这种观念障碍并非杞人忧天。2019年8月13日，全国首例具有个人破产实质的案件在温州办结。该案件中，负债214万余元的某破产企业股东蔡某，最终只需偿还3.2万余元，在18个月内一次性清偿。在履行完毕之日起6年内，如果他的家庭年收入超过12万元，超过部分的50%将用于还款。① 该案在舆论界不乏质疑声，其中就包括社会大众基于“欠债还钱，天经地义”等传统观念提出来的质疑。②

笔者认为，观念的问题确实存在，但对这个问题需要辩证看待。个人破产

---

① 李卓雅、朱健勇：《全国首例“个人破产”案审结》，载《北京青年报》2019年10月11日，A8版。

② 苏州市广播电视总台：《全国首例“个人破产”案诞生，从此欠债不用还钱?!》，载搜狐网2019年10月15日，https://www.sohu.com/a/347251006_351257。

法正是债权人最大限度地实现自己债权的一种法律手段和武器,2000 多年前古罗马法开始产生的个人破产法一直在证明这样一个法律价值:保护债权人合法权益从来都是、将来也必将是包括个人破产法在内的破产法治之基本功能,破产法不是“逃债法”,而是“讨债法”,没有个人破产法的保障,就会造成债权人陷入对债务人非法逃债、无理赖账、不公平清偿等无计可施的窘境,而个人破产法有助于债权人实现债权的最大化、公平化、及时化。我们现在已经进入工业时代、信息时代、风险时代、市场时代、全球化时代,经济社会生活中的各种风险将会不期而遇,个人设定债权、进行交易也是存在风险的,个人破产法之所以被世界公认,破产法中对债务人的适度宽容和债务解免乃至于司法保护,之所以成为现代破产法与传统破产法的“分水岭”式的标志性理念和制度,一个非常重要的原因,就是人们普遍意识到债务人的风险就是所有人的风险,在网格化的社会关系中,这种风险就像“天上掉下的冰雹”,不是降临在张三的头上,就是降临在李四的头上,这种风险具有客观性和必然性,也为信用经济和效率经济所伴生。从这个意义上说,个人破产法又是一种特别的社会保障法,但提供这种保障的,不是国家,而是社会,是社会中的债权人。确实,观念的转变需要有一个过程。我国最初制定破产法之时,人们可谓“谈破色变”,破产法最初稿用的概念并不是破产法,而是“清产还债法”。然而,1986 年制定《企业破产法(试行)》时,破产法的概念被立法者接受了。1991 年通过《民事诉讼法》的修订,将破产法的适用范围进一步扩大到所有的企业法人。目前,人们对企业破产的事实已经习以为常,企业破产对社会经济发展所产生的积极作用也被人们所公认。个人破产也面临相似的观念转变问题,初看起来,许多个人仿佛还难以接受个人破产这个现象和事实,但一旦这个制度实施了,人们很快就会适应了,而且会自觉接受破产法的调整,并通过破产法来寻求司法保护。这说明,不仅观念对制度具有先在的制约和预设作用,而且制度对观念也有后发的“孵化”和“催生”作用。

(二)诚信问题

孔子曰:“人而无信,不知其可。”诚信是社会主义核心价值观之一,诚信社会的建设不仅要靠道德和教谕,而且要靠法律和制度,个人破产法的制定和实施,便是我国诚信社会建设工程中的一个组成部分。个人破产制度诉诸成熟的社会信用体系。在当下的中国,人们不能不提出这样一个问题:要个人破产法不至于演化成为“个人逃债法”,我们的诚信文化已经准备好了吗?

这个问题实际上是鸡和蛋的关系问题:有了诚信才能破产,破产反过来能够促进诚信体系的建设。“诚信”的概念是一个相对的范畴,绝对的诚信在任何一个国家和社会都不能说已经实现。我国个人信用制度还有待建立健全和完善强化,但我们不能坐等个人信用制度体系完善后再实行个人破产法,个人信用制度体系的不健全、不完善,不能成为建立个人破产制度的障碍;相反,个人破产法的实施,将为个人信用体系的建立提供重要的信息来源,实行个人破产制度有助于建立健全个人信用制度体系,从而为市场经济的诚信机制的建设提供推动力。事实上,我国的诚信建设是不断进步的。2005 年,中国人民银行发布《个人信用信息基础数据库管理暂行办法》。2007 年年初,国务院办公厅专门发出了《关于社会信用体系建设的若干意见》(已失效),加快了个人信用体系建设的发展步伐。2012 年,国务院通过《征信业管理条例》。2014 年,国务院颁布了《社会信用体系建设规划纲要(2014—2020)》,对我国社会信用机制建设作出了宏观部署和总体规划。2016 年,国务院出台了《关于建立完善守信联合激励和失信联合惩戒制度加快推进社会诚信建设的指导意见》。在上述规定的指引和规范下,目前我国已建成世界上最大的个人信用信息基础数据库。① 截至 2011 年,央行征信数据库建立了 6 亿多个人、6000 多万农户和 1700 多万户企业的信用档案,通过信用立法和地方实践逐渐落实个人征信体系建设,并在法院执行案件信息管理系统中有所体现。② 在破产对诚信建设的能动作用方面,可以举一个例子加以说明。在我国香港特别行政区,其破产管理署设立破产案查册(bankruptcy search)及强制性清盘案查册(compulsory

① 到 2007 年 8 月底,企业信用基础数据库已为 1232 万家企业建立了信用档案,个人信用数据库已为 5.86 亿名自然人建立了信用档案。在个人信用体系建立后,包括银行在内的金融机构、有关行政机构就可以更好地发放贷款、进行行政管理。参见汤维建:《〈个人破产法〉的立法研究》,载《山东警察学院学报》2010 年第 5 期。

② 参见刘静:《信用缺失与立法偏好——中国个人破产立法难题解读》,载《社会科学家》2011 年第 2 期。

winding up search)，破产管理署将所有被提交的破产呈请书的破产人士或公司的数据列入册内，市民大众可以通过互联网轻易查阅。

值得关注的是，非诚信的债务人不仅无缘个人破产法的司法保护，而且对其非诚信的“逃废债”行为，比如，隐匿财产后申请破产、与亲朋好友设定子虚乌有的债务降低债权人的清偿比例等，个人破产法还设有严格的惩戒制度予以制裁，刑法中也有诸如破产诈欺罪、过怠破产罪、偏颇破产罪等罪名加以遏制和处罚。因此，在我国实施个人破产法所面临的问题是在程序设置中，要有专门的独立程序对债务人是否为诚实而不幸的债务人进行审查和判断，将非诚信的债务人筛选出来过滤到个人破产法的保护网络和屏障之外，而只对诚信的债务人提供个人破产保护。

(三)稳定问题

首先，个人破产法会不会造成“井喷”式的大规模破产，从而影响社会安定？这个顾虑是多余的。因为个人破产有严格的条件把关，同时个人破产是“双刃剑”，对债务人的好处是免除其剩余债务，但对债务人也有不利之处，也就是他会上破产的“黑名单”，受到资格、自由、权利、能力等方面的限制，声誉会受到一定程度的负面损伤。这需要在个人破产立法时找好平衡点。对债务人来说，个人破产恰恰是对债务人有利的举措，对其来说是一个新起点。相反，如果没有个人破产法，债务人因负债而走上绝路的可能性是存在的。但是，建立了个人破产法，诚实而不幸的债务人就可以通过破产程序对剩余无法清偿的债务予以免除，悲剧就可能会避免发生。同时，个人破产对债权人来说也不会产生致命的冲击，因为在具有风险性的市场经济条件下，在债务人确无清偿能力时，破产对债权人来说不失为最佳选择，否则陷入遥遥无期的“执行难”之中，不仅会增加执行成本，而且其结果仍可能分文难取。个人破产法上有许多对债权人有利的制度，比如，债权人可以获得公平清偿，而不至于陷入先来后到执行竞争的泥潭之中；债权人能够借助统一的破产程序查明债务人导致破产的原因所在，而免去了债权人对债务人破产原因的举证责任；债权人可以通过统一的破产程序查明债务人的财产所在，而无须就债务人的财产负担提供财产线索和证据的责任；当债务人有偏颇清偿债务、恶意举债等非诚信行为时，债权人可以通过破产程序由破产管理人通过撤销权、无效行为确认权等实体性请求权和程序性诉权之行使实现破产财产最大化；对债权人和债务人所签订的合同，如果尚未履行，债权人可以通过破产管理人对是否继续履行该合同行使选择权；等等。因此，从法律上说，相较执行程序，除失去徒有其名的债权名义或执行根据外，债权人在破产程序中所获得的整体利益更大，同时所付出的成本更低。不仅如此，现代意义上的个人破产法除清算免责程序外，还有破产和解与破产重整程序，在破产案件进入法院之前，还有多种形式的法庭外债务清理程序，这些程序的存在为债权人和债务人提供了进行协商和谈、互谅互让、友好沟通的契机和机遇，有时为了使债务人的重整效果更佳，还会根据需要引入战略投资人进行偿债协调和债务整理，这不仅有利于使债务人免于破产之命运，同时还强化了债权人和债务人之间联系的纽带，有利于社会协同与关系和谐，有利于弘扬公平、友善等社会主义核心价值观。从总体上说，现代意义上的个人破产法立足于社会公共利益和国家利益之立法本位，通过多元化破产程序之运用以及适当的国家干预机制之介入，致力于在保护债权人利益和债务人利益之间寻求最佳的利益平衡点，使债权人能够收取破产法公平受偿之利好，同时使债务人收取破产法平等保护之裨益，有效克服了债权本位型破产立法倾向保护债权人利益之偏颇，同时避免了债务本位型破产立法倾斜保护债务人利益之极端，由此防止了实施个人破产法对社会秩序带来的波动和震荡，有利于维护社会关系的稳定和法秩序安定，有助于通过法治思维和法治方式推动平安中国的建设。

（四）司法问题

有一种观点认为，一旦设置个人破产程序，个人破产案件将以排山倒海之势涌向法院，其中不乏滥诉者，占用过多司法资源，转移法官的注意力，影响其他案件的裁决效率。同时，法官对个人破产制度知之甚少，加之缺乏审判经验，能否合法、及时、高效应对，对法院来说是一个挑战。[①] 笔者认为，我国法院处理个人破产案件的能力和条件已经基本具备。从推进破产法治的实际进程

---

① 杨显滨、陈风润：《个人破产制度的中国式建构》，载《南京社会科学》2017 年第 4 期。

来看,我国对破产法的制定和实施是分步骤、分阶段、分领域,由浅入深、由此及彼、由点到面逐步推进的。我国推行的是1986年的全民所有制企业破产法的《企业破产法(试行)》,该法为人民法院处理国有企业法人组织的破产提供了较系统的实体规范和程序规则,为有序解决国有企业法人的破产提供了保障,也为人民法院从不知破产为何物到能够娴熟处理棘手的破产案件积累了经验。正是在该丰富的经验基础上,1991年修改《民事诉讼法》时增加了一章专门规定了"企业法人破产还债程序"(第十九章),除扩大了破产法的适用范围外,还增加了诸多适应于非国有企业法人破产的新制度,如破产和解等。2006年我国制定了统一的《企业破产法》。其实,就司法处理而言,企业破产相对个人破产而言更复杂。破产立法这种由个人到法人的适用逻辑固然有诸多原因,其中有一个原因便是企业破产更复杂,涉及的问题更多。比如,企业破产一般有破产预警机制,企业破产所涉及的债权人更多,企业破产往往触及"企业办社会"①的事项处置问题,企业破产对社会产生的震荡更大,企业破产往往会涉及关联企业的破产,企业破产的和解与重整更具专业色彩、其持续的时间更长;同时企业破产还常常牵连个人破产,如在无限责任的公司或独资企业破产时对公司或企业投资者个人的连带破产、在法人破产中对法人破产负有个人责任的管理人的破产(制裁性破产)②、对企业债务互联互保所产生的个人连带破产等,都涉及企业破产和个人破产的联动,缺乏个人破产,企业破产往往不能彻底解决问题。1986年以来,通过企业破产法的实施以及大量破产案件的处理,人民法院对于破产程序的各个程序环节都已非常熟悉,对于破产中遇到的各种问题也有考虑和对策性研究,最高人民法院通过数个司法解释和各种会谈纪要等司法政策性文件也对破产程序的运用经验进行了总结和概括,诸多省市级人民法院为了应对具体的破产案件之处理,也出台了大量的破产案件办理指南、规则指引等文件,一个较成熟的具有中国特色的企业破产处

① 所谓"企业办社会"是破产司法实践中的惯常说法,意思是说企业中还需要承担一些社会化职能,如办幼儿园、养老院、医院或医务所等。

② 如《企业破产法》第125条规定:"企业董事、监事或者高级管理人员违反忠实义务、勤勉义务,致使所在企业破产的,依法承担民事责任。有前款规定情形的人员,自破产程序终结之日起三年内不得担任任何企业的董事、监事、高级管理人员。"

理机制已经比较稳定地形成,这为个人破产制度的形成和个人破产案件的办理,奠定了一个很好的基础。事实上,个人破产机制仅仅在某些较少的方面有别于企业破产机制而已,它们在程序的构筑上基本上差不多,比如,都有破产申请、破产受理、破产财产、破产债权、破产宣告、破产管理人、破产和解与重整、破产清算以及破产犯罪等制度和程序。对于个人破产的司法实践来说,仅在某些方面需要强化对法官的专业化培育和训练,如遗产破产、余债免除、破产惩戒与复权等,这从司法技术和司法能力上说,并不存在特别的困难。尤其是在我国发展较前沿的地方,如北京、上海、江苏、浙江、深圳等地已经成立了专门的"破产法庭",法院专业化审判破产案件的水平处在快速提升的过程之中,应对个人破产的司法能力的匮乏与本领恐慌危机基本上不复存在,通过集中管辖、指定管辖和管辖权转移等机制更能够聚焦优质的破产司法资源对个人破产案件进行专业化应对。因此,制定和实施个人破产法的司法能力供给机制并非一个现实的障碍。

综上所述,在个人破产制度这项全新的立法工程面前,确实横亘着诸多障碍和困难,这需要我们更新观念、与时俱进,辩证、发展、整体地看待个人破产法,需要我们化被动为主动,积极通过制度体系的建立健全,防堵个人破产机制被滥用的制度性漏洞,促进诚信原则在个人破产法中得到贯彻落实,促使征信系统以及财产登记制度等配套制度逐步趋于完善,由此为顺利实施个人破产法开辟道路。

三、个人破产法的制度准备

现在呼声日益增高的个人破产立法其实也不是突然之间发生的急性事件,而是由来已久的,这个"由来已久"不仅是指理论上和舆论上的准备,而且是指制度上的准备。我国现在虽然没有完整的、成体系的个人破产法,但零星的个人破产制度或者准个人破产制度还是大量存在的,以下试举例说明这一点。

(一)特殊的执行终结制度实际上就是个人破产制度

《民事诉讼法》第 264 条第 5 项规定,对于自然人的强制执行,如果被执行人确实无财产可供执行,并且已丧失劳动能力,且无其他财产来源,人民法院则应裁定终结执行程序。执行程序的终结就意味着执行程序不再继续进行下去,以后也不再恢复,即便被执行人重新有财产可供执行也不例外。这种规定本质上就是破产法则,这里包含了破产法适用的基本要素,如破产的条件、破产的免责等。因此,《民事诉讼法》的该条规定,其实就可以看作破产规范的特殊运用。

(二)参与分配是一种接近于个人破产的制度

2022 年 4 月实施的最高人民法院《关于适用〈中华人民共和国民事诉讼法〉的解释》(以下简称《民诉解释》)规定了适用于公民或者其他组织(非法人组织)的参与分配制度(第 506 条至第 510 条)。所谓参与分配,就是由债权人申报债权,在同等条件的债权人之间,用债务人的全部财产进行公平分配。自从 1992 年最高人民法院《关于适用〈中华人民共和国民事诉讼法〉若干问题的意见》第 297 条至第 299 条规定以后,参与分配制度逐渐成为法院执行多债权案件的重要方式之一。2022 年的《民诉解释》从第 506 条至第 510 条对此作出了规定。从司法实践来看,参与分配制度的实施效果良好,为保护债权人的合法权益、维护良好的执行秩序作出了制度上的贡献。比较参与分配与个人破产,其相同点很多:其一,适用的主体相同。参与分配与个人破产均仅适用于公民个人和不具有法人资格的其他组织,包括合伙组织、个体工商户等。从参与分配制度产生的最初动因上看,其产生就是为了使不具有破产资格的个人和其他组织能够像法人破产那样实现对债权人的公平分配,其执行的实际上就是个人破产的替代性功能。其二,适用的条件相同。根据《民诉解释》第 506 条的规定,参与分配的条件是在执行程序开始后,被执行人的其他已经取得执行依据的债权人发现被执行人的财产不能清偿所有债权,被执行人的财产不能清偿所有债权就是个人破产的原因和条件,因此,参与分配处理的就是特殊情形下的个人破产案件。其三,分配的原则和顺序相同。根据《民诉解释》第 508 条的规定,普通债权按照其占全部申请参与分配债权数额的比例受偿。同一顺位的债权按比例受偿债权,从而体现出债权人之间的平等性和公平性,这正是个人破产制度要实现的功能之一。此外,参与分配中所实施的财产分配方案以及债权人异议等制度,在个人破产制度上都可以找到一一对应的条款。与个人破产相比所不同的是,参与分配仅存在于执行制度和执行程序领域,而执行制度和执行程序不具有余债免责功能,参与分配后剩余的未实现的债权并不因参与分配程序的结束而消灭,在被执行人或债务人将来产生新财产或被发现具有新财产时,债权人可以申请恢复执行,而个人破产则具有免除债务人剩余债务的功能。制度上尽管如此,但就其实际效果而言,二者在实践中基本上不存在实质性差异,因为对其他组织来说,参与分配结束后实际上其主体资格将随之消失,其所剩债务对该非法人组织来说也已告消灭,只是基于连带责任之故,非法人组织的投资者或其他责任人对该剩余债务承担继续清偿的法律责任而已。对自然人的参与分配来说,在参与分配程序结束后,如果其确实不存在恢复偿债的能力,也没有其他财产来源,则可根据《民事诉讼法》第264条第5项的规定向法院申请终结执行,法院裁定终结执行后,该剩余的未执行债务实际上就被免除,此后执行程序不因任何原因而被恢复。可见,参与分配和个人破产程序都是在债务人资不抵债时所运用的特殊偿债手段,其目的也都是使数个债权人能获得公平清偿。我国长期实施的参与分配制度,稍加改造就变成了个人破产制度,参与分配制度与个人破产制度中的清算程序,除后者具有免责功能外,二者并无根本性差别,个人破产制度的建立在参与分配的基础上进行乃是水到渠成、顺理成章之事。在我国个人破产法制定后,我国破产法的适用范围就由目前的有限破产主义转向了一般破产主义,在债务人发生资不抵债、不能清偿到期债务时,企业法人、自然人或者非法人组织的债权人可以申请破产,债务人也可以自行申请破产,破产机制将成为处理不能清偿到期债务案件的唯一机制,就立法逻辑和制度功能而言,具有替代个人破产机能的参与分配制度将因其完成过渡性的历史使命而归于消亡。在该意义上说,参与分配制度为个人破产制度,尤其是其中的清算程序,作出了制度性准备,奠定了制度性基础。

(三)合伙企业法已经规定了局部的个人破产制度

2007年6月实施的《合伙企业法》第92条规定:“合伙企业不能清偿到期债务的,债权人可以依法向人民法院提出破产清算申请,也可以要求普通合伙人清偿。合伙企业依法被宣告破产的,普通合伙人对合伙企业债务仍应承担无限连带责任。"该条规定包含以下几层含义:其一,作为非法人组织的合伙企业具有依法向法院申请破产的法律资格。这就是说,《合伙企业法》其实已经扩大了《企业破产法》的适用主体范围,合伙企业被法律赋予了破产能力,我国破产法律制度的主体范围不仅包括企业法人,也包括合伙企业。其二,债权人向法院所提出的破产申请只能是清算申请,而不包括《企业破产法》中的和解申请和重整申请。也就是说,对于合伙企业的破产来说,《企业破产法》所规定的清算程序、和解程序以及重整程序并不是均适用于合伙企业,对合伙企业的破产,只能进行清算,而不得进行和解与重整(当然不排除庭外和解与债务自愿整理)。其三,在债权人向法院申请合伙企业进行破产的同时,可以向合伙企业的普通合伙人提出民事偿债的请求,并可以发动民事诉讼程序以及强制执行程序。这就出现了一种司法程序的跨领域竞合现象,对合伙企业的破产以及对普通合伙人的诉讼和执行可以同时进行,这是一种特殊的程序合并制度,其管辖应当由对合伙企业具有管辖权的法院合并行使(属牵连管辖)。然而,该条的意义除赋予合伙企业以破产申请的法律资格外,还潜在地包含了个人破产的制度性萌芽。因为,合伙企业的债务是由合伙人承担最终的连带责任的,合伙企业的破产一般而言会连带合伙人的个人破产。为了使《合伙企业法》的立法精神贯彻到底,合伙人的个人破产势必被提上议事日程。除合伙企业外,个人独资企业、民办学校等也在实践中被赋予了破产清算的事实上的法律资格,如2012年10月发布的最高人民法院《关于个人独资企业清算是否可以参照适用企业破产法规定的破产清算程序的批复》规定:"根据《中华人民共和国企业破产法》第一百三十五条的规定,在个人独资企业不能清偿到期债务,并且资产不足以清偿全部债务或者明显缺乏清偿能力的情况下,可以参照适用企业破产法规定的破产清算程序进行清算。根据《中华人民共和国个人独资企业法》第三十一条的规定,人民法院参照适用破产清算程序裁定终结个人独资企业的清算程序后,个人独资企业的债权人仍然可以就其未获清偿的部分向投资人主张权利。"2010年12月发布、2020年12月修正的最高人民法院《关于对因资不抵债无法继续办学被终止的民办学校如何组织清算问题的批复》规定:“依照《中华人民共和国民办教育促进法》第九条批准设立的民办学校因资不抵债无法继续办学被终止,当事人依照《中华人民共和国民办教育促进法》第五十八条第二款规定向人民法院申请清算的,人民法院应当依法受理。人民法院组织民办学校破产清算,参照适用《中华人民共和国企业破产法》规定的程序,并依照《中华人民共和国民办教育促进法》第五十九条规定的顺序清偿。”上述两个批复的性质有所不同:个人独资企业的破产清算如同合伙企业的破产清算,在企业被纳入清算程序的同时,企业投资者的个人破产便成为亟待解决的法律问题;民办学校因具有法人资格但却不属于企业法人,其破产能力的赋予需要我国破产法将来在拓宽主体适用范围时统筹考虑,一体化推进。

(四)民事诉讼法所增设的若干执行措施

就其实质而言乃属于破产措施的范畴。2007年《民事诉讼法》修改增加了若干重要的执行制度,旨在强化执行措施,构筑执行威慑机制,解决“执行难”。这些措施包括:限制出国出境;公布被执行人名单等。此外,法院还推出了敦促执行的“限制消费令”。[①] 所谓限制消费令,是指对负有履行义务的被执行人,在未履行义务前,对其消费行为进行限制的司法禁令。限制消费令是对被执行人行为自由的一种限制,适用对象主要是对法院生效裁判负有履行义务的自然人、法人或非法人组织。许多有履行能力的被执行人一方面故意采取转移、隐藏财产等手段,拒绝履行法定的给付义务,使已经生效的裁判得不到兑现。另一方面又私下进行高消费活动,无视债权人的债权利益肆意消费和挥霍财产。法院由于很难找到他们的财产,也就无法对他们实施法律制裁。针对这一情况,法院决定推行“限制消费令”,希望通过限制被执行人的高消费行为,堵住法律在执行工作中的漏洞,使恶意赖债者“有钱花不了,有钱不敢花”,让他们恶意逃债的目的不能得逞,从而迫使其履行法定的给付义务。限制消费令本质上属于间接的强制执行措施,其本身并非目的,目的在于通过限

① 2010年5月17日最高人民法院审判委员会第1487次会议通过《关于限制被执行人高消费的若干规定》,根据2015年7月6日最高人民法院审判委员会第1657次会议通过的《关于修改〈最高人民法院关于限制被执行人高消费的若干规定〉的决定》修正,该修正自2015年7月22日起施行。

制消费令,迫使债务人履行生效裁判所确定的法律义务。限制消费令是因实践之需而产生的,实践表明其对克服、缓解“执行难”的沉疴顽疾有一定效果,其合理性毋庸置疑;然而值得探讨的是其法理性。限制出国出境、公布名单、限制消费等这些限制人身自由、增加人身压力的措施,是非常严厉的制裁性措施,它们不能在手段意义上用作强制执行的措施,而只能在结果意义上用来作为破产的制裁措施。如果有了个人破产制度可资运用,则对这些逃债赖账者可以首先实行破产宣告,在实行破产宣告后,对其实行上述限制人身自由的措施,就是名正言顺的了。

(五)我国的某些特殊政策性安排也包含有个人破产制度的实质内容

在2008年四川汶川特大地震灾难中,许多个人实际上都已进入破产境地,他们在地震后变得一无所有,更不用说去偿还借款、贷款或按揭房款等债务了。在这种情形下,中央采取特殊的免债救援措施,由原银监会下发了《关于做好四川汶川地震造成的银行业呆帐贷款核销工作的紧急通知》,财政部出台了《金融企业呆账核销管理办法》(2008年修订版),之后财政部金融司又向各大商业银行下发了一份《关于金融机构地震灾区贷款减免的规定》的征求意见稿,该征求意见稿共有6条针对个人贷款减免的规定,规定了6种可予以减免的情况。目前,国内经济下行压力加大,个人破产制度的出台或将成为应对经济萧条所需要的社会保障体系的一部分。2020年2月发布的中国人民银行、财政部、银保监会、证监会、外汇局《关于进一步强化金融支持防控新型冠状病毒感染肺炎疫情的通知》中明确:“对受疫情影响严重的企业到期还款困难的,可予以展期或续贷。通过适当下调贷款利率、增加信用贷款和中长期贷款等方式,支持相关企业战胜疫情灾害影响。”银保监会、中国人民银行、国家发展和改革委员会、工业和信息化部、财政部《关于对中小微企业贷款实施临时性延期还本付息的通知》,中国人民银行、银保监会、财政部、国家发展和改革委员会、工业和信息化部《关于进一步对中小微企业贷款实施阶段性延期还本付息的通知》,最高人民法院《关于依法妥善办理涉新冠肺炎疫情执行案件若干问题的指导意见》等政策性文件也作出了类似规定。这些规定在不同程度上都包含了个人破产制度的某些因素,如债务豁免、利息调整、执行和解、债务整理、延缓清偿等。当然,这毕竟不是真正的个人破产制度,制定个人破产法,将临时性政策改为持久有效的法律制度,有助于个人对将来生活的预期和灾后社会的稳定。①

此外,我国一些地方已经实施类似个人破产制度的个人债务清理制度。如 2019 年 4 月,浙江省台州市中级人民法院发布了《执行程序转个人债务清理程序审理规程(暂行)》;2019 年 8 月,浙江省温州市中级人民法院发布了《关于个人债务集中清理的实施意见(试行)》;2019 年 10 月,苏州市吴江区人民法院发布了《关于个人债务清理的若干规定(试行)》;2020 年 3 月,山东省高青县人民法院发布了《关于企业破产中对有关个人债务一并集中清理的意见(试行)》;2021 年,泸州市龙马潭区法院出台了《个人破产和解实施办法(试行)》。尤其值得一提的是,2020 年 8 月 26 日,深圳市人大常委会正式表决通过《深圳经济特区个人破产条例》,成为我国第一部具有法律效力的地方性个人破产法规。目前,已经存在适用个人债务清理制度的司法案例,如 2020 年 12 月,温州公布了 6 个关于个人债务集中清理的典型案例。②

综上所述,在我国制定个人破产法并非空穴来风,前述类似或包含有个人破产制度的法律法规以及地方性变通实践,为我国个人破产法的制定奠定了基础,同时也佐证和映现其发展与形成的内在规律。国家作为赈灾措施推出或出台的豁免或减少灾民债务的惠民利民政策,作为法治中国建设的要求,也呼唤着个人破产法的制定将上述政策性惠民措施纳入法治化轨道,有序稳定推进。

---

① 参见尤甜:《灾后重建和个人破产制度的建立》,载《经济导刊》2010 年第 8 期;胡健:《灾区重建呼唤个人破产制度》,载《法治与社会》2008 年第 8 期。

② 参见温州破产法庭:《温州市个人债务集中清理典型案例(2019—2020 年)》,载微信公众号“温州破产法庭”2020 年 12 月 25 日,https://mp.weixin.qq.com/s/8A8pIC6M_NhWxmLwr1JGMg。

导论二：个人破产立法应当处理好的几对关系

一、处理好个人破产与企业破产的关系

随着个人破产立法被提上议事日程，一个立法体例上的问题遂自然产生，即个人破产的立法内容是融入现行的《企业破产法》之中而形成一个既适用于企业法人又适用于个人的统一破产法典，还是“路归路、桥归桥”，在《企业破产法》之外单独制定个人破产法，从而形成我国破产立法的双轨机制？对这一无法回避的立法难题人们所给出的答案并不尽一致，大体上有4种观点：一是制定统一的破产法典；二是单独制定个人破产法；三是将商自然人的个人破产纳入《企业破产法》之中，但将消费者的个人破产留在《企业破产法》之外，单独制定一个消费者个人破产法；四是将重整的内容从《企业破产法》中剥离出来，分别制定破产法和重整法，二法均同时涵盖个人、法人和非法人组织。①

笔者认为，对我国个人破产法的立法体例之选择，应当考虑到以下诸因素：其一，历史因素。我国在破产

---

① 参见汤维建：《关于建立我国个人破产制度的构想》(上)，载《政法论坛》1995年第3期。

法的制定逻辑上与多数国家均有所不同，多数国家的立法逻辑是“先个人后法人”，我国为“先法人后个人”。个人破产立法的难度远远大于企业破产，因为企业破产重在清算，而个人破产则致力“再生”或重整，二者的立法重点并不一致。在历史上，采用“先个人后法人”的立法逻辑的国家，自然将容易的部分纳入较难的部分，选择统一破产法的立法例就是水到渠成、自然而然。然而，我国采用的立法逻辑是“先法人后个人”，将个人破产立法纳入企业破产法之中，将必然打乱企业破产法原有的布局，增加大量新的内容。这不仅表现在企业破产法的大量条款都是双层构造，而且表现在企业破产法中增加大量崭新篇章，如自由财产、失权、复权、免责等。如此一来，不是企业破产的内容覆盖个人破产的内容，而是个人破产的内容掩盖乃至湮没企业破产的内容，降低了企业破产的立法权重。这不仅导致企业破产法修改和个人破产法立法的难度，而且还会导致适用上的紊乱和解释上的困难。反之，如果采用企业破产法和个人破产法的立法二元体例，则二者之间的界限清晰画然，不至于发生立法上、适用上以及解释上的困惑和障碍。其二，立法技术，采取二元并行的破产立法体例还不会遭遇立法技术上的巨大挑战。粗看之下，企业破产和个人破产在很多内容上都具有一致性，比如，破产原因、破产财产、破产管理人、破产债权、破产清算、破产和解、破产重整、破产惩戒等，但这些内容上的一致性仅仅是抽象层面上的一致性，一旦进入具体内涵的设定，则这些表面上的一致性顿时消失，其实质上的非一致性便露出水面。例如，破产原因，企业破产的破产原因有资不抵债、停止支付等专属于企业经营而产生的经济学上的专门术语，它们有固定内涵，而对个人破产则不能简单适用，因为个人破产的破产原因根本没有会计意义上的“资不抵债”“停止支付”等说法，其破产原因就是单纯的不能清偿到期债务；再如，破产财产，对于企业破产来说，破产财产无所谓固定主义或膨胀主义之分，但对个人破产就有固定主义还是膨胀主义的立法原则的选择问题等。我们尽管不能说企业破产的内容和个人破产的内容没有任何的竞合或交集部分，二者之间肯定会有相当篇幅的重复性，但二者之间的微观差异必定占据优势。也就是说，撇开专属于个人破产法的内容不谈，即便是企业破产和个人破产相同部分的标题和条款，其下的内容和表述 90% 以上都有差异。

这样,从立法的指导思想和指导理念的第一条开始,立法者就基本上都要在表述了企业破产的条款内容后,接着就要表述个人破产的条款内涵。这样不仅给法律的阅读者带来眼花缭乱般的困惑和迷茫,而且也势必给司法实践操作者带来适用上的困惑和迷茫。如果采用二元分别立法模式,以企业破产法的现有内容因为其先在性而作为一般法的规范条款,在个人破产立法中仅仅只需就个人破产的特殊内容作出规定即可。这样在立法技术上的要求有所下降,人们阅读起来也较纯粹,解释起来二者分别自成体系。其三,理论研究和实践探索。从现有理论研究成果以观,我国目前关于个人破产立法的理论研究,基本上都是以个人破产单独立法为逻辑背景的,对于将企业破产和个人破产相融相混的一统化、一体性的研究几乎至今仍是付诸阙如,甚至于二者之间的比较性研究也较少见,研究理路上的"路归路、桥归桥"现在仍是破产法学研究的学术潮流,学者提供的学者建议稿(含修改建议稿)也是二元分离型的,至今尚未见到任何一部融企业破产与个人破产为一炉的法典意义上的中国破产法建议稿,地方性司法实践的探索也受理论的影响而如法炮制,企业破产的规范性文件和个人破产的探索性改革仍是各走各道。目前,企业破产法的修改已提上修法的议事日程,个人破产法的制定尚处在政策定位、宣传动员和实践探索阶段,如果要等个人破产法与企业破产法的融合型立法成熟后再推动统一的破产法的问世,其立法进程势必有所耽搁,这反过来影响了企业破产法的及时修订,而企业破产法的及时修订对我国目前经济领域供给侧结构性改革的保驾护航来说乃是亟待完成的立法工程和立法任务。因此,在我国,比较可行也比较科学的破产法治完善的路径应当是:企业破产法的修改及时跟进,个人破产立法随之纳入立法规划加以推进。

二、处理好商自然人破产与普通消费者破产的关系

在破产法的立法例上,就其适用范围而言,有所谓一般破产主义和商人破产主义之别,前者是指涵盖普通消费者在内的所有组织和个人,均具有破产能力和资格,后者则仅将破产能力和资格赋予从事商事经营活动的个人和组织。破产法从中世纪意大利正式产生后,商人破产主义就一直占有优势,成为大陆

法国家破产立法的主流选择,“破产”这个概念,原意指的就是将商人的摊位或店铺砸烂,因而,破产法天然地与商人破产主义相关联。但是,这样一种将破产法局限于商人的立法体例后来遭遇到了挑战,这个挑战主要来自两个方面:一是民商分离的立法体制逐步由民商合一的立法体制所取代,民事主体与商事主体之间的分界线日益模糊化,在破产案件的资格审查中,要甄别谁是民事主体、谁是商事主体,有时是极为困难的,消费借贷和投资借贷之间难以划分出截然的界限。二是法律主体平等原则和观念深入人心。破产法越来越具有对债务人保护的功能,在陷入财务危机或偿债危机的情况下,无论是以消费者为代表的民事主体,还是从事实际经营活动的商事主体,都同样具有受破产法保护的宪法权利。如果对商人可以实行破产免责,而对消费者则无法获得破产免责的制度红利,这显然有违法律上的平等保护原则和精神。

既然商人与非商人或消费者之间的界限总是难以划分得很清楚,因而以二者之间存在身份上区别为前提条件的商人破产主义便难以在逻辑上立足,因而商人破产主义逐渐衰退,一般破产主义日益抬头。自 1984 年丹麦首先实行消费者破产制度以后,一般破产主义在现如今已经基本取代了商人破产主义成为破产立法的趋势性选择。

一般破产主义的这种在破产立法调整范围上的发展趋势和规律对我国目前破产法的健全和完善具有两方面的启示:一是将个人纳入破产法的统一调整之中已是大势所趋。这不仅为我国经济社会发展的基本规律所决定,也为全球化时代法律命运共同体这一宏观命题所制约,任何在破产立法上将破产法的适用范围仅仅限定于企业法人的观点和做法都难以避免遭遇破产法治发展的困境和障碍。这一启示告诉我们,将个人纳入破产法之中使之与企业一样接受破产法的调整具有必要性和必然性。二是既然商人破产主义已经被一般破产主义所取代,同时由于消费者和商人之间的界限日益含混难辨,加之我国向来没有实行民商分立的立法传统,因此,将消费者破产与商人破产区别开来的立法模式在客观上已经行不通。换言之,“消费者破产”这个概念和命题,在我国所具有的意义仅仅只有扩大破产法的适用范围,使我国破产法采用一般破产主义的立法体例的论证价值,而不具有将消费者破产作滞后处置、分阶段立法或者将消费者破产另起炉灶,使消费者破产和商人破产分别立法的立法体例选择价值。总之,我国目前的个人破产立法,应当不加分别地将商人和消费者合在一起进行规范创制,消费者破产既不可缺位,也不可掉队,更不可歧视。

当然,我们说消费者在破产立法上不具有独立的身份价值,这并不意味着消费者陷入财务危机或偿债危机后,其所受到的法律处置方式与非消费者就完全一致。1993 年 10 月 31 日颁布后经 2014 年 3 月 15 日修订实施的《消费者权益保护法》第 2 条规定:“消费者为生活消费需要购买、使用商品或者接受服务,其权益受本法保护。”消费者因不能清偿到期债务而进入破产状态后,完全可以在进入正式的破产程序之前,根据《消费者权益保护法》等法律的规定,利用消费者协会等消费者权益保护组织之平台,就其所负债务与全体债权人进行司法外的债务整理,在司法外的债务整理制度之设置中,可以基于消费行为对能够辨别的消费者进行特殊的债务清理和优惠的法律保护。同时,这也不妨碍在破产立法上对诸如房贷消费破产等进行特殊规则的制度安排。

三、处理好司法型个人破产与非司法型个人破产的关系

与诉讼案件一样,作为非讼案件的个人破产案件,也有司法型与非司法型处置方式之分别。司法型个人破产,是指通过司法程序处理个人破产案件,非司法型个人破产则是指通过司法外的程序调整个人破产债务,以达到免于破产的目的。司法型个人破产是正式的经由法律严格调整的破产程序,通常所说的个人破产是指司法型个人破产,而不是非司法型个人破产。司法型个人破产所涉及的范围最广泛,不仅有底线意义上的清算程序,还有中等程度的和解程序,还有最高层次的重整程序;非司法型个人破产则仅有和解程序,通常不包括清算和重整在内,当然,和解程序中也多少含有重整和清算的因素。司法型个人破产是个人破产制度所调整的重点,非司法型个人破产则既可以置于个人破产法之中加以调整,也可以另行通过其他立法加以调整,包括专门调整和附带调整两种形式。司法型个人破产具有诸多刚性内容,如个人破产免责制度、失权与复权制度、自由财产制度、和解协议与重整协议的通过比例制

度、强裁制度等，非司法型个人破产则大多属于柔性内容，如协商、谈判、让步、自愿、妥协、沟通、协议等，刚性内容较少，即便是刚性内容，其实质的内核仍具有柔性特征，如和解协议或债务整理协议的通过比例制度，除特殊情形外，一般均要求全体通过或高票通过，有时甚至实行一票否决制度。可见，司法型个人破产重在实行国家干预，非司法型个人破产则重在实行私权自治，二者的法律属性完全有别。

在司法型个人破产和非司法型个人破产的关系上，大体有 3 种配置方式：一是只规定司法型个人破产制度，而将非司法型个人破产排除在制度调整之外；二是只规定非司法型个人破产制度，而将司法型个人破产排除在制度调整之外；三是二者相结合，既规定司法型个人破产制度，也规定非司法型个人破产制度，使二者相辅相成、共同发挥作用。我国目前的一些地方性实践探索，基本上处在第二种做法的范围内，即仅调整非司法型个人破产，司法型个人破产基本不予涉及。但也有二者相结合的有益尝试，《深圳经济特区个人破产条例》就是一个例证。世界上多数国家的立法例表明，司法型个人破产和非司法型个人破产应当在破产法律制度上有机融合起来一并调整，所区别的仅仅是立法的载体而已，有的将非司法型个人破产置于统一的个人破产立法中加以调整，有的则将非司法型个人破产与司法型个人破产分开来进行单独立法。我国将来应当采取将司法型个人破产和非司法型个人破产相融合的统一立法模式。

在司法型个人破产和非司法型个人破产的关系问题上，有一个前提性和观念性问题首先必须得到明确，这就是非司法型个人破产的功能模式问题，即通过非司法型个人破产机制的立法设置要达到什么样的目的？这也是建立非司法型个人破产制度的必要性问题。

非司法型个人破产的制度目标主要在于：其一，使个人尽可能免于破产清算。个人破产清算尽管在个人破产的三大程序结构中处在基础性地位，但个人破产清算有可能会在利益关系上打破平衡，要么使债务人所受到的制裁和惩戒过重，要么使债权人的债权受到不应有的牺牲，立法上和司法上真正能够使债务人和债权人处在利益平衡状态的处置结果，通常难以出现。因而，在个人破产可资选择的三大破产程序中,破产清算应当是下策,不到迫不得已时,不宜采用之。为了使个人尽可能免于破产,在进入正式的破产程序之前,为债务人与债权人提供进行和谈协商的机会和场域,就显得非常必要。非司法型个人破产就是为此而设。其二,非司法型个人破产有助于减轻司法机关处置个人破产案件的工作负荷。法院案多人少的矛盾在实行个人破产制度后将会更加严重,法院处置个人破产案件也有成本高、效率低、关系协调能力不够理想、保密程度不高等弊病,对个人破产案件实行繁简分流和程序分流有其必要。在非司法型个人破产制度构建后,个人破产机制就形成了多元化状态,有助于各种破产机制发挥出各自所具有的最大化价值,个人破产案件的处理将产生功能最优化的效果,个人破产制度所伴随的一些弊端,如债权人与债务人之间的关系紧张状态,就可以得到某种程度上的缓解。其三,有助于构建和谐的个人破产文化。个人破产在我国是新鲜事物,站在不同的角度和立场,对个人破产所作出的法律评价并不尽一致。这种在个人破产立法初期所必然带来的观念障碍和制度困境,通过非司法型个人破产机制的实行,有助于得到缓和。在非司法型个人破产机制中,债务人与全体债权人在第三方的中立主持和善意斡旋下,得以进行有效沟通和协商和谈,不仅债权债务法律层面的问题容易得到协调解决,而且还会深入债权债务关系的背后问题,找出产生问题的制度性原因、社会性原因以及个人性原因,由此提出有针对性的建言对策,充分释放出个人破产案件处置中的诚信、善意、合作、和谐、展望等元素。既通过债权债务关系、又越过债权债务关系,既立足债权债务关系的现状、又展望债权债务关系的未来,既弥合当下债权债务关系的利益罅隙,又开辟将来债权债务关系的新型领域,改面向过去的破产司法为面向未来的破产司法,个人破产非司法处理机制中能被发掘出蕴含未来良好社会关系的各种可能性因素,形成和谐的破产文化氛围,为个人破产法的实施营造理想的社会环境。

非司法型个人破产的制度构建除程序建设外,主要是个人破产庭外调处的机构建设问题。在机构建设方面,共有 3 种类型的选择可加考虑:

一是建立和完善具有个人破产调处功能的破产调解委员会。破产调解委员会又有一般委员会和特别委员会之别。一般的破产调解委员会由目前我国广泛存在的各种人民调解委员会增设功能转换而来,即赋予人民调解委员以调处个人破产的职能和权限,使人民调解委员会在调处个人破产案件上发挥基础性、前沿性作用。特别的破产调解委员会则是在消费者协会、证监会、工会等社会组织或事业单位之中或之下设置专业性个人破产调解委员会,它们既可接受来自人民调解委员会无能为力或调解失败的个人破产案件,也可直接接受来自专业领域的各类个人破产案件。专业性的个人破产调解委员会既可以通过对目前现存的专业调解委员会注入新功能进行转变而来,在匮缺现存的专业调解委员会时,也可以通过创设专业化调解委员会以应对个人破产案件的非司法化处置需求。

二是建立行政管理性质的破产管理署。无论是个人破产还是企业破产,也无论是破产清算抑或是破产和解或者破产重整,其都涉及大量的司法管理性事务,这些事务既不宜交给破产管理人这样的社会性主体或机构进行处理,也不宜交给以行使被动性司法权为己任的司法机构进行处理,而应当专设行政机关进行处理,破产管理署的设置具有必要性。破产管理署具有多元化职能,除主要进行破产事务的行政管理外,在破产案件进入法院门槛之前,它还应当被赋予进行非司法型调处破产案件的职能和权限,破产管理署所进行的非司法型破产案件调处活动所产生的结果,在性质上与人民调解委员会并无实质性差异。

三是人民法院受理破产案件之前的调处。与法院在受理民事诉讼案件之前可以对民事诉讼案件进行诉前调解一样,在法院受理个人破产案件之前,也可以根据案件的类型、性质以及实际情形,对个人破产案件进行调解。调解所产生结果也属于非司法型债务整理与安排,并不具有强制执行的效力。

上述 3 种非司法型破产案件处理,在性质上均属于破产债权债务关系的自愿性整理或调整行为,对其协议的履行完全依赖各方当事人的自觉行动,如有毁约等行为发生致使自愿性债务清理过程中断,则在当事人的申请下进入司法型个人破产案件处置程序。

四、处理好自愿型个人破产与强制型个人破产的关系

亚里士多德曾经说过:“现在每一个人对其所知道的事情都能够做出好的

判断,在这些事情范围内,他是一个好的法官;同样,那些在某一学科接受过教育的人,就是那个学科的好的法官。”如果将破产案件的处理场域设想为一个由众多人参与的大堂,那么,控制通向这个大堂的钥匙的人主要有两个:一个是债权人,另一个是债务人(例外情形下会有检察官等官方主体)。债权人提出的破产申请,被称为非自愿性破产,债务人提出的破产申请,被称为自愿性破产。自愿与非自愿,乃是针对债务人而言的,自愿蕴含非强制性的意思,非自愿蕴含强制性的含义。因此,自愿性破产也被称为非强制性破产,非自愿性破产也被称为强制性破产。

翻阅现在的破产统计数据,几乎在所有的国家,自愿性破产较之非自愿性破产都在不同程度上占据优势,自愿性破产的数量大于或远远大于非自愿性破产。自愿性破产相对非自愿性破产更加普遍和广泛,这样一个司法统计学上的数据表明,现代国家的破产法更加倾向对债务人利益的保障,是“债务救济法”,而不是“债权清偿法”。有的国家,由于其重视和弘扬破产法对债务人的拯救功能和新起点哲学,自愿性破产更加具有压倒性优势,几乎90%以上的个人破产,均属于自愿性个人破产,非自愿性个人破产仅占很小的比重。自愿性破产的过分强大对破产法律关系的另一方当事人——债权人却不见得有利,债权人申请破产,通过破产程序进行维权的动力机制接近枯竭。然而,这样一种在自愿性破产和非自愿性破产比例关系上的失调现象,有时会被认为是一种“病理现象”,是破产立法和破产司法上的失衡现象,对社会经济有序发展未必有利,因而很多国家也在努力修改破产法以矫正此一失衡现象。

相对非自愿性破产而言,自愿性破产更值得关注。从历史上看,破产法从2000多年前古罗马法开始滥觞至今,不是自愿性破产而是非自愿性破产占据着主导地位,在1841年美国破产法首先确立自愿性破产之前,一部破产法的历史,就是一部非自愿性破产的历史,自愿性破产从根本上说乃是闻所未闻的。在非自愿性破产的语境下,破产法发展的历史充满了各种各样的故事,债务人一旦陷入债务危机,不能清偿到期债务,则立即沦为任人宰割的客体,债务人被关进债务监狱、债务人被押至奴隶市场被公开变卖或拍卖、债务人被流放、债务人被迫成为家奴、债务人甚至被切块分割等,这些都曾经是破产历史上的事实,一部破产法,就是一部制裁债务人的法,债务人在破产法中寻找不到任何有利的保障和庇护。“破产”这个概念本身,就是“砸烂长椅”的意思,也就是说,债务人一旦经营失败,尤其是经营失败后逃避追债,其所经营的场所,包括柜台等,均要被债权人砸烂或者没收。

这种对债务人只有惩罚没有救济的破产法一直发展到1706年才获得转机,在这一年,英国颁布了《安娜法案》,该法案中首次提出了对诚实而不幸的债务人实行余债豁免制度。余债豁免制度也即免责制度的诞生,改变了债务人在破产法中毫无地位的冷冰冰的历史,债务人看到了破产法缝隙中微微露出的曙光。然而,即便到《安娜法案》的制定之时,债务人的自愿性破产仍没有被立法所认可,债务人申请破产的权利还是被排除在立法之外,债权人依然垄断着对破产程序启动的申请权。美国在1841年通过破产法,首次明确规定债务人享有启动破产程序的破产申请权;3年后,也即1844年,英国也通过立法认可了债务人的破产申请权。

自愿性破产进入破产立法的词典之中其意义是深远的。其一,破产立法的模式发生了转向。自愿性破产意味着破产法的立法本位开始或者已经转向债务人救济的价值目标,改变或扭转了破产立法基本上甚至完全立足于债权人的立场进行破产制度安排的历史,债权人本位主义开始让位于债务人本位主义。原来环绕债权人立法本位主义的破产法原则,如破产有罪主义、破产惩戒主义、破产不免责主义等,开始为其相对立的破产法原则所取代或弱化,包括破产无罪主义、破产不惩戒主义、破产免责主义等。其二,破产法的调整主体被大大扩展。在强制性破产占据主导的时代,破产法基本上实行的都是商人破产主义,破产法的适用范围较有限;然而,这样一种将破产能力仅仅赋予商人的破产立法体例,到了自愿性破产出现后发生了转变,一般破产主义开始逐渐取代商人破产主义,破产立法的调整范围被大大拓宽。因此毫不奇怪,美国1841年的破产法实行的就是一般破产主义,与其破产法赋予债务人破产申请权、从而使自愿性破产开始逐渐产生有密切关系。由于破产法对债务人利好的举措越来越多,平等原则的功能开始发挥,非商人的普通债务人,通常是指消费者,也具有了申请破产进行司法保护的必要性和实益性,一般破产主义登上了历史舞台。其三,破产法的内涵变得更加丰富,破产法的外延变得更加广阔。在非自愿性破产占据绝对优势的破产立法中,破产法的内容较单一,其根本的目的和由这一目的所决定的内容就是用债务人的全部财产按比例清偿各个债权人的债权,破产法的清偿功能几乎是破产法的唯一功能,破产法的基调较黯淡,缺乏人文主义的温暖和关怀。但这样一种单一功能型的破产立法在自愿性破产出现后发生了快速转变,破产法不仅具有清偿功能,同时还增添了拯救功能,破产和解制度和破产重整制度相继诞生,无论是破产和解抑或是破产重整,它们的制度性目标都不是清偿债务,而是拯救债务人。破产法变成了"防破法",通过和解或重整,使债务人摆脱深陷的债务困境,并且还有东山再起的机会,这成为超过清偿债务这一传统破产法功能的新型功能,破产法的面貌为之焕然一新。破产法少了残酷的制裁,多了理解式的同情和协助性的帮扶,破产立法的文明化层次跃上了更高境地,现代破产法之所以不同于传统破产法,之间的分界线主要在此。

我国个人破产立法已经出现在了一个崭新的历史阶段,毫无疑问,由企业破产法所构建的自愿性破产和非自愿性破产相并行的格局,也应当被我国个人破产立法所承继,自愿性破产在个人破产立法中,不仅支配破产程序的启动,也影响乃至左右个人破产立法的制度安排,现代破产立法为人们所公认的破产原则和制度,自然也要经过本土化改造体现到我国的个人破产立法之中。

然而,在自愿性破产立法这一点上,笔者认为,我国的个人破产立法要把握好一条原则,避免两个极端。这一条原则是:自愿性破产和非自愿性破产应当处在平衡状态,我国的个人破产立法既要重视对债务人的司法救济,也要关注对债权人的司法保障,同时还要兼顾社会公共利益的司法调控。两个极端分别为:一是对债务人过于严苛的极端。我国的个人破产立法应当果断地放弃对债务人惩戒过严的制度系统,包括破产不免责、破产失权过严过苛、破产复权过难过长等,同时果断地采取对债务人有利的各种制度举措,包括自由财产制度、破产免责制度、破产和解与重整制度等。二是对债务人过于宽容的极端。例如,美国破产立法自 1841 年引进自愿性破产机制后,通过多次修改,到 1978 年的破产法,已经完全一边倒地站在救济债务人这一立场上,对债权人的破产保障反而受到了极端的弱化,以至于在实践中出现的情形是债务人申请破产几乎是个人破产程序赖以启动的唯一机制,破产法变成了债务人的“盾牌”,债权人被隔离在破产法保护的范围之外。这一过分倾向自愿性破产的失衡立法例,在实践中产生了债务人滥用破产法的弊端,破产法成为债务人的“逃债法”。鉴于此弊端,美国的破产法此后进行了调整和修改,引入了收入测试制度,弱化了破产清算免责功能,强化了破产重整功能,从而相较此前稍稍兼顾了债权人利益以及社会公益,但还没有根本改观。我国目前关于个人破产立法的正当性论证中,有一种顾虑就是个人破产法会不会成为个人逃债的合法根据?笔者认为,此一顾虑并非杞人忧天,我国个人破产立法应当综合权衡自愿性破产和非自愿性破产的比例关系,使立法控制下的个人破产数据比能够保持大体上的均衡。

五、处理好清算型个人破产、和解型个人破产与重整型个人破产的关系

我国已进入广义破产立法的历史阶段,狭义的以清算为唯一内容和程序的个人破产法已经不再适合时代发展的客观需要,我国的个人破产法与多数国家的个人破产法一样,也势必采取程序多元化的哲学理念,将清算型破产、和解型破产和重整型破产熔于一炉,形成个人破产机制的“三驾马车”。

清算型个人破产的关键词是“清算”2字,清算的目的在于穷尽债务人的所有财产,除保留必要的作为生计需要的自由财产外,均全部拿出来分配给债权人,通常而言,清算结束就意味着债权债务关系彻底了断。清算程序在历史上是作为债务人的负面程序之面目而出现的,债务人千方百计要规避被清算的命运;然而,时过境迁,现代意义上的破产清算,经过否定之否定,在功能模式上来了一个180°的转弯,变成了对债务人有利而对债权人反而不利的一种程序,原因就在于它不仅能够保留自由财产,不会影响或严重影响债务人的正常生产和生活。同时更重要的是,它还能产生一了百了的免责效果,债务人所背负的沉重债务,哪怕是债台高筑如泰山之高,经过破产清算程序的运作,也能够瞬间化为乌有。

个人破产立法面临的一大难题就是实现公平合理的价值权衡,个人破产

立法的过程就是对债权人和债务人以及案外人、社会公义的价值权衡的过程,理性的状态是达到“双赢多赢共赢”的最佳结果。尽管个人破产立法在价值取向上要做到左右逢源、面面俱到、皆大欢喜几乎是不可能的,但朝着这一方向去努力构建合理的制度安排,却是必需的。对于个人破产立法中的价值平衡,除在其分支型程序内部进行制度规则的合理设置外,就是在各种广义破产程序的相互之间进行科学合理的规则构建。这就为个人破产立法提出了一个在程序构建上的重要任务,即如何在个人破产清算程序、个人破产和解程序以及个人破产重整程序相互之间确定合理的比重及其关系。

在处理清算型个人破产、和解型个人破产与重整型个人破产的关系时,有先后两个问题可被分解开来回答:一是在个人破产立法中,清算、和解和重整这3种程序,就其重要性而言,同时也就其在个人破产立法中的地位而言,哪一个程序更重要?二是在个人破产立法所设置的各种程序中,破产清算程序、破产和解程序以及破产重整程序应当如何进行关系和顺位上的排列组合?当然,这两个问题又是关联在一起的,对后者的回答是建立在对前者回答的基础之上的。

如前所述,事实上,破产清算程序基本上就是破产程序的同义语,尽管破产和解与破产重整也有零星的存在,但其功能和作用被破产清算程序完全掩盖。可以说,在现代破产法之前,也就是在传统破产法中,破产清算是最重要的程序。然而,在现代破产法产生以后,债务人在个人破产立法中的地位发生了翻天覆地的变化,不仅破产清算程序本身出现了诸多对债务人有利的制度和规则,而且在破产清算程序之缝隙中“苟活”着的破产和解程序和破产重整程序日益发展壮大,以至于现代破产法的立法重心开始由破产清算程序转变为破产和解程序和破产重整程序;完全可以认为,现代的个人破产法乃是以破产和解程序和破产重整程序为程序构建的重点的。破产和解程序和破产重整程序尽管功能不尽一致,但它们在预防或避免债务人走向破产清算这一点上是共同的,因而它们可以被合称为预防型个人破产程序。

既然在个人破产立法中,破产和解程序和破产重整程序相较破产清算程序更重要,那么,它们之间的位置排序就容易确定了:在个人破产清算程序、个人破产和解程序以及个人破产重整程序中,就其重要地位而言,它们之间应当形成逐渐递增的关系,即相对个人破产清算程序,个人破产和解程序更重要;相对个人破产和解程序,个人重整程序更重要。通过个人和解程序或个人重整程序,尽量避免个人破产清算程序的适用,应当成为我国个人破产立法的指导理念和基本原则。

之所以将和解型个人破产和重整型个人破产在重要性上放在清算型个人破产之上,其原因主要有二:其一,在个人和解程序或个人重整程序中,债权人的合法权益和自由意志能够得到更充分的体现和保障。我国目前已进入现代国家阶段,我国的破产法不可能重走一遍以债权人为绝对本位的破产有罪主义、破产不免责主义、破产惩戒主义的老路,对债务人理应有更多的宽容和理解,但是这绝不意味着我国目前的个人破产法在立法本位上就采取一边倒的债务人本位主义,我国个人破产法在充分考虑债务人利益保障的同时,也要兼顾保护债权人的合法权益,体现出一定的债权人本位主义的立法理念。唯其如此,才能使我国制定的个人破产法与其所建筑的经济基础和我国社会经济发展阶段性的现实情况相吻合和匹配,否则,我国的个人破产法将会产生事与愿违的负面效果。

其二,从预防型破产机制的“试水”到清算型破产机制的推广更符合我国个人破产法发展的基本逻辑和内在规律。以破产和解和破产重整为主要内容的预防型破产较之清算型破产虽然程序工程更繁复、运作过程更长、适用成本更高,但其所能产生的多维效果却是清算型破产所难以比拟的,不仅债务人可以免受破产的负面制约,债权人的债权得到了最大化的实现和保护,合伙企业等非法人组织还能维持法律上的人格而不致消亡,社会因此受到的震荡也能被控制在最小限度,破产法的社会本位利益得到了彰显,社会和谐之局面与社会合作之精神获得维持和强化;与此同时,个人破产法实施的各种障碍性因素必将消失,人们对个人破产法实施后所存有的各种隐忧和顾虑得以纾解。

在现代破产法的理论体系中,破产人是值得社会同情的对象,只要是善意破产,其破产结果中并不含有道德可谴责性。对于不幸陷入破产境地的债务人来说,社会应尽其可能、采取各种措施帮助其免于破产。[①] 破产制度的保障本位,从和解程序引进的"第一次革命"开始,便由单纯的债权人利益向债务人利益方面倾斜,并随着重整制度的引入和发展的"第二次革命",越过了债权人和债务人的个体利益,转而成为以社会经济秩序的稳定和社会经济结构的优化为本位的社会利益。[②] 个人重整程序以其预防性和将来性的特征,可以更好地协调债权人利益、债务人利益以及社会利益,是当今世界各国个人破产立法的潮流。如德国在1985年破产法修改意见中提出,以统一的破产程序取代破产程序与和解程序并行的双轨制,引入"重组程序"取代和解,形成了清算程序和重整程序相配合的破产程序,并在1994年《破产法》中得以体现。法国1967年以前的破产程序中,以司法清算和司法和解为主,而在1994年破产法修改中,在司法重整和司法清算的基础上,建立了企业困境早期防治制度。[③] 萌发于英国公司整理制度所引领的重整程序潮流,逐渐蔓延到个人领域,美国1978年《破产法典》第十三章"有固定收入的个人债务调整"、英国1986年引入的"个人自愿整理"、日本1999年公布的《民事再生法》等,都是个人重整制度的典型例证。世界各国破产程序的改革大潮中,个人重整程序显示出强劲的生命力和制度优势。无疑,我国将来的个人破产法也应当以个人破产和解程序与个人破产重整程序为主体性内容,以破产清算程序为辅助性、补充性内容。

破产和解希望借助债务人本身对于自己经济状况的了解,得以在适当的时机及早与各债权人达成降低债权清偿的比例或迟延付款期限等协议。个人和解的弊端是只有债权人对债务人的集体让步,而没有对困境中的债务人进行债务整理和财务拯救的计划和行动,因而其对债务人能否最终摆脱困境走向复苏并不予顾及。与之相较,个人重整则是破产债务人拟订的以自己未来的薪金收入和其他合法收入清偿一定债务的计划草案,经债权人会议议决通过后作为免除其剩余债务条件的法律程序。清偿债务是个人重整制度的首要目标,自愿性是个人重整制度的基本特点,最低清偿水平是个人重整方案的基

① 参见汤维建:《〈个人破产法〉的立法研究》,载《山东警察学院学报》2010年第5期。

② 参见汤维建:《破产概念新说》,载《中外法学》1995年第3期。

③ 参见李飞主编:《当代外国破产法》,中国法制出版社2006年版,第1~4页、第340页。

本要求,重整方案的强制批准是个人重整制度社会利益本位的集中体现,破产免责是债务人选择个人重整程序的重要动力。[①] 破产和解和破产重整两者在概念和程序上,虽存在诸如目标不同、对象差异、开始的原因、申请人、效力、利害关系人和自治机关的不同,但它们具有内在的关联性,和解程序可以看作个人重整的前置性程序,个人重整是在个人和解的基础上发展起来的以解救债务人困境和提升债权实现比例为目标的更高层次上的特殊破产程序,依其自身所拥有的制度优势,其理应成为我国个人破产程序立法的重点。

以上回答了在个人破产立法中清算、和解与重整三大程序的重要性问题;以下回答在个人破产立法中,清算、和解与重整这三大程序应当如何排列组合?

从逻辑上说,清算、和解与重整程序只有两种排列模式:一是并行主义,也可称为平行主义,乃将个人破产程序的"三道门"同时打开,使个人破产清算程序、个人破产和解程序以及个人破产重整程序在适用的可能性上处在水平线的相同层次。无论是债务人还是债权人抑或是检察机关等公权力机构,它们均可选择性地申请启动个人破产清算程序、破产和解程序或者破产重整程序。我国目前的企业破产法采取的就是此种模式,《深圳经济特区个人破产条例》也是效仿此一模式。二是先后主义,先后主义也可称为顺序主义,就是在个人破产清算程序、个人破产和解程序以及个人破产重整程序中确定先后顺序,破产程序从同一道门进入,然后再根据情况进行程序转换。由于在顺序主义中,其常态化表现是实行和解前置主义,而不是重整前置主义或清算前置主义,因而破产顺序主义也往往被称为和解前置主义。

平行主义的好处是"精准"和"节约":是进行和解、重整,抑或是清算,当事人尤其是债务人心里最清楚,由他们进行选择更加有的放矢,而不至于盲打莽撞,造成程序浪费,拖延破产程序的进程,增加破产程序的耗费和成本;但平行主义也有缺点:由于存在破产免责、自由财产等利好制度保障,债务人一般都会选择破产清算,最终致使破产和解与破产重整流于纸面,没有实际价值。与此相伴随,以破产清算为名,行破产逃债之实的制度性漏洞就会被敞开,个人

---

① 参见殷慧芬:《论个人重整》,载《中国海洋大学学报(社会科学版)》2012 年第 6 期。

破产法的弊端就会被放大。相反，如果实行顺序主义，尤其是其中的和解前置主义，个人破产程序的设置将使债务人欲破不能，在债务人试图破产免责之前必须历尽破产和解与破产重整程序的制度性洗礼。一方面，债务人的负债实情将更加清楚，破产逃债的可能性被降到最低；另一方面，通过此一过程也可以对债务人进行举债普法，使破产程序产生最大化的一般预防和特殊预防的制度性效果。总体上说，上述两种立法体例各有利弊，在历史上也都有不同的国家采用过，如德国，先后则有波动。德国原来的破产立法采单轨制，即申请人申请启动破产程序时，法律预先设定债务人应当进入重整程序进行强制重整，只有在重整失败或其他法定情况下，方可转入清算程序。然而，这种立法例遭到了德国国内一些学者的批评，批评者认为，这种程序组合模式对于那些无力重整的债务人来说是没有必要的程序消耗，随后的德国破产法修改将强制和解改为了非必经程序。[①] 但现在多数国家都通过硬性或软性的制度性举措，直接实行或变相实行和解前置主义。

我国个人破产立法应当在清算、和解与重整这三大程序中如何确定其先后顺位？这成为一个重要的程序选择，也是一个重要的价值选择。

笔者认为，我国个人破产立法应当采取以和解前置主义为基本特征的顺序主义的立法原则。所谓和解前置主义，就是将和解放在前面，在个人破产清算前，先行尝试进行和解；只有在和解不成功时，才进行破产清算，破产清算成为个人破产的最终程序，而不是最先程序。

在我国的个人破产立法中之所以要实行和解前置主义，最主要的原因是，我国的个人破产法应当首先是“防破法”而不是“清算法”，防止个人陷入破产而不是任其陷入破产应当成为我国个人破产立法的指导原则和制度宗旨。将预防破产放在前面不仅可以使债务人免受破产的不利后果，而且还可以增加债权人的债权受偿比例，同时对国家和社会也有稳定秩序、调节关系、保护公益的制度利好。不仅如此，从我国个人破产立法的舆情反映来看，人们普遍担心的破产“逃债”这一弊端也需要正面应对、积极防治，而能够实现破产“逃债”

---

① 许士宦：《消费者债务清理制度之新变革》，载《台大法学论丛》2008 年第 37 卷第 4 期。

目的之破产程序，主要就是清算程序，而不是和解程序与重整程序；因而在价值目标的选择上，不到和解与重整根本无望之时，不宜轻易动用清算程序。再从清算程序对债务人的负面后果来看，如果清算不免责，则对债务人显得过苛；即便清算免责，债务人还要承受一定时间的免责考察期，在该期间内，债务人的民事权利能力以及担任一定职务的资格都要受到限制，国家和社会为此所投入的监督成本和对债务人的矫正成本也较高。相反，如果实行和解与重整，则债务人有可能免遭破产之命运，债权人也能获更高清偿，因而从程序价值而言，和解与重整较之清算更胜一筹，应当受到立法者的青睐和重视。

实行破产和解前置主义具体步骤可考虑设置为：无论是债权人还是债务人，他们要提出破产申请，首先要提出和解申请。和解申请既可以向庭外和解机构提出，也可以直接向法院提出。我国目前庭外破产和解机构与制度有待进一步加强，其建立健全还需要有一个较长的过程。因此，目前，对于个人破产申请，不能强制性地要求当事人向庭外破产和解机构提出申请，而应当由当事人进行选择。债务人或债权人选择向庭外和解机构，如人民调解委员会、专业性调解机构、商业协会等提出破产和解申请，则应由该庭外和解机构进行破产和解。如果和解成功，则可视情形进一步转向破产重整，也可以仅仅停留在和解协议的达成之上；反之，如果和解不成功，或者达成的和解协议没有得到全面实际履行，则视为和解破裂，该和解程序应当被认定为已经走完，当事人就可以向法院申请破产清算，此时法院无须再进行破产和解与重整的努力。如果当事人不是选择向庭外和解机构申请和解，而是直接向法院申请破产和解，则由法院主持进行破产和解；和解成功了，可以继而转向破产重整；和解不成功，或者和解协议没有得到全面实际的履行，则进入破产清算程序。如果当事人直接向法院申请破产清算，则由于实行和解前置主义的缘故，法院应当将该清算申请视为和解申请。将来在个人破产立法中，也可以考虑将庭外破产和解与法庭破产清算程序自动衔接起来。庭外破产和解或庭外重整失败的，直接自动转为法庭破产清算程序，无须当事人重复提出破产申请。

需要补充说明的是，破产和解与破产重整其实也是包含与被包含的关系，破产重整的前提条件是破产和解，如果破产和解尚无可能，则破产重整便无从说起，事实上，破产重整的必经环节就是破产和解。但破产和解也具有独立性，因为债权人和债务人达成和解协议认为没有必要进一步过问重整问题的，则破产和解就完成了制度使命，破产和解无须转为破产重整。这一点，在企业破产与个人破产之间存在重点的差异：企业破产尽管也不排除独立的和解程序，但单纯的破产和解对拯救濒临破产的企业往往无济于事，因而通常情形是，在破产和解的基础上，进一步进行破产重整。如此一来，就实际效果而言，破产和解往往就被破产重整吸收了，破产和解的独立性并不是很强。但与之有别，个人破产的情形刚好相反，对个人破产来说，破产重整一般没有必要性，因为引入战略投资人、接管个人财产设置财务计划等，对个人尤其是消费者，并无现实意义，可行性也不是很大。因此，对个人破产更加强调破产和解而不是破产重整。通常所见到的个人破产债务清理制度和程序，说的实际上就是破产和解，尽管偶有破产重整的因素混杂其中。

六、处理好破产保护与破产惩戒的关系

破产法，一方面对“诚信但不幸”的破产人施予制度上的保护，另一方面又对破产人实施惩戒。现代破产法的指导理念和立法技术是在破产保护和破产惩戒之间保持均值的平衡，这是一个需要审慎考量、反复权衡、动态调整、因时而变、因地制宜的复杂过程，在个人破产立法的本位抉择上，任何偏向一端而忽视另一端的想法和做法必然导致破产制度的重心失衡，最终致使个人破产法的功能紊乱，使其无法展示和发挥出整体的、综合的、持久的、可持续的法治调控动能。

破产保护是现代破产法区别于传统破产法的显著标志，传统破产法以债权人的保护为绝对本位，推行破产有罪主义、破产不免责主义、破产惩戒主义，但现代破产法则是实行破产无罪主义、破产免责主义和破产不惩戒主义。在现代破产法中，对债务人或破产人进行足够、充分、有效、及时、持久的保护，是其立法的基本出发点和立足点，用以实现破产保护的制度体系包括但不限于：破产无罪、破产免责、自由财产、复权制度、破产和解、破产重整以及最低限度的破产惩戒。其中，最重要也是最实际的破产保护措施就是余债免责制度。

余债免责制度有广义和狭义之分:广义的破产免责包括破产清算程序、破产和解程序以及破产重整程序中的免责,狭义的破产免责仅是指破产清算程序中的免责。由于破产和解程序与破产重整程序中的免责效果源于债权人的自愿让步,其免责的比例和范围按照多数决的规则由债权人和债务人协商确定,因而其法律依据主要源于民事实体法上的平等自愿原则和私权处分原则,公法上的因素不甚强烈,故而通常意义上的免责仅是指狭义上的免责,即破产清算程序上的免责。据此制度,在债务人的全部财产按照破产程序清算完毕后,剩余的债务就依法得到豁免。是否实行个人免责制度,是破产法与强制执行法的根本区别。在强制执行程序中,并不存在豁免债务的机制和要素;在任何时候发现有可供执行的财产,执行程序都要恢复进行,直到全部债务得以履行为止。如果债务人确实没有可供执行的财产,则应转而适用破产制度,由此豁免其无法执行的剩余债务。就此而论,相较适用执行程序而言,适用破产程序对债务人更加有利;也正因如此,破产程序的适用需要符合一定的条件,最根本的一点就是要证明债务人确实已无财产可供执行,也就是债务人不能清偿到期债务,并且在主观上债务人对破产事实的造成并无恶意存在。虽然从历史上看,破产免责制度并非从一开始就产生的一项必然性制度,但自从该制度在近代资本主义时期产生后,就一直伴随破产法而未曾中断过,到现代社会,破产免责制度已被认为是天经地义的了。从西方消费者破产立法的实践和教训来看,不免责主义的立法无助于解决消费者破产问题,而围绕债务调整计划的严格的有限免责主义才是现代社会的理性选择。① 我国个人破产法确立破产免责制度乃是必要也是必然之举。

但我国个人破产法所设定的破产免责制度具有相对性而非绝对性。其相对性主要表现在:

其一,有资格获得破产免责的债务人不具有任何诚信瑕疵。破产免责制度仅适用于“诚信但不幸”的债务人,债务人的诚信无欺、善意理性、合法合规、适度持中等品行要素是适用破产免责的基本条件,个人破产法不是恶意“逃废

① 参见孙颖:《论我国个人破产法律制度的构建》,载《现代法学》2006 年第 3 期。

债”者的“庇护地”或“保护伞”,而是善意但又陷入困境的负债者的“避难所”或“救助站”,因此,违反诚信原则的债务人没有资格申请破产免责。债务人是否违反了诚信原则,是否属于恶意负债者或恶意逃废债务者,需要法院根据证据加以判断,同时要赋予债务人异议权。

其二,提高免责的债务门槛。笼统地规定一个破产债务数额门槛标准并不可取,对于个人破产和解程序来说,不宜设立破产债务数额的最低标准,因为是否和解成功,取决于债权人和债务人之间的平等协商,立法上没有理由排除小标的额债务人利用该程序整理债务、调整偿债计划的权利;对于个人破产重整程序来说,由于该程序涉及法院、破产管理人以及战略投资者等机构和人员的介入,需要大量的司法成本投入,因而需要加以一定的限制,可考虑将其债务数额标准确定为一个适中的基数,比如,以本地上年度就业人员个人平均年收入为债务基准。

对于个人破产清算来说,更需要设立一个债务最低限度的门槛标准,其原因有三:一是促使小标的额债务人利用破产和解程序和破产重整程序进行债务整理,通过他们的努力获得债权人的谅解与让步。二是小标的额债务人在一定限额下容易冒破产犯罪的风险即为了免责铤而走险,并且其是否属于诈欺性破产往往难以判断。与之有别,大标的额的债务人尽管也有破产诈欺等风险,但其债务的来龙去脉比较容易查清,其是否诚信负债易于判断。三是通过提高免责门槛控制破产清算程序的适用有利于破产法治的实施行稳致远,不至于因为实行无条件、低门槛的免责制度而使个人破产程序被滥用。其具体标准以重整程序的适用标准翻倍计算较稳妥,因为如果债务人提前消耗乃至倾空了年度总收入的两年资产,其欲通过和解或重整整理债务已有一定难度,此时视其偿债情形进入免责程序较为务实。

其三,确定适当的免责考察期。破产免责不是破产清算程序一结束就立即生效,而是是否能够最终获得破产免责,还要看破产人是否能够顺利通过免责考察期。免责考察期也称行为考察期,在该期间内,破产人必须恪守各项破产制裁的行为规范,如不得高消费等,同时在该期间内,破产人也产生失权后果,如破产人不得担任企业高管等。因而,免责考察期也是失权存续期,经过这段时间,破产人没有违规违法等行为,最终的免责效果方才发生,破产人经过复权程序后成为正常人;如果破产人提前清偿了剩余债务,则免责观察期提前结束,破产人恢复自由。可见,免责观察期带有“缓刑”意味,对破产人最终能否获得免责和复权至关重要。

个人破产法规定破产免责的观察期是通例。问题不在于要不要规定免责考察期,而在于该考察期应当确定为多长?或者,该免责考察期应当如何确定?笔者认为,在确定免责考察期或失权存续期时,应当掌握一条原则,考量3个因素。该原则是:免责考察期不可太长,太长将使债务人不敢申请破产,或者在债权人申请破产的情况下,使债务人受到过于严苛的法律待遇;同时,该免责考察期也不可太短,太短会造成债务人对破产清算程序的滥用,使个人破产法丧失对债务人的威慑功能和预防功能。应当考虑的3个因素是:第一,债务人已经清偿的债务比例,清偿的比例越高,则免责考察期越短;清偿的比例越低,则免责考察期越长。第二,债务人的一贯表现。非诚信的债务人无缘破产免责,然而重复破产者、轻率负债者或过失破产者虽然不可一概排除在破产免责之外,但要加长免责考察期。第三,债务人的偿债能力。偿债能力越强,免责考察期就越长;偿债能力越弱,免责考察期则越短。

2004年《企业破产法(草案)》第150条的规定曾就免责考察期作过一条规定,笔者将其条款照录于此。该条规定:破产案件终结后,具备下列情形之一的,对于普通破产债权的未受清偿部分,除故意侵犯人身权的损害赔偿等债权外,免除破产人的清偿责任:(1)在破产案件终结时,全部破产债权的40%以上已经获得清偿的,自破产案件终结之日起满4年;(2)在破产案件终结时,全部破产债权中已获得清偿的部分达到30%以上,但不足40%的,自破产案件终结之日起满5年;(3)在破产案件终结时,全部破产债权中已获得清偿的部分达到20%以上,但不足30%的,自破产案件终结之日起满6年;(4)在破产案件终结时,全部破产债权中已获得清偿的部分达到10%以上,但不足20%的,自破产案件终结之日起满8年;(5)在破产案件终结时,全部破产债权中已获得清偿的部分不足10%的,自破产案件终结之日起满10年。[①]

上述条款的优点呈现了免责制度的层次性。免责制度适用的主观标准是债务人必须处在"诚实而不幸"的行列,而不具有诚信障碍;免责制度适用的客观标准是债务人清偿的债务和免责考察的期间设定,应当具有内在关联性,而不宜无论债务人的清偿比例如何,均适用相同的免责考察期。这是因为,债务人在设定债务时对其偿债能力应当进行理性判断,在陷入债务危机时应当及时提出破产申请,如果判断不准或拖延清偿,这说明债务人在主观上还是难辞其咎,其主观"恶性"相对较大,因而加长对其的免责考察期是理所当然的。

但是,笔者也不赞成将免责考察期设定得过长。上述条款将最长的考察期确定为10年,笔者认为显得过长。如果免责考察期确定得过长,债务人对此就会灰心丧气,其就不会及时提出破产申请,最终在债权人提出破产申请时,债务人的财产已经耗尽,债权人受偿的比例势必很低甚至为零,这样最终损害的除债务人外,还有债权人,破产法的救济目标难以全面实现。因此,免责考察期的恰当设定,必须能够使债务人具有主动申请破产的积极性和能动性,使债务人从破产程序中能够获得相应的司法救济。这样,债务人主动申请破产的比例就会上升,自愿性破产的功能就能发挥出来;目前,世界上多数国家采用的破产免责期有一个发展趋势,就是不断缩短考察期,现在平均的考察期基本上确定在3~5年。

在考察期中,如果破产人实施为立法所禁止的行为,经破产法院查证属实,情节较轻的,裁定延长免责考察期;情节中等的,裁定不予免责,破产人一直负有清偿余债的法律责任,且在清偿余债之前,仍要受失权等破产制裁措施的规范和制约;情节严重的,如在免责考察期内,破产人触犯法律所禁止的行为规范,或屡次实施违规行为,构成犯罪者,则追究其刑事责任。破产人获得免责后,自愿对已免责债务予以清偿的,债权人所得的清偿利益,受法律保护。

在免责考察期内,破产人应当每年定期向破产事务管理部门和管理人报告个人收入、开支、财产等状况。管理人对破产人免责考察期内的消费行为实

---

① 参见2004年《企业破产法(草案)》第150条。

施监督,审核破产人提交的年度个人收入、开支和财产报告,按照财产分配方案对破产人年度新增或者新发现的破产财产进行接管分配。破产事务管理部门应当对破产人的收入、开支、财产等变动情况及管理人履职行为进行检查监督。

上述所及主要是破产保护,个人破产法除对破产人实施破产保护外,还对破产人实施破产惩戒。尽管从原则上或定义上说,破产不惩戒主义已经成为现代破产法的基本特征,但衡之各国个人破产立法,可以说,没有任何一个国家在真正意义上彻底实行破产不惩戒主义,绝对的破产不惩戒主义并不符合破产司法的实际情形,也无助于个人破产立法目的和价值平衡的实现。因此,一定意义上的破产惩戒仍具有必要性,尽管我们不能称为破产惩戒主义。

现代意义上的破产惩戒主要包括两方面的内容:一是对破产犯罪的惩罚;二是失权制度的运用。为了保障市场经济的正常运行,各国都将一些严重违背诚信的破产行为作犯罪化处理。破产犯罪不同于破产有罪主义,破产有罪主义是将破产本身等同犯罪,现代各国破产法已完全摒弃了破产有罪主义,但破产犯罪的立法规范则不仅得到保留,而且日益强化。破产犯罪主要包括两种类型的刑事犯罪:一是虚假破产罪。实施该犯罪行为的目的在于借破产程序之壳,行真“逃债”之实。二是破产过程罪。实施该类犯罪行为的目的在于破坏破产程序的公平性、公正性、有序性、效率性,比如,对原来没有担保的债权提供担保、对部分债权人进行偏颇性清偿、虚构债权降低债权分配比例等。虚假破产行为造成市场主体间的不信任,经济交易安全大大降低,从而客观上阻碍经济交易,不利于市场经济发展。[①] 从世界发展趋势看,为加大对破产犯罪的惩处力度,破产犯罪有从破产法向刑法转移的立法潮流,在未来的刑法修正案中,应对破产犯罪有一个完备、系统的规定,避免恶意破产人利用法律空白、躲避法律制裁去实施侵害破产债权人利益的行为。[②]

除破产犯罪的惩罚机制外,在破产惩戒中,最有意义的就是破产人的失权制度。所谓破产失权,亦称为人格贬损或“人格破产”,确切地说是破产失格,

---

① 参见何聪、田娜:《新型破产犯罪问题研究》,载《法制与经济》2012 年第 7 期。

② 参见刘倩:《论构建我国破产犯罪体系》,载《商业文化》2011 年第 7 期。

1865 年巴西《民法典草案》称其为“失能”制度(Incapacidade),[①]是指债务人或准债务人因受破产清算宣告而在一定期间丧失从事公务型、经营型和信誉型职业的资格。[②] 失权制度好比刑法中一段时间内剥夺政治权利,带有惩罚性质,但期限过后又可以恢复权利,该恢复权利的制度称为复权制度。

个人破产法之所以需要规定失权制度,是因为失权制度具有以下功能:首先,惩罚和预防功能。失权制度有助于防范并减少债务人破产欺诈。失权惩戒会给破产人带来名誉上的损伤,同时在将来的生产生活中会处处受限,存在诸多不便,迫使债务人在选择破产时审慎考虑,不到迫不得已,不会走上破产这条道路。其次,心理补偿功能。对债权人来说,其债权受偿比例因债务人被宣告破产而减少,让破产人失权一段时间无异于是对债权人的一种心理补偿。再次,敦促功能。因为有破产失权存在,即便最初想逃废债务者也可能会中途改变想法,通过积极偿还债务力求尽快摆脱失权限制。最后,安全功能。将破产人的品德和信用向全社会公示,破产人不得从事与公众联系密切、关系到公共利益的职业,这更符合社会公众的安全预期。

我国《公司法》第 146 条和《商业银行法》第 27 条规定,“担任破产清算的公司、企业的董事或者厂长、经理,并对该公司、企业的破产负有个人责任的”,“自该公司、企业破产清算完结之日起未愈三年”,“不得担任公司董事、监事、高级管理人员”和“商业银行董事和高级管理人员”。这是典型的失权法则。此外,从历史上看,破产人还往往被禁止担任法官、检察官、律师、监护人、会计师、遗嘱执行人、遗产管理人、破产管理人等。我国个人破产立法应当在什么范围内、对哪些事项规定失权制度,尚需深入研究。至于立法例的选择,则既可以在其他相关法律法规加以具体规定,也可由个人破产法统一规定,还可以是二者兼而有之。

需说明的是,失权和“限高”并不相同。限制消费、不能购置房产、汽车等高档物品等,这些行为是免责观察期中立法禁止破产人所实施的行为,失权是

---

① 参见张伟:《民事失权制度的理论基础探析》,载《山东理工大学学报(社会科学版)》2020 年第 1 期。

② 参见刘学平:《破产失权制度研究》,河南大学 2003 年硕士学位论文,第 12 页。

立法禁止破产人担任的某些公职或社会角色，“限高”并不包含在失权之中，它们构成了同在并行的关系。

失权的期间有一般期间和特别期间两种。一般期间与免责观察期相同，在免责观察期内，失权的效果当然发生并与之相伴随；特别期间是破产法以外的其他法律法规所规定的失权事项的存续期间，该期间如果与一般期间不相一致，则以特别期间为准。

在一般情形下，免责观察期结束之时，就是失权期间结束之时，从此时开始，免责效果开始真正发生。如果实行当然复权制度，破产人因失权而受到的各种公私法上的限制自动解除，复权效果自此发生；如果实行申请复权制度，则复权效果自破产人向破产法院申请复权并获得批准后发生。我国个人破产立法应当采用申请复权制度，以强化对破产人的失权约束及其威慑效果。

综上，在我国个人破产立法中，对债务人实施为世界各国所公认的破产保护，以体现现代破产法的文明标准、社会本位和人道原则，应当成为立法的重要指导理念；立法的另一同样重要的立法理念应当是基于诚信原则、债权人利益保障、社会安全秩序等原则和价值考量的破产惩戒。破产惩戒先于破产保护，破产保护是在经过破产惩戒而产生的良好破产秩序基础上所形成的自然结果，二者应当并重、不可偏废。

七、处理好普通型个人破产与简易型个人破产的关系

如同民事诉讼分为普通程序和简易程序以及小额程序一样，作为以非讼性为主、兼具诉讼性的个人破产程序，也可以并且应当分为普通型个人破产与简易型个人破产两大类型。但其中，简易型个人破产程序无须进一步划分出一个小额破产程序，因为简易破产程序已经非常简化，再划分出小额破产程序，就显得过细，并且在制度构建上也难以识别出小额破产程序的独特性。

将个人破产程序划分为普通程序和简易程序，其理论根据除在比较法层面可以找到大量的佐证外，实质性的理由就是“繁简分流”这 4 个字。个人破产案件有的复杂、有的简单，复杂的破产案件采用普通程序，简单的破产

案件采用简易程序,其正当性毋庸怀疑。所需要讨论的问题有3个:一是破产程序中的简易程序存在于什么样的程序领域之中?二是普通型破产案件和简易型破产案件的识别标准是什么?三是简易型破产程序的制度性要素有哪些?

首先,破产程序中的简易程序存在于什么样的程序领域之中?个人破产程序分为清算程序、和解程序与重整程序,那么,简易破产程序究竟是三者皆有,还是其中部分具有?从分析来看,个人破产清算程序和重整程序都有繁简之分,唯独和解程序没有繁简之分,原因在于破产和解无论如何简化或普通,其都需要债务人和债权人之间进行协商谈判,这个过程是破产和解程序的本质特征,无论在复杂的案件中还是在简单的案件中,该特征皆无二致。既然如此,再将破产和解程序划分为普通和解程序与简易和解程序便无必要。至于个人清算程序和重整程序,因为它们所涉及的案件因素不同,程序的繁简度自然有所不同。因而,在它们各自内部,再划分为普通的个人破产清算程序和简易的个人破产清算程序以及普通的个人重整程序和简易的个人破产重整程序,是具有必要性和实际价值的。

其次,普通型破产案件和简易型破产案件的识别标准是什么?笔者认为,二者之间的识别标准应当具有综合性,任何单一性的标准均失之偏颇。具体而言,该标准的设置应当考虑以下诸因素:

一是数额性。个人破产程序中的数额性不仅是指所涉及的债权人人数的多寡,而且还指破产案件所涉及的债权债务总额。债权人人数越多,所涉及的债务总额或债权总额越大,则越应当适用普通型个人破产程序,反之则应适用简易型个人破产程序。具体的数量尚需论证,比如,债权人人数在10人以上,债权债务总额达50万元以上,也是可考虑的数据标准。

二是诚信性。个人破产根据债务人的诚信性以及诚信度,可以分为涉嫌非诚信的个人破产和诚信的个人破产,涉嫌非诚信的个人破产较之诚信的个人破产在审理和处理的难度上更大。在非诚信的个人破产中,由于诚信与否对债务人是否能够获得免责以及是否承担法律上的其他责任,实属关系重大,因而对该诚信与否的情节必须要通过诉讼性质的程序加以澄清和查明,其所适用的个人破产程序便应当是普通型个人破产程序而不是简易型个人破产程序;反之,如果自始至终均未发现债务人的非诚信行为,则若符合其他考量标准,便可适用简易型个人破产程序。在起初是诚信的或被认为是诚信的简易型个人破产程序中,如果出现或发现了债务人非诚信的因素,则应当转为普通型个人破产程序。

三是营业性。个人破产和企业破产有所不同,企业破产都属于营业性破产,个人破产则有营业性破产和消费者破产之别。营业性个人破产所涉及的债权债务关系更复杂,通常债务负债数额较大、所涉及的债权人人数也较多、作为债权债务凭证的账簿等也较多,因而一般适用普通型个人破产程序较为妥当;反之,消费性破产所涉及的债权人则通常较简单,比如,按揭贷款涉及的债权人往往就是银行一家,该笔债务可能是导致债务人陷入财务困境的唯一或主要债务,因而有时数额可能较多,但法律关系相对简单,法院处理起来较容易,因此采用简易型个人破产程序较适合。当然,这种划分也不能是绝对的,在该基础上还要参之以其他指标。此外,尚需考虑的因素是,与营业性个人破产不同,消费性或非营业性个人破产,调整它的理论基础不是优胜劣汰规律,而是社会保障政策,而社会保障政策却是变动不居的,这也会对消费者个人破产所采用的程序对策产生影响。

四是争议性。破产程序从性质上说是概括的执行程序,执行程序是非讼程序,因而从逻辑上说破产程序也属于非讼程序。从总体上说,将破产程序界定为非讼程序原无错误,但要看到破产程序与执行程序有一个重要差异:破产程序中所涉及的衍生诉讼具有普遍性,而非偶发性。诸如是否存在破产原因、是否属于诚信破产、债权的数量及其性质、自由财产的范围、免责与否以及免责的范围、失权与否以及失权的范围、复权与否以及复权的限度等,均可能会发生争议,一旦发生争议,此即为诉讼问题而不是非诉讼事项。诚然,执行程序中也有异议之诉这样的衍生诉讼,但其数量较有限,因而根据审执分离原理就可以应对此一情形。相对而言,破产程序中的衍生诉讼则如同家常便饭,以至于“衍生诉讼”这种说法也不够精准,因而如果对破产程序也实行审执分离原则,则破产程序会变得非常缓慢和复杂,破产法的功能势必受制。因而在破产程序的设计中,尽管要区分诉与非诉的事项界限,但在处理的机构上未必要实行分离原则,只需进行程序上的分离即为足够。可见,在涉及破产衍生诉讼之时,个人破产程序就裂变为非诉性程序和诉讼性程序两大类别;此时如果诉讼性程序本身就不够简易化,同时还伴随非诉性程序的处置,那么,就应当采用普通型个人破产程序,反之,则可倾向适用简易型个人破产程序。

最后,需要回答的问题是,普通型个人破产程序与简易型个人破产程序的程序差异有哪些?一是有无管理人。破产管理人是破产程序中的重要推动力量和组织力量,在普通型破产程序中,破产管理人在三大破产程序中,尤其是在破产清算程序和破产重整程序中,发挥着枢纽性的中坚力量之作用。然而,破产管理人来自破产市场的专业场域,他们都属于某一领域的专业人士,如律师、会计师、金融专家等,有时甚至就是单独的中介性服务机构,他们或它们的存在本身就带有营利性,因而破产管理人参加到个人破产程序中势必要花费不低的成本,这种成本归根结底是由债权人来负担的,其结果必然减少了债权人的受偿比例。在普通型个人破产程序中,由于破产事务较复杂,所涉专业性问题较多,因而引入破产管理人确有必要,但在简易型个人破产程序中,并不是必须引入破产管理人参与破产事务。原因在于,简易型个人破产程序的债权债务总额一般较小,在支付破产管理人的费用后将所剩无几,这显然不利于保护债权人的利益。同时,甚至更重要的是,简易型个人破产程序所涉及的事实问题和法律问题,包括程序问题,一般都相对简单明了,其中所需要的专业处理能力和知识并不是很强,因而引入专业性的破产管理人显得必要性不是太大。因此,在简易型个人破产程序中,破产管理人这一主体性因素一般可以省略。如果确有必要,国家应当从所设置的破产管理署中,供应公职管理人,以敷简易型个人破产程序之使用。

二是是否实行独任制。与诉讼程序一样,破产程序中也离不开审判组织的程序指挥和裁判协调作用,该审判组织也因普通程序和简易程序之别有合议制与独任制之分。普通型个人破产程序适用合议制审判,简易型个人破产程序适用独任制审判,合议制与独任制应当成为普通型个人破产程序和简易型个人破产程序的标志性区别。有一种观点笔者认为值得商榷,就是在简易型个人破产程序中,也可以适用合议制审判组织。① 这个观点和做法将混淆普通型个人破产程序和简易型个人破产程序之间的界限,因而是不妥当的。

三是期限不同。普通型个人破产程序所花费的整体时间和局部时间较之简易型个人破产程序都要长些。所谓个人破产程序的整体时间,是指处理个人破产案件所需要花费的总时间或时间之和,类似民事诉讼中的审限。所谓个人破产程序的局部时间,是指在个人破产案件的处理过程中,在某个具体的程序环节,立法所确定的最长时间,类似民事诉讼中的期间或期限。毫无疑问,由于普通型个人破产程序相对简易型个人破产程序更复杂,其所需要花费的整体时间和局部时间都具有较长性特征;反之,简易型个人破产程序所需要花费的整体时间和局部时间则具有较短性特征。在规定个人破产的期限时,要考虑两个参照系加以确定:其一,破产程序不同于诉讼程序。破产程序总体上具有非讼性,其处理起来因不存在剧烈的权利义务争议而进程相对较快。其二,个人破产程序不同于企业破产程序。企业破产程序所涉及的权利义务关系更繁杂,因而其所需要花费的时间成本更大。鉴于上述两点因素,普通型个人破产程序的整体时间或审限可确定为 3 个月,简易型个人破产程序的整体时间或审限可确定为 2 个月。至于个人破产中所涉及的局部时间,在普通型个人破产程序和简易型个人破产程序之间也应显示出差异。如债权申报时间,在普通型个人破产程序中如果确定为 1 个月,则在简易型个人破产程序中便应确定为 15 日等,余不赘述。

此外,尚需指出的是,与诉讼程序一样,普通型个人破产程序和简易型个人破产程序的适用也并不是一成不变的。一般而言,除非当事人有此需求,普通型个人破产程序不宜转变为简易型个人破产程序,但简易型个人破产程序却可以转变为普通型个人破产程序。因为在破产程序进行过程中,无论是事实问题、法律问题抑或是程序事项,都有可能发生由简单向复杂的变化,此时再机械地坚持适用简易型个人破产程序则有削足适履之嫌,不符合破产案件处理的实际需要,难以产生破产程序处理的理想效果,因而并不可取。

---

① 如《深圳经济特区个人破产条例》第 148 条规定:“人民法院审理个人破产案件,债权债务关系明确、债务人财产状况清楚、案情简单的,可以由合议庭适用简易程序审理。债务人债务不超过二十万元的,可以由法官一人独任审理。”

第一章　我国个人破产制度相关争论概述

我国关于个人破产制度的立法可谓一波三折。在中国法治现代化的进程中，社会上从未缺乏支持制定个人破产制度的声音，但反对制定个人破产制度的呼吁也从未停止。即便在同意制定个人破产制度的“阵营”中，亦存在法律制定条件是否符合程序、调整范围是什么、程序内部子程序之间的关系为何等争论。本章的内容，意在将涉及我国个人破产制度在推进过程中的主要争论点列举出来，并为本书后续的专题论述开展奠定基础。

一、个人破产制度之立法与政策更迭

“个人破产法是指作为债务人的自然人不能清偿到期债务时，由法院依法宣告其破产，并对财产进行清算和分配或者进行债务调整，对其债务进行豁免以及确定当事人在破产过程中权利义务关系的法律规范。”[①]关于个人破产的立法情况与实践探索，可从中央与地方两个层面予以展开。

---

① 李曙光：《破产法的转型》，法律出版社2013年版，第204页。

(一)国家层面上个人破产制度的立法政策发展

自 1986 年《企业破产法(试行)》出台以来,是否建立个人破产法存在诸多争论。例如在 1994 年在北京召开的“94 产权流动与破产实务研讨会”上,时任企业破产法修改小组组长吴春生同志在发言中介绍了当时关于企业破产法修改的 3 种观点,即“维持现状说”、“所有企业说”以及“全部主体说”。其中,“维持现状说”,是指企业破产法的适用范围应当维持现状,即保持适用企业法人的情况不变;“所有企业说”认为,我国企业破产法的修改应在现行法内突出企业的适用空间,即可以适用企业法人也可以适用非法人组织的企业,如合伙企业等;而“全部主体说”则主张,我国企业破产法在修改过程中应当坚持一般破产主义,将破产法的适用范围扩展至所有民商事法律关系的主体。[①] 尽管 1994 年全国人大财经委组织了相应企业破产法起草工作,并在 1995 年形成了相关草案,但最终因时机不成熟等原因草案被搁置没有被审议,在九届人大召开期间,全国人大财经委对破产法草案反复修改之后打算提请审议,但又因当时出现特殊情况,该草案又没有被审议通过。

十届人大常委会再次将破产法纳入五年立法规划之中,且全国人大财经委在 2003 年又组织了新一届破产法起草小组,在反复讨论、广泛征求意见的情况下形成了新的企业破产法草案。2004 年当《企业破产法(草案)》提交审议时,时任全国人大财经委副主任的贾志杰同志在报告中说:“(一)关于适用范围。草案第二条规定,本法的适用范围包括企业法人、合伙企业及其合伙人、个人独资企业及其出资人、其他依法设立的营利性组织,较现行企业破产法,适用范围扩大到所有类型的企业。国有企业作为企业法人仍属本法的调整对象。在起草过程中,有同志建议将 2300 万个体工商户和个人在消费行为中可能出现的破产纳入本法调整。经过认真研究,我们认为,实施个人破产制度的前提是,国家具有比较完备的个人财产登记制度和良好的社会信用环境,目前我国这方面的制度还不完善,将上述个人破产纳入本法调整的时机尚不成熟。考虑到合伙企业的合伙人和个人独资企业的出资人对企业债

---

① 参见汤维建:《关于建立我国个人破产制度的构想》(上),载《政法论坛》1995 年第 3 期。

务承担无限连带责任，当这两类企业破产时，可能连带到合伙人和出资人的个人财产。为公平清偿债务，维护我国企业立法和企业破产法的协调统一，也为今后建立个人破产制度积累经验，草案将合伙企业合伙人和个人独资企业出资人可能出现的连带破产，一并纳入本法调整，并规定了相应的免责制度。”①

根据全国人大2003年8月公布的《企业破产法（草案）》第2条的规定，“本法适用于下列民事主体：（一）企业法人；（二）合伙企业及其合伙人；（三）个人独资企业及其出资人；（四）其他依法设立的营利性组织。前款规定的民事主体已解散但未清算或者未清算完毕的，在本法规定的范围内视为存续”。该草案在第149条、第150条规定了相应的免责制度，其中第149条规定：“在破产案件终结后，合伙企业合伙人、个人独资企业出资人依照本法第一百五十条的规定被免责前，应当以其取得的全部财产，对破产债权未受清偿的部分，继续承担清偿义务。前款规定的破产人在被免责前，不得有任何高消费或者投资行为。本条第一款规定的破产人，可以就破产案件终结后的债务清偿，拟订偿债计划，在破产案件终结前，提交债权人会议认可。经债权人会议认可的偿债计划，对双方当事人具有约束力。”第150条作了关于破产免责方面的规定。

然而，时隔几个月后，当该草案再次被审议时，有关个人破产的条款已经被移除了。时任全国人大法律委副主任蒋黔贵在报告中说：“一、草案第二条规定，本法的适用范围包括企业法人、合伙企业及其合伙人、个人独资企业及其出资人，以及其他依法设立的营利性组织。关于本法的适用范围是否包括‘其他依法设立的营利性组织’的问题，有的常委委员和地方、部门提出，草案上述规定中‘其他依法设立的营利性组织’是指哪些组织，它们与企业有什么实质区别，其投资人对该组织的债务是承担有限责任还是无限责任，都不清楚，将其纳入本法的适用范围，在实践中难以操作。法律委员会经研究认为，目前存在的企业以外的‘营利性组织’，其中不少本身就属于企业的性质，随着

① 贾志杰：《关于〈中华人民共和国企业破产法（草案）〉的说明》，载中国人大网，http://www.npc.gov.cn/wxzl/gongbao/2006-09/26/content_5354979.htm。

改革的深化将会逐步改制成为企业,可以直接适用本法规定;对不属于企业的'营利性组织',应在明确界定其范围和责任形式的基础上,再研究如何对其实施破产的问题,本法作为企业破产法,可以不作规定。法律委员会经同财经委员会、最高人民法院研究,建议删去草案关于本法适用于企业以外的其他营利性组织的规定。关于本法的适用范围是否包括'合伙企业及其合伙人、个人独资企业及其出资人'的问题,有不同的意见。有些常委委员、最高人民法院和有些地方、部门、专家提出,将合伙企业及其合伙人、个人独资企业及其出资人纳入破产法的适用范围,涉及从事经营活动的个人的破产问题。目前,在我国个人信用体系还不健全,尚无有效手段防止个人借破产之机隐匿财产、逃避债务的情况下,对个人实行破产的条件尚不成熟。有些常委委员和有的地方、专家提出,将这两类个人投资设立的企业及其投资人纳入破产法的适用范围,对经营失败的诚实的个人投资者实行破产免责,有利于促进这两类企业的发展,也可以为探索建立个人破产制度积累经验。还有些常委委员和有的地方、部门、专家提出,如果将合伙企业合伙人、个人独资企业出资人纳入本法适用范围,同样从事经营活动的个体工商户也应纳入本法适用范围,否则,不符合平等对待市场主体的原则。法律委员会经对上述各种意见认真研究认为:草案在总结实践经验的基础上,将破产法的适用范围扩大到承担有限责任的各种所有制的企业法人,已是一大进步。至于不具有法人资格的合伙企业、个人独资企业,由于现行法律规定其合伙人、出资人应对企业债务承担无限连带责任,这些企业如果破产,必然会连带牵涉企业合伙人、出资人个人破产问题。而对个人破产如何规范的问题,还缺乏必要的实践经验,各方面的意见也不一致,将其纳入破产法适用范围的条件尚不成熟。因此,合伙企业、个人独资企业破产时本法哪些规定可以适用、如何适用,其合伙人、出资人如何承担无限连带责任、如何免责,还需要进一步研究,在条件成熟时,再通过修改有关法律,予以明确。在有关法律修改前,这两类企业的债务清偿问题,仍可按照民事诉讼法等有关法律的规定执行。据此,法律委员会经同财经委员会、最高人民法院研究,建议将本法的适用范围限定为企业法人。同时,为了同下一步修改有关法律相衔接,建议在附则中增加一条,规定:'合伙企业、个人独资企业的破产对本法规定的适用，由有关法律规定。'"[①]从此以后，至2006年《企业破产法》最终出台时，我国《企业破产法》的适用范围，没有扩大到自然人主体，而是限制于企业法人。

我国个人破产法迟迟不能出台的原因，在两次草案审议报告中得出了十分明确的答案，即我国当时的财产登记制度以及信用制度不完善。然而，从上述材料中也可以看出，我国各界对于要不要建立个人破产制度好似不存在争议，只不过对何时建立个人破产制度存在争议。

自2006年《企业破产法》公布之后，关于个人破产法是否立法的讨论因没有立法层面的刺激，似乎有点销声匿迹。

2016年，最高人民法院向全国宣告计划用2～3年的时间基本解决执行难之后，法院系统出现了大量的执行不能的案件。实际上，执行不能的案件因为被申请人已经丧失了清偿能力，所以无论采用何种执行手段，均不能使债权人的债权得到执行，但又因个人破产法的缺失，所以最高人民法院采用了"终结本次执行"的方式临时解决执行不能的案件。

2018年，最高人民法院在作《关于人民法院解决"执行难"工作情况的报告》时指出，"执行难"成因之一是"法律和配套制度不够健全完善。我国尚未制定单独的强制执行法，执行程序在《民事诉讼法》中仅有几十个条文，很多问题缺乏明确规定。在配套制度方面，我国尚未建立个人破产制度，与执行案件有关的救助制度也不完善。实践中对拒执罪适用较少，法院与有关方面配合形成合力不够"。该报告中还指出："需要说明的是，执行过程中，有相当一部分案件被执行人完全丧失履行能力、经核查确无财产可供执行，客观上不具备执行条件，即使法院穷尽一切措施，也无法实际执行到位。这类案件，一般称之为'执行不能'案件。近年来，我国生效裁判文书的自动履行率逐年提升，2016年、2017年分别为51%、57%，剩余40%多未自动履行的案件进入执行程序。在进入执行程序的案件中，约有5%属于申请人民法院强制执行仲裁裁决、公证债权文书，约有43%属于确无财产可供执行的'执行不能'案件。换算

---

① 蒋黔贵：《全国人大法律委员会关于〈中华人民共和国企业破产法（草案）〉修改情况的汇报》，载中国人大网，http://www.npc.gov.cn/wxzl/gongbao/2006－09/26/content_5354978.htm。

下来,民商事案件中,约18%的案件是'执行不能'案件。这类案件所涉债务大致分为两类:一类是法人债务。被执行企业债台高筑、濒临破产,甚至处于无人员、无财产、无办公场所的状态,这些'僵尸企业'在执行中形成大量'僵尸案件'。另一类是自然人债务。一些交通事故、人身损害赔偿、刑事附带民事诉讼等案件,被执行人自始就财力有限,甚至'家徒四壁',确无清偿能力。实践中,许多当事人及社会公众认为生效法律文书是以国家信用作背书,只要有生效文书就一定要执行到位,要求法院兜底、承担化解一切风险的'无限责任'。从世界各国通例来看,'执行不能'案件都属于当事人应当承担的商业风险、法律风险、社会风险,并非法院执行不力所致,需要通过个人破产、社会救助等制度机制予以解决,不属于申请执行的范围,不能进入执行程序。但在我国,对于'执行不能'案件,人民法院并未置之不理,而是通过严格审查后终结本次执行程序,纳入'终本案件库'管理,公开接受社会监督,一旦发现有财产必须及时恢复执行,尽最大努力、穷尽一切措施兑现胜诉当事人合法权益。"①为了巩固基本解决执行难的胜利成果以及解决在基本解决执行难当中出现的问题,该报告最终提出如下建议:"一是加强对执行工作的监督和支持,促进全社会形成更加理解支持执行工作的良好氛围。二是完善执行立法,按照党的十八届四中全会部署,加快制定强制执行法,为解决执行难提供充分法治保障。推动建立个人破产制度,完善现行破产法,畅通'执行不能'案件依法退出路径。进一步完善相关诉讼法律制度,更好适应执行实际需求。三是加强社会诚信体系建设,进一步健全不敢逃债、不能逃债、不愿逃债的制度体系。四是推动健全执行救助制度、司法救助保险制度,使更多涉民生案件困难当事人得到救助,切实增强人民群众的获得感。"②

可以说,最高人民法院关于基本解决执行难的报告,在建立个人破产制度的呼声将要消失之时又足足地添加了一把"旺火"。这把"旺火"引起了国内各

---

① 周强:《最高人民法院关于人民法院解决"执行难"工作情况的报告》,载全国法院切实解决执行难信息网2018年10月24日,http://jszx.court.gov.cn/main/SupremeCourt/129053.jhtml。

② 周强:《最高人民法院关于人民法院解决"执行难"工作情况的报告》,载全国法院切实解决执行难信息网2018年10月24日,http://jszx.court.gov.cn/main/SupremeCourt/129053.jhtml。

大媒体、自媒体的强烈关注，在社会上形成了广泛探讨。老百姓在茶余饭后，都会讨论什么是个人破产，个人破产是否意味着欠债不还，个人破产是否等同“老赖”可以“逃废债”了等问题。

学术界对于个人破产问题的研究成为一个新的热点，如《中国人民大学学报》2021 年第 5 期以及《中国应用法学》2021 年第 5 期就围绕个人破产制度相关议题刊发了多篇文章，[①]其他期刊、学报也不时出现有关个人破产问题的文章。另外，在有关破产法的研讨会上，个人破产制度的研讨也成为一个热门话题。

此外，2019 年 2 月，最高人民法院发布了《关于深化人民法院司法体制综合配套改革的意见——人民法院第五个五年改革纲要（2019—2023）》的通知（以下简称《五五纲要》），《五五纲要》中明确指出：“健全切实解决执行难的源头治理机制。推动制定强制执行法。强化生效法律文书的确定性、可执行性，建立生效法律文书执行内容不明确的处理机制。进一步完善执行转破产机制，大力推进信息化应用，完善执行与破产的信息交流和共享机制，推进‘执转破’案件的快速审理，促进执行积案化解。研究推动建立个人破产制度及相关配套机制，着力解决针对个人的执行不能案件。推动完善公司法律制度，限制随意变更法定代表人和高级管理人员，强化公司账簿管理，健全公司交易全程留痕制度，防止随意抽逃公司资产。健全司法救助与社会救助的衔接配合机制。”

2019 年 6 月，国家发展和改革委员会联合其他 12 个国家机关共同发布了《加快完善市场主体退出制度改革方案》，该方案中明确：“研究建立个人破产制度，重点解决企业破产产生的自然人连带责任担保债务问题。明确自然人

① 参见徐阳光、武诗敏：《个人破产立法的理论逻辑与现实进路》，载《中国人民大学学报》2021 年第 5 期；白田甜：《个人破产立法中的争议与抉择——以〈深圳经济特区个人破产条例〉为例》，载《中国人民大学学报》2021 年第 5 期；江苏省高级人民法院课题组：《我国个人破产制度立法模式的选择》，载《中国应用法学》2021 年第 5 期；汤维建、胡守鑫：《个人破产制度构建中的理论分歧、共识与反思——基于 571 份调查问卷的实证研究》，载《中国应用法学》2021 年第 5 期；齐砺杰：《破产无效制度在个人破产背景下的迭代研究——以〈深圳经济特区个人破产条例〉为例》，载《中国应用法学》2021 年第 5 期。

因担保等原因而承担与生产经营活动相关的负债可依法合理免责。逐步推进建立自然人符合条件的消费负债可依法合理免责,最终建立全面的个人破产制度。"笔者认为,该份文件的意义在于,最高人民法院的呼吁引起了其他国家机关的重视,并且该份文件也不仅研究个人破产制度,而是为我国个人破产制度建立的层次、建立的时间以及建立的适用范围均作出了原则性规定。

2020 年 5 月,中共中央、国务院发布的《关于新时代加快完善社会主义市场经济体制的意见》中明确提出,"完善经济领域法律法规体系。完善物权、债权、股权等各类产权相关法律制度,从立法上赋予私有财产和公有财产平等地位并平等保护。健全破产制度,改革完善企业破产法律制度,推动个人破产立法,建立健全金融机构市场化退出法规,实现市场主体有序退出。修订反垄断法,推动社会信用法律建设,维护公平竞争市场环境。制定和完善发展规划、国土空间规划、自然资源资产、生态环境、农业、财政税收、金融、涉外经贸等方面法律法规。按照包容审慎原则推进新经济领域立法。健全重大改革特别授权机制,对涉及调整现行法律法规的重大改革,按法定程序经全国人大或国务院统一授权后,由有条件的地方先行开展改革试验和实践创新"。笔者认为,从文件发布的主体而言,该文件是由中共中央以及国务院联合发布的,说明此文件的效力层级要高于此前由其他国家机关发布的政策文件,这意味着党中央、国务院已经肯定了我国应当建立个人破产制度,所以推动个人破产制度立法势在必行。

经以上文件的内容可以看出,自 1986 年《企业破产法(试行)》出台后,国家层面上对于个人破产立法的态度呈现保守—小心开放—审慎—急切呼吁—允许开放的态度变化。尽管整个过程中间出现了数次反复使个人破产法迟迟不能出台,但总体而言,国家层面意识到了个人破产法对于我国经济社会发展的重要性。因此,怎么开放、如何开放个人破产程序,应当成为下一步研究的重点对象。

(二)地方对个人债务集中清理制度的探索与实践

在中央层面放开对个人破产立法的态度之后,我国部分地区尤其是江浙一带事先开展了地方性探索。江浙地区开展个人债务集中清理制度与当地的民营企业发展存在直接联系。在我国的金融体系之中一直存在两套体系，一套是国家层面的以银行为代表的金融借贷体系，另一套是民间资本进行的借贷。在江浙一带，民间借贷行为十分流行，以温州为例民间借贷是民营企业获取资金来源的重要方式，"吴某案"也是浙江民间资本借贷的一个问题反映折射。在小微企业获得银行信贷资金困难的情况下，以便捷方式获得民间借贷是浙江民营企业家较青睐的方式。另外，江浙一带的民营企业家存在非常严重的互联互保形式，即通常由相互熟悉的几位民营企业家为获取银行贷款而相互承担保证责任。

民营企业对我国经济社会作出了突出贡献，其中，民营经济对国家财政收入的贡献占比超过 50%；GDP 和固定资产投资、对外直接投资占比均超过 60%。[①] 就 2017 年我国各省注册的私营企业法人数量而言，位列全国前三的省级单位分别是江苏、山东以及浙江，各自行政区内分别注册了 1, 918, 712 个、1, 479, 916 以及 1, 476, 631 个私营企业法人单位，而位列后十的省级单位分别是西藏、海南、宁夏、青海、甘肃、吉林、新疆、内蒙古、黑龙江以及陕西。[②] 江浙一带不仅民营企业数量属于全国前列，在破产案件的数量上，也是全国前列。2020 年 4 月 27 日，笔者以"申请破产清算"为关键词，通过"无讼案例"进行法律文书检索，共检索出 22, 517 份法律文书，位列前三的省份分别是浙江省 6518 份、广东省 3470 份、江苏省 1803 份。尽管法律文书的数量不能具体而准确地反映破产案件的数量，但仍可以大致反映该地区的破产业务数量的多寡。

2019 年 4 月，浙江省台州市中级人民法院率先发布了《执行程序转个人债务清理程序审理规程(暂行)》，全文共计 73 条，拟对执行程序中的执行不能的被申请人进行集中债务清理。这是我国在地方探索上，首个具有个人破产程序性质的个人债务清理程序地方文件。2019 年 8 月，同为民营经济活动频繁的浙江省温州市，亦由温州市中级人民法院出台了《关于个人债务集中清理的

---

① 全国工商联主席高云龙在全国政协十三届一次会议新闻中心举办的记者会中公布的数据。

② 载国家统计局官网，http://data. stats. gov. cn/easyquery. htm? cn = E0103，最后访问日期：2022 年 10 月 15 日。

实施意见(试行)》。该文件共44个条文,对不能清偿到期债务的债务人进行债务集中清理作出了规定。2019年10月,苏州市吴江区人民法院发布了《关于个人债务清理的若干规定(试行)》。2020年3月,山东高青县人民法院发布了《关于企业破产中对有关个人债务一并集中清理的意见(试行)》,拟对在企业法人债务人进入破产程序时对企业法人承担连带债务的商自然人进行个人债务集中清理。2021年,泸州市龙马潭区法院出台了《个人破产和解实施办法(试行)》,该程序系以执行程序中的执行和解为主要程序基础模式,加以改造而成。从以上地方探索可以看出,这些文件基本是以地方法院为主导的,以出台规范性文件的形式在《企业破产法》的框架下,结合《民事诉讼法》等规定制定而出的。

我国地方性探索具有里程碑的事件当属《深圳经济特区个人破产条例》的出台。2020年4月,深圳市人大常委会首次对《深圳经济特区个人破产条例(草案)》进行审议。深圳市人大指出:“破产是市场经济资源配置前提下的必然结果,也是当今社会常见的经济现象。世界上许多发达国家和地区都建立了个人破产制度,其目的是让那些‘诚实而不幸’的个人债务人获得重生的机会,同时也更好保护债权人利益,将债务人剩余的财产能够尽可能以最公平的方式分配给各个债权人。此次深圳就个人破产进行立法,意味着我国的个人破产制度,将率先在深圳‘破冰’。”[①]同年8月26日,在时隔4个月之后,深圳市人大常委会正式表决通过《深圳经济特区个人破产条例》。因地方性法规属于我国法律体系的组成部分之一,《深圳经济特区个人破产条例》的效力不等同以往地方法院以规范性文件形式出台的个人债务集中清理条例,所以该条例的出台表明,我国已经具有广义上的个人破产法。

2021年5月11日,深圳市民梁某某的个人破产重整申请获深圳破产法庭裁定受理,同年7月16日,梁某某的个人破产重整计划草案获得法院批准。[②]该案系《深圳经济特区个人破产条例》生效以来,首例获批的个人破产重整案,标志我国个人破产程序已经开始依法运转。

---

① 《个人破产条例将首次提议审议》,载《深圳特区报》2020年4月22日,A02版。

② 参见深圳市中级人民法院民事裁定书,(2021)粤03破230号(个1)。

可以看出,地方对于个人破产制度的需求是较为强烈的,诸多探索性工作更是富有创新性与价值性的。这为未来我国个人破产制度的正式出台,提供了极具参考价值的探索。

二、个人破产立法是否条件成熟

如前所述,个人破产制度的立法条件是否已经成熟不仅是在个人破产法立法的进程中所提出来的论题,也是在学界中引起巨大争议的问题。在对此论题的争辩中,出现了两大对立阵营,即支持者认为个人破产制度立法条件已经成熟,但反对者却认为我国当前诸多制度尚未建立,不适宜引入个人破产制度。

(一)反对声音:个人破产立法条件不成熟

有论者指出,我国个人信用主要存在如下问题:个人信用观念淡薄、缺乏可靠的个人信用资料、缺乏专门的个人信用评估体系以及缺乏相应的法律法规。该论者认为,在破产免责的制度中,社会将对债务人的信用状况的监督转移给了债权人,如果债权人不能有效对债务人进行监督,那么应当承担相应的不利后果,所以如果在信用体制不健全的情况下,基于破产人免责的利好优惠对债权人来说是非常不公平的事项,因若不利用个人信用制度查证债务人的财产情况,对违规债务人施以惩戒,单靠债务人自觉进行财产申报恐怕不具备现实基础。所以该论者认为,在未健全个人征信制度的情况下,实行个人破产制度与破产制度允许"诚实而不幸"的债务人破产的初衷相悖,反而有纵容投机分子的嫌疑,最终不利于社会经济的发展。①

有金融机构课题组指出,我国可能正在面临消费信贷风险、信用卡坏账风险、民间融资风险以及不可抗力风险,然而在建立个人破产制度时,应当考虑其与征信系统之间的关系。该课题组指出,征信系统在破产程序启动阶段扮演个人破产界限确立的角色,例如,启动后,法院对债务人的各种行为的限制

---

① 参见张军:《论个人信用与自然人破产立法制度的构建》,载《武汉大学学报(哲学社会科学版)》2009年第4期。

需要借助征信系统完成，而且在破产程序中，征信系统与衡量债务人的自由财产、裁定破产人是否获得免责存在直接关系。另外，在失权与复权制度上，因信用报告会对破产人的破产情况予以记载，所以失权制度才能够顺利有效实施，但我国目前阶段关于个人征信的法律尚不健全，且各部门之间关于管理征信系统尚且缺乏统一规划，因此需要完善征信系统使之与个人破产制度相互促进。①

有论者指出，我国个人破产制度之所以立法困难主要基于如下几方面原因：其一，传统观念对个人破产制度影响巨大，我国传统观念中的"父债子偿""欠债还钱，天经地义"的思想使我国社会大众在心理上很难理解个人破产制度。此外，人们还认为，个人破产制度与法律体系中的公平原则、诚实信用、公序良俗等原则不相符，故而难以接受个人破产制度。其二，我国社会信用体系有待完善。其三，现有司法资源是否能够应对个人破产案件的数量，个人破产案件数量占据破产案件数量比的绝大多数，因此，如果放开个人破产法时，法院是否会面临如山一般的个人破产案件申请量？是否能够应对？其四，以我国土地承包经营户为例，如果他们申请破产，因土地承包经营权以及宅基地使用权的特殊性质，所以不宜被作为债务人财产，故而可能会导致"无产可破"的情况，失去了个人破产制度的现实意义。②

有论者认为，司法资源与制度安排也不支持个人破产制度。最高人民法院曾于2004年作出司法解释，规定对被执行人及其所扶养家属生活所必需的居住房屋，即使房屋已经设定抵押，只要被执行人及其所扶养家属必须居住，人民法院可以查封，但不得拍卖、变卖或者抵债。其目的在于保障债务人生存权。如果颁布个人破产制度，并且将个人所拥有的唯一住房纳入豁免范围，那么对商业银行来说，必然只会向那些购买第二套住房的购房者提供贷款，或者对只有一套住房的购房者收取更高的利率，这会使更多尚未购买住房的民众要付出更高的成本或者根本无法获取银行借贷。这一推断绝非杞人忧天。该

---

① 参见中国人民银行济南分行课题组：《征信系统建设与个人破产制度研究》，载《武汉金融》2012年第4期。

② 参见杨显斌、陈风润：《个人破产制度的中国式建构》，载《南京社会科学》2017年第4期。

司法解释出台后各商业银行抬高了贷款门槛，致使许多原本可以获得银行住房贷款的人无法贷款买房，并促使最高人民法院在 2005 年 11 月不得不专门针对房屋执行又重新发布了新的司法解释，明确抵押贷款不在免责范围之内。①

有论者指出，我国自古以来受农耕经济影响，并在政治经济上采取“重农抑商”的政策，使我国始终没有孕育出与破产有关的法律文化，并且即便是在清末时引入破产制度，但该制度在我国生根发芽始终是缓慢的，而这一切与公众的法意识均存在莫大联系。② 此外，该论者还认为，我国个人破产制度尚存在一些“堵点”，例如，我国关于个人破产制度的探索尚不充分，包括个人破产制度的理论研究、配套措施以及实践成果均有待深化、完善以及检验反馈；此外，尚且存在破产审判以及管理人队伍较单薄的问题。③ 但是，该论者并非完全反对个人破产制度，而是在此背景下提出了制度的完善建议，增强了个人破产实施的可行性。

（二）赞成声音：个人破产制度立法条件已经成熟

面对质疑，有部分学者认为，我国个人破产法立法条件已经成熟。理由是：其一，尽管传统理念会对个人破产制度立法产生阻碍，但是如同企业破产制度实施一样，一旦个人破产制度实施起来，那么人们的观念也会随着制度的转变而转变；其二，《企业破产法》的实施为个人破产制度的实施与处理提供了丰富经验，个人破产在企业破产程序的基础上在特殊方面作出特殊规定即可，在立法技术上并不存在特别的困难；其三，《民事诉讼法》《合伙企业法》中已经呈现个人破产制度的相关雏形，个人破产制度的实施并不会显得突兀；其四，一些特殊的政策性的破产事件需要个人破产制度加以实施，如自然灾害引发的个人破产事件。④

有论者明确指出，我国社会在探讨个人破产制度建立问题时，已经模糊了

① 参见陈秋云：《论个人破产制度的中国选择》，载《理论月刊》2010 年第 3 期。

② 参见张善斌、钱宁：《论个人破产制度构建的痛点——公众法意识的转型》，载《商业研究》2021 年第 2 期。

③ 参见张善斌、钱宁：《个人破产热点的冷思考——以立法条件的考量为中心》，载《法学家》2021 年第 6 期。

④ 参见汤维建：《〈个人破产法〉的立法研究》，载《山东警察学院学报》2010 年第 5 期。

个人破产制度应有的程序功能，而是希望个人破产法从根本上杜绝被恶意债务人利用成为合法的“逃废债”工具，所以如果个人破产法不能够杜绝自然人因财产不明晰而导致的恶意“逃债”，那么我国破产法就不能向自然人开放。①该论者继续指出，自然人财产状况是否明晰并非破产法所关注的首要问题，故而自然人财产状况不明晰，也不能否定破产法对自然人的适用，反而破产法所关注的首要问题应是自然人债务人是否有可供清理的财产，只要自然人有可供清理的财产，那么就有适用破产法的基础，所以有关建立个人破产制度后会被沦为“逃废债”的工具等观点，属于人们对破产法的假想，这些假想可以随着法律制度的逐渐完备而逐渐缩小。②

有论者认为，个人破产通常分为消费者破产与商个人破产，我国因尚未建立完整的票据、信用卡等支付结算体系，以及我国社会存在“重储蓄、轻透支”的情况，所以消费者破产问题并不十分突出，而仅需对因个人从事生产经营活动导致的支付不能而导致破产的问题加以规定。理由是：首先，破产法调整的企业包括合伙企业与个人独资企业，这两类企业破产后均会让合伙人或投资人承担无限连带责任，但如果不允许合伙人或投资人破产那么无法实现真正意义上的退出机制；其次，实施个人破产后有利于加强社会信用的建设，一方面可以防止债务人逃债或继续不负责任的经营，另一方面也可以防止债务人已经负债累累却继续举债的情况发生；最后，允许个人破产是与国际社会惯例相互接轨的要求，该论者还认为，“财产登记制度”不健全并非阻碍建立个人破产制度的理由，因为债务人拥有哪些财产应当是债权人的举证问题，至于自然人的财产查控等问题，会随着我国存在实名制等制度完善而逐渐被解决。③

有学者认为，社会信用制度并非个人破产法的立法基础，那种认为在没有完备的社会信用制度时，建立个人破产制度会造成债权人债权损害的观点实际上是混淆了二者之间的因果关系，该学者进一步认为，就历史发展的角度而言，个人破产制度并非社会信用制度催生下产生的结果，企业破产程序晚于个

---

① 参见邹海林：《关于新破产法的适用范围的思考》，载《政法论坛》2002年第3期。

② 参见邹海林：《关于新破产法的适用范围的思考》，载《政法论坛》2002年第3期。

③ 参见王利明：《关于制定我国破产法的若干问题》，载《中国法学》2002年第5期。

人破产程序而出现,既然社会信用制度可以支撑企业破产程序,那么为何不能支撑个人破产程序?因此,并非社会信用制度的缺失导致个人破产制度无法建立,而是没有个人破产制度的建立就不能形成完备的社会信用制度。[①] 该学者还认为,财产登记制度也不是建立个人破产制度的决定条件,理由是现代国家无力也不应该完全掌握公民的财产登记情况,也不应该因为市场经济活动可能造成的破产风险故而要求市场参与主体全部都登记自己的财产,这有对公民隐私权造成侵犯的嫌疑,同时,个人财产登记制度并不一定能够确保法院掌握债务人的所有财产所属情况,债务人的财产申报以及法院对债务人财产申报的查控情况可以作为法院是否受理案件的依据,但是却不能将之作为是否建立个人破产制度的条件。[②] 但笔者认为,该论者论证的逻辑并不严谨。例如,该论者以个人破产制度与企业破产制度起源的先后顺序与社会信用制度产生的先后关系是缺乏说服力的,因为企业或者说法人本身在法律上就是晚于自然人而产生的概念,同时,最初的个人破产的产生因社会关系较简单、财产状况较明晰、交易方式较原始,所以即便没有信用制度也可以继续个人破产制度,而后来的企业破产制度不仅是因为信用制度,还存在会计制度的支持使企业破产制度得以顺利进行。同时,信用制度对个人破产制度与企业制度的影响也不一样,个人破产制度中以消费者破产为例更多是表现在以信用卡为代表的过度信贷消费,所以当消费者破产时一系列的信用制度得以切实发挥作用。但笔者赞同该论者的结论,即缺失个人破产制度才是造成信用制度缺失的后果。

三、关于个人破产制度的其他主要论断

前述争论乃个人破产领域内“要不要立”以及“何时立”等重大理论性命题。现如今,“要不要立”的问题已经明确了,即个人破产制度是具有存在必要

---

① 参见李帅:《论我国个人破产制度的立法进路——以对个人破产“条件不成熟论”的批判而展开》,载《商业研究》2016 年第 3 期。

② 参见李帅:《论我国个人破产制度的立法进路——以对个人破产“条件不成熟论”的批判而展开》,载《商业研究》2016 年第 3 期。

的,但对于可行性问题仍需要诸多论证。除以上两大争论外,在个人破产程序构建的具体方面,亦存在诸多争论或观点。

(一)个人破产制度的建立基础

所谓个人破产制度建立基础,是指在何种情况下个人破产制度存在适用的空间,其与个人破产制度建立的必要性存在一定的关联。

关于个人破产制度的建立基础存在以下学说:

1."市场经济需求说"。该说认为,市场经济的各方主体需要在市场中进行竞争,市场主体之间的优胜劣汰是市场经济规律的必然,法治是市场经济得以良好运行的有力保障,允许各方主体申请破产系市场经济给予各方主体的平等保护,符合市场经济的内在要求。①

2."过度负债说"。有学者认为,过度负债是个人破产制度建立的现实基础。其理由是,当今社会上自然人面临的商业风险以及消费者基于过度负债而产生的问题日益加大,过度负债已成为一项系统性的金融风险问题,而个人破产制度是化解过度负债产生的一系列问题的必然选择。②

3."私法平等说"。该说认为,建立个人破产制度是符合私法主体之间平等的要求。③

4."追讨海外资产需求说"。该说认为,近现代个人破产法立法往往与一国国内信贷市场的迅速发展与膨胀存在直接关系,我国目前政府、市场以及居民个人对个人破产法的需求已是不争的事实,但是个人破产制度的建立并非仅由于整治信贷危机,它还在债权的海外执行以及财产的海外追索方面发挥普通执行程序无可替代的作用与意义。④

5."稳定金融风险说"。该说认为,我国信贷市场蓬勃发展,消费金融极具扩张,由此带来了可能较严重的债务违约的金融问题,因此为了稳定与把控金

---

① 参见汤维建:《关于建立我国个人破产制度的构想》(上),载《政法论坛》1995 年第 3 期。

② 参见殷慧芬:《个人破产立法的现实基础和基本理念》,载《法律适用》2019 年第 11 期。

③ 参见彭元、熊彬:《论建立我国个人破产制度》,载《特区经济》2004 年第 12 期。

④ 参见李小林:《全球化背景下的个人破产立法——适用范围与成本收益分析》,载《中国政法大学学报》2019 年第 4 期。

融市场的风险,应当建立长效、根本的解决机制。①

6."防控自然灾害说"。该说认为,我国是自然灾害高发的国家。自然灾害可能会引起群体性负债,因此,建立个人破产制度有利于解决因自然灾害引起的群体性负债问题。②

从以上各种学说可以看出,个人破产制度建立的基础应当是多方面的,并未仅有一个原因就能直接导致个人破产制度的需求。因此,笔者认为,个人破产制度的建立基础具有多样性,存在经济、文化、自然环境等诸多影响因素。

(二)个人破产制度的功能

关于个人破产制度的功能,主要有如下观点:

1.个人破产制度可以化解"三角债"、维护社会的稳定。"三角债"如同一个解不开的"九连环",然而"三角债"却不如"九连环"那样精致奇巧,却对社会的稳定有严重的危害。而个人破产制度通过清算免责、和解延期、重整再生等方式可以达到化解"三角债"、进而维护社会稳定的效果。

2.帮助债务人东山再起。德国学者波克认为,个人适用常规破产程序会过于奢侈与死板,"此外,将财产变价置于首位时便偏离了它原本的任务——因为个人通常只有很少财产可供变价,而且该程序首先就是要通过适当债务清理使债务人能够重新开始。所以《破产法》更加重视法庭外和法庭内的债务清理,而仅规定了一个非常简易的、辅助性的破产程序"。③

3.保障债务人未成年子女的健康成长。现代个人破产法多关注对诚实而不幸的债务人自身的拯救以及让其重生的问题,但却并未关注债务人的其他家庭成员尤其是债务人子女的健康成长问题。债权人长期的追讨债务的行为会给债务人及其家庭造成较严重的心理或生理上的压力与焦虑。同时,防止债务人子女产生相应的不诚信行为或理念,亦是法律应当关注的问题。因此,如何通过法律手段缓解这种压力与焦虑,尤其是让债务人的未成年子女在具

① 参见张阳:《个人破产何以可能:溯源、证立与展望》,载《税务经济》2019年第4期。

② 参见赵万一、高达:《论我国个人破产制度的构建》,载《法商研究》2014年第3期。

③ [德]莱茵哈德·波克:《德国破产法导论》(第6版),王艳柯译,北京大学出版社2014年版,第212页。

有责任感以及社会劳动参与的家庭氛围中成长,则是个人破产制度应发挥的一项重要功能。①

4. 有助于保护企业家精神。人非圣贤孰能无过,即便是“商业大鳄”也可能会面临投资失败、资金链紧缺等债务危机情况,更别说那些活跃在我国市场中的那些中小民营企业家。社会主义市场经济充满活力,离不开民营企业的贡献,更离不开民营企业家的努力。建立个人破产制度实质系给企业家上了一个“社会意外险”,营造较宽松的投资营商环境,让企业家敢于冒险,同时降低相应的投资风险。②

5. 遏制暴力逼债、非法讨债的现象发生。有观点认为,当个人破产制度建立后,现有的关于暴力逼债、非法讨债的现象将大幅降低,因个人破产制度中的免于破产财产制度以及免责制度可以有效化解债务纠纷。③

以上论述皆从保护债务人维度出发,论证个人破产制度的功能。事实上,作为一项集体清偿制度,个人破产制度的本意仍是维护债权人利益,保障债权人在债务人丧失清偿能力的情况下,能够有序地获得清偿、尽最大可能减少自己的损失。

此外,还有观点认为,个人破产制度还可以起到反向促进信用制度完善、加速资金周转以及限制过度消费行为等作用。④

除以上争论或观点外,关于个人破产制度还存在程序适用主体、程序模式选择、破产惩戒制度、免于破产财产制度、免责制度、和解与重整制度的异同等诸多问题的争论。本书将在后文中以上述问题为导向,详细论述各种争议以寻求符合中国实际国情的、具有中国特色的个人破产制度。

---

① 参见自然人破产处理工作小组起草:《世界银行:自然人破产问题处理报告》,殷慧芬、张达译,中国政法大学出版社 2016 年版,第 31 ~ 33 页。

② 参见齐砺杰:《个人破产的金融维度》,载《中国政法大学学报》2019 年第 4 期。

③ 参见郭兴利:《建立个人破产制度:化解个人债务纠纷的新路径》,载《山东师范大学学报(人文社会科学版)》2010 年第 2 期。

④ 参见章艺霞:《金融视角下的个人破产制度》,载《南方金融》2009 年第 4 期。

第二章　我国社会对个人破产制度认识的实证考察

如今，虽然在中央层面已经出台了有关个人破产制度的政策，而且地方上也有了关于个人破产制度的探索，①但是理论界与实务界对个人破产制度的种种态度不一。为仔细探求具有法律专业及破产知识背景的人士对个人破产制度的理性认知程度、量化理论分歧的差异程度，笔者通过问卷并结合统计学上的卡方检验等实证研究方法进行论证，以期为后续我国个人破产制度的建立寻求更多的共识基础。

一、受访者在调查问卷中的整体回答情况

(一)问卷的发放与回收概况

本问卷通过“问卷星”技术平台进行设计，并通过

---

① 目前，在实践中已经出台的关于个人破产制度或个人债务集中清理制度的文件包括但不限于《深圳经济特区个人破产条例》《浙江法院个人债务集中清理(类个人破产)工作指引(试行)》、山东省东营市中级人民法院《关于个人债务清理的实施意见(试行)》、台州市中级人民法院《执行程序转个人债务清理程序审理规程(暂行)》、温州市中级人民法院《关于个人债务集中清理的实施意见(试行)》、苏州市吴江区人民法院《关于个人债务清理的若干规定(试行)》、山东省高青县人民法院《关于企业破产中对有关个人债务一并集中清理的意见(试行)》以及泸州市龙马潭区《人民法院个人破产和解实施办法(试行)》等。

微信专业组群、与破产有关且具有影响力的公众号进行定点投放。如此做法，可以确保精准捕捉到目标人群，以获得准确的信息反馈。[①] 自本问卷投放后，截至2020年10月2日，共回收586份问卷，排除用于前期测试的15份问卷，实际用于分析的，共计571份问卷。

受访者的具体职业构成如下：法学学者33人、法官61人、检察官15人、司法行政人员32人、律师（不含担任过管理人的律师）140人、会计师（不含担任过管理人的会计师）5人、管理人（由担任过管理人的人士选择）106人、公司法务29人、法学学生104人[②]以及其他专业人士46人。在这10类职业群体中，律师、管理人以及法学学生占比较高，而会计师、检察官以及公司法务占比较少。

（二）问卷具体的回答情况

为设计本问卷，笔者进行了大量的文献梳理工作，并以文献中关于个人破产制度的主要争论为基础，汇总出本问卷的11个问题。这些问题涉及了9大个人破产制度构建中的要点内容。各题所涉的考察要点内容以及受访者的回答情况，具体如下。

1. 受访者对债务人不能清偿到期债务的主观态度

破产在本质上是一种经济现象，伴随人类社会的生存与发展，并可见诸人类社会的各个阶段。我国古代亦不可能避免破产这种经济现象的发生。然而，受传统精耕细作式小农经济的影响，我国古代视个人破产这种现象而不见，对不能清偿到期债务的债务人不加区分地采取严苛的刑事追债手段。例如，《唐律》中记载："诸负债违契不偿，一匹以上，违二十日笞二十，二十日加一等，罪止杖六十；三十匹，加二等；百匹，又加三等。各令备偿。"[③]据此规定，生

① 本次调研得到了中国人民大学肖建国教授和徐阳光教授、北京外国语大学刘静副教授、"学术之路"公众号负责人赵广开先生、"保全与执行"公众号负责人李舒律师、北京市盈科律师事务所马文龙律师、"破产重整那些事"公众号、北京市破产管理人协会、浙江省破产管理人协会、杭州市破产管理人协会、苏州市破产管理人协会、大连市破产管理人协会以及厦门市破产管理人协会等个人及单位的支持与帮助，谨致谢意。

② 本次调查问卷中的法学学生多为各个高校中的博士研究生，也包括少数硕士研究生以及本科生等。

③ 长孙无忌等：《唐律疏议注译》，袁文兴、袁超注译，甘肃人民出版社2017年版，第750页。

活在唐代的债务人若不能在合同履行期限届满之日履行债务的,则会根据所欠债务数额大小而被判处笞刑等刑罚。尽管在漫长的历史长河中也出现过个别的余债免除判例,[①]但却未形成系统化、体系化的个人债务清理机制。长此以往,人们在观念上就形成了"欠债还钱、天经地义""父债子偿"等思想,且这种观念至今对国人有较深刻的影响。[②]

个人破产制度所蕴含的价值观与传统理念存在巨大差异。故而,为了考察受访者对债务人不能清偿到期债务的态度,笔者设置了题目为"请问您对债务人到期不能清偿债务有何看法?"的问题。本题为第2题,在571份调查问卷中,选择"欠债还钱、天经地义,债务人无论如何都要清偿债务"的有59人,占比10.33%;选择"债务人应当尽自己全部努力偿还债务,但当债务人实在确有困难的情况下,社会可给予债务人偿还债务一定的宽限"的有157人,占比27.50%;选择"社会应接受诚实而不幸的债务人不能清偿到期债务时,可以利用个人破产程序解决债务问题"的有346人,占比60.60%;选择"我没有想法"的有2人,共计0.35%;选择"其他"的有7人,占比1.22%。在选择"其他"选项中,有个别受访者表示债务人应当继续履行清偿义务,否则不仅不符合道德标准,亦与基本法律原则相悖。另有受访者表示,如何判断债务人为"诚实而不幸的"是一个重要命题。

与第2题考察的要点相关联的,还有第7题。该题的题目是"您是否认为诚实而不幸的债务人值得同情(诚实而不幸的债务人是指不存在财产转移、破产欺诈等行为却又不幸破产的债务人)?"在回答上,绝大多数的受访者选择了"是,诚实而不幸的债务人应当值得同情"。有小部分受访者选择了"否,诚实而不幸的债务人不值得同情"。尚有51位受访者选择了"其他"。在51位选择"其他"选项的受访者中,有部分受访者为债权人利益受损而鸣不平,认为个人破产制度可能过分偏向对债务人利益的保护却忽视了维护债权人利益。有受访者认为,对于那些因决策失误、盲目追求高额利润而负债的债务人,不应

① 参见谢国儿:《中国古代"破解执行难"之法制探析》,载《人民法院报》2018年4月20日,第5版。

② 参见杨显斌、陈风润:《个人破产制度的中国式建构》,载《南京社会科学》2017年第4期。

由债权人对之不负责行为所造成的严重后果埋单。

2. 受访者对建立个人破产制度必要性的认知

我国建立个人破产制度的必要性一直是最具争议的基础性论题之一。尽管在理论界对于建立个人破产制度的必要性问题已经达成共识,且部分地区亦有了个人破产制度以及个人债务清理制度实践的背景下,笔者认为,仍有必要了解受访者对我国建立个人破产制度必要性的认知情况。

本题为第5题,在571份问卷中,有78.11%的受访者赞成我国建立个人破产制度;反之,有19.44%的受访者反对我国建立个人破产制度。另有少数人对是否建立个人破产制度态度不明。

3. 受访者对个人破产制度可能引发社会问题的认知

个人破产制度在我国现阶段是否是可行的以及该制度会引发哪些社会风险等问题,一直阻碍个人破产制度在我国的实施。以上争论早在21世纪初我国起草《企业破产法》时就存在,其中具有代表性的观点是"条件不成熟论",该观点认为,我国信用体系以及财产登记制度不健全,引入个人破产制度可能会导致"逃废债"问题加剧,故而我国建立个人破产制度的条件尚不成熟。① 此外,尚有部分观点认为,我国个人破产制度建立后,可能会诱发法院受理案件数量剧增、不能有效防止恶意债务人进入个人破产程序、不能有效维护债权人利益等风险。②

为此,笔者结合上述相关争论,拟定了题目为"您认为我国建立个人破产制度后,是否会引发下列风险?"的问题,意在调查受访者对我国建立个人破产制度的可行性以及可能会引发哪些社会风险的认知情况。本题为第6题且是多选题,其中,有439人次选择"我国信用制度、财产登记制度不完善,会助长债务人逃废债的可能",占比76.88%;有213人次选择"个人破产制度与我国'欠

① 参见蒋黔贵:《全国人大法律委员会关于〈中华人民共和国企业破产法(草案)〉修改情况的汇报》,载中国人大网,http://www.npc.gov.cn/wxzl/gongbao/2006-09/26/content_5354978.htm。

② 在目前个人债务清理的司法实践中,如何识别"诚实而不幸"的债务人是一大难点。参见蔡雄强、夏旭丽、郑拓等:《个人债务集中清理的实务难点与思考——以温州瓯海法院审结的李某个人债务集中清理案为视角》,载《人民司法》2020年第10期。

债还钱、天经地义’‘父债子偿’等传统观念不相符,债权人的债权不能得到有效保护”,占比37.3%;有429人次选择“我国法律(例如刑法)对破产欺诈等规定处罚力度过小,不能有效防止恶意债务人进入破产程序”,占比75.13%;有352人次选择“开放个人破产程序后,法院可能难以承受大量的个人破产案件的受理压力”,占比61.65%;有17人次选择“其他”占比2.98%;有45人次选择“我认为开放个人破产程序后,不会引发上述问题”,占比7.88%。选择“其他”的部分受访者认为,个人破产制度还可能会引发民间闲置资金难以盘活、债务人怠于履行清偿义务等问题。但是,有的受访者亦表示,选项中的风险为事物发展过程中所带来的,这些问题将会随着制度的完备、观念的改善而得以妥善解决。

4.受访者对个人破产制度作用的认知

由于个人破产制度是围绕“人”的因素而展开的法律程序,因此,理论界对于个人破产机制作用的观点不再局限于破产程序作用的通说观点,而是更多地强调了“人”的特质。例如,有观点认为,由于在个人破产案件中可供变价的财产较少,故而该制度的首要作用是帮助债务人清理债务并开始新的生活。① 有观点认为,当债务人不能清偿到期债务时,势必会引发债权人对债务人财产的无序争夺,然而我国当前的民事执行程序却不能满足全体债权人的债权平等保护之需,因此,应当通过个人破产制度以建立集体债权人追偿债权之合法秩序,减低债权人维权成本继而保障债权人的合法利益。② 以上观点均为围绕个人破产程序的正向功能而展开相关的论述,但是,社会上仍有部分声音认为个人破产制度是帮助“老赖”进行合法“逃废债”的工具。

为了了解受访者对个人破产制度作用的认识,笔者结合上述观点并拟定了题目为“您认为个人破产制度的作用是什么?”的问题。本题为第3题且是多选题,在具体选择情况上,“为诚实而不幸的债务人提供法律救济的渠道”的选项被选频次最高,有471人次,占比82.49%。被选频次第二高的选项为“化

---

① 参见[德]莱茵哈德·波克:《德国破产法导论》(第6版),王艳柯译,北京大学出版社2014年版,第212页。

② 参见汤维建:《关于我国建立个人破产制度的构想》(上),载《政法论坛》1995年第3期。

解社会系统性金融风险,维护社会公共利益”。被选频次第三高的选项是“维护债权人利益的法律程序”。另有86人次选择“是‘老赖’合法逃债的工具”。在选择“其他”选项时,有个别受访者明显表示出对个人破产制度的不信任态度,认为个人破产制度可能会造成“集体返贫”,或认为该制度会打击民间借贷热情,甚至沦为“庞氏骗局”的工具。反之,有受访者表示,个人破产制度有利于培育企业家精神。

5.受访者对个人破产制度立法目的的认知

个人破产程序参与主体众多、所涉利益复杂,因此如何确定好我国未来个人破产法的立法目的是至关重要的。就个人破产制度的历史发展而言,在免责制度出现以前,个人破产制度是完全偏向维护债权人利益的法律制度,但随着免责制度、自由财产制度以及债务人自愿破产制度的出现,个人破产制度的立法目的开始偏向保护债务人的利益。① 我国个人破产制度在无法拒绝上述有利于保护债务人利益的制度背景下,如何确定其立法目的是一项重要课题。

为此,笔者拟定了“您认为我国未来个人破产制度的主要应当侧重保护哪种利益?”的问题,意在观察受访者认为我国未来个人破产法的立法目的应是什么。② 本题为第4题且是多选题,其中,有412人次选择了“维护债权人利益为主”,有357人次选择了“帮助诚实而不幸的债务人摆脱债务负担”,还有344人次选择了“维护社会公共利益”,另有20人次选择了“其他”。在选择“其他”这一选项中,有受访者表示“最终保护的是社会经济秩序和商事规则”;有的表示“诚实而不幸价值倾向性也太明显了,我觉得保护是均衡的,特定程序下不公平也是公平”;有的表示“维护社会公序良俗,不能成为‘老赖’逃避责任的工具”;有的表示“帮助有积极维护信用,努力偿债,但确定终身无法清偿完毕的

---

① 参见韩长印:《破产理念的立法演变与破产程序的驱动机制》,载《法律科学(西北政法学院学报)》2002年第4期。

② 关于个人破产法立法目的之争论,参见欧元捷:《论个人破产建构的中国逻辑——以破产与免债的界分为起点》,载《山东社会科学》2020年第3期;刘冰:《论我国个人破产制度的构建》,载《中国法学》2019年第4期;殷慧芬:《个人破产立法的现实基础和基本理念》,载《法律适用》2019年第11期。

个人”。

6. 受访者对个人破产程序适用范围的认知

关于个人破产程序的适用主体范围，在比较个人破产法上有一般个人破产主义、商个人破产主义与消费者破产主义等不同的立法主义。① 其中，一般个人破产主义，是指允许所有个人适用个人破产程序的立法主义，商个人破产主义，是指仅允许从事商业行为的商人适用个人破产程序的立法主义，而消费者破产主义则是通过专门的消费者破产程序来处理消费者破产问题的立法主义。

目前，在我国司法实践中，既有采取一般个人破产主义的立法例，例如，《深圳经济特区个人破产条例》第 2 条规定：“在深圳经济特区居住，且参加深圳社会保险连续满三年的自然人，因生产经营、生活消费导致丧失清偿债务能力或者资产不足以清偿全部债务的，可以依照本条例进行破产清算、重整或者和解。”也有采取商个人破产主义的规定，例如，山东省高青县人民法院出台的《关于企业破产中对有关个人债务一并集中清理的意见（试行）》中第 1 条规定：“本意见集中清理的个人债务，是指破产企业生产经营活动中对企业债务承担清偿责任的有关个人债务。”理论界对如何设计我国个人破产程序的适用范围存在争论，此外，是否允许农民债务人适用个人破产程序，也是应当重点关注的话题。②

为了调查受访者对我国个人破产程序适用范围的认知情况，笔者结合以上争论拟定了题目为“您认为可以允许下列哪些主体申请个人破产？”的问题。本题为第 8 题且是多选题，具体的回答情况是：在 571 份问卷中有 453 人次选择“商个人”，有 280 人次选择“普通消费者”，有 339 人次选择“农村土地承包经营户”，有 60 人次选择“其他”。其中，在选择“其他”选项中，出现频次较高的内容分别是大病医疗患者、遭受自然灾害等不可抗力的家庭、金融案件的保证人等。同时，有部分人士认为，个人征信情况是良好乃至优秀的债务人，方

---

① 参见赵万一、高达：《论我国个人破产制度的构建》，载《法商研究》2014 年第 3 期。

② 参见朱涛：《“个人破产”为时尚早——从农村经济现状观之》，载《前沿》2009 年第 3 期；王雪丹：《关于二元经济体制对个人破产制度影响的思考——兼与朱涛博士商榷》，载《前沿》2010 年第 12 期。

可适用个人破产程序。

7. 受访者对个人破产清算程序的接受度

破产清算程序是破产制度中最原始的程序。① 并且个人破产制度中的自由财产制度、失权复权制度以及行为考察期制度与个人破产清算程序存在密切关联。在企业破产清算程序中，通常具有破产原因的企业债务人经破产清算程序后，其法律主体地位会随着剩余债务一并归于消灭。但在个人破产程序中，债务人的法律主体地位并不会随着剩余债务的消灭而消灭，而是只有当其死亡时，其人格才归于消灭。因此，笔者认为，有必要调查受访者对于个人破产清算程序的接受程度。

本题为第 9 题，回答的具体情况是，有 292 位受访者选择接受个人破产清算程序，有 244 位受访者选择不接受个人破产清算程序，另有 35 位受访者选择了“其他”。其中，有观点认为，应当建立行为考察期制度，在行为考察期结束后，未偿债务应转为自然债务。然而，也有观点认为，若债务人在破产程序终结后恢复了清偿能力，其仍应当负有清偿责任。

此外，第 10 题与本题亦存在关联。债务人不能清偿到期债务的判断标准之一是其丧失了清偿能力。② 具体而言，债务人丧失清偿能力，是指其丧失了利用信用、劳力或资产等要素进行偿还债务的能力。③ 因此，个人破产制度，尤其是个人破产清算程序的适用前提应是债务人丧失了所有前述要素在内的清偿能力。笔者专门设置了第 10 题，意在调查受访者是否同意具有劳动能力的债务人可以适用个人破产清算程序进行清理债务。

在第 10 题回答的结果上，超过 6 成的受访者不同意具有劳动能力的债务人可以直接申请个人破产清算程序获得免责，但仍有接近 4 成的受访者同意具有劳动能力的债务人可以经个人破产清算程序后获得免责。

8. 受访者对个人破产和解程序的接受度

个人破产清算程序的优点是可以迅速地实现债务人清理债务的目标，但

---

① 参见徐阳光：《英国个人破产与债务清理制度》，法律出版社 2020 年版，第 81 页。

② 参见王欣新：《破产原因理论与实务研究》，载《天津法学》2010 年第 1 期。

③ 参见陈计男：《破产法论》，台北，三民书局 2008 年版，第 26 页。

缺点也较明显，例如，债务人会受到失权措施的限制以及债权人通常不会获得较高比例的清偿等。为了弥补个人破产清算程序的缺点，各国或地区普遍在设置个人破产清算程序的同时，还设置了个人破产和解程序或个人重整等破产预防性程序。①

以个人破产和解程序为代表的个人破产预防性程序的优点是显而易见的，其利用延期偿付的办法既给予了债务人时间利益，让其获得喘息的空间、避免破产给其带来的不利影响，又提高了债权人的受偿比例，尽量减少债权人的损失。因此，该项制度也备受各国或地区的青睐。

为了调查受访者对破产和解程序的主观接受度，笔者拟定了题目为"您是否接受债务人不能清偿到期债务时通过与债权人达成和解协议以缓和清偿债务的方式?"的问题。本题为第11题，在回答上，绝大多数受访者接受破产和解程序，仅有4.55%的受访者不接受破产和解程序。尚有6位人士选择了"其他"。

9. 受访者对个人破产制度中不同程序模式的支持度

个人破产的程序模式存在并行结构与单一结构等两种模式。所谓并行结构，是指申请人可以在个人破产清算程序、个人破产和解程序以及个人重整程序之间进行选择适用，而所谓单一结构模式，是指法律预先设定债务人应优先适用个人破产程序或个人重整程序，申请人对此并无选择权，唯有当和解或重整失败等特殊情况下，方可转入个人破产清算程序。在比较法上，两种程序模式均有被采用，例如，美国法采取的是并行结构模式，德国法则采取的是单一结构模式。

理论界对于我国个人破产制度应当采取何种程序模式存在不同观点。②同样，我国司法实践对此问题亦有不同做法，例如，苏州市吴江区人民法院采

---

① 关于破产和解制度的论述，参见汤维建：《破产和解制度的改革与完善》，载《中国法学》1995年第2期；汤维建：《〈个人破产法〉的立法研究》，载《山东警察学院学报》2010年第5期；殷慧芬：《论个人重整》，载《中国海洋大学学报(社会科学版)》2012年第6期；刘静：《个人更生类型程序的中国化路径》，载《经贸法律评论》2020年第5期。

② 参见郭东阳：《个人破产中的程序选择模式问题研究》，载《河南大学学报(社会科学版)》2020年第2期；颜卉：《我国个人破产程序设置的模式选择》，载《甘肃社会科学》2021年第2期。

用的就是单一结构程序模式,其在《关于个人债务清理的若干规定(试行)》第7条第2款中规定:"有个人收入且超过维持其本人及其抚(扶)养家庭成员基本生活水平的债务人,应以制定债务清偿计划的方式申请债务清理。"而《深圳经济特区个人破产条例》采用的是并行结构程序模式。

为了调查受访者对于两种程序模式的支持程度,笔者拟定了题目为"您认为下列哪种个人破产程序模式更合理?"的问题。本题为第12题,在回答上,有347人支持并行结构模式,有204人支持破产和解程序或破产重整程序优先的单一结构模式,另有20人选择"其他"。

二、不同职业组别受访者的选择检验

在获取受访者整体选择的数据之后,为了进一步探析不同职业组别的受访者对待个人破产制度的态度之差异,笔者将问卷数据导入至SPSSAU(在线SPSS)系统进行检验。检验方法为将第1题即"请问您的职业是什么?"作为X定类,将其他问题作为Y定类,进行交叉(卡方)检验。在分析结果上,如果所得p值大于0.05,则说明各个组别针对相同问题的选择结果与整体的选择不存在显著性差异;反之,如果所得p值小于0.05,则说明各个组别针对相同问题的选择结果与整体的选择存在显著性差异。

笔者按上述检验方法进行操作,将第1题分别与第3、第4、第6、第7、第8、第12题进行交叉(卡方)检验后,所得p值依次是0.417、0.878、0.053、0.140、0.313、0.299,均大于0.05;将第1题分别与第2、第5、第9、第10、第11题进行交叉(卡方)检验后,所得p值均小于0.05。这意味着,不同职业组别的受访者在第3、第4、第6、第7、第8、第12题的选择与受访者整体的选择不存在显著性差异,但是在剩余题目的选择上却与受访者整体选择存在显著性差异。其中,具有显著性差异的检验结果如下:

1. 检验不同职业组别针对债务人不能清偿到期债务主观态度差异的结果(见表1):

表 1　受访者对债务人不能清偿到期债务的主观态度的卡方检验结果

题目	名称	请问您的职业是什么？（%）										总计	χ^2	p
		法学学者	法官	检察官	司法行政人员	律师（不含担任过管理人的律师）	会计师（不含担任过管理人的会计师）	管理人（由担任过管理人的人士选择）	公司法务	法学学生	其他专业人士			
请问您对债务人到期不能清偿债务有何看法	欠债还钱、天经地义，债务人无论如何都要清偿债务	3(9.09)	4(6.56)	3(20.00)	5(15.63)	19(13.57)	0(0.00)	2(1.89)	9(31.03)	10(9.62)	4(8.70)	59(10.33)	70.48	0.001**
	债务人应当尽自己全部努力偿还债务，但当债务人实在确有困难的情况下，社会可给予债务人偿还债务一定的宽限	5(15.15)	12(19.67)	6(40.00)	15(46.88)	39(27.86)	3(60.00)	17(16.04)	10(34.48)	37(35.58)	13(28.26)	157(27.50)		
	社会应接受诚实而不幸的债务人不能清偿到期债务时，可以利用个人破产程序解决债务问题	25(75.76)	45(73.77)	6(40.00)	12(37.50)	78(55.71)	2(40.00)	86(81.13)	9(31.03)	55(52.88)	28(60.87)	346(60.60)		
	我没有想法	0(0.00)	0(0.00)	0(0.00)	0(0.00)	1(0.71)	0(0.00)	0(0.00)	0(0.00)	1(0.96)	0(0.00)	2(0.35)		
	其他	0(0.00)	0(0.00)	0(0.00)	0(0.00)	3(2.14)	0(0.00)	1(0.94)	1(3.45)	1(0.96)	1(2.17)	7(1.23)		
总计		33	61	15	32	140	5	106	29	104	46	571		

注：* $p<0.05$　** $p<0.01$。

据表1可知，不同职业样本对于“债务人到期不能清偿债务有何看法”呈现显著性（$p < 0.05$），意味着不同职业样本对于“对债务人到期不能清偿债务有何看法”均呈现差异性。

通过百分比对比差异可知，公司法务与检察官选择“欠债还钱、天经地义，债务人无论如何都要清偿债务”的比例分别为31.03%、20%，明显高于平均水平10.33%。会计师与司法行政人员选择“债务人应当尽自己全部努力偿还债务，但当债务人实在确有困难的情况下，社会可给予债务人偿还债务一定的宽限”的比例，明显高于平均水平27.5%。而管理人与法学学者选择“社会应接受诚实而不幸的债务人不能清偿到期债务时，可以利用个人破产程序解决债务问题”的比例分别为81.13%与75.76%，明显高于平均水平60.6%。

2. 检验不同职业组别针对是否赞成我国建立个人破产制度问题上差异的结果（见表2）。

经表2可知，不同职业组别样本对于“是否赞成我国建立个人破产制度”呈现显著性（$p < 0.05$），意味着不同职业组别样本对于“是否赞成我国建立个人破产制度”均呈现差异性。

具体而言，管理人组别与法官组别对建立个人破产制度持积极态度。其中，管理人选择“是，我赞成”的比例为92.45%，法官选择“是，我赞成”的比例为90.16%，明显高于平均水平78.11%。然而，公司法务、会计师、检察官、司法行政人员以及其他专业人士等职业组别对建立个人破产制度的支持率均低于平均水平，其中，又以会计师、公司法务反对建立个人破产制度的投票率超过平均水平最显著。

3. 检验不同职业组别对于接受个人破产清算程序程度差异的结果（见表3）。

表 2　受访者对个人破产制度支持度的卡方检验结果

题目	名称	请问您的职业是什么？（%）										总计	χ^2	p
		法学学者	法官	检察官	司法行政人员	律师（不含担任过管理人的律师）	会计师（不含担任过管理人的会计师）	管理人（由担任过管理人的人士选择）	公司法务	法学学生	其他专业人士			
您是否赞成我国建立个人破产制度	是，我赞成	29(87.88)	55(90.16)	10(66.67)	21(65.63)	102(72.86)	3(60.00)	98(92.45)	18(62.07)	82(78.85)	28(60.87)	446(78.11)	67.819	0.000**
	否，我反对	4(12.12)	6(9.84)	4(26.67)	8(25.00)	37(26.43)	2(40.00)	8(7.55)	11(37.93)	19(18.27)	12(26.09)	111(19.44)		
	不清楚，与我无关	0(0.00)	0(0.00)	1(6.67)	3(9.38)	1(0.71)	0(0.00)	0(0.00)	0(0.00)	3(2.88)	6(13.04)	14(2.45)		
总计		33	61	15	32	140	5	106	29	104	46	571		

注：* $p<0.05$　** $p<0.01$。

表 3　受访者对个人破产清算程序接受度的卡方检验结果

题目	名称	请问您的职业是什么？（%）										总计	χ^2	p
		法学学者	法官	检察官	司法行政人员	律师（不含担任过管理人的律师）	会计师（不含担任过管理人的会计师）	管理人（由担任过管理人的人士选择）	公司法务	法学学生	其他专业人士			
您是否接受债务人不能清偿到期债务时通过破产清算程序经清算后直接免除剩余债务	是，我可以接受	21(63.64)	42(68.85)	7(46.67)	11(34.38)	66(47.14)	3(60.00)	76(71.70)	7(24.14)	41(39.42)	18(39.13)	292(51.14)	55.425	0.000**
	否，我不能接受	10(30.30)	17(27.87)	6(40.00)	19(59.38)	67(47.86)	2(40.00)	23(21.70)	18(62.07)	57(54.81)	25(54.35)	244(42.73)		
	其他	2(6.06)	2(3.28)	2(13.33)	2(6.25)	7(5.00)	0(0.00)	7(6.60)	4(13.79)	6(5.77)	3(6.52)	35(6.13)		
总计		33	61	15	32	140	5	106	29	104	46	571		

注：* $p<0.05$　** $p<0.01$。

根据表3结果可知,不同职业组别样本对于“是否接受债务人不能清偿到期债务时通过破产清算程序经清算后直接免除剩余债务”呈现显著性($p<0.05$),意味着不同职业组别样本对于“是否接受债务人不能清偿到期债务时通过破产清算程序经清算后直接免除剩余债务”均呈现差异性。

经数据对比可知,公司法务、司法行政人员、律师、法学学生以及其他专业人士5个组别表明不接受个人破产清算程序的比例均要高于平均水平,其中,公司法务不接受程度最高。而管理人、法官、法学学者、会计师4个组别接受个人破产清算程序的比例要高于平均水平,其中,管理人的接受程度最高。在此问题上,检察官的表现与平均水平较接近。

4. 检验不同职业组别针对具有劳动能力的债务人适用个人破产清算程序接受度差异的结果(见表4)。

根据表4中p值大小可知,不同职业组别样本对于“是否同意具有劳动能力的债务人可以直接申请破产清算程序经清算后免除剩余债务”呈现显著性($p<0.05$),意味着不同职业组别样本对于“是否同意具有劳动能力的债务人可以直接申请破产清算程序经清算后免除剩余债务”均呈现差异性。

进言之,公司法务、司法行政人员、法学学生、其他专业人士以及律师5个组别反对具有劳动能力的债务人适用个人破产清算程序的比例要高于平均水平(65.85%)。其中,反对意见最明显的公司法务选择“不同意”的比例为89.66%,其次,司法行政人员选择“不同意”的比例为81.25%。

相反,会计师、法官、管理人、检察官以及法学学者5个组别支持具有劳动能力的债务人适用个人破产清算程序的比例要高于平均水平(34.15%),其中,会计师选择“同意”的比例为60%,法官选择“同意”的比例为49.18%。

5. 检验不同职业组别之间针对个人破产和解程序接受度差异的结果(见表5)。

表 4　受访者对具有劳动能力的债务人适用个人破产清算程序接受度的卡方检验结果

题目	名称	请问您的职业是什么？（%）										总计	χ^2	p
		法学学者	法官	检察官	司法行政人员	律师（不含担任过管理人的律师）	会计师（不含担任过管理人的会计师）	管理人（由担任过管理人的人士选择）	公司法务	法学学生	其他专业人士			
您是否同意具有劳动能力的债务人可以直接申请破产清算程序经清算后免除剩余债务	同意	15(45.45)	30(49.18)	7(46.67)	6(18.75)	43(30.71)	3(60.00)	50(47.17)	3(10.34)	25(24.04)	13(28.26)	195(34.15)	35.38	0.000**
	不同意	18(54.55)	31(50.82)	8(53.33)	26(81.25)	97(69.29)	2(40.00)	56(52.83)	26(89.66)	79(75.96)	33(71.74)	376(65.85)		
总计		33	61	15	32	140	5	106	29	104	46	571		

注：* $p<0.05$　** $p<0.01$。

表 5　受访者对个人破产和解程序接受度的卡方检验结果

题目	名称	请问您的职业是什么？（%）										总计	χ^2	p
		法学学者	法官	检察官	司法行政人员	律师（不含担任过管理人的律师）	会计师（不含担任过管理人的会计师）	管理人（由担任过管理人的人士选择）	公司法务	法学学生	其他专业人士			
您是否接受债务人不能清偿到期债务时通过与债权人达成和解协议以缓和清偿债务的方式	是，我可以接受	29(87.88)	59(96.72)	14(93.33)	26(81.25)	132(94.29)	5(100.00)	105(99.06)	28(96.55)	101(97.12)	40(86.96)	539(94.40)	35.551	0.008**
	否，我不能接受	3(9.09)	2(3.28)	1(6.67)	6(18.75)	6(4.29)	0(0.00)	1(0.94)	0(0.00)	3(2.88)	4(8.70)	26(4.55)		
	其他	1(3.03)	0(0.00)	0(0.00)	0(0.00)	2(1.43)	0(0.00)	0(0.00)	1(3.45)	0(0.00)	2(4.35)	6(1.05)		
总计		33	61	15	32	140	5	106	29	104	46	571		

注：* $p<0.05$　** $p<0.01$。

经表5所得数据可知,不同职业组别样本对于“您是否接受债务人不能清偿到期债务时通过与债权人达成和解协议以缓和清偿债务的方式”均呈现显著差异性。

关于破产和解程序的问题上,选择“是,我可以接受”并高于平均水平的组别有会计师、管理人、法学学生、法官、公司法务5个组别。而表示不能接受个人破产和解程序的比例高于平均水平的组别有司法行政人员、检察官、法学学者以及其他专业人士。

三、受访者对个人破产制度相关认知的总结与分析

(一)受访者整体对个人破产制度的认知情况总结

根据调查问卷的结果,笔者认为,整体上受访者对个人破产制度的认知具有如下特点:

1. 受访者整体对债务人不能清偿到期债务的态度较宽和

个人破产制度的有效实施与“破产文化”息息相关。从问卷第2、第7题的反馈情况可以看出,“欠债还钱、天经地义”以及“父债子偿”等传统观念,在受访者群体中并不能获得广泛认可,反而大部分的受访者对诚实而不幸的债务人报以同情、宽和的态度。这可能与受访者群体接受过良好的法律教育背景有关。尽管在受访者群体中也不乏少部分受访者对诚实而不幸的债务人破产问题持较严厉的态度。然而,被大部分受访群体接受的观念,又是否能在大众中得到认同。换言之,社会大众是否仍秉持着“欠债还钱、天经地义”等传统观念则有待论证,因这关乎个人破产制度能否被我国大众所接受的问题。

2. 受访者整体对个人破产制度接受程度较高

从问卷第5题可以看出,受访者整体对个人破产制度是欢迎的。尽管仍有超过20%的受访者持反对或模糊态度。但从该题的选择结果中可以推论,受访者整体对待个人破产制度的接受程度较高,且对个人破产程序的建立持同意态度。从第3题的回答结果可以推论,受访者对个人破产制度功能的认知是较统一的,同时,绝大多数受访者亦肯定了个人破产制度可以发挥正向功能。从第4题的回答结果中可以推论,受访者整体虽然赞同个人破产程序系帮助债

务人提供债务清理的法律渠道,但在具体制度设计中,受访者仍赞同应当以维护债权人的利益为主,同时兼顾债务人和社会公共的利益。

作为一项纯粹的“舶来品”,个人破产制度要想在我国生根发芽就必须进行本土化改造。本土化改造的重点不仅是构建好该项制度的具体内容,更是要确立好我国个人破产制度的立法目的。从受访者整体的选择即可看出,在维护债权人利益的基础上,兼顾保护债务人利益以及社会公共利益方是我国个人破产制度立法目的之应有选择。

3. 受访者注重建立实施个人破产制度后可能引发社会问题的防控

从第6题的选择结果来看,受访者整体认为,我国个人破产制度建立后可能引发的首位社会问题是“我国信用制度、财产登记制度不完善,会助长债务人逃废债的可能”。这也与“条件不成熟论”中的论据不谋而合。① 但是,我国信用制度以及财产登记制度正在逐年进步与完善。

比重位列第二的选项是“我国法律(例如刑法)对破产欺诈等规定处罚力度过小,不能有效防止恶意债务人进入破产程序”。这表明了受访者整体对我国个人破产程序因欠缺破产惩戒机制而产生的忧虑。这种忧虑并非空穴来风,因为我国《刑法》尚未有关于个人债务人破产犯罪的规定,并且在企业破产的实践中,行为人违法行为虽多,但真正触及《刑法》中虚假破产罪等罪名的案例却很少。此外,当前个人破产的司法实践中已经出现了恶意债务人假借破产之名,行“逃废债”之实的案例。例如,在深圳破产法庭受理的“李某申请个人破产清算案”中,法院就查明了债务人李某存在以个人名义过度举债归还夫妻共同债务,但却针对新债申请个人破产的不实情况。②

排名第三的选项是“开放个人破产程序后,法院可能难以承受大量的个人破产案件的受理压力”。这说明了受访者担忧法院是否有足够处置个人破产案件的能力。这种担忧可能源于我国受理民商事案件的数量与日俱增,并在开放个人破产程序后,个人破产案件可能会成为法院受理案件数量的一项增

---

① 参见李帅:《论我国个人破产制度的立法进路——以对个人破产“条件不成熟论”的批判而展开》,载《商业研究》2016年第3期。

② 参见广东省深圳市中级人民法院民事裁定书,(2021)粤03破申217号(个6)。

长点，从而加剧“案多人少”的矛盾。

排名最后的选项是“个人破产制度与我国‘欠债还钱、天经地义’‘父债子偿’等传统观念不相符，债权人的债权不能得到有效保护”。此外，仅有45人认为，我国开放个人破产程序后不会引发上述风险。

应当承认，个人破产制度的有效实施依赖相关配套机制的完善与配合，但这并不意味着我国个人破产制度务必要等待相关配套机制建立健全之后方可建立与施行。一方面，应当重视制定严格、周密的个人破产配套措施，如进一步完善信用机制与财产登记制度、适时修改《刑法》等相关法律制度；另一方面，应完善对“诚实而不幸的”债务人的识别手段，坚决防范具有“逃废债”意图的债务人进入个人破产程序，同时可考察比较法上的通行做法，[①]完善失权机制与司法强制措施等惩戒机制，将个人破产程序可能引发的社会风险降至最低。如此，个人破产程序方可取得广泛认同的正当性基础。

4. 受访者对于个人破产制度的具体设计方案存在不同认知

在个人破产程序的适用主体范围问题上，受访者整体认为，商个人可以适用个人破产程序的比例要明显高于其他选项主体。同时，受访者选择“农村土地承包经营户”的比例也要高于“普通消费者”的比例。受访者在本问题的观点与当前中央文件提出的“先商个人、后消费者等主体”的精神是一致的。[②] 这为我国如何开放个人破产程序的适用主体范围提供了一项有意义的参考。

在个人破产清算程序的认知上，受访者整体上接受个人破产清算程序与反对个人破产清算程序的比例基本相同，且受访者整体对拥有劳动能力的债务人直接适用破产清算程序持反对态度。此外，受访者整体对破产和解持肯定态度，这与受访者整体对待破产清算程序的态度呈现鲜明对比。然而，受访者在第12题中关于程序模式与程序选择权的回答却出乎笔者意料：在受访者

① 参见胡守鑫：《法国个人破产惩戒制度的特点》，载《人民法院报》2020年12月18日，第8版。

② 2019年6月，国家发展改革委联合其他12个国家机关共同发布的《加快完善市场主体退出制度改革方案》中提到：“研究建立个人破产制度，重点解决企业破产产生的自然人连带责任担保债务问题。明确自然人因担保等原因而承担与生产经营活动相关的负债可依法合理免责。逐步推进建立自然人符合条件的消费负债可依法合理免责，最终建立全面的个人破产制度。”

整体对破产和解程序青睐有加,但对破产清算程序态度不一的情况下,仍有六成受访者支持破产清算程序与破产和解程序的并行模式,而支持破产和解程序优先的受访者却不超过四成。

个人破产清算程序、个人破产和解程序以及个人重整程序的具体规则设计直接关乎债务人如何清理债务以及债权人在程序中所获清偿比例高低等关键性问题。受访者整体的回答情况直接反映出了此问题存在较大争议。笔者认为,我国个人破产制度中的程序模式等问题需要进一步论证,并应从当前的司法实践中,追踪个人破产程序相关参与主体对相关机制的认可度。

(二)不同职业组别受访者选择差异结果分析

在不同职业组别选择的结果上,经 SPSS 交叉(卡方)检验可知,不同组别的受访者对个人破产制度的功能、我国未来个人破产法的立法目的、个人破产制度可能引发的社会风险、对待诚实而不幸债务人的态度、我国个人破产制度适用主体范围以及个人破产制度建立的程序模式等问题上与受访者整体的看法与态度基本保持一致,但是在对债务人不能清偿到期债务的主观态度、是否赞成建立个人破产制度、是否接受个人破产清算程序、是否接受有劳动能力的债务人适用个人破产清算程序以及是否接受个人破产和解程序等问题的选择上,均与受访者整体的选择存在显著性差异。

就显著性差异结果可以看出,公司法务组别对待债务人不能清偿到期债务而后引发的个人破产问题以及个人破产的制度设计等问题上态度最严厉与保守;律师、司法行政人员、法学学生以及其他专业人士组别对待相关问题的态度较严厉与保守;检察官组别对待相关问题的态度相对中立;管理人、法学学者、法官以及会计师组别对待相关问题的态度较积极与开放,其中,管理人组别对待相关问题的态度最包容与开放。笔者认为,产生上述显著性差异主要源于以下因素:

1. 管理人职业的特点决定了其对个人破产制度的态度最开放与包容

在以管理人中心主义的破产法中,[①]管理人是破产程序的主导者。尽管理

① 参见邹海林、周泽新:《破产法学的新发展》,中国社会科学出版社 2013 年版,第 7 页。

论界对管理人的法律定位存在“债权人代表说”“债务人代表说”“机构说”等学说，[①]但不可否认的是，在实务操作上管理人是与债务人接触最频繁的主体之一。管理人不仅在破产程序中行使接管债务人财产、代表债务人从事相应的民商事法律行为等法律所规定的职权，更重要的是，管理人作为一个有血有肉的人，可以在主观上认识进入破产程序的债务人究竟处于何种生活状态，其是否应当接受破产保护以及接受什么样的破产保护等问题。但也应注意到，管理人还是破产程序的利益获得者。破产案件越多，意味着管理人获得报酬的机会就越多。因此，这可能也是管理人大力支持个人破产制度的出发点之一。同样，会计师作为与破产程序有密切关系的人员，亦可能因此而支持个人破产制度。[②] 故而，管理人对个人破产制度的认识是立法者在制定法律时、司法者在适用法律时以及学者在研究法律制度时不得不关注的一个要点，但也应辩证地看待。

2. 法官态度较宽和的原因或与执行不能案件需要疏导机制有关

本问卷没有针对法官所从事具体的业务进行分类，所以回答问卷的法官可能是负责刑事案件的法官，既可能是专审破产案件的法官，也可能是负责执行案件的法官。因此，无法考察从事不同业务领域的法官对待个人破产相关问题的差异性。但整体而言，法官组别对待个人破产制度的态度是较欢迎与宽和的，这或许与大量的执行不能案件堆积在法院而缺乏案件疏导机制有关。事实上，理论界对于个人破产制度的呼吁于20世纪90年代就已有之，[③]在21世纪初制定《企业破产法》之时亦有相关争论。[④] 但近年来关于个人破产制度的呼吁与发声肇端于法院系统。[⑤] 在“基本解决执行难”行动中，因为缺乏个人破产制度，所以导致大量执行不能案件堆积在法院。法院系统无奈之下推出

① 参见王欣新：《破产法》（第4版），中国人民大学出版社2019年版，第76页。

② 在本次调研中，因为会计师样本过少，所以结果可能不具有广泛代表性。故而本结论仅是针对本次调研中的会计师群体。

③ 参见汤维建：《关于建立我国的个人破产程序制度的构想》（下），载《政法论坛》1995年第4期。

④ 参见贾志杰：《关于〈中华人民共和国企业破产法（草案）〉的说明》，载中国人大网，http://www.npc.gov.cn/wxzl/gongbao/2006-09/26/content_5354979.htm。

⑤ 参见倪寿明：《积极推动建立个人破产制度》，载《人民法院报》2018年10月29日，第2版。

了“终结本次执行程序”(以下简称“终本程序”)以作为个人破产制度的替代。但是,“终本程序”并非完全的程序终结,案件仍需要在终本信息库内予以保留,并且每隔固定的时间,法院就要对被申请人的财产信息线索进行搜查。[①]因此,终本案件实际上仅是表面上的“终结”,而非真正“终结”。故而在面对执行不能案件越来越多的情况下,社会矛盾也逐渐向法院转移。如此,法院非但难以充当纠纷化解的场所,还成为社会矛盾的聚集地。至此,法官尤其是执行法官,可能出于执行不能案件需要疏导机制的现实情况,对个人破产制度持较欢迎的态度。

3. 法学学者基于对个人破产制度的前瞻性理论研究使该群体对个人破产制度的态度较开放

管理人与法官是实务层面上的专家,他们可以从实务的角度去认识与理解个人破产制度的相关问题。而法学学者主要在理论层面上论证个人破产制度的合理性与可行性。在个人破产制度的推动上,学术界无疑是一股毫不松懈的助推力。然而,真理不辩不明,正是在学者们对个人破产相关问题进行论证的过程中,个人破产制度的内容与机理、作用与用途等方面才逐渐明晰并被人们接受。尽管个人破产制度在构建中仍存在很多需要完善之处,但学者对个人破产制度还是更多持谨慎但欢迎的态度。

4. 检察官态度较中立或与其作为法律监督者的角色有关

在我国,检察机关为法律监督机关,其对民事司法活动负有监督之责。[②]但是,我国检察机关介入破产程序尚且缺乏法律规定,检察机关在破产程序中能够发挥何种职能有待论证。[③] 故而,检察官或许是从法律监督者的中立视角

① 最高人民法院《关于严格规范终结本次执行程序的规定(试行)》第9条第2款规定:“终结本次执行程序后的五年内,执行法院应当每六个月通过网络执行查控系统查询一次被执行人的财产,并将查询结果告知申请执行人。符合恢复执行条件的,执行法院应当及时恢复执行。”

② 参见汤维建:《民事诉讼检察监督制度的定位》,载《国家检察官学院学报》2013年第2期。

③ 目前,有的地方已经出台了关于检察机关介入破产程序进行监督的方案,如长春市人民检察院与长春市中级人民法院联合出台了《关于破产程序法律监督的若干意见(试行)》,浙江省人民检察院第六检察部与浙江省破产管理人协会联合颁布了《关于建立破产债权申报中虚假诉讼线索移送处置工作机制的会议纪要》,广西壮族自治区人民检察院与广西壮族自治区高级法院联合出台了《关于破产程序法律监督工作机制的若干意见(试行)》等。

来观察个人破产制度，所以本组别的选择与受访者整体平均水平没有显著性差异。

5. 公司法务反对个人破产制度声音较大或与维护企业自身利益相关

公司法务在企业中多扮演的是企业风险管控者的角色，其岗位设置的意义在于确保企业行为合法合规、降低企业经营风险以及最大限度地维护企业自身利益。因此，以公司法务的视角对个人破产制度相关问题进行考察，不仅包含了专业态度的中立视角，也包含了企业利益维护者的偏向性视角。这造成了公司法务组别反对个人破产制度声音较大的现象。

6. 律师对个人破产制度持反对观点分析

律师特别是诉讼律师的服务对象可能是债权人，也可能是债务人。服务对象的不特定性决定了律师可以在大量的诉讼案件中观察到司法实践当中的诸多实际问题，例如，实践中债权人维权的难易程度、债务人恶意转移资产的问题、虚假诉讼的问题以及诉讼案件中查明债务人资产的难易程度等，这使律师对个人破产制度的态度较保守。故而，律师针对个人破产制度的观点可能源于实践中暴露出的问题。所以，应当重视律师针对个人破产制度的观点，这对我国健全个人破产制度具有一定的参考价值。

7. 司法行政人员、法学学生以及其他专业人士的保守态度分析

以上 3 类组别对个人破产制度的态度较保守，可能有如下原因：其一，尽管这 3 类群体均是具有法律专业背景的人士，但术业有专攻，这 3 类群体对个人破产制度没有深入了解，以导致其保守的态度；其二，这 3 类群体是基于我国相关制度建设的现状以及《企业破产法》在实践中暴露出的问题，而对个人破产制度产生了相对保守的态度。但是，这 3 类受访者对个人破产制度的态度亦说明了，一方面，当前对个人破产制度的宣传、普及以及解释的力度有待增强，社会上对待个人破产制度的误解一时难以消除；另一方面，应当全面总结企业破产程序在实践中所暴露的问题，并尽最大可能在个人破产程序的构建中将之避免。

四、社会公众对个人破产制度的认识

除专业人士对个人破产制度的认知外，笔者还针对社会公众就我国破产

制度尤其是个人破产制度的相关问题进行调查。

(一)调查背景介绍与问卷回收情况

此次调查系利用问卷星,通过微信、微信公众号等方式进行投放。截至2021年1月,共回收451份调查问卷(见表6)。

表6 受访者职业分布情况

选项	人数	比例/%
企业经营者	22	4.89
企业劳动者	193	42.89
国家工作人员	52	11.56
农村土地承包经营户	0	0
个体工商户	41	9.11
自由职业者	57	12.66
在校学生	34	7.56
无业	51	11.33
本题有效填写人次	450	—

本次问卷针对的主体主要是社会公众。如表6所示,笔者以职业为划分依据,将社会公众分为企业经营者、企业劳动者、国家工作人员、农村土地承包经营户、个体工商户、自由职业者、在校学生以及无业。同时,因回收到的农村土地承包经营户的问卷仅有1份,所以将此问卷排除。故可供分析的问卷共有450份。

在被调查人群的职业分布上,劳动者占了近半数,有193人,占比42.89%;自由职业者有57人,国家工作人员有52人,无业有51人,分别占比12.66%,11.56%以及11.33%。此外,还有34位在校学生,41位个体工商户以及22位企业经营者。

与面向专业人士的问卷所涉及的问题以及难度不同,面向社会公众的问卷应当尽量简洁明了,突出社会公众对个人破产制度的最直接认识。本次问卷共设置了4个题目,题目内容主要是围绕社会公众对破产制度的认识而设计的。具体情况如下:

问题一：你是否知道中国有破产法（见表7）：

表7　受访者对我国破产法的认知情况

选项	人数	比例/%
是，我知道	334	74.22
否，我不知道	116	25.78
本题有效填写人次	450	—

本题设计的意义在于调查社会公众对破产制度（不局限于个人破产制度）的了解情况。

如表7所示，在450份问卷中，有334人次选择了“是，我知道”，占比74.22%；有116人次选择了“否，我不知道”，占比25.78%。

问题二：请问您是否知道个人破产制度（见表8）：

表8　受访者对个人破产制度的认知情况

选项	人数	比例/%
是，我对个人破产制度有所了解	61	13.56
是，但我仅是听说过个人破产制度	219	48.67
否，我没有听过个人破产制度	170	37.78
本题有效填写人次	450	—

本题设计的意义在于直观了解社会公众对个人破产制度的认知程度。

如表8所示，在450份问卷中，有61人次选择了“是，我对个人破产制度有所了解”，有219人次选择了“是，但我仅是听说过个人破产制度”，另有170人次选择“否，我没有听过个人破产制度”。

问题三：请问您是否支持个人破产制度（见表9）：

表9　受访者对个人破产制度的支持度

选项	人数	比例/%
是，我认为债务人不能清偿到期债务时，可以申请破产	234	52.00
否，我反对个人破产制度，债务人必须偿还所有债务	138	30.67
不清楚，与我无关	78	17.33
本题有效填写人次	450	—

本题设计的意义在于了解被调查人士对个人破产制度的赞成度。

如表9所示，在450份调查问卷中，过半人士选择了“是，我认为债务人不能清偿到期债务时，可以申请破产”；有3成人士明确选择了“否，我反对个人破产制度，债务人必须偿还所有债务”；尚有不到两成人士选择了“不清楚，与我无关”这个选项。

问题四：您认为个人破产制度的作用是什么（见表10）：

表10　受访者对个人破产功能的认识情况

选项	人数	比例/%
是“老赖”的逃债工具	94	20.89
是为不能清偿到期债务的债务人提供的法律保护	194	43.11
是保护债权人合法债权的法律程序	219	48.67
我不清楚	104	23.11
本题有效填写人次	450	—

本题为多选题，意在调查了解社会公众对个人破产制度功能的认识。

如表10所示，在450份问卷中，有219人次选择了“是保护债权人合法债权的法律程序”，有194人次选择了“是为不能清偿到期债务的债务人提供的法律保护”，有104人次选择了“我不清楚”，另有94人次选择了“是‘老赖’的逃债工具”这一选项。

(二)结果分析

从回收到的问卷回馈来看,综合上述问题的具体选择情况。笔者认为,受访者对于个人破产制度的认知存在以下特点:

1. 大部分受访者知道我国存在破产制度。事实上,破产是一种在市场经济竞争过程中的常见现象,虽然社会公众可能一辈子也不会遭受破产,但是通过新闻报告、身边亲友等消息来源,可能对破产制度尤其是企业破产制度有过一定的了解。

2. 受访者对个人破产制度尚且陌生。近年来,新闻媒体关于个人破产制度的相关报道逐渐增多,这使关注时事新闻的社会公众群体可以通过媒体的报道,捕捉到个人破产制度的相关信息。然而,由于我国仅有企业破产制度,尚未建成个人破产制度,以及我国当前的经济运行较平稳,总体而言社会上对个人破产制度的需求并非十分广泛。因此,在缺乏具体需求的情况下,不愿深入了解乃至于对个人破产制度漠不关心的社会公众不乏少数。

3. “欠债还钱,天经地义”的传统理念可能正在逐渐被瓦解。理论界反对建立个人破产制度观点的理由之一是个人破产制度与我国传统理念中的“欠债还钱,天经地义”的理念不符。然而,从受访者所反馈的结果来看,有过半人数支持建立个人破产制度,反而持传统理念的人只有 3 成人士,另有不到两成人士持中不言。这说明,理论上可能误判了“欠债还钱,天经地义”等传统理念的影响力大小。相反,尽管受访者对个人破产制度的认知度与认可度没有那么高,但是过半数的人士希望能够通过法律程序解决债务危机问题。这意味着,一方面,人们寄希望于通过合法手段而不是非法途径解决问题,法治思维逐渐被广大人民群众所接受;另一方面,也可能由于当今人民群众因购房、购车以及其他日常消费而背负的债务负担较重有关。

4. 受访者对于个人破产制度的功能认识上较理性。破产程序自诞生之日起就不存在帮助债务人进行“逃废债”的功能或意图,如同诉讼程序存在的目的是解决纠纷而不是被当事人利用进行虚假诉讼,诈害他人合法利益的手段。但是,我们并不能排除合法程序被非法之徒别有用心地利用。唯有通过引入诚实信用原则,加强各方面制度的建设来力克个人破产程序沦为债务人"逃废债"的工具。从调查结果来看,多数人士对个人破产程序的功能是存在科学或理性认识的。但是,我们同样应关注到仍有 94 人次认为个人破产程序就是"老赖"的逃债工具。笔者认为,这种想法在社会上并不少见。然而,想要彻底扭转社会群众对个人破产制度的误解,一方面,需要不断的舆论宣传进行引导;另一方面,也需要不断加强在个人破产程序中的破产惩戒制度的构建以及与破产程序相关联的征信制度与财产登记制度建设等。

五、结论

经实证调查后,可以清晰量化出具有法律专业以及破产知识背景的人士(以下简称为专业人士)以及社会公众针对个人破产制度相关问题的争论焦点、争论程度以及接受程度。这种量化分析可以说明在我国建立个人破产程序的必要性,个人破产程序的程序功能、立法目的,以及破产和解程序的应用等问题上,在专业人士整个群体中已经基本达成共识,不再成为争议;但对于个人破产制度建成后可能引发的社会风险、程序模式的选择、适用主体的范围以及破产清算程序的设计等问题仍然存在较大争议。

同时,在专业人士的组间差别上,不同组别的专业人士在对债务人不能清偿到期债务的态度、赞成与反对我国建立个人破产制度、清算程序与和解程序的接受度上存在显著性差异。但对于其他问题,不同组别的专业人士与专业人士整体选择基本一致。另外,社会公众对个人破产制度的态度亦值得我们深思。

在设计个人破产制度,尤其是个人破产清算程序时应当保持严谨的科学态度。进言之,我国应进一步论证个人破产清算程序中的程序准入、免责制度、自由财产、考察期、失权与复权以及与个人破产和解或重整制度的关系等问题。否则,这些问题在专业人士中尚且不能达成共识,恐怕更难以在社会公众中取得认可与接受,个人破产法的制度功效也会因此而受限。

第三章 破产法中诚实信用原则之确立

我国《民法典》第7条规定:"民事主体从事民事活动,应当遵循诚信原则,秉持诚实,恪守承诺。"诚实信用原则在民事私法领域中发挥巨大功效,其"触角"可遍布社会中的方方面面,因此诚实信用原则又被称为民事私法领域中的"帝王原则"。

现代民法中法律规范具有的行为规范与裁判依据效力是随着民事实体法与民事程序法各自走向分离而产生的。作为被民事法律规范所固定的诚实信用原则也具备这两种效力。随着社会发展以及人们对法学理论研究的深入,民事诉讼法学界逐渐关注了诚实信用原则对于争端解决会起到重大效用,便主张在民事诉讼中引入诚实信用原则。这种认识上的进步与民事诉讼模式从职权主义到当事人主义转型过程中产生的,当事人在诉讼中滥用诉权以及滥用诉讼权利的现象得不到良好规制存在莫大关联。① 在实践中,虚假诉讼、恶意诉讼以及滥用诉讼权利等案件时有发生,这种诉

---

① 参见汤维建:《论民事诉讼中的诚信原则》,载《法学家》2003年第3期。

讼上的不诚信行为损害了他人合法利益、破坏了司法的权威。为了遏制诉讼中不诚信行为所带来的不利影响,我国《民事诉讼法》在 2012 年修法过程中,引入了诚实信用原则。《民事诉讼法》第 13 条第 1 款规定:“民事诉讼应当遵循诚信原则。”作为民事程序的组成部分,是否应在破产程序中确立诚实信用原则应予重视。

市场经济的本质要求市场在资源配置中起到决定性作用,市场主体在市场经济竞争中产生的优胜劣汰是市场经济发展中的必然现象。市场经济得到良好的运行,需要依靠法律与信誉这两种机制。[①] 当市场参与主体在市场竞争过程中濒临或已经出现支付不能即竞争失败时,对于法律来说债务人存在违约行为,对于信誉来说债务人将面临丧失信誉的风险,但债务人仍应当在遵循诚实信用原则的基础下利用破产程序进行债务清理。

目前,我国现行《企业破产法》中尚未以法律规范的方式将诚实信用原则进行固定。此外,个人破产制度在我国正处于积极探索阶段,但社会上对个人破产制度可能引发的社会风险以及是否会被沦为债务人合法“逃废债”等忧虑并未消除。

有关在破产程序中确立诚实信用原则的理论研究尚属空白,有待填补。故此,本章将以破产程序中的诚实信用原则为问题导向,论述相关问题。

一、引入诚实信用原则的背景与现状

即便在我国《民法典》以及《民事诉讼法》中已经确立了诚实信用原则,但是由于破产程序存在一定的特殊性,因此有必要将诚实信用原则明确写入破产法中。具体理由如下。

(一)企业破产程序中的不诚信现象

破产程序涉及主体众多,权利与权力关系复杂,以至于在破产案件中违法犯罪问题多发。在实践中,除人们普遍认为的债务人会在破产程序中触犯虚假破产罪等犯罪行为外,法官、债权人以及管理人在破产程序中均有违法犯罪

① 参见张维迎:《法律制度的信誉基础》,载《经济研究》2002 年第 1 期。

等不诚信行为发生。

1. 管理人、必要的工作人员在破产程序中典型的违法犯罪案例

管理人在破产程序中享有诸多职权，负责具体工作的开展与实施。同样，由于缺乏对管理人的有效制约监督，管理人在破产案件中的违法行为并不少见。具体如下：

（1）必要的工作人员向他人行贿，以获取破产审计业务。

在破产程序中，管理人虽然负责具体事项的处理与执行，但囿于专业受限，管理人不可能事事亲力亲为。例如，对债务人财产的审计工作，非会计师事务所或会计师的管理人就无法完成该项工作。因此，类似审计、评估等专业事项管理人需要委托交办给专业人士。为此，《企业破产法》第 28 条第 1 款规定："管理人经人民法院许可，可以聘用必要的工作人员。"然而，在"宋某某单位行贿案"中，作为某事务所合伙人的宋某某为感谢在某破产案件中债务人的上级公司领导，将该债务人的破产审计业务委托交由该事务所具体负责，而向该领导行贿。[①]

在破产财产处置环节，同样是管理人违法犯罪行为的"高发地"。

（2）管理人违法压低拍卖价格，非法竞拍成功后又高价转让他人而非法牟利。

在"云南证券破产案"中，作为清算组成员的徐某元利用职务之便，将债务人云南证券对外持有的 8900 万元应收账款，通过捏造事实、串通他人等违法手段，最终让与之合谋的人员以 310 万元的低价竞拍获得，同时徐某元等人又以 1000 万元的价格将该笔应收账款转让他人，徐某元从中非法获利 690 万元。[②]

（3）管理人为方便竞买人、投资人等案外人交割破产财产，而收受贿赂。

在"曾某受贿案"中，曾某担任亨迪公司破产案件中的清算组成员。2002 年，华诚公司成功竞拍到破产人亨迪公司的破产财产，但由于资金缺口问题导致部分尾款尚未支付，因此法院决定清算组继续保留。2005 年，由于市场原因，华诚公司无法继续经营，故而将竞拍下来的破产财产协商转让给案外人中

① 参见济南市历下区人民法院刑事判决书，(2013) 历刑初字第 554 号。

② 参见云南省高级人民法院刑事裁定书，(2016) 云刑终 198 号。

微公司，但涉及土地、房屋等不动产转让过户的问题，于是两家公司共同找到了清算组成员曾某帮助协调，曾某借此机会从中收取23万元贿赂。①

无独有偶，在“李某儒受贿案”中，李某儒利用其在担任“河北开元实业有限公司破产清算案”的清算组组长一职，为案外人某开发商提供土地开发条件优势而收取贿赂。②

2. 债权人在破产程序中典型的违法犯罪行为案例

通常认为，债权人在破产程序的违法犯罪行为多表现在虚假申报债权上，故而债权人会因涉嫌虚假诉讼问题而被追究相应的法律责任。但在实践中，有关债权人的违法犯罪行为却不仅是表现在虚假申报债权的问题，还表现在其他方面。

在“焦某军、江某才受贿、私分国有资产案”中，两名被告原为中国东方资产管理公司南昌办事处的高级管理人员。2000年，该公司在处置某债务人企业的不良资产过程中，通过提起诉讼的方式查封了债务人企业的不动产，而后该债务人企业无力偿还相应债权，故而找到债权人的负责人即该案两名被告寻求违法“关照”，并行贿145万元。该笔赃款被两名被告等人瓜分后，该公司最终未向法院申请债务人企业破产，仅对债务人企业相应资产进行拍卖并减免债务人企业巨额债务。③

3. 债务人在破产程序中的典型违法犯罪案例

债务人通常被认为是主要实施破产违法犯罪行为的主体。由于诚信体制建设的不完备，债务人有可能借助破产程序实施虚假破产，进而“逃废债”。此种案件多发已经不再是破产程序中的新鲜事。2014年，温州市发布了10大“打击”“逃废债”典型案例，这10个案例全部都是债务人以及债务人的有关人员利用破产程序进行“假破产、真逃债”。④

另外，笔者于2021年1月5日，通过“无讼”法律数据库以“请求撤销个别

---

① 参见湖北省高级人民法院刑事判决书，(2013)鄂刑监一抗字第00009号。

② 参见衡水市中级人民法院刑事裁定书，(2019)冀11刑终237号。

③ 参见南昌市中级人民法院刑事判决书，(2016)赣01刑初13号。

④ 《十大“打击逃废债”典型案例曝光》，载温州网，http://news.66wz.com/system/2014/11/11/104269458.shtml。

清偿行为纠纷”为关键词进行检索,共检索出 1062 份判决,其中,一审判决 798 份,二审判决 260 份,再审判决 4 份。与管理人对不诚信的债务人追究民事责任的数量相比,不诚信债务人承担刑事责任的案件数量较少。同时,在“无讼”数据库中,笔者以“虚假破产罪”为关键词进行检索,同检索出 4 份判决书与 13 份裁定书。又在“威科先行”数据库中,笔者以“隐匿、故意销毁会计凭证、会计账簿、财务会计报告罪”与“破产”为关键词进行检索,共检索出 67 份法律文书。

(二)个人破产程序探索中的忧虑与隐患

近年来,受经济产业结构等诸多因素影响,我国法院受理的企业破产案件逐年递增,导致因企业破产而连带自然人负债的案件数量激增。在实践中,当企业对外负债,债权人往往会要求企业主对企业的负债承担连带担保责任。这导致了当企业遭受破产清算时,企业虽会通过破产清算程序消亡,但企业的债务却向企业主转移。因为缺乏个人破产程序,所以债务无法得到最终化解,致使终本案件在法院系统内不断囤积。法院系统对个人破产程序需求的呼声日渐增大。

自 2018 年最高人民法院在“基本解决执行难”的报告中提出通过个人破产程序以缓解执行难问题以来,中央以及国家部委在先后出台的《加快完善市场主体退出制度改革方案》、《中共中央关于坚持和完善中国特色社会主义制度推进国家治理体系和治理能力现代化若干重大问题的决定》以及《关于新时代加快完善社会主义市场经济体制的意见》等政策文件中均提出要探索建立个人破产制度。中央出台的政策文件为个人破产制度的探索奠定了有力的政策基础。

有了中央提供的政策基础,地方在探索个人破产制度时表现出了高涨的热情。例如,浙江、江苏、广东、四川以及山东等地均已经积极开展了个人债务清理的实践探索。

个人破产程序一直被宣传具有拯救诚实而不幸债务人的功能。但在目前的个人债务集中清理的试点工作中,事实未必尽如人意。由于缺乏诚实信用原则的规定以及完备的诚实信用法律规范体系,造成了实践中的诸多困扰,例如,法院对于如何判断债务人为诚信或非诚信的标准以及判断依据是什么把握不明。①

2020 年 12 月,温州市公布了 6 起关于个人债务集中清理的典型案例。②在这 6 起案例中,6 号案例"吴某旭个人债务集中清理案"十分契合个人破产程序的制度功能。该案债务人吴某旭在借款之后因精神残疾,成为无民事行为能力人且本身负债额度未超过 3 万元等因素,债权人一致同意免除了债务人的债务且未设考察期,债权人对债务人是否存在不诚信的行为未加质疑。然而,1 号、3 号、4 号案例中的债权人均提出了如何有效惩戒不诚信债务人的问题。1 号、4 号案例的对策是通过设置考察期制度规制债务人的不诚信行为,而 3 号案例中的债务人因为存在过"逃废债"的行为,所以债权人对债务人极其不信任,认为债务人存在利用个人债务集中清理制度进行"逃废债"的可能,最终造成了程序失败而终结的结果。

可见,我国在全面开放了个人破产程序之前,势必应当健全法律规定,以防范债务人在破产程序中的不诚信行为。

总结上述案例可以发现,破产程序中的各主体均可能存在不诚信行为。这些不诚信行为会严重损害全体债权人利益、债务人利益乃至社会公共利益。因此,在破产法中引入诚实信用原则已时不我待。

二、诚实信用原则在现行法中的体现与检视

在立法技术上,我国深受大陆法系国家影响,采"总则—分则"的方式用于法律文本的表述。总则部分系对分则部分的条文规范按照提取公因式的方法形成,分则条文则是根据总则的规定加以具体化。总则部分的内容通常包括立法宗旨、适用条款、方针条款、基本原则条款、定义条款以及管理体制条款等。③ 尽管我国现行《企业破产法》并未直接规定诚实信用原则,但现行法中仍可

---

① 参见蔡雄强、夏旭丽、郑拓等:《个人债务集中清理的实务难点与思考——以温州瓯海法院审结的李某个人债务集中清理案为视角》,载《人民司法》2020 年第 10 期。

② 参见温州破产法庭:《温州市个人债务集中清理典型案例(2019—2020 年)》,载微信公众号"温州破产法庭"2020 年 12 月 25 日。

③ 参见曹叠云:《立法技术》,中国民主法制出版社 1993 年版,第 219 ~ 233 页。

见到涉及诚实信用原则的具体规定。笔者将对此进行论述,并对其进行检视。

(一)《企业破产法》中能够体现诚实信用原则的条文

笔者认为,《企业破产法》中涉及诚实信用原则的主要条文可以分为以下方面:

1. 程序配合义务。为了保障债权人能在破产程序中获得公平清偿这一基本破产程序的功能得以落实,破产法为程序参与主体设置了相关法定义务。而这些程序义务大多与诚实信用原则有关。在民事诉讼中,当事人基于诚实信用原则应当负有真实陈述的义务,①同样,该义务在破产程序中也存在。由于在破产程序启动后,管理人需要接管债务人财产,以方便处置与分配债务人财产等后续工作的展开。因此,债务人应当全力配合管理人工作,并且需要如实回答相关问题等。此外,《企业破产法》第15条还对债务人有关人员规定了债务人财产与相关资料的保管义务、询问配合义务以及自由限制与任职限制等,第16条规定了破产程序启动后债务人个别清偿无效。

2. 程序促进义务。由于在破产程序中要实现对债务人财产的处置分配,而债务人财产的价格在市场中会随着时间的推动发生波动,因此,所有程序主体应当均负有程序促进义务,推动破产程序的高效进行。为此,《企业破产法》第48条规定了债权人申报债权的期限、第75条规定了重整期间担保物权暂停行使规则、第77条规定了投资人在重整期间利益分配请求权行使的禁止、第79条规定了重整计划草案的提交时间等。此外,由于管理人在破产程序中至关重要,因此,《企业破产法》第27条特别为管理人设立了勤勉义务。应当注意的是,管理人的勤勉义务实则是实现程序促进义务的重要保障。

3. 对相关主体违反诚信原则的追责。诚实信用原则并非单纯地为各类程序主体设定相关义务,当程序参与主体违反相关义务时,法律需要为此设立相应的惩罚措施。详言之,破产程序启动后,管理人应对债务人在危机期内所作出的行为进行检视,如果发现债务人存在不诚信行为的,将予以追诉。例如,《企业破产法》第31条规定的管理人对债务人诈欺行为的撤销,第32条规定

① 参见张卫平:《民事诉讼中的诚实信用原则》,载《法律科学(西北政法大学学报)》2012年第6期。

的管理人对债务人偏颇行为的撤销,第33条规定的债务人的无效行为及其后果,第36条规定的管理人对债务人有关人员非正常收入的追回。除管理人可以对不诚信的债务人通过诉讼的方式进行追责外,法院对不诚信的债务人还可以处以司法强制措施。例如,《企业破产法》第126条至第129条规定了对违反法定义务的债务人以及相关人员,法院可以根据具体情节的不同,适用拘传或罚款等强制措施。与此同时,《企业破产法》还为债权人虚假申报债权的行为规定了异议程序,如第58条规定,债务人、债权人对债权表记载的债权有异议的,可以向法院提起诉讼。另外,如果其他程序主体的行为给他人造成损失的,利害关系人也可以追责。例如,《企业破产法》第125条规定了利害关系人可以对违反忠实与勤勉义务的董事、监事以及高级管理人员进行追责。同时,管理人若在破产程序中有违诚信原则的,则利害关系人可依据第130条之规定,对违反勤勉义务的管理人进行追责。

(二)对涉及诚实信用原则条文之分析

分析上述条文的内容,可以看出我国《企业破产法》中涉及诚实信用原则的条文规定具有如下特点:

第一,尚未涵盖全部主体的不诚信行为。在规范的主体上,绝大多数条文直接针对债务人及其相关人员设定了有关诚实信用原则的法律义务。有的条文虽未直接指向债务人应负担的法律义务,但其本质与诚实信用原则有关,例如第31条至第33条虽然是关于管理人撤销权的规定,但其应是债务人违反有关诚实信用原则的法律义务而引发的法律后果。但是,《企业破产法》中对其他主体设定关于诚实信用原则的法律规定较少,例如,该法虽然为债务人、债权人针对债权表所记载的事项赋予了提起诉讼的权利,但并未完全设置债权人在申报债权中应当禁止的行为。另外,有关法院以及管理人诚实信用原则的法律规定也较少。

第二,在规范的体系上,条文与条文之间缺乏严密的逻辑配合,导致债务人部分不诚信的违法行为难以受到法律的规制。以《企业破产法》第15条为例,该条规定:“自人民法院受理破产申请的裁定送达债务人之日起至破产程序终结之日,债务人的有关人员承担下列义务:(一)妥善保管其占有和管理的财产、印章和账簿、文书等资料;(二)根据人民法院、管理人的要求进行工作,并如实回答询问;(三)列席债权人会议并如实回答债权人的询问;(四)未经人民法院许可,不得离开住所地;(五)不得新任其他企业的董事、监事、高级管理人员。前款所称有关人员,是指企业的法定代表人;经人民法院决定,可以包括企业的财务管理人员和其他经营管理人员。"假设行为人违反了该条第1款第1项的内容,那么法院可以依据《企业破产法》第127条的规定对行为人进行处罚。如果行为人违反了该条第1款第2项、第3项规定,则法院可依照《企业破产法》第126条的规定对行为人进行处罚。若行为人违反了该条第1款第4项的规定,那么法院可以依据《企业破产法》第129条的规定对行为人进行处罚。但是,如果行为人违反了该条第1款第5项的规定,《企业破产法》却并未规定相应的惩戒措施。尽管法院可以准用《民事诉讼法》相应的强制措施,但是在违反第15条第1款第1项至第4项的规定均有相对应的惩戒措施的前提下,唯独缺乏对违反任职限制的惩戒措施,体现出《企业破产法》的条文之间逻辑配合有待完善的问题。

第三,在规范的范围上,现行法有关行为规范与法律后果方面的规定尚未涵盖破产程序中全部的虚假、欺诈等不诚信行为。例如,现行法没有规定债务人在出现破产原因时负有及时申请破产义务的规定,而在比较法上若债务人及债务人有关人员没有在债务人出现破产原因时的法律规定期间内及时申请破产,那么债务人及其有关人员应当会遭受破产惩戒。[①] 在破产惩戒制度上,现行法的惩戒制度多偏向民事责任惩戒与司法惩戒,但是对于刑事责任惩戒的规定较少,并且刑法中有关破产刑事犯罪的条文在实践中处于"休眠"状态。然而,在域外,例如,加拿大《破产法》在第8章中专章规定了破产犯罪问题,该章节所规定的内容涵盖了债务人、破产人、债权人、监督人、托管人以及行政官员在破产程序应当受到破产刑事责任惩戒的犯罪行为。[②] 在法律效果上,加拿大《破产法》关于破产犯罪的规定可以起到有效打击破产犯罪、防止破产程序

① 参见胡守鑫:《法国个人破产惩戒制度的特点》,载《人民法院报》2020年12月18日,第8版。

② See Canada Bankruptcy and Insolvency Act.

被滥用的效果。

三、破产法中确立诚实信用原则的理由

(一)破除个人破产立法中的思考

观念问题的破除并非仅靠舆论上的宣传与语言上的解释即可奏效。如果没有具体改革措施或解决方案,对于个人破产程序的误解仍然是无法解开的。当前我国征信行业的发展不断壮大,个人征信报告的收集、流转、查阅等方面日益完善。这表明,个人破产程序的配套措施已经取得了不断进步,为下一步个人破产程序的顺利实施提供了有利的条件保障。可是,通过完善一项制度的方式来保障另一项制度的顺利运行乃是从法律技术层面上修补的。法律技术上的修补容易产生的问题就是仅能对已出现的问题进行修补,且修补的范围仍局限于已暴露的问题。

申言之,由于债务人不诚信的问题,所以有论者提出,通过完善信用制度、财产登记制度的方式来克服债务人不诚信的问题,具体方式是通过个人征信报告以及相关文件资料来判断债务人是否存在"逃废债"的可能,是否为程序的适格主体等问题。① 然而,制度上的修补乃理论证成后果的具体操作,若理论上尚未证成破产程序中债务人应负担何种法律义务就直接制定制度加以规制,则是属于本末倒置的结果。可见,信用制度以及财产登记制度的完善应当是建立在诚实信用原则之下的技术性操作,而基于两种制度所产生的征信报告等文件则是用于佐证债务人是否遵循诚实信用原则以及基于诚实信用原则产生的法律义务的证据资料。

此外,在没有确立诚实信用原则的情况下,还可能会出现由于缺乏诚实信用原则的指导以及基于诚实信用原则而产生的债务人应负有的相关法律义务的规定,故而即便补上了信用制度以及财产登记制度等制度"短板",但在实践操作中,仍然可能会出现一些问题。

---

① 参见邢培泉:《我国个人信用与破产免责》,载《河南社会科学》2007 年第 5 期;沙洵:《建立我国个人破产制度的若干思考》,载《华东政法学院学报》2005 年第 2 期。

破产法从罗马法出现的起源开始，发展到现代意义上的破产法，其本意完全不包括帮助债务人合法“逃废债”这一说法。然而，如何防范债务人在破产程序中出现欺诈行为，各阶段法律的要求并不一样。罗马法时期破产法的内容十分残忍，债权人对于不能清偿到期债务的债务人可以奴役之、出卖之乃至杀戮之。[①] 采用如此做法，无非是逼迫债务人或者债务人亲属进行还债。所以罗马法时代的债务人，如果有不诚信的行为，那么其会付出生命的代价。到了中世纪的意大利，如果商人出现支付不能的情况时，债权人会砸烂债务人的工作台，预示该商人丧失了商业信誉不能再继续相关工作了。[②] 此时，商人破产是以牺牲谋生手段为代价。然而，现代意义上的破产法，则摒除了破产惩戒主义的思想，对那些丧失清偿能力的债务人抱以宽容的心态，但仍对不诚信的债务人进行严厉的惩戒。其中，诚实信用原则起到了将债务人分为“诚实而不幸的”债务人与不诚信债务人，并对不诚信债务人进行惩戒的重大作用。

因此，在个人破产法中确立诚实信用原则，其可以作为个人破产程序的统领性标准，由诚实信用原则衍化出的法律义务则可作为债务人的行为准则。故而诚实信用原则在打击债务人“逃废债”问题上可发挥无可比拟的巨大作用，更是破除社会上对于个人破产制度可引发忧虑的一味良药。值得欣慰的是，在当前出台的关于个人破产程序的文件中，已经有文件将诚实信用原则写入了规范中，例如，深圳经济特区《个人破产条例》第 3 条规定：“依照本条例清理债权债务，应当遵循诚实信用、公平保护、公正高效的原则。”苏州市吴江区人民法院出台的《关于个人债务清理的若干规定（试行）》第 2 条规定：“个人债务清理遵循意思自治、诚实信用、公平清理、分类适用的原则。”温州市中级人民法院出台的《关于个人债务集中清理的实施意见（试行）》第 3 条规定：“申请个人债务集中清理的被执行人在审理、仲裁、执行和破产等程序中应当自始至终是诚信的，不存在借个人债务集中清理名义逃避债务的行为，不存在其他可能影响其履行能力的不诚信行为。失信行为情节轻微且已纠正并得到申请执

① 参见徐国栋：《罗马破产法研究》，载《现代法学》2014 年第 1 期。

② 参见[美]查尔斯 · J. 泰步：《美国破产法新论》（第 3 版），韩长印、何欢、王志洲译，中国政法大学出版社 2017 年版，第 2 页。

行人谅解的被执行人,可以申请个人债务集中清理。”东营市中级人民法院出台的《关于个人债务清理的实施意见(试行)》第2条规定:“依照本意见清理债权债务,应当遵循意思自治、诚实信用、公平保护、公正高效的原则。”

(二)弥补《企业破产法》立法与实施的进一步完善

法律原则在法律创制中以及法律实施中具有重要意义,一方面,法律原则是创制法律、法规的依据,并且法律原则可以保障法律体系的有机统一;另一方面,法律原则是执法的依据,在具体法律规范存在空缺的情况下可以弥补空缺,同时法律原则还可以判断自由裁量权的行使是否妥当。① 因此,作为基本原则的诚实信用原则,也发挥着上述功能。

并非只有在个人破产程序中强调诚实信用原则的作用,企业破产程序同样迫切需要诚实信用原则。法律规范的不足留给了破产程序各方主体“钻空子”的机会,以至于无法确保破产程序不被滥用,更无法保证破产法的目的得以实现。破产实践情况已经证明,我国破产案件中的欺诈等不诚信行为较多,急需通过法律手段加以规制。

如果没有诚实信用原则作为指导,仅靠在分则条文中的修修补补,是无法形成一套逻辑完备的法律体系的,也无法保障在实践中能够准确地适用法律、解释法律。故而,分则条文即便再细化规定,也无法涵盖所有破产程序主体的所有程序行为是否违反诚实信用原则的情况。因此,应将诚实信用原则引入到企业破产程序中,以诚实信用原则作为指导,完善诚信法律规则的体系化建设,以更好地保障企业破产程序的制度功能。

四、诚实信用原则的作用

若诚实信用原则被引入了破产法,需要从体系化视角明确诚实信用原则与破产法其他基本原则的关系以及诚实信用原则与破产程序中的各项具体制度之间的关系。

(一)保障破产法中其他基本原则的落实

破产法应有的哪些基本原则,各学术观点认识不一。有观点认为,破产法

① 参见孙笑侠主编:《法理学》,中国政法大学出版社1996年版,第25~27页。

的基本原则包括人民法院依法独立行使司法权原则、债权人自治原则、公平原则以及效率原则;①有观点将破产法中的基本原则分为实体性原则与程序性原则,实体性原则,是指尊重非破产法规范原则、破产债权人平等原则、债权人自治原则以及集体清偿原则;②程序性原则,是指当事人支配主义、职权主义原则、形式审查原则以及审判监督原则。③ 在此,笔者重点讨论诚实信用原则与债务人财产最大化原则以及公平清偿原则的关系。

债务人财产最大化原则,又可称为债务人财产保值增值原则,该原则的具体功能一是指导破产立法——在具体的破产法法律条文设计中,应尽可能增加债务人财产的范围与价值;二是指导实践——在实践操作中,破产程序的各主体应当根据此原则实施破产法。④ 破产程序在本质上是一个财产分配程序,因此,债务人财产最大化原则要求,在破产程序中各方应当保障债务人财产不贬值、不减损,甚至可以尽最大可能帮助升值,以便实现债权人利益最大化并将损失降至最低。

另外,当债务人具备破产原因时,债权人对债务人财产的争夺往往非常激烈。此时,公平清偿原则就要求凡是进入破产程序的债权人对于债务人财产应共担风险、共享收益,尤其是同类债权人之间应享有平等的法律地位以及平等地接受分配机会。⑤

就三者地位而言,债务人财产最大化原则在破产法基本原则中处于核心地位,因为只有"有产可破"的案件才最具有意义,"无产可破"的案件虽然也具有一定的社会意义,⑥但其对债权人来说是毫无价值的,因为债权人最关心的

---

① 参见汤维建:《修订我国破产法律制度的若干问题思考》,载《政法论坛》2002年第3期。

② 参见许德风:《破产法基本原则再认识》,载《法学》2009年第8期。

③ 参见许德风:《破产法论:解释与功能比较的视角》,北京大学出版社2015年版,第70~72页。

④ 参见齐明:《论破产法中的债务人财产保值增值原则》,载《清华法学》2018年第3期。

⑤ 参见邹海林:《破产法——程序理念与制度结构解析》,中国社会科学出版社2016年版,第5~6页。

⑥ 关于"无产可破"案件的意义,参见王欣新:《破产法》(第4版),中国人民大学出版社2019年版,第121页。笔者要说明的是,本处"无产可破"案件对债权人没有意义的观点,是建立在债务人为诚实而不幸的基础上。

是能否获得清偿，而非徒劳地参与程序。所以，只有在保证债务人财产最大化原则的基础之上，方可再言公平清偿原则。但是，要落实债务人财产最大化原则以及公平清偿原则，最基础的要求就是破产程序中的债务人、债权人、管理人、法院以及其他程序参与主体应当本着诚实信用原则，合法行使权利而非滥用权利，严格遵守法定义务。对于违反诚实信用原则以及相关法律义务的行为应当予以惩戒。因此，诚实信用原则就如同利剑一般，维护着债务人财产最大化原则以及公平原则得以有效发挥作用。

（二）指导破产法中具体制度的完善

诚实信用原则既可以作为破产程序中具体制度完善的指导纲领，同时诚实信用原则功能的发挥依赖破产程序中的具体制度的落实。法律条文通常采用“行为规范 + 法律后果”的构成模式。若将诚实信用原则的全部构成内容也视为一个法律条文，那么也可将诚实信用原则拆分为“行为规范 + 法律后果”两部分构成要素。其中，诚实信用原则中的“行为规范”系破产程序各参与主体应当遵循的基本规则，是指破产程序中的各个组成程序或制度中能够体现出诚实信用原则内涵的部分内容规定。笔者认为，我国《企业破产法》以及未来个人破产法应当基于诚实信用原则，规定如下内容：

1. 在程序启动之前：诚实而不幸的债务人是破产程序的适格主体，也是破产程序对债务人的基本要求。只有那些遵守诚实信用的债务人，才可以利用破产程序进行清理债务。所以，债务人在破产程序启动前不得有偏颇清偿行为以及恶意负债、无偿转移财产、提前清偿等欺诈行为。同时，当债务人发现自己已具备破产原因时，应当及时履行破产申请义务。另外，管理人应当取得合法的执业资质。管理人是破产程序中的核心机关，起到推动破产程序顺利进行的重要作用。管理人能够履职的前提是其应当取得管理人的执业资质，任何未取得管理人执业资质或取得管理人执业资质后又丧失资质但以管理人名义履行相关职责的行为应当予以严惩。

2. 在审查受理阶段：无论债务人是个人或是企业，他们均应当是“诚实而不幸”的。诚实信用原则既维护了破产法的系统性，又突出了破产保护的价值，所以只有“干净的手和可敬目标”的诚实而不幸的债务人方可获得新的开始。[1] 对债务人来说,遵守诚实信用原则债务人方可被称为“诚实而不幸的”。法院应当对申请人或被申请人递交的材料进行审查,以甄别债务人是否为“诚实而不幸的”,对于存在破产欺诈或虚假破产的债务人应当驳回其申请并追究相应的法律责任。

3. 在程序进行阶段:债务人应当诚实地履行配合义务。配合义务是债务人在破产程序中负有的主要义务,进入破产程序的债务人,已经丧失了行使权利的信用基础,故而债务人应当如实地向管理人移交全部财产、账簿等资料,以便管理人进行核查与处置。债务人同时应当诚恳地与管理人、债权人以及法院配合,如实回答债权人大会、管理人以及法院等主体的询问以及自觉接受自由、通信受到一定的制约等。如此做法也是为方便查明债务人破产的具体原因以及债务人是否是诚实而不幸的。与此同时,管理人应当勤勉地履行职务,在接管债务人财产、核查债权、召开债权人大会、处置债务人财产以及分配变价财产等阶段不得有损害他人利益的行为。债权人也应遵守诚实信用原则,应如实申报债权,不得有捏造虚假债权或者将普通债权虚构为优先债权等行为,债权人委员会应当依法履行监督职责,不得有任何损害他人利益的行为。

4. 在重整程序与和解程序的执行阶段:债务人应完全履行协议,不得任意中止执行偿债协议。通常进入重整或和解程序中的债务人是为了避免破产清算程序给自身带来的一系列不利影响,例如,留存的破产记录会影响破产人获得新的信贷、开展新的贸易活动;同时,破产人将会遭受一系列的失权措施等。所以,进入重整或和解程序中的债务人,在偿债计划的执行阶段应当尽自己最大的可能履行偿债协议,除非在客观上发生了重大艰难事项以至于需要变更偿债协议或转入清算程序,否则不得任意中止执行偿债协议。

5. 在考察期内:债务人仍应遵守诚实信用原则。考察期是检验债务人是否遵守诚实信用原则的最后一道关口。在考察期内,破产人应自觉遵守失权规定,同时负有继续清偿债权的义务。如果在考察期内,发现债务人存在违反诚实信用原则的行为,例如,被发现存在虚假陈述、财产转移或隐匿财产,未向外

---

① See Justin Forcier, *Honesty Is the Best Policy*: *Why Good Faith Should Be Required in Chapter 7 Bankruptcies Under* 707(*a*), Pratt's Journal of Bankruptcy Law, Vol. 10, Issue 3, p. 270(2014).

界如实披露自己破产的事实,不积极寻求工作将报酬用以偿债等,则债务人应受到严厉的惩戒。

6. 在免责程序中:只有遵守诚实信用原则的债务人方可获得免责的程序利益。1705 年,英国著名的《安妮法案》规定了对待那些肯与债权人合作的债务人予以余债免责的优惠。① 至此,免责制度登上历史舞台。免责制度的出现是破产法从完全偏向保护债权人利益一端转而向兼顾债务人利益维护的"拐点"。从免责制度出现的那一刻到现在为止,其受益的对象一直都是肯与债权人配合的债务人,即是在破产程序中遵守诚实信用原则的债务人;反之,那些违背诚实信用原则的债务人是不可能获得免责利益的优惠的。

7. 在程序终结后:除法律规定的情况外,债权人不得再就余债未偿部分向债务人以及债务人有关人员发起私力或公力救济。破产程序对债权人具有一定的强制力——只要启动了破产程序,无论债权人是否同意参与程序,他们均会受到程序效力的约束,典型的表现是债权人对于诚实而不幸的债务人获得免责利益的无条件接受。这种被动接受是具有一定正当性的。因为诚实而不幸的债务人支付不能确实是因为已经丧失了清偿能力,在这种情况下,无论债务人是否经过破产程序,均无助于债务人恢复清偿能力,也无助于债权人追回自身债权。所以,在程序终结后,债权人不发动私力或公力的救济继续向债务人追偿,是诚实信用原则的具体体现。然而,债务人也当然可以本着诚实信用原则,向债权人继续偿债。

行为人如果违背了诚实信用原则的"行为规范",那么就应当承担相应的"法律后果"。诚实信用原则的"法律后果"需依靠破产惩戒制度予以具体落实。破产惩戒制度,是指破产程序参与主体违反破产法的规定后,承担相应法律责任的总称。惩戒制度可以起到对破产程序中违法犯罪行为的惩罚震慑以及让人们了解破产给自身带来的不利影响,进而理性消费从而起到预防破产

① 参见[英]费奥纳·托米:《英国公司和个人破产法》(第 2 版),汤维建、刘静译,北京大学出版社 2010 年版,第 9 页。

的双重效用。①

在体系化视角下，如果行为人违反了某个法律行为，那么其行为可能触发多种法律后果。例如，债务人在危机内对某一债权人进行偏颇清偿，其可能触发的法律后果不仅包括管理人通过行使撤销权而追回债务人财产的民事责任惩戒，还包括债务人可能需要承担失权、不免责等惩戒后果，情节严重的，甚至要背负刑事责任等严重法律后果。我国当前法律对于惩戒制度的关注程度不够，以至于惩戒制度内容较为单一，相互之间缺乏逻辑配合。因此，我国未来破产法中惩戒制度的完善，应当注重各种具体惩戒制度的相关协调与配合关系，不能“厚此薄彼”。故而，应当进一步完善民事惩戒制度的内容，明确司法惩戒制度的限度，落实失权制度的范围，划分不免责责任的框架，丰富刑事责任惩戒制度的内涵，充分利用惩戒制度打击各种破产不诚信行为，有效防止“老赖”进入破产程序。

五、结语

孔子曰：“人而无信，不知其可也。大车无輗，小车无軏，其何以行之哉？”诚信是做人的根本，人无信而不立。没有诚信的社会，是无法想象的社会。我们当前社会面临转型过程中的关键阶段。熟人社会被逐步打破，而网格社会的建立却逐渐清晰起来。在熟人社会中，人与人之间形成的“口碑”，在网格社会中需要通过法律制度来表达信用。作为市场经济当中的关键一环，各主体在破产程序中确保能够遵守诚信是十分重要的。因此，我国《企业破产法》在修改过程中以及在制定个人破产法中，均应增加诚实信用原则的条款，并将诚实信用原则予以具体化落实。

---

① 参见李帅：《论我国个人破产制度的立法进路——以对个人破产“条件不成熟论”的批判而展开》，载《商业研究》2016 年第 3 期。

第四章 我国个人破产立法模式研究

一、个人破产程序之价值选择

哲学上围绕价值的研究是在考察“世界上的存在及意识对于人类的意义为何”。① 所以，对于个人破产程序的价值研究亦是在深刻地拷问个人破产程序对于人类社会存在的意义为何。

个人破产程序价值贯穿整体个人破产程序，直接体现在清算程序、重整程序、管理人制度、债务人财产制度、债权人会议制度、免责制度以及复权制度等具体个人破产制度之中，更是关乎实践中个案的处理方式。在破产案件中，因众多主体权利义务关系的复杂性以及破产程序自身的多样性，致使个人破产程序的价值构成表现出多层性、复杂性等特点。同时，由于个人破产程序的各种价值之间会发生矛盾，所以如何进行个人破产程序的价值选择即直接影响具体制度的构建思路。因此，在构建我国个人破产程序、推出个人破产法之前，首先应当论证我国个人破产程序的价值选择。

---

① 李德顺：《价值论：一种主体性的研究》（第3版），中国人民大学出版社2013年版，第4页。

(一)个人破产程序价值解析

1. 法的价值概述

法的价值,是指法在社会中产生的作用可以保护或增加哪些价值。[①] 对于法的价值的内容构成,理论界存在不同的认知。有观点主张,法所追求的价值目标包括秩序、自由、效益、平等、人权与正义,但这些价值之间并非地位平等的关系,而是存在主次之分,是随着情况的变化而变化的,当然这种地位也并非绝对、不可动摇的。[②] 有学者认为,就个人而言,法的价值为安全、自由、生存与发展;就人与人之间或人与社会之间的关系而言,法的价值是平等,平等进一步又可被分为立法的平等、法律实施的平等;就社会整体而言,秩序、效益以及社会和谐是法的价值。[③] 尽管学说观点各不相同,但理论界对于秩序、公正以及效率等作为法的基本价值并无异议。

对于法的价值分类,理论界通常以哲学上对于价值的分类为标准。在哲学中,通常将价值分为目的性价值与手段性价值,两者的划分是以客体满足的需要在主体生存与发展中的整体性质与地位的不同为标准的,其中,目的是指对一定需要的满足本身,而手段则是指为达到该目的所依靠的条件与过程,故而,客体满足这种需要所形成的价值即为目的性价值,而对于客体满足目的以致自身享有的价值,或与其他价值的满足与完善有关的价值就称为手段性价值或工具性价值。[④] 因此,对于法律程序价值来说,其目的性价值系因程序的派生性而产生的——保障结果的正确,而其手段性价值基于程序的独立性而要求程序行为符合法律与道德规范——过程正当。[⑤] 不同的法律程序又具备自身独特的法律价值且价值的分类标准亦有不同,例如,在与破产程序具备密切联系的民事诉讼程序的价值方面,有观点认为,民事诉讼程序的内在价值包括程序公正与程序效益,其程序的外在价值包括了实体公正以及承担相应的

---

① 参见司春燕:《法理学九论》,山东大学出版社 2017 年版,第 201 页。

② 参见严存生主编:《法理学》,中国政法大学出版社 2009 年版,第 74 页。

③ 参见张光杰主编:《法理学导论》,复旦大学出版社 2006 年版,第 82 ~ 86 页。

④ 参见李德顺:《价值论:一种主体性的研究》(第 3 版),中国人民大学出版社 2013 年版,第 82 页。

⑤ 参见裴苍龄:《程序价值论》,载《河北法学》2011 年第 12 期。

社会功能。①

2. 个人破产程序价值构成

以法的价值以及程序价值构成为依据，公平与效率应是个人破产程序所追求的两种基本价值。但随着社会的不断发展，公平与效率在破产程序中的内涵也随之变迁。例如，破产程序中的公平价值最初仅是指债权人之间在结果意义上获得清偿的公平，但当免责制度出现后，公平价值演变为寻求债权人团体与债务人之间的公平，同时结果意义上的公平也转变为债权人获得清偿机会的公平；效率价值则随着商品经济的发展推动着人类意识的变化，使人们对债务人的要求从人身债务转化为金钱债务，从无限责任转变为有限责任。②

进言之，个人破产程序的手段性价值应体现破产程序的公平与效率，而目的性价值则实现实体公正以及承担相应的社会功能。然而，这种划分方式仅是对个人破产程序价值的一般表达。因个人破产程序在本质上仍是解决债务人财产在债权人与债务人之间的分配问题。因此，以价值的主体性为依据，个人破产程序价值又可划分为维护债权人利益和拯救债务人两种价值。另外，在社会经济交往日益密切的当下，债权人与债务人之间的相对关系也会影响其他社会主体。所以，当债务人破产时，债权人虽是直接受影响的群体，然而与之存在间接联系的其他社会主体也可能会遭受债务人破产影响的波及，因此，维护社会公共利益也应当是个人破产程序所包含的价值之一。然而，这3种价值之间处于何种关系，如何进行个人破产程序的价值选择，是值得探讨的问题。

（二）个人破产程序价值选择思辨

1. 个人破产程序价值选择研究现状

有观点认为，“构建个人破产制度的目的是挽救‘诚实而不幸’的债务

---

① 参见肖建国：《民事诉讼程序价值论》，中国人民大学出版社2000年版，第3～5页。

② 参见张晨颖：《破产制度价值研究》，载《北京大学学报（哲学社会科学版）》2003年第6期；韩长印：《破产理念的立法演变与破产程序的驱动机制》，载《法律科学·西北政法学院学报》2002年第4期。

人”。[①] 有观点认为，我国未来个人破产制度应保障深陷泥潭的不幸者，避免他们所拥有的私人财产被全部剥夺，给予每个人都有重新起步的机会。[②] 有观点认为，“我国个人破产法立法首要目标应当定于保障债务人的生存权和发展权”。[③] 也有学者过去坚定持破产法应实现债务人财产最大化以维护债权人的利益，而不应将保护债务人作为破产法的目的价值的观点，但现在转而认为，债务人作为社会的一分子并非仅承担债权人的利益，在债务人破产时取代债务人的债权人也应承担相应责任。[④] 同时，该学者针对个人破产程序的价值选择问题，认为“个人破产制度最初的出发点是保护‘诚实而不幸’的人，即对债务人在正常交易（诚实）过程中发生的意外风险（不幸）持宽容态度，对由此产生的超过其责任的债务予以免除”。[⑤] 然而，因其没有整体考察个人破产程序价值之间的相互关系以及在此基础上的价值选择问题，所以上述观点难免失之偏颇。故而，也有持反对新起点哲学的学者认为，如果片面追求债务人的重生，可能会带偏个人破产程序的研究方向。[⑥]

总结双方观点可以看出，其争论焦点在于是否应当将拯救债务人、追求债务人“重生”作为我国个人破产程序的首要价值或唯一价值，其本质上仍是我国个人破产程序究竟应如何进行价值选择的问题。

2. 我国个人破产程序价值选择之思考

破产法需要在债务人支付不能的情况下，面对债权人团体激烈的权利争夺，建立起有序的债务清偿规则。这种规则的建立不仅需要协调破产程序中各方主体的利益纠纷，更需与本国的经济发展水平、文化影响以及社会观念等因素相契合。笔者认为，我国个人破产程序不宜以新起点哲学为内容的拯救

---

① 刘冰：《论我国个人破产制度的构建》，载《中国法学》2019 年第 4 期。

② 参见孙宏友：《论英国破产法制度发展及其对我国个人破产立法的启示》，载《河北法学》2010 年第 3 期。

③ 殷慧芬：《个人破产立法的现实基础和基本理念》，载《法律适用》2019 年第 11 期。

④ 许德风：《破产法论——解释与功能的比较视角》，北京大学出版社 2015 年版，第 29 ~ 30 页。

⑤ 许德风：《论个人破产免责制度》，载《中外法学》2011 年第 4 期。

⑥ 参见欧元捷：《论个人破产建构的中国逻辑——以破产与免债的界分为起点》，载《山东社会科学》2020 年第 3 期。

债务人价值作为我国个人破产程序的首要价值。这是因为:其一,新起点哲学忽视了对债权人利益的保护。新起点哲学将债权人与债务人割裂为矛盾的对立面,十分强调破产法应对债务人予以宽容拯救,允许债务人通过对债务人友善的破产法清理债务并获得免责。但是,破产法越是强调对债务人予以宽容救济,则越是使债权人的利益遭受侵犯。因此,“破产法首要的正当性基础目标未必在于为人称道的全新开始目标”,①一味强调对债务人的拯救价值,则必然会忽视对债权人利益的保障。其二,只强调对债务人的拯救价值难以与我国的法律文化相契合,因我国法律文化并未强调对债务人进行优先保护。例如,在最高人民法院提出“基本解决执行难”之后,最高人民法院以及其他国家机关密集出台了若干司法解释、规范性法律文件以整治“老赖”故意拖欠债款不还的行为。这实际上反映了在执行程序中以维护债权人利益为主要价值的基本取向。尽管执行程序与破产程序在调整范围上存在本质区别,且执行程序中也包含了维护债务人利益的价值取向,但是执行程序所反映出的维护债权人利益与保护债务人利益的位阶性区分,实质上体现了我国民事程序的基本价值选择之所在。在这种法律文化影响下的价值选择不仅在民事程序法中得以体现,在民事实体法中也可以见其踪影。因此,破产法作为兼具民事实体法与民事程序法两种性质的法律,其所蕴含的法律文化也应当与我国其他民商事法律文化相契合。

3. 我国个人破产程序价值之合理选择

不将拯救债务人作为我国个人破产程序的首要或唯一价值,并不意味着我国个人破产程序无须体现拯救债务人的价值,而是要处理好维护债权人利益、拯救债务人以及维护社会公共利益 3 种价值的矛盾,正确地进行取舍与保护。以冲突最明显的维护债权人利益的程序价值与拯救债务人的程序价值为例:债务人通过破产清算或其他程序清理债务后,经免责程序而获得的余债免除利益实则是对债权人合法债权的侵害;债权人若想在破产程序中将损失降至最低,则债务人将牺牲更多未来的利益,典型的表现是如果债务人与债权人

---

① [美]查尔斯·J. 泰步:《美国破产法新论》(第 3 版),韩长印、何欢、王志洲译,中国政法大学出版社 2017 年版,第 4 页。

团体达成和解或重整协议，那么该协议约定的偿债时间越长，则债权人获得清偿的比例就越高，债务人偿债时间成本也就越高，又如，根据2003年《企业破产法（草案）》第150条的规定，[①]破产人在破产程序终结后的一定时间段内仍负有向债权人偿债的义务，而清偿比例越高则可越快获得余债免除的利益，反之亦然。

事实上，个人破产程序的3种价值看似对立实则统一。当今社会经济的发展离不开对信贷业的依赖。信贷人通过信贷赋予他人购买力，他人需要承诺偿还该被赋予的购买力，即偿还债务，所以信贷若能良性发展则会刺激经济的发展，信贷若恶性发展则会对经济产生巨大的伤害，而判断信贷是否良性发展则基于信贷产生的借款是否用于生产性目的，从而使债务人具有足够多的收入进行偿本付息。[②] 换言之，如果债务人利用信贷进行生产活动，则债务人将会获得更多的收入且该收入足以偿本付息，那么此时的信贷处于良性发展阶段，反之，如果债务人不断地借贷只为偿还旧债而不再进行生产活动，则意味着债务人的收入已经不足以偿本付息，此时信贷则可能会呈现恶性发展态势。

著名投资人达利欧在总结大量的债务与信贷之间的关系之后，以债务总额（占GDP比例）与偿债总额（占GDP比例）之间的数量对比的变化关系为依据，描绘了通缩性债务周期的6个阶段，即债务周期的早期阶段、泡沫阶段、顶

---

① 2004年《企业破产法（草案）》第150条规定："破产案件终结后，具备下列情形之一的，对于普通破产债权的未受清偿部分，除故意侵犯人身权的损害赔偿外，免除破产人的清偿责任：（一）在破产案件终结时，全部破产债权的百分之四十以上已经获得清偿的，自破产案件终结之日起满三年；（二）在破产案件终结时，全部破产债权中已获得清偿的部分达到百分之三十以上，但不足百分之四十的，自破产案件终结之日起满四年；（三）在破产案件终结时，全部破产债权中已获得清偿的部分达到百分之二十以上，但不足百分之三十的，自破产案件终结之日起满五年；（四）在破产案件终结时，全部破产债权中已获得清偿的部分达到百分之十以上，但不足百分之二十的，自破产案件终结之日起满七年；（五）在破产案件终结时，全部破产债权中已获得清偿的部分不足百分之十的，自破产案件终结之日起满十年。有本法第一百四十九条第二款、第一百五十二条、第一百五十三条、第一百五十四条、第一百五十五条、第一百五十六条、第一百五十八条、第一百六十条规定的行为之一的，不予免责。破产人获得免责后，自愿对已免责债务予以清偿的，债权人所得的清偿利益，受法律保护。"

② 参见［美］瑞·达利欧：《债务危机：我的应对原则》，赵灿、熊建伟、刘波译，中信出版集团股份有限公司2019年版，第1页。

部阶段、萧条阶段、和谐去杠杆化阶段以及正常化阶段。[①] 其中,在债务周期的早期阶段、泡沫阶段以及顶部阶段3个阶段中,由于信贷体量的持续发展,客观上带来了社会经济的繁荣,但个人用于偿还债务的资金来源却慢慢发生变化:由于信贷体量的增速超过个人收入的增速,出现了债务人原本应以收入偿还信贷债务却逐渐变为债务人通过新的借款偿还债务的趋势。这种趋势在萧条阶段出现了决定性变化:此时,债务已经出现违约,债权人因不能按时收回债权,致使自身利益严重受损,而债务人无法通过增加收入的方式进行偿还债务,只能努力寻找新的借款用于偿还债务,但债权人却并不愿意继续向债务人提供借款。[②] 所以在萧条阶段,社会上的债务增长超过了收入增长,导致大量债务违约问题需要被解决,否则会诱发系统性债务风险。

破产程序正是化解系统性债务风险的有力手段之一。因在破产程序中债务人可将其违约债务进行重组或清算,使债权人团体与债务人努力寻求利益平衡点,最终化解个人债务危机问题。不仅如此,破产程序也将在宏观上助力并引导经济从萧条阶段走向债务周期的下一个发展阶段。所以,站在债务周期变化的宏观角度上,社会确实不应对债务人过于苛责,因债务人与债权人一样,均为经济繁荣时期的贡献者,也是经济萧条时期的受害者,但也不能只注重拯救债务人却不顾债权人的利益。因此,当社会中出现系统性的债务危机时,债权人利益、债务人利益以及公共利益实质上是一致的,而非完全对立的矛盾关系,所以债权人应与债务人携手一致,共渡难关。

故而,在利用破产程序化解债务风险时,拯救诚实而不幸的债务人应与维护债权人的利益相统一,并在二者的共同作用下最终指向社会公共利益的保护。若只注重一方利益的保护,而忽视其他主体的利益,则必然会加剧个人破产程序价值的冲突。故个人破产程序的价值选择应是:将维护债权人利益作为个人破产程序之首要价值,将拯救诚实而不幸的债务人作为个人破产程序

① 参见[美]瑞·达利欧:《债务危机:我的应对原则》,赵灿、熊建伟、刘波译,中信出版集团股份有限公司2019年版,第13页。

② 参见[美]瑞·达利欧:《债务危机:我的应对原则》,赵灿、熊建伟、刘波译,中信出版集团股份有限公司2019年版,第22~23页。

之手段价值,将维护公共利益则作为个人破产程序之最终价值。只有在理顺这3种价值关系的基础上,方能科学构建个人破产具体制度。

二、个人破产法之立法体例选择

我国个人破产法立法体例选择主要存在两方面问题:其一,在立法模式上,我国是选择单独制定个人破产法,还是通过在修订《企业破产法》时增设个人破产制度;其二,在个人破产程序组合模式选择上,是采取多轨制的程序组合模式,还是采用单轨制的程序组合模式。

(一)个人破产法立法模式的选择

1. 比较法上的立法模式选择

在比较法上,采用何种立法模式没有统一的做法,各个国家和地区均是根据本地情况制定破产法。例如,美国采用的是制定统一破产法典的方式,但在程序选择上却呈现不同:首先,在清算程序适用上,无论是企业还是个人均适用第7章关于清算程序的规定;其次,对于商主体的重整适用第11章商事重整的规定,个人重整则适用第13章个人债务整理的规定,而当自然人债务人的债务数额超过第13章的上限规定时则适用第11章的规定进行重整。此外,美国《联邦破产法典》还针对家庭农场主的破产问题,制定了第12章家庭农场主债务整理程序。英国法针对个人以及公司分别适用不同的破产程序,其中,在个人破产程序中包含了以破产令为代表的清算程序以及个人自愿整理程序和郡法院的管理令。[①] 德国采用的是一般破产主义,即债务人适用统一破产法典的所有规定,但针对不从事或曾经从事独立经济活动但债务明晰的自然人,可适用个人破产程序。[②] 日本倒产法体系除一部专门规定清算程序的破产法外,还包括《民事再生法》《公司更生法》《公司法》等。重整程序的多元性是日本倒产法的特色之一。日本法的重整程序以美国《联邦破产法典》为蓝本,又结合本国的情况丰富了重整程序的类型,为债务人提供了多样的程序选择。其中,

---

① 参见《英国破产法》,丁昌业译,法律出版社2003年版。

② 参见何旺翔:《德国个人破产制度及其思考》,载《江南大学学报(人文社会科学版)》2008年第6期。

民事再生程序作为普通重整程序,其适用范围涵盖所有民事主体;公司更生程序仅适用于股份有限公司的商事主体;小规模个人再生程序的适用范围是中小企业等从事小规模生产的法人或自然人;工薪者再生程序的适用范围是拥有固定工资收入且变化幅度较小的自然人。[①] 我国澳门特别行政区尚未单独制定破产法,而是将破产程序规定在《民事诉讼法典》之中。

2. 我国个人破产法的立法模式选择思考

2020年,中共中央、国务院发布《关于新时代加快完善社会主义市场经济体制的意见》,提出"健全破产制度,改革完善企业破产法律制度,推动个人破产法,建立健全金融机构市场化退出法规,实现市场主体有序退出"。上述文件为我国推动个人破产法的制定奠定了政策基础。然而,我国理论界对于个人破产法的制定选择何种立法模式尚未达成共识。例如,有学者认为,我国《企业破产法》可扩大破产法的适用范围,将个人破产制度纳入《企业破产法》的修订范围中,制定统一的破产法典,此做法有利于尽快出台个人破产制度、降低立法成本且便于实践操作。[②] 也有学者认为,可以单独制定个人破产法并已经起草了学者建议稿。[③]

笔者认为,个人破产程序与企业破产程序乃当代破产法体系的两大支柱,虽然个人破产程序大多可适用企业破产程序的规定,但随着社会发展以及对程序研究的不断精细,二者已经呈现不同的发展趋势,故而应单独制定个人破产法,理由如下:

第一,单独制定个人破产法有利于突出个人破产程序的程序价值。前文已述,个人破产程序的价值在于维护债权人利益、拯救诚实而不幸的债务人以及维护公共利益,其分别为程序的首要、手段以及最终价值。而企业破产程序价值多体现为实现债务人财产的最大化、提高债权人的受偿比例。尽管近年

---

① 参见李飞主编:《当代外国破产法》,中国法制出版社2006年版;[日]山本和彦:《日本倒产处理法入门》,金春等译,法律出版社2016年版。

② 参见王欣新:《个人破产法的立法模式与路径》,载《人民司法》2020年第10期。

③ 参见刘静、齐砺杰:《个人破产法(学者建议稿)》,载微信公众号"个人破产法研讨"2021年4月23日,https://mp.weixin.qq.com/s/2_ftRWCFwGNcLCNdYJuVPQ;汤维建:《〈个人破产法〉的立法研究》,载《山东警察学院学报》2010年第5期。

来和解与重整程序所蕴含的拯救债务人的价值不断被提及,但企业破产程序仍以维护债权人利益为根本价值。[①] 故而单独制定个人破产法有利于个人破产程序中价值的实现。

第二,单独制定个人破产法有利于实现程序主体的复杂性与需求的多样性。就比较破产法的演变趋势而言,各立法例有关清算程序的规定差异较小,但有关重整程序的立法规则上差异巨大。观察美国、日本两国的立法例即可发现,不同重整程序的设计实质上是为了满足不同类型的程序主体的需求。以需求导向为原则进行的程序设计,不仅满足了不同类型程序主体的需要,也更加有利于实现个人破产程序中的价值。我国社会中不同类型债务人的需求更复杂多样,例如,我国有消费者、商人、个体工商户、农村承包经营户等多类复杂群体的需求,如何满足不同主体之间的程序需求尚未达成广泛共识。[②] 因此,若借用企业破产程序,以单一程序来解决个人破产问题恐怕难以包容主体类别的复杂性与需求的多样性。

第三,单独制定个人破产法能够体现立法的科学性。以重整程序为例,当前我国司法实践中针对企业的重整程序主要有 3 种模式:一是出售债务人内部尚具有活力的事业或产业的营业让与性重整;二是通过与债权人团体达成减免或延迟的偿债协议的企业存续性重整;三是通过出售财产的方式重整,又称清算式重整。[③] 而相对个人重整程序来说,基本上是以债务人未来可支配收入为基础的,使债务人与债权人团体达成清偿协议的方式进行个人债务整理。这种方式与企业重整当中的第二种模式较接近,但程序设计与实践操作又存在较大差异,例如,个人重整制度中仅会以未来可支配收入为基础与债权人达

---

① 有学者认为,企业破产程序的立法目标并非像自然人破产程序那样,仅在债务人与债权人之间寻求利益平衡,而是引入社会第三方力量追求三者的利益平衡。但是这样的观点并未形成统一认识,如美国学者之间就存在企业破产程序价值是寻求破产财产价值最大化还是需要兼顾其他各方主体利益的平衡的争论。参见韩长印:《企业破产立法目标的争论及其评价》,载《中国法学》2004 年第 5 期。

② 参见汤维建:《关于建立我国的个人破产程序制度的构想》(下),载《政法论坛》1994 年第 4 期。也有学者反对将农民纳入个人破产程序中,参见赵万一、高达:《论我国个人破产制度的构建》,载《法商研究》2014 年第 3 期。

③ 参见王欣新:《破产法前沿问题思辨》,法律出版社 2017 年版,第 212 页。

成偿债协议,而无法通过引入战略投资人的方式与债权人达成偿债协议进行重整。此外,我国个人的权利体系较企业的权利体系更复杂,以有关土地的权利为例,企业所拥有的土地权利多为国有土地的建设用地使用权,而个人所拥有的土地权利不仅包括国有土地的建设用地使用权,还包括农村集体土地的土地承包经营权以及宅基地使用权等,这些权利在破产程序中如何处置需要予以特殊考量,故个人破产程序的具体制度设计应当考虑上述权利的特殊性。所以,采用分别立法的方式会让两种破产程序在顶层设计上更加科学合理。

第四,单独制定个人破产法便于指导实践中处理破产案件的思路。程序价值的不同决定了实践中处理案件的思路不同。企业破产案件在司法实践中多运用破产清算程序来处理,少数案件则运用和解或重整程序处理。例如,2017 年广东全省法院审结破产案件 1392 件,而重整案件仅为 148 件。[①] 这是优胜劣汰的市场规律的直接体现,表明被破产清算企业本身已经不适应市场发展的需要。因此,对于持续消耗社会资源、"透支"社会信用的"僵尸企业",应当尽快使之通过破产清算程序依法退出市场,释放生产要素。[②] 对少部分具有可再生价值的企业,可以对其适用重整程序,给其"输血",让其能够满血"复活",回归到正常市场经济之中。因而在企业重整案件中更加注重是否具备重整可能性的识别问题。但对于个人破产程序来说,不存在将其从市场经济中淘汰的理由,更不能像企业那样经破产清算而后"死亡"。因大部分债务人具备劳动能力,可以创造劳动价值,所以拯救债务人就应是个人破产案件中的优先处理思路。

综上所述,单独制定个人破产法具有理论与现实的双重优势,更与我国国情相符合。

---

① 参见《2018 年广东省高级人民法院工作报告》,载广东法院网 2019 年 2 月 18 日,http://www.gdcourts.gov.cn/web/content/40274 - ? lmdm = 10753。

② 参见王雪丹:《试论破产程序与执行程序的竞争与共生》,载《江西师范大学学报(哲学社会科学版)》2018 年第 5 期。

(二)个人破产程序组合模式选择

1. 比较法上的个人破产程序组合模式选择

在比较法上,重整程序与清算程序的关系主要存在两种立法模式:[①]一种是多轨制,即法律不预先设置哪种具体程序为破产程序的优先程序,申请人可以在清算与重整程序当中自由选择,采用这种立法例的法域主要以美国、日本为代表。但是,2005年美国改革了消费者破产制度,消费者在申请破产之前需要进行收入测评,根据收入测评的结果,如果债务人在重整程序中可以较清算程序清偿更多的债务,则债务人必须先在重整程序进行重整而不能选择破产清算。[②] 另一种是单轨制,即申请人申请启动破产程序时,法律预先设定债务人应当进入重整程序进行强制重整,只有在重整失败或其他法定情况下,方可转入清算程序,采用这种立法例的国家以德国、奥地利为典型。[③] 然而,这种立法例也遭到了德国国内的一些学者的批评,批评者认为,这种程序组合模式对于那些无力重整的债务人来说是没有必要的程序消耗,随后的德国破产法修改过程中将强制和解改为了非必经程序。[④]

由此可见,两大法系的代表国家在程序组合模式以及当事人破产程序选择权的问题上出现了如下变化:原本赋予当事人程序选择权的多轨制立法例在改革中限制了当事人程序选择权的行使,即通过收入测评程序限制了债务人申请破产清算的权利,使多轨制模式实质变化为特殊的单轨制模式;而原本限制程序选择权的立法例却在修法中又赋予当事人程序选择权,即将单轨制模式变为多轨制模式。这一变化表明,个人破产程序组合模式并非一成不变,也并不存在一个统一或者更佳的程序组合模式选择方案。两种模式存在相互

---

① 破产法立法例上存在和解前置主义与和解并行主义。因重整程序是在和解程序的基础上发展而来,且个人重整程序中存在如再生程序、更生程序等多种称谓,但笔者认为,其本质上与和解程序差别不大。为体现对债务人的拯救,故笔者在此运用重整程序进行表述。

② 参见[美]查尔斯·J.泰步:《美国破产法新论》(第3版),韩长印、何欢、王志洲译,中国政法大学出版社2017年版,第139~141页。

③ 参见许士宦:《消费者债务清理制度之新变革》,载《台大法学论丛》2008年第37卷第4期。

④ 参见许士宦:《消费者债务清理制度之新变革》,载《台大法学论丛》2008年第37卷第4期。

转化的可能，而采用何种程序组合模式则根植于本国国情以及本土社会对于个人破产程序价值的选择与判断之中，并且随着国情以及社会发展状况等客观因素的变化发展而及时调整。

2. 我国个人破产程序组合模式选择思考

当前，在我国个人债务清理的试点中或学者建议稿中均有采纳上述两种模式的做法。例如，苏州市吴江区人民法院制定的《关于个人债务清理的若干规定（试行）》即采用附条件的单轨制模式，其第7条第2款规定："有个人收入且超过维持其本人及其抚（扶）养家庭成员基本生活水平的债务人，应以制定债务清偿计划的方式申请债务清理。"即有个人收入且超过维持其本人及其抚（扶）养家庭成员基本生活水平的债务人在申请个人债务清理时，只能通过提交偿债协议的方式进行债务清理，而不能直接进入清算程序清理债务。此外，在东莞市首例个人债务清理案件中，债务人王某夫妇与债权人团体达成了重整协议，约定在未来10年内将收入的5/8用于偿债，剩余收入则用于基本生活。[①] 但《深圳经济特区个人破产条例》以及《个人破产法（学者建议稿）》[②]均采用多轨制模式。例如，《深圳经济特区个人破产条例》的第2条赋予了申请人程序选择权，允许有预期收入的债务人在破产清算、和解或重整程序之间进行选择。同样，《个人破产法（学者建议稿）》第2条也作出了类似规定。[③]

笔者认为，我国个人破产程序应采用以重整程序为前置程序的单轨制模式，即原则上进入破产程序的债务人均应当进入重整程序进行强制重整，在特殊情况下允许债务人直接进入或从重整程序中转入清算程序，限制申请人的程序选择权，而不宜采用多轨制程序组合模式，理由如下：

---

① 参见《东莞第一法院启动"个人破产"试点》，载法制网，http://www.legaldaily.com.cn/zfzz/content/2020-04/09/content_8166318.htm。

② 参见刘静、齐砺杰：《个人破产法（学者建议稿）》，载微信公众号"个人破产法研讨"2021年4月23日，https://mp.weixin.qq.com/s/2_ftRWCFwGNcLCNdYJuVPQ。

③ 该建议稿第2条规定："方案一（后续条文设计以方案一为基础）：债务人停止清偿到期债务，并且可用于清偿债务的财产不足以清偿全部债务的，依照本法规定破产清算。债务人有本条第一款规定情形，或者有明显丧失清偿能力可能的，可以依照本法规定进行更生或者和解。方案二：债务人出现下列情形之一的，可以依照本法规定进行更生、和解或者破产清算：（一）不能清偿到期债务；（二）停止支付；（三）全部财产不足以清偿全部债务；（四）即将丧失清偿能力。"

其一，单轨制模式更加符合个人破产程序的价值选择。笔者认为，尚有劳动能力的债务人经破产清算而获得的免责利益，不仅使债权人债权受损、破坏维护债权人利益的程序价值，也绝非拯救债务人之程序价值所希望达到的目的，更不符合维护公共利益的最终价值。尽管在破产清算程序设计上会有失权、行为考察期等制度，但与债务人可获得免责利益相比，这些制度措施所产生的效果将会显得微不足道。维护公共利益意味着化解全社会的债务风险，债务风险既然已经客观存在就不可能凭空消失。与其通过破产清算免责的方式化解债务风险，不如采用将集中的债务风险分摊至往后数年，以换取时间上带来利益的方法更妥当。这种分摊债务风险的方法，在破产程序中的表现就是重整程序。因此，在单轨制模式下，不能清偿到期债务的债务人与债权人团体达成重整协议，将履行期限届满的债务分摊在往后数年之间履行。这种模式于债务人来说，因换取了时间利益，继而给自己带来"喘息"的机会，符合拯救债务人的价值内涵，同时体现了现代破产法中的债务人保护机制；[①]于债权人来说，债权人之债权虽会受到冲击，但已在合理范围内将冲击降至最小，这体现了维护债权人利益的价值；于全体社会来说，重整程序巧妙地利用时间利益化解了集中爆发的债务危机，符合维护社会公共利益的价值需要。

其二，单轨制更加符合破产法的法理要求。理论上，判断债务人是否具备破产原因的标准为支付不能，资不抵债则作为一些特殊主体的破产原因，同时将停止支付作为推定具备破产原因的判断标准。[②] 以支付不能为例，其构成要件之一是要求债务人丧失清偿能力。而清偿能力由债务人的财产、信用以及技能等要素构成。是否丧失清偿能力的判断并非仅以其中某一因素为判断依据，而是应当将三者进行综合判断，如债务人没有财产，但有信用或者劳动力或技能的，则不属于丧失清偿能力。[③] 故而，若债务人具备劳动力或技能，不属于丧失清偿能力的，因其不具备破产原因就不能通过破产清算程序进行清理债务，而仅能选择重整程序进行债务重整。若允许此类债务人进入破产清算

---

① 参见汤维建：《〈个人破产法〉的立法研究》，载《山东警察学院学报》2010 年第 5 期。
② 参见韩长印主编：《破产法学》（第 2 版），中国政法大学出版社 2016 年版，第 50 页。
③ 参见陈计男：《破产法论》，台北，三民书局 2008 年版，第 26 页。

程序,实则与破产法之法理相悖。但对于完全丧失清偿能力的债务人,法律对之并不严苛对待,即允许此类债务人直接适用清算程序。

其三,单轨制模式更为我国社会所接受。自《企业破产法》实施以来,在实践中总处于一种运行不畅的状态。除法律本身的原因外,更多是因为我国社会尚且难以接受当债务人破产后,债权人就不能再通过法律程序强制执行其债权的现实情况。这集中表现在当有限责任公司作为债务人负担债务时,债权人往往会要求其股东、法定代表人或实际控制人提供担保,以规避企业破产制度以及股东的有限责任制度。尽管学界一直倡导对诚实而不幸的债务人提供破产救济,但同样需要重视我国自古以来就有的"父债子偿"以及"欠债还钱、天经地义"的思想。例如,早在汉朝时期就已经出现了债务人不能清偿债务时,由其家人负担清偿义务的规定,如居延汉简记载:"口石十石约至九月籴必以即有物故知责家中见在者"。[①] 上千年形成的思想观念,对当今国人的意识仍产生着巨大影响。故而在明知企业破产程序与我国社会传统理念存在互斥的情况下,仍在个人破产程序中采多轨制模式、赋予当事人程序选择权,可能造成的后果就是个人破产法虽被制定出来,但将成为空中楼阁,没有落地适用的空间与可能。相反,采用单轨制的模式,尽可能顾及债权人心理承受力,尽可能与我国社会传统理念相融合,这会使个人破产法在实践中切实发挥其功能,实现个人破产程序的价值。

故而,针对我国现处于建立个人破产程序初级阶段的现状,应当限制申请人在破产程序上选择的权利,制定单轨制的个人破产法。

三、我国个人破产程序的具体制度构建

(一)明确程序的准入条件

在准入条件方面,笔者认为,应当考虑如下因素:程序申请权、破产原因以及进入重整程序的债务最高限额等。

---

① 谢国儿:《中国古代"破解执行难"之法制探析》,载《人民法院报》2018年4月20日,第5版。

首先,关于程序申请权的问题。在单轨制模式下,债务人享有程序申请权,但是否赋予债权人程序申请权值得思考。比较法上倾向消费者破产重整案件中仅赋予债务人程序申请权。在《个人破产法(学者建议稿)》第96条中也采纳了相同观点。笔者认为,在单轨制程序组合模式下,赋予债权人程序申请权无可厚非,因程序的启动只是创造债权人团体与债务人之间共同对话的空间,所以既然允许债务人申请启动程序与债权人团体进行对话,亦应允许债权人启动程序使债权人团体与债务人之间进行对话。至于是否能够达成偿债协议、重整失败后转入清算程序则取决于多方因素,但其与程序申请权似不存在太大关联。

其次,关于破产原因的问题。我国《企业破产法》对于破产原因的表述与域外立法例的一般表述不相同。① 笔者认为,我国在制定个人破产法时,对于个人破产原因应当追本溯源,即应将"支付不能"以及"濒临支付不能"作为一般破产原因,将"资不抵债"作为遗产破产原因,将"停止支付"作为推定破产原因。这样的规定,符合立法逻辑的准确性,也有利于实践中对于个人破产原因的把握。

最后,关于进入重整程序的债务最高限额的问题。域外实践情况表明,进入个人破产程序的债务人的收入大多低于或等于社会平均收入,而重整程序恰恰需要对债务人的债务进行梳理,并以债务人未来可预期或可支配收入为基准,制订偿债协议,债务人需要在未来的一定时间内履行该计划。因此,立法时需要综合各方面因素,考量债务人合理的偿债能力,确定债务人重整程序的上限标准,从而体现出重整程序的可操作性以及偿债协议的可执行性。在具体数额上,美国《联邦破产法典》第13章规定的债务上限为担保债务不超过1,149,525美元或无担保债务不超过383,175美元。② 日本《民事再生法》规定,债权总额应当低于5000万日元。在域外,这种立法模式的原型是针对具有

---

① 《企业破产法》第2条规定:"企业法人不能清偿到期债务,并且资产不足以清偿全部债务或者明显缺乏清偿能力的,依照本法规定清理债务。企业法人有前款规定情形,或者有明显丧失清偿能力可能的,可以依照本法规定进行重整。"

② 该数额每3年会调整一次。

工资收入来源的工薪阶层因消费性破产而建立的重整程序。尽管商个人也可以申请通过该程序进行重整,但是商个人若想通过此程序进行重整债务,必须受到债务总额的条件限制。如果商个人背负的债务总额超过该程序的债务总额的上限规定,则债务人应当通过商事重整程序进行债务清理。笔者认为,重整程序可分为普通程序与简易程序,我国未来个人破产法中无须规定普通重整程序的债务最高限额,但在简易重整程序中,可以设立债务最高限额,以调整那些债务数额不大、债权债务关系较清楚、简单的案件。

(二)建立健全公职管理人制度

管理人是破产程序中重要的法律机关。我国《企业破产法》采管理人中心主义进行相关制度的构建。① 管理人的履职情况直接关乎破产案件的质量。与企业破产案件相比,个人破产案件虽然总体体量庞大,个案却具有债务人财产较少、程序周期长等特点,这使管理人在个人破产案件中所能获取的报酬大大减少,故而缺乏参与个人破产案件的积极性。英美法系为了消除这一情况所带来的不利影响,设立了公职管理人制度。例如,在美国《联邦破产法典》第12章及第13章案件中,各司法辖区的联邦托管人会任命本辖区内一名常设管理人作为本辖区内债务人的付款代理人。② 我国香港特别行政区同样有公职管理人制度并设有破产管理署,该署署长可被委任为破产案件的受托人或清盘人,具体工作则由破产管理署下设的个案处理部、法律事务部1、法律事务部2、财务部以及行政部等具体职能部门负责,以个案处理部为例,该部门的主要职责是负责破产或清盘的管理工作、裁定债权人的申报债权情况、分配债款、调查债务人破产或清盘的原因以及执行破产或清盘的相关条例。此外,如果某一破产案件已经委任了私人受托人或清盘人,则该部门负责对其进行监督。③

目前,我国已有地方开始探索有关公职管理人制度构建与运行等议题。

---

① 参见邹海林:《破产法——程序理念与制度结构解析》,中国社会科学出版社2016年版,第135页。

② 参见[美]查尔斯·J.泰步:《美国破产法新论》(第3版),韩长印、何欢、王志洲译,中国政法大学出版社2017年版,第1401页。

③ 载中华人民共和国香港特别行政区破产管理署官网,https://www.oro.gov.hk/cht/home/home.htm,最后访问日期:2022年10月15日。

例如,温州市出台的《探索建立公职管理人制度的府院联席会议纪要》中明确规定了公职管理人制度。该纪要对公职管理人的任职资格、指定方式、职权以及监督等问题都予以规定。并且,温州本地已经出现了指定公职管理人担当个案管理人的案件。

笔者认为,实践中对于公职管理人的探索是值得提倡的,在我国未来个人破产法中规定公职管理人也是势在必行的。但在公职管理人制度中仍需考虑如下问题:其一,需要论述公职管理人于我国法中的法律地位以及因公职管理人具备公职人员身份,故而债务人若不配合管理人工作时,是否构成妨害公务罪等刑事犯罪问题;其二,当前公职管理人似与公职律师制度相融合,但应当考虑其他具有担任管理人资格的群体加入公职管理人队伍中的问题;其三,应当捋顺公职管理人与私人管理人之间的关系,使公职管理人与私人管理人形成良好的管理人互动体系;其四,明确选任公职管理人的案件范围。在个人破产案件中,公职管理人原则上应当被选任为案件的管理人。

(三)偿债协议的制订与批准

在重整程序中,谁有权制订偿债协议或重整计划,在比较立法例上各不相同。有的规定的是由单一制主体制定的单元主义,有的规定的是由多方主体制定的多元主义,此外,还存在折中主义的规定。① 然而,在个人重整程序中,偿债计划的提交多倾向由债务人自己提交。如美国破产法规定,适用第 13 章重整程序的债务人,由债务人自己提交偿债协议。日本《民事再生法》规定,在小规模个人再生程序下设立个人再生委员会,由其协助没有聘请律师的债务人制订合理的再生计划方案,②而工资所得者再生以及关于住宅资金贷款债权的特则中均由债务人自己提交再生计划。③

笔者认为,程序申请权与偿债协议制订权可以相互分离。为了尊重债务人在重整程序中的意志自由以及债务人对自身的债务情况最了解的客观事

---

① 参见王欣新主编:《破产法原理与案例教程》(第 2 版),中国人民大学出版社 2015 年版,第 230 页。

② 参见[日]山本和彦:《日本倒产处理法入门》,金春等译,法律出版社 2016 年版,第 166 页。

③ 参见王欣新主编:《破产法原理与案例教程》(第 2 版),中国人民大学出版社 2015 年版,第 177 页。

实，无论破产程序是由债权人还是债务人启动，均可由债务人享有偿债协议制订权。同时，基于重整程序应有力促当事人之间达成和解的程序目标，以及考虑偿债协议的可执行性等现实情况，应当赋予管理人协助债务人制订并监督偿债协议履行的权利，以保障重整程序得以顺利进行。

在偿债协议的内容方面，应当包含履行计划的资金来源，以及对同一组别的所有债权人平等清偿的承诺，以防止偏颇性清偿。此外，因在重整过程中，担保债权暂停行使，所以应在重整计划当中明确承诺足额清偿担保债权。在偿债协议的履行时间方面，5～8 年较合理，时间太短可能导致债权人债权得不到预期效果，时间太长债务人可能产生厌弃履行偿债协议的负面情绪，不利于债务人重整旗鼓，最终将会违背个人破产程序的价值。

在偿债协议的表决方面，为了确保个人重整程序的迅速进行，可以不采取明示投票的表决方式，而是在偿债协议送达债权人之后，债权人可以在合理期间内向管理人提出异议，未在规定期间内提出异议的视为同意该偿债计划，管理人审查异议后综合考虑相关因素并作出修改偿债协议与否的决定，管理人作出决定之后应当将偿债协议提交至法院予以批准。

（四）偿债协议的履行与违约规则

偿债协议获得法院批准后对债务人及全体债权人均产生约束效力，债务人应当按照偿债协议所约定的内容全面履行偿债协议。全面履行偿债协议之后，债务人即可获得余债免除的优厚条件，但并非任何种类的债权均可获得免责。例如，在 2003 年《企业破产法（草案）》中第 149 条、第 150 条规定了对于合伙企业合伙人、个人独资企业投资人的免责制度。根据上述两个条款的规定，除对于故意侵犯人身权的损害赔偿以及对于上述人员在破产程序中存在诈欺、偏颇等不诚信行为的不予免责外，对于其他普通债权均予免责，同时根据偿债的比例确定合伙人及投资人失权的期限。上述两个条文的内容都具有相当的进步性，最终未获通过未免有些遗憾，但是可以为我国未来免责制度的构建提供参考。笔者认为，当债务人全面履行偿债协议之后，普通债权未清偿部分当然获得免责，但特殊债权不应免责，债务人仍需履行清偿责任直至履行完毕。不予免责的债权，应当包含但不限于因故意侵害他人人身权的损害赔偿债权、刑事案件被判处的罚金以及因家庭生活所必要的扶养费等。前两类债权不予免责的原因是，其中存在债务人的违法犯罪因素，所以不宜被免责。而第三种债权则因为其中包括家庭伦理等道德性因素，所以也不应当被免责。

此外，实践表明，在个人重整案件中，存在数量较多的债务人不能全面履行偿债协议而致使重整程序失败的情况。① 所以，笔者认为，存在两种应对方式来处理此类问题，以确保重整程序的顺利进行：

方式一：赋予债务人、债权人以及管理人修改偿债计划的权利。以债务人未来可支配收入进行重整的案件为例，此类案件是以债务人未来可支配收入为依据作出的偿债协议，这使偿债协议的履行具有诸多不确定因素。比如，会出现债务人在重整期间收入减少甚至丧失的情况，也可能会出现债务人在重整期间获得大笔意外收入等情况。所以，应当赋予上述主体对偿债协议的修改权，以便应对各类客观情况的变化。在修改权具体行使方面，出于利己角度的考虑，债务人通常会在收入减少和丧失的情况下提出修改偿债协议，而债权人则会在发现债务人于重整期间内有意外收入的情况下提出修改偿债协议，但管理人作为偿债协议履行中的监督者，在发现上述两种情况时均应提出修改偿债协议的建议。所以，当债务人或债权人发现偿债协议可以修改时，应当向管理人提出修改意见，管理人审核作出决定后，提交法院批准，提出修改申请的一方应向法院提供相应证据，法院在听取管理人意见后，作出相应处理结果。

方式二：转为破产清算程序。偿债协议达成后，债务人不履行偿债协议时应转入破产清算程序进行债务清理。但这种方式尚不能为我国未来个人破产法所接受。理由如下：其一，若允许转入清算程序，债务人可能假借重整程序而实际上通过破产清算程序来逃避债务，不符合单轨制程序设计的初衷；其二，偿债协议的达成相当于对债权债务关系的二次调整，如果债务人不能履行偿债协议，则是对债权的再次破坏，这是对契约严守原则与诚实信用原则的严

① 参见［美］查尔斯·J. 泰步：《美国破产法新论》（第3版），韩长印、何欢、王志洲译，中国政法大学出版社2017年版，第1401页。

重背离,也不符合拯救诚实而不幸债务人的程序价值。所以,原则上不允许债务人不履行偿债协议时转入破产清算程序。如果出现债务人不履行偿债协议的情况,债权人或管理人应当向法院申请终结破产程序,已经进行的程序行为均属无效,但是多数债权人同意转入破产清算程序或债务人丧失劳动能力等情形除外。另外,如果债务人在履约过程中出现了不可抗力或情势变更导致偿债协议无法继续履行的,则法院应当根据债务人实际履约的情况对债务人进行免责。例如,《个人破产法(学者建议稿)》第 124 条规定了艰难事项的免责情况。[①] 该种免责系客观情况发生重大变更所致,与债务人恶意违约而终结程序存在本质区别。

(五)与破产清算程序的衔接安排

为实现个人破产程序的价值,单轨制中的清算程序的定位不应作为与重整程序所并列选择的程序,而是作为个人破产程序中的一种补充性、承接性程序,即破产清算程序仅面向缺乏或丧失劳动能力的债务人,或者在重整程序中多数债权人同意而转入破产清算程序的债务人开放。同时,自由财产制度、免责制度以及失权与复权制度也应与破产清算程序作好相应的衔接安排。

四、结语

在经营中,人们可能会因为各种各样的因素出现财务危机,而解决财务危机的方式又是多样的。个人破产制度并非万能,它仅是在法律上为债权人与债务人提供一条解决财务危机的路径,并非意味着债务人出现财务危机时仅能通过个人破产程序来解决。个人破产制度的设计又与各法域中的不同法律文化、社会风俗、配套制度等存在千丝万缕的关系。程序法治是中国特色社会主义法治体系中的重要一环,个人破产制度又是中国特色社会主义程序法治

① 《个人破产法(学者建议稿)》第 124 条规定:“因不可归责于债务人的客观原因,债务人履行更生计划明显存在重大困难,并同时满足下列所有条件的,可以申请人民法院裁定其免责:(一)债务人对本法第一百零三条第一款第(一)、(三)、(四)、(五)项规定的债务的清偿数额已占更生计划确定数额的四分之三以上;(二)债务人对普通债权人的清偿数额已占更生计划确定数额的三分之二以上;(三)即使延长清偿期限,债务人仍然无法清偿债务。人民法院做出免责裁定之前,应当听取管理人和债权人的意见。”

中的不可缺少的一项重要内容。为构建科学合理的个人破产程序,我国个人破产程序应以维护债权人利益为首要价值,以拯救债务人为手段价值,以维护公共利益为最终的程序价值,制定单轨制的个人破产法,并作好相应的具体制度安排。

第五章　个人破产程序中的适用主体范围

当前,我国破产法没有规定个人破产制度。国家正在通过一系列的改革措施,意图建立个人破产程序。在构建我国个人破产程序的过程中,首先要回答我国个人破产程序适用主体范围的问题,即哪些债务人可以适用个人破产程序实现债务清理。然而,只有当事人享有破产申请权的前提下,才可以启动个人破产程序。而当事人破产申请权可以分为债权人破产申请权与债务人破产申请权,其中,法律赋予债权人破产申请权,使之可对债务人启动破产程序的制度称为强制破产(involuntary insolvency),而法律允许债务人自愿行使破产申请权并启动破产程序的制度称为自愿破产(voluntary insolvency)。[①] 我国个人破产法承认债权人的破产申请权即强制破产制度也是必然,因此理论无须对此再加以证成。同时,现代个人破产法也普遍承认了债务人破产申请权,故而我国个人破产法承认自

---

① See Najeeb Zada, Ahcene Lahsasna and Muhammad Yusuf Saleem, *Towards a Corporate Model of Islamic Law of Insolvency: A Note on "Voluntary Insolvency"*, ISRA International Journal of Islamic Finance, Vol. 7 Issue(2), p. 140 – 141(2015).

愿破产制度也是自然的。但是,我国个人破产法究竟应当赋予哪些债务人破产申请权的问题仍有待理论证成。

故而,我国法律应赋予哪些债务人享有破产申请权的问题可以等同我国法律应允许哪些债务人适用个人破产程序的问题,二者具有交叉一致性。为此,笔者以债务人之破产申请权为问题导向,展开相应论述。

一、个人破产之"个人"概念廓清

在个人破产的概念上,存在个人破产、自然人破产以及消费者破产等相似概念。理论界在论述个人破产相关问题时,常常混淆了这些概念。笔者认为,在论述债务人破产申请权之前,有必要廓清个人破产中的"个人"概念的内涵以及相似概念之间的关系等问题。这是因为该问题直接关系债务人破产申请权的主体范围。

当前,理论界已有学者对这些相似概念进行了区分。例如,有的学者认为,个人破产的概念与自然人破产或消费者破产的概念不同,民法中的"自然人"与"法人"均属于民事主体,消费者应当属于自然人,同时在我国法律体系内,自然人还包括个体工商户、农村土地承包经营户,但是并不包括个人独资企业、合伙企业等非法人组织,因此,"个人破产"这一概念包括了自然人破产与非法人组织破产的情况。[①] 有的学者将个人破产区分为商事个人破产和民事个人破产,其中,商事个人破产,是指对合伙企业承担无限责任的合伙个人、个人独资企业投资人、个体工商户以及农村土地承包经营户等主体破产,而民事个人破产主要是消费者破产。[②] 有学者认为,破产可以分为经营性破产与消费性破产,其中,经营性破产可以分为法人破产、非法人组织破产以及商自然人破产,而消费性破产则是指消费者破产,其中又可以将商自然人破产与消费者破产合称为自然人破产。[③]

---

① 参见刘冰:《论我国个人破产制度的构建》,载《中国法学》2019 年第 4 期。

② 参见刘静:《个人破产制度研究——以中国的制度构建为中心》,中国人民大学 2007 年博士学位论文,第 11 页。

③ 参见卜璐:《消费者破产法律制度比较研究》,武汉大学出版社 2013 年版,第 20 页。

事实上，个人破产及其相似概念主要是通过不同的立法主义表现出来的。在现代个人破产法上，存在商个人破产主义、消费者破产主义以及一般个人破产主义等不同立法例。[①]

商个人破产主义，是指法律仅赋予从事商业活动的商个人债务人申请破产的权利，对于没有从事商业活动的个人，法律不赋予其破产申请权的立法主义。[②] 商个人破产主义滥觞于中世纪的意大利，是破产法历史中较古老的立法主义。[③] 该主义十分强调债务人的职业性特征。英语中的“破产”一词即“bankruptcy”源于拉丁语的“*bancus*”和“*ruptus*”，前者意为“桌子”和“柜台”，后者意为“打烂”，即在中世纪的意大利，如果商人丧失了债务清偿能力，那么债权人则会打烂其所经营的柜台以表明该债务人从此歇业。[④] 现如今，在部分国家或地区的个人破产法中，仍可见到商个人破产主义的踪影。

消费者破产主义，是指法律赋予消费者债务人破产申请权，将消费者破产问题进行单独调整的立法主义。20 世纪 80 年代，超前消费问题在全球范围内逐步涌现，并演变为各国及地区的棘手问题，随即部分国家与地区接二连三地单独制定了消费者破产程序以规制消费者破产问题。[⑤] 追溯消费者破产主义的历史可以发现，丹麦是最早采用这种立法主义的欧洲国家。1984 年，丹麦为了解决消费者破产问题，通过立法引入了消费者破产程序，随后欧洲多国纷纷效仿。[⑥] 例如，德国破产法针对不从事生产经营获得的消费者债务人，单独制定了与企业破产程序不同的破产程序。[⑦] 可见，消费者破产案件的爆发是消费者破产主义诞生的直接原因。该主义并不强调债务人的职业性特征，而是将

① 参见赵万一、高达：《论我国个人破产制度的构建》，载《法商研究》2014 年第 3 期。

② 破产立法主义原本是指允许哪些债务人适用破产程序，这与是否赋予债务人破产申请权原本是两个问题。但在现代破产立法中，二者逐渐趋于一致。因此，本书将破产立法主义与债务人破产申请权的问题相等同。

③ 参见汤维建：《关于建立我国个人破产制度的构想》（上），载《政法论坛》1995 年第 3 期。

④ 参见［美］查尔斯·J. 泰步：《美国破产法新论》（第 3 版），韩长印、何欢、王志洲译，中国政法大学出版社 2017 年版，第 2 页。

⑤ 参见卜璐：《消费者破产法律制度比较研究》，武汉大学出版社 2013 年版，第 17～18 页。

⑥ 参见赵万一、高达：《论我国个人破产制度的构建》，载《法商研究》2014 年第 3 期。

⑦ 参见［德］乌尔里希·福尔斯特：《德国破产法》（第 7 版），张宇晖译，中国法制出版社 2020 年版，第 15 页。

重点聚焦债务人申请破产的原因。

一般个人破产主义,是指法律赋予所有适格的自然人破产申请权,允许所有适格的债务人适用破产程序的立法主义。因此,在一般个人破产主义的立法模式下,全面赋予债务人破产申请权,只要债务人具有破产原因的,就可以行使破产申请权,启动破产程序。该主义实则是根据一般破产主义的理论,将债务人破产区分为企业破产与个人破产之后而形成的。[①] 例如,英国1986年破产法将债务人分为公司(company)与个人(individual)并分别对之适用不同的破产程序。[②] 该法中,"个人"包括消费型债务人、非法人企业的经营者以及为破产公司承担保证义务的人。[③] 故而,一般个人破产主义强调的是个人破产与企业破产在程序规则上的不同,而不强调个人债务人的职业因素或负债原因。

个人破产法虽存在以上3种立法主义,但各国的立法选择并非一成不变的。反而,综观世界上主要国家或地区个人破产法的立法变化,可以看出它们对赋予哪类债务人主体破产申请权的问题呈现如下特点:

1. 采用商个人破产主义的立法例逐渐转向一般个人破产主义的立法例。一般个人破产主义与商个人破产主义原本是两个相对立的立法主义。在现代破产法立法上,采商个人破产主义的立法例主要与当地秉持"民商分立"的立法模式有关。例如,法国采取的就是"民商分立"的立法模式,因此,法国《商法典》仅规定了从事商业、手工业、农业生产者以及独立职业的自然人申请破产的情况,对于商个人以外的个人债务人破产问题却并未规定。[④] 然而,法国虽未在其《商法典》中赋予其他个人债务人申请破产的权利,却在法国《消费法典》中规定了消费者债务超负的处理程序,赋予了消费者债务人破产申请权,允许消费者债务人依此程序进行债务清理。[⑤] 所以,法国的立法实践表明,采

---

① 一般破产主义是指允许所有民事主体债务人适用破产程序。

② See UK Insolvency Act 1986;[英]费奥纳·托米:《英国公司和个人破产法》(第2版),汤维建、刘静译,北京大学出版社2010年版,第7页。

③ 参见[英]费奥纳·托米:《英国公司和个人破产法》(第2版),汤维建、刘静译,北京大学出版社2010年版,第26页。

④ 参见《法国商法典》(中册),罗结珍译,北京大学出版社2015年版。

⑤ 参见胡守鑫:《法国个人破产惩戒制度的特点》,载《人民法院报》2020年12月18日,第8版。

用商个人破产主义的立法例已经逐渐转向了一般个人破产主义的立法例,二者已不再是完全对立的立法主义。

2. 消费者破产主义是个人破产法为消费者债务人提供的特别保护。在比较法上,没有只允许消费者破产的立法例,而是在一般个人破产主义下,针对消费者债务清理问题进行单独立法。消费者在适用消费者破产程序时,具有明显优待。

通过对个人破产法中的各种立法主义的内涵与关系简要梳理之后,即可发现:"商个人破产""消费者破产"均是"个人破产"这一母概念当中的子概念。各国或地区的立法例之所以会针对"个人"概念有不同的表达区分,与当地所发生的破产案件客观情况、民事实体法立法模式等因素有关。

我国破产法律制度主要由《企业破产法》规定,该法实行的是企业法人破产主义。因此,在一般破产主义的理论指导下,笔者认为,"个人破产"中的"个人"应是指那些未被现行《企业破产法》纳入调整的债务人主体。详言之,我国《民法典》所规定的法律关系主体中的自然人债务人,包括个体工商户债务人以及土地承包经营户债务人完全未被《企业破产法》纳入其调整范围。而有关非法人组织的破产问题,以合伙企业债务人、个人独资企业债务人为例,《企业破产法》亦未将之完全纳入调整范围。同时,由于它们经破产清算后,企业的合伙人与投资人仍可能为企业未偿的债务承担无限连带责任,所以合伙人与投资人之间的债务清理问题,应当与非法人组织债务人的债务清理问题在同一个破产程序中一并处理。故此,在我国法律语境下,个人破产中"个人"的具体内涵应指《民法典》中的自然人、非法人组织等债务人主体。因此,"商个人破产""消费者破产"等概念仅在我国破产理论研究中具有参考价值。假若将这些概念直接作为我国立法的依据,那么还应当结合《民法典》的规定以及现实情况等因素进行综合考量。

二、我国个人破产程序适用范围之探讨

在廓清"个人破产"中基本概念的内涵以及其与相似概念的关系之后,我国未来个人破产法究竟应采用何种立法主义,值得探讨。当前,存在 3 种不同

的方案用以解决我国个人破产程序适用主体范围的问题，具体如下。

（一）方案一：分阶段开放个人破产程序的适用范围

该种观点认为，采用一般个人破产主义的立法符合我国目前现状，但是如果实践上存在相应的需要，可以结合实践上的要求，分阶段地赋予不同类型的债务人破产申请权。①

当前，在企业破产案件破产程序终结后，企业债务转移至企业法定代表人、股东以及实际控制人身上的现实案例并不鲜见。这产生了企业虽然破产，债务却没有真正被清理的现象。该种现象在江浙地区颇为常见。江浙地区的民营企业数量较多，且民营企业通常会利用贷款以维持自身的发展需要。当民营企业向银行等金融机构寻求贷款时，金融机构常会要求民营企业提供担保。为了方便融资，企业经营者之间会形成互联互保圈，即互相为对方的企业提供担保。然而，这种人与人之间的互联互保圈是脆弱的，尤其是当其中的一环发生了资金断裂并产生了资金缺口之后，整个互联互保圈将会面临崩溃的危险。近年来，受产业结构的调整等诸多因素影响，江浙地区的民营企业破产案件数量激增。由此带来的问题是较严重的——原本是为地方经济作出贡献的民营企业家，现在却沦落为身负巨债的“负翁”。

以上情况就是本方案提出的现实原因，即个人破产程序可先行解决企业经营者债务人破产的问题，赋予其破产申请权，待日后实践中其他债务人主体具有现实需要的，再赋予其他债务人主体破产申请权。2019 年 6 月，国家发展和改革委员会联合其他 12 个国家机关共同发布了《加快完善市场主体退出制度改革方案》正是采纳了这种方案思路。

（二）方案二：构建简易破产程序，允许所有债务人适用

持这种观点的学者认为，我国自然人以及非法人组织从事商事行为越来越多，很难通过合理标准去界定行为人的行为属于民事行为还是商事行为，因此，我国个人破产法应采纳一般个人破产主义，赋予所有债务人享有破产申请权。② 同时，对于那些当事人之间争议不大、标的额较小的破产案件，可以参照

① 参见王欣新：《个人破产法的立法模式与路径》，载《人民司法》2020 年第 10 期。
② 参见赵万一、高达：《论我国个人破产制度的构建》，载《法商研究》2014 年第 3 期。

我国《民事诉讼法》的规定，设置简易破产程序或者小额破产程序。[①]

按照民事程序内部构造的复杂程度不同，民事程序可以分为通常程序与简易程序。以民事诉讼程序为例，根据民事案件事实、权利等法律因素不同，结合程序比例原理，在能够维护程序功能与价值的基础上，对于那些事件简单、争议不大以及标的额较小的案件，法院可以适用简易程序审判案件，从而提高审判效率、节约当事人维权成本。[②] 因此，本方案并不强调债务人的职业性以及负债原因，而是从民事程序的基本原理出发，承认全部债务人均享有破产申请权。只是在程序启动之后，对于简单破产案件可采取独任制、缩短债权申报日期、不设债权人委员会、简化债权人会议流程、缩短审限期限的简易程序进行审理。

在实务探索中，采用本方案的做法是较常见的。例如，《深圳经济特区个人破产条例》采取就是一般个人破产主义的做法。同时，该条例第10章规定了简易破产程序，其中第148条规定："人民法院审理个人破产案件，债权债务关系明确、债务人财产状况清楚、案情简单的，可以由合议庭适用简易程序审理。债务人债务不超过二十万元的，可以由法官一人独任审理。"

（三）方案三：分别向商个人债务人与消费者债务人开放个人破产程序

这种方案认为，商个人破产案件与消费者破产案件存在诸多区别，应当分别立法。其理由是，商个人债务的复杂程度与企业债务的复杂程度相似，而消费者债务人的债权债务关系相对简单；同时，商个人与企业均属于具有完全理性的经济主体，所以商个人在掌握完整信息后可以承担相应的债务，而破产程序中的制裁或激励措施对商个人是有效的，但对消费者是否能够起到多大效果是不确定的。此外，消费者往往是因为有限的理性认知而陷入了过度负债之中，所以对待消费者破产应当利用信用咨询或者教育制度来应对。另外，在破产滥用方面，因商个人视个人信誉极其重要，所以商个人很少主动甚至避免

① 参见沙洵：《建立我国个人破产制度的若干思考》，载《华东政法学院学报》2005年第2期。

② 参见邵明：《现代民事之诉与争讼程序法理"诉·审·判"关系原理》，中国人民大学出版社2018年版，第328~329页。

申请破产,相较而言,消费者滥用破产程序的可能性更大一些。①

这种观点在本质上并未完全突破一般个人破产主义,只是将一般个人破产主义拆分为商个人破产主义与消费者破产主义,并考察个人破产程序针对不同职业特征的债务人能否产生相应的程序效力等方面而得出来的结论。因此,本方案将"个人破产"中的个人置换为商个人与消费者,并分别认可这两类债务人均可享有破产申请权,进而适用不同的破产程序进行债务清理。

当下,有的地方在探索个人债务集中清理程序时,就采用本方案的思路。例如,山东省高青县人民法院出台的《关于企业破产中对有关个人债务一并集中清理的意见(试行)》中第 1 条规定:"本意见集中清理的个人债务,是指破产企业生产经营活动中对企业债务承担清偿责任的有关个人债务。"这意味着,其他具有破产原因的个人债务人不能依此规定申请适用个人债务清理程序。但在现行探索中,尚未有专门涉及消费者破产问题的规范性法律文件。

(四)特别关注:土地承包经营户债务人的程序适用问题

我国是农业大国,农业人口数量占据我国总人口的多数。凡是涉及农民权益的问题均应当予以特别关注,故而,在个人破产程序中债务人破产申请权的问题上自然也不例外。除上述探讨以及实践上的差异做法外,理论界关于土地承包经营户债务人能否被法律赋予破产申请权、是否应将之纳入个人破产程序的适用主体范围等问题亦存在较大争论。②

反对者认为,土地承包经营户收入结构复杂、享有的财产类型多样,以至于法院等机构难以准确地查清、评估其所有财产的具体情况,进而不利于判断其是否具有清偿能力以及破产程序的后续进行等问题。③ 此外,坚持这种观点的学者还认为,土地承包经营权兼顾对土地承包经营户自身经济发展以及生

---

① 参见殷慧芬:《个人破产立法的现实基础和基本理念》,载《法律适用》2019 年第 11 期。

② 我国土地承包经营户可以分为家庭联产承包责任制的土地承包经营户以及"四荒地"土地承包经营户,两者差别较明显。当前的学术争论主要围绕家庭联产承包责任制的土地承包经营户,因此本书所指的土地承包经营户也是指家庭联产承包责任制的土地承包经营户,而不包括"四荒地"土地承包经营户。

③ 参见胡玲:《债务人生存权益视角下的我国个人破产立法研究》,中国法制出版社 2014 年版,第 48 页。

存保障两项职能,如果将土地承包经营权以及其他生产生活工具均列为自由财产而被豁免破产处置,则涉及土地承包经营户债务人的破产案件均属于“无产可破”案件,这会造成债权人申请这类债务人破产就没有实际意义的问题。①

但是,支持者却认为,土地承包经营权作为一种用益物权,其既然可以通过转让、入股等方式流转,那么就没有理由将之列为自由财产,此外,“无产可破”案件是事实问题而非法律问题,破产法只能解决将债务人的责任财产用于清偿债务的问题,却无力化解债务人实际享有多少财产的问题。因此,破产法没有理由将土地承包经营户债务人排除在适用主体之外。②

总结上述两种对立观点可以看出,土地承包经营户债务人之破产问题争论的起始点,仍是围绕法律是否应赋予这类债务人破产申请权的问题而展开。

三、债务人破产申请权之权利属性探讨

从以上争论可以看出,理论界在论证债务人破产申请权的问题时,主要是根据我国实践中的破产需求现状、程序法理等因素而进行的,但却并未关注债务人破产申请权的权利属性。

债务人破产申请权的权利属性是该权利区别于他项权利的重要特征之所在。该属性可以表明,债务人破产申请权究竟是一种什么样的权利并揭示该权利对破产债务人的意义。因此,对此加以论证,可以为破解我国个人破产法应当赋予哪些债务人破产申请权的难题提供一个不同的理论视角。

(一)债务人破产申请权之本质属性

债务人破产申请权在本质上是一种程序性权利,但这种程序性权利对债务人的意义却并不一般。它意味着债务人掌握了债务清理的主动权与选择权。

当债务人具备清偿能力时,其应通过债务清偿制度来清偿债务,但当债务人丧失清偿能力时,则需要通过债务清理制度即破产程序来进行债务清理。③

---

① 参见朱涛:《“个人破产”为时尚早——从农村经济现状观之》,载《前沿》2009 年第 3 期。

② 参见王雪丹:《关于二元经济体制对个人破产制度影响的思考——兼于朱涛博士商榷》,载《前沿》2010 年第 12 期。

③ 参见王志诚:《清算型债务清理制度之解构——以消费者债务清理条例之清算机制为中心》,载《月旦法律杂志》2017 年第 150 期。

在民事诉讼程序中,作为债务人的一方通常并不享有程序启动的主动权。进言之,债务人无论是作为民事诉讼中的被告抑或是执行程序中的被执行人,虽然法律根据平等原则赋予了他们可以对原告、申请人对等抗衡的程序权利,可是就程序参加的角度而言,债务人仍是被动加入程序之中的,而非主动启动相应的程序。然而,在破产程序中,法律赋予债务人破产申请权意味着债务人享有债务清理的主动权。债务人可以根据自己是否具备破产原因等情况,主动启动破产程序。在域外实践中,个人破产案件占据破产案件的大多数,而在个人破产案件中,多数是由债务人主动行使破产申请权而启动破产程序的。[①] 这证明了破产申请权对债务人具有积极意义。

此外,破产申请权意味着债务人享有了清理债务方式的选择权。在破产程序中,不同的债务清理程序有不同的规则与法律后果。其中,破产清算程序可以尽最大可能清理债务人所有无力偿还之债务,但是,债务人在破产清算程序中的利益牺牲也是最大的。例如,除法律规定的自由财产外,债务人的其他财产均需被管理人依法处置并将相应金额分配给债权人。同时,受破产宣告之影响,破产人的名誉会受损。此外,失权措施会让破产人失去担任一些职务的资格,以及会限制破产人一些民事行为等。[②] 然而,破产和解程序与重整程序对债务人就没有过多的严厉措施与限制,因为它们属于破产的预防性程序。所以在破产和解或重整程序中,债务人可能会保留大部分的财产以及谋生工具,以帮助他们可以尽快地恢复正常生活。但是,债务人在和解或重整期间的大部分收入将会被用于偿债。同时,债务人在破产和解或重整程序中获得余债免责的数额也远不如其在破产清算程序中获得余债免责的数额之多,且破产和解与重整程序的持续时间要比破产清算程序的持续时间更久。

综上,债务人在权衡利弊并结合自身情况之后,可以选择最适合自己的债务清理程序。能够自我地选择债务清理的方式,意味着债务人一改在其他程

---

① See Jacob S. Ziegel, *Canadian Perspectives on the Challenges of Consumer Bankruptcies*, 20 J. Consumer Pol'y, p. 199(1997).

② 参见郭兴利:《建立个人破产制度:化解个人债务纠纷的新路径》,载《山东师范大学学报(人文社会科学版)》2010 年第 2 期。

序中被动加入的情况,使其在面对随后的债务清理工作时,更加具有积极性与主动性。故而,债务人破产申请权体现了债务人在进行债务清理时,法律对其自我选择意愿的尊重。这是债务人破产申请权所具有的本质属性。

(二)债务人破产申请权之历史属性

现代个人破产法对债务人存在三大利好制度,即债务人破产申请权制度、自由财产制度以及免责制度。① 然而,这三大利好制度并非一蹴而就的,而是在个人破产法漫长的演变历史中,伴随各种历史事件的发生、人们认知的改变而缓慢出现的。因此,笔者认为,有必要回溯债务人破产申请权之由来,追寻债务人破产申请权之历史属性。

在 19 世纪以前,破产申请权一直都是债权人的专属权利。如果发生债务人无力偿还债务的情况,只有债权人才可以享有向法院申请债务人破产的权利。

古代破产法对待债务人破产的态度是极严苛的。在罗马法时代,只要债务人无力偿还债务,那么债务人为数不多的财产乃至身家性命,就要统统归债权人支配。债权人对债务人的暴力行为,意在逼迫债务人尽力偿债,或者逼迫债务人的亲友能够代替债务人偿债,以减少自己的财产损失。在这种残忍的追讨债务程序下,债务人不会也不可能主动申请破产,因为主动申请破产就意味着自己可能难逃被债权人杀戮的悲惨命运。

罗马法上债权人对待破产债务人之做法,在后来的欧洲国家破产法中并未得到改善。1543 年,世界上第一部破产法《破产行为人惩治法令》在英格兰诞生,该法只赋予了债权人享有启动破产程序的权利。② 但是,自 16 世纪以来,英国有一部分人意识到了,为了迫使债务人清偿债务而将其监禁的举措可能是无用的,所以在 16 世纪至 18 世纪,枢密院等机构规定了特定的程序,以此可让债务人不再被监禁,例如,1759 年破产法第一次明确向未被监禁的债务人提供了可以免受监禁的图景,同时该法创设了强制财产申报制度以解决部分

① 参见韩长印:《破产理念的立法演变与破产程序的驱动机制》,载《法律科学·西北政法学院学报》2002 年第 4 期。

② 参见《英国破产法》,丁昌业译,法律出版社 2002 年版,“译者序”。

债务人宁肯在监狱里躲债也不愿偿还债务的问题。① 这个时期,英国法还出现了最初的免责制度。1706 年,著名的《安妮法案》横空问世,该法采取了"胡萝卜加大棒"的政策,即赋予了那些诚实而不幸且愿意配合债权人工作的债务人余债免责的利益,同时该法又加大了对不合作的债务人之惩戒力度,对于具有欺诈行为的债务人甚至规定了死刑。② 尽管这一时期的破产法已经对债务人呈现较友好的态势,但是债务人的破产申请权仍然未被法律认可。

直至 1844 年,英国法才正式承认债务人享有破产申请权,创设了自愿破产制度。值得注意的是,深受英国法影响的美国法在 1841 年就赋予债务人破产申请权,比英国法还要早 3 年的时间。③

现如今,随着破产惩戒主义已经转向了破产不惩戒主义,且人们意识到了对于诚实不幸的债务人即便施加再多的破产惩戒措施,也无益于提高债权人受偿比例,更何况,最清楚债务人是否具备破产原因的就是债务人本身。④ 故而为了保障债权人利益,现代破产法不仅承认债务人享有破产申请权,还敦促债务人应当在具备破产原因时,及时行使破产申请权,否则将会承担不利的法律后果。⑤

笔者认为,现代破产法对债务人的三大利好制度中,债务人破产申请权制度之所以出现得较晚,主要原因在于人们将破产等同"逃废债",并将之视为犯罪。在免责制度出现之前,债权人会想尽一切办法迫使债务人交出全部财产,用以偿还债务。然而,随着人们观念的逐渐改变,且当免责制度出现以后,债权人对债务人讨债的手法逐渐变得人性化,即通过让债务人主动交出全部财

---

① [英]费奥纳·托米:《英国公司和个人破产法》(第 2 版),汤维建、刘静译,北京大学出版社 2010 年版,第 9 ~ 10 页。

② 参见[英]费奥纳·托米:《英国公司和个人破产法》(第 2 版),汤维建、刘静译,北京大学出版社 2010 年版,第 9 页。

③ 参见韩长印:《破产理念的立法演变与破产程序的驱动机制》,载《法律科学·西北政法学院学报》2002 年第 4 期。

④ 参见齐明、仇晓光:《我国破产法中自愿破产原则的反思与重构——从中美重整制度的比较出发》,载《东北师大学报(哲学社会科学版)》2010 年第 4 期。

⑤ 参见胡守鑫:《如何识别个人破产程序中"诚实而不幸"的债务人》,载《检察日报》2021 年 1 月 27 日,第 7 版。

产而获得免责的方式,来替代残酷的暴力讨债手段。如此可发现,在免责制度以及破产惩戒制度逐渐走向成熟的过程中,诚实而不幸的债务人自愿申请破产与债权人申请债务人强制破产,在最终债权人受偿的结果上差别不大。更何况,诚实而不幸的债务人及时主动申请自愿破产,可以尽可能地减少债务人责任财产的消耗,提高债权人的受偿比例。

同时,与个人破产程序中其他对债务人利好的制度相比,债务人破产申请权具有起始性与统领性的特点。因为债务人想要获得余债免责的利益,那么他必然要先行通过行使破产申请权来启动破产程序。只有在债务人享有破产申请权且符合破产申请权行使的全部要件时,债务人方可成功启动破产程序并获得余债免责、保留自由财产等利益。因此,债务人的破产申请权是免责制度与自由财产制度的重要连结点。

综上所述,债务人破产申请权的出现标志破产法不再是完全偏向债权人的讨债法,而是成为为债务人提供破产保护的权利保障法。被现代破产法广为接受的债务人破产申请权,在历史的维度下呈现得如此艰难。法律赋予诚实而不幸的债务人破产申请权,意味着诚实而不幸的债务人不再会因为无力偿还债务而受到人身自由的限制,甚至付出生命代价,并且彻底扭转了债务人任由债权人宰割的地位,实现了债务人与债权人在法律地位上的平等。

四、对我国个人破产程序适用范围之建议

针对我国个人破产程序建构中有关债务人破产申请权之争论,结合债务人破产申请权中所包含的权利属性,笔者作如下建议。

(一)全面赋予债务人破产申请权

债务人破产申请权的权利属性表明了该权利对债务人具有重要意义,因此,我国个人破产法应当采一般个人破产主义,全面赋予债务人破产申请权的立法模式。全面赋予债务人破产申请权具有诸多利好,具体如下:

1. 有利于保障债务人的生命权。债务人破产申请权的历史属性已经说明了该项权利有保障债务人生命权的功能。在实践中,有些债务人往往负债数额较大,同时自己并不具备与负债额相对等的偿还能力。在此情况下,为了避

免连累家人,债务人可能会选择结束自己生命的极端做法。事实上,我国社会对待诚实而不幸的债务人的态度是宽容的,债权人并不会对诚实而不幸的债务人报以严苛的态度。然而,这并不能排除部分债权人仍然用暴力等方式向债务人讨债。所以,在全面赋予债务人破产申请权的情况下,当债务人无力偿还债务时,其可以主动申请破产保护并选择清理债务的具体方式。这样有助于保障债务人本身的生命权,从而避免悲剧的发生。

2. 有利于保障债务人生存与发展的权利。仅因债务人无力偿还债务,而剥夺其生存与发展的权利是没有道理的。人们也不愿意看到债务人因无力偿还债务而遭受饥饿、贫困乃至颠沛流离的痛苦。因此,全面赋予债务人破产申请权,有助于保障债务人的生存与发展的权利。

应当意识到,当前阻碍法律赋予债务人破产申请权的一个主观因素,是人们担心债务人会利用个人破产程序实现合法地"逃废债"。然而,诚实而不幸的债务人与那些具有主观恶意的债务人是存在本质区别的。例如,诚实而不幸的债务人具备破产原因并非源于主观上的"逃废债"意图,而是因为客观上消费信贷的增长、个人储蓄的降低、理财知识的欠缺、离婚、失业、经营不善以及疾病等因素而导致其丧失了清偿能力。① 反之,具有主观恶意的债务人系通过恶意消费、非法转移财产、恶意经营等不法行为,积极追求破产结果的发生。所以,具有主观恶意的债务人并非个人破产程序所调整的主体,他们的破产申请权不受法律的保护。

因此,对于诚实而不幸的债务人来说,国家没有理由不对他们提供法律上援助,也没有理由无视他们一直背负繁重的债务而生活的情况。所以,应当通过合法程序来清理债务人的债务,以便让他们卸下沉重的债务包袱,改善生存环境,开展新的生活。如此也就实现了现代个人破产法中给予债务人东山再起机会的目标。②

3. 有利于保障债务人家庭成员基本生活的权利。债权人的讨债行为不仅

---

① See Jacob Ziegel, *The Challenges of Comparative Consumer Insolvencies*, 23 PaSt Int'l L. Rev., p. 639(2005).

② 参见[德]莱茵哈德·波克:《德国破产法导论》(第6版),王艳柯译,北京大学出版社2014年版,第212页。

会给债务人带来极大困扰,更可能会打乱债务人家庭成员的正常生活。“于某案”无疑是因为债务人未能及时偿还债务,债权人即通过非法逼债手段殃及家人的典型案例。在该案例中,于某的母亲苏某因公司经营原因向他人借贷,由于未按时还款,债权人伙同他人在苏某公司进行讨债,在讨债过程中,债权人等人利用非法手段对苏某以及于某进行侮辱与拘禁,于某不堪其母遭受侮辱而使用暴力,最终酿成一死三伤的惨案。[①] “于某案”的结果无疑是人们所不愿意看到的。所以不得不反思的是,如果法律赋予了债务人破产申请权,是否就会尽可能地避免此类案件的发生。答案是肯定的。

此外,债权人的逼债行为还可能会给债务人的未成年子女带来一定的精神伤害。这是因为若债务人的未成年子女长期生活在不安定、不和谐甚至暴力的环境中,势必不利于他们未来的成长。因此,法律赋予债务人破产申请权已不再是单纯对债务人自身提供的救助手段,该权利的保护效力亦可辐射至债务人的家庭成员上。债务人通过行使破产申请权,启动“一揽子”解决债务危机的破产程序,强制所有债权人进入破产程序并与之进行谈判协商的做法,将会大幅降低债权人的逼债行为对其家庭成员带来的伤害。因此,现代个人破产法要关注债务人的家庭成员,尤其是可让其未成年子女在一个相对健康的环境中成长,并形成负责任、诚实信用的良好品性。[②]

债务人的家庭成员不仅可以因破产程序的启动而免受债权人的精神伤害,还可以因自由财产制度的存在而保留一些财产,以维持相应的物质生活。事实上,我国法律体系已有保障债务人家庭成员基本物质生活权利的规定。根据《民事诉讼法》之规定,当债务人具备偿还能力时,法律尚且需要保障债务人家庭成员基本物质生活的权利,更不必说,当债务人无力偿还债务时,法律更加需要对其家庭成员的基本物质生活提供相应的制度保障。

因此,我国在构建个人破产程序时,如果没有意识到债务人破产申请权所具备的权利属性,则可能会导致所构建的程序不仅没有实现程序正义,也不利

---

① 参见“于某故意伤害案”,最高人民法院指导案例93号(2018年)。

② 参见自然人破产处理工作小组起草:《世界银行自然人破产问题处理报告》,殷慧芬、张达译,中国政法大学出版社2016年版,第31~33页。

于保障债务人及其家庭成员基本生活的权利，更不利于破产法功能与目标的全面实现。

（二）应当肯定土地承包经营户债务人享有破产申请权

全面赋予债务人破产申请权意味着要当然肯定土地承包经营户债务人也享有破产申请权。主要理由如下：

1. 有利于实现对债务人的全面破产保护。根据第六次全国人口普查所公布的《中国人口普查资料》，截至2020年，我国尚有乡村人口50,979万人。[①]面对如此庞大的社会群体，如果贸然地将之排除在一部法律的适用主体之外，则不仅有悖于权利的平等保护的理念，还剥夺了土地承包经营户债务人清理债务的主动权与选择权。另外，当土地承包经营户债务人确已处于破产事实情况下，法律仍不赋予其破产申请权无异于掩耳盗铃之举。反之，在现代破产法具有对债务人强大拯救功能的前提下，依法向土地承包经营户债务人提供破产保护，拯救土地承包经营户债务人，才是化解债务危机、避免矛盾升级的有效途径。因此，若否定土地承包经营户债务人享有破产申请权，无疑是将本来被寄予厚望，要填补我国半部破产法之空的个人破产法，又变为了"半部个人破产法"。[②] 如此，我国破产法律制度将仍存在进一步完善空间。

2.《民法典》已经对土地承包经营权作出了改革，承认了土地经营权是具有财产性价值的权利。现如今，有关土地承包经营权的"三权"分置方案已经被《民法典》所确认。《民法典》第339条规定："土地承包经营权人可以自主决定依法采取出租、入股或者其他方式向他人流转土地经营权。"第340条规定："土地经营权人有权在合同约定的期限内占有农村土地，自主开展农业生产经营并取得收益。"这意味着，土地经营权作为一项单独性财产权利，可以从土地承包经营权中相分离。因此，即便将土地承包经营权作为债务人的自由财产进行保护，但也不妨碍土地经营权作为债务人财产，进而可被管理人依法处置并向债权人分配处置款项。故而，并非所有涉及土地承包经营户债务人的个

---

① 载国家统计局官网，https://data.stats.gov.cn/easyquery.htm? cn = C01&zb = A0301&sj = 2020，最后访问日期：2022年10月15日。

② 所谓"半部破产法"是学界对于我国仅有企业破产法而没有个人破产法的称呼。

人破产案件均是“无产可破”的情况。

3. 实务中,对土地承包经营户债务人的执行案件并非无能为力。那些认为在破产程序中,无法实现对土地承包经营户债务人责任财产的查找与处置的观点,实则是否定了法院在普通民商事案件中,涉及土地承包经营户的审判与执行工作。换言之,如果在个人破产程序中,无法对土地承包经营户债务人展开工作,那又如何在普通民事案件中对其展开工作?难道对于土地承包经营户债务人作为被执行人的财产案件,所形成的裁判文书均是一纸空文而无法得到现实的执行吗?答案显然是否定的。

综上所述,我国未来个人破产法没有理由排除土地承包经营户债务人的破产申请权,而是应当赋予土地承包经营户债务人破产申请权。

(三)构建简易破产程序

比较前文所提及的3种方案,它们在本质上均采纳了一般个人破产主义的立法模式。只是在直接采纳一般个人破产主义,还是选择分类型、分阶段进行立法最终实现一般个人破产主义的路径上出现了分歧。

但相较分类型、分阶段的方案与构建简易破产程序的方案,笔者更倾向采纳构建简易破产程序的方案,理由如下:

1. 构建简易破产程序契合债务人破产申请权的权利属性。在破产程序中,构建简易破产程序意味着所有债务人均享有破产申请权。破产程序的适用并不排除任何有需要的债务人,只是在案件处理上,将会根据他们债务额的大小、案件的复杂程度等因素,将之导入不同的繁简程序之中。这意味着任何陷入破产危机的债务人都可以通过破产程序保障自身的生命权不受侵犯,使自己与家庭成员的基本生活权利得以有效维护。

2. 构建简易破产程序更加符合程序法理与程序价值。破产法的本质应属于民事程序法。我国《企业破产法》第4条规定:“破产案件审理程序,本法没有规定的,适用民事诉讼法的有关规定。”尽管破产程序的性质虽有“诉讼事件说”“非讼事件说”以及“特别事件说”等观点,①但是这并不妨碍破产程序的设计原理与

① 参见王欣新:《破产法》(第4版),中国人民大学出版社2019年版,第7页。

民事诉讼程序的原理相契合。将民事程序分为通常程序与简易程序的做法的目的就是将难度不一的案件导入合适的程序中进行解决,以防止“杀鸡用牛刀”的情况出现。因此,在破产程序中设置简易破产程序,更可与程序法理相符。

此外,简易破产程序更有利于实现破产程序的核心价值。破产程序设计的模型应当切合现代个人破产法兼顾债权人利益保护以及拯救诚实而不幸债务人的核心价值。所以,对于那些负债金额不大、事实较简单的破产案件,应当使其通过精简的程序进行处理。如此做法可以加快案件处理流程,提高程序效率,并迅速实现破产程序的核心价值,而不必经过漫长且复杂的破产程序,徒增各方主体的时间与金钱成本。

3. 构建简易破产程序与《民法典》等民事实体法相契合。我国并未采民商分立的立法模式,而是采用民商合一的立法模式。故而,我国民事法律关系中也只有民事法律关系主体,却并未有商事法律关系主体,且法律行为也只有民事法律行为,而并不存在商事法律行为。所以,破产程序作为与民事实体法所对接的一种民事程序,亦不可在程序中将适用主体区分为民事主体与商事主体,或将法律行为区分为民事行为与商事行为,否则会产生破产程序难以与《民法典》等民事实体法相衔接契合的问题。然而,分类型、分阶段方案正是将债务人主体以及法律行为作出了与我国民事实体法不相符的分类。这是该方案的不足之所在。

4. 构建简易破产程序更有利于实务上案件处理。法律的制定不仅应当考虑如何应对现实问题,更应当考虑在实践中法律能否得以有效执行。在实践中,债务人负债的原因是多种多样的,所负债务的性质也各不相同。采简易程序的做法并不是完全否定其他方案的思路,因为这些方案均属于“繁简分流”的不同判断标准而已,即构建简易破产程序方案的思路是利用案件标的额大小、事实复杂程度等事实因素进行判断,而分主体、分阶段方案的思路则是对行为主体所实施法律行为的性质等法律因素进行判断。与法律因素判断相比,事实因素判断具有简单明了、易操作的优点。因此,与其在个人破产程序中区分负债主体或负债原因,不如直接按照债务人所负债务总额的大小等事实因素来分门别类地处理案件。这有利于管理人以及法官对破产案件的操作。

在简易破产程序的具体规则构建方面，有民事诉讼法中关于简易程序的规定作为构建简易破产程序规则的参考，又有实践探索中对简易破产程序作出了规定，因此，简易破产程序的规则构建并不复杂。笔者认为，我国个人简易破产程序的规则构建中除需要有关于独任制、申报债权时限、债权人会议表决方式等规则外，还应注重如下要点：

其一，程序适用标准问题。笔者认为，在判断案件是否可以适用简易破产程序的问题上，应采“债权人人数 + 债权总额”的双重适用标准。例如，法律可以规定债权人人数不超过 10 人的以及债权总额累计不超过 50 万元的破产案件应当适用简易破产程序。当然，考虑我国各地发展不均衡的现实问题，所以有关具体的债权人人数以及债权总额的确定标准，法律可以授权法院，通过司法解释或地方司法政策文件等形式进行具体落实。此外，适用简易破产程序的案件还应当满足“案情简单”的程序要件，即债务人应当保证其所提供的债权清册、财产清单是明晰、准确的，且不存在遗漏记载、错误记载的内容。同时，债务人还应保证承诺不存在虚假陈述、欺诈行为以及偏颇行为等违法行为，不存在破产衍生诉讼提起的可能。一旦发现债务人有违反保证承诺行为的，则应将简易破产程序转化为通常破产程序。

其二，指定管理人问题。尽管在破产程序中，管理人是重要的程序推动者。但个人破产案件基本为“无产可破”的案件，指定管理人无疑会造成程序成本的增加。况且，管理人在面对“无产可破”的案件时，也未必有太大的履职积极性。然而，“无产可破”案件虽是个人破产案件中的一种常态，但却并非毫无意义。继续破产程序的意义在于可以通过破产程序规定的各种方法，检验债务人是否为诚实而不幸的、降低债权人集体追讨债务的成本以及使债务人获得新生。因此，在简易破产程序中，法律可以规定在通常情况下，法院不指定管理人，若有当事人反对或提出异议的，则法院可以指定公职管理人参与到简易破产程序之中。

（四）债务人破产申请权滥用之防范

在保障债务人依法享有破产申请权的同时，还应当注重防范债务人滥用破产申请权的问题。笔者认为，可从以下两个方面防范债务人滥用破产申请权：

其一，仔细核查债务人提交的证明资料，适度扩大调查范围。法院、管理人以及检察院应在实践中利用各种调查手段，仔细核查、辨别债务人所提交的各种证明资料是否存在违法情况，特别应对债务人的个人征信报告、银行账户流水、不动产交易记录、移动支付端转账记录等资料进行调查核实。此外，在适当情况下应扩大调查范围，即相关主体可向债务人的亲属、具有密切关系的朋友乃至商业合作伙伴等人员进行调查。无论破产程序进展到了什么阶段，只要发现了债务人存在违反法定义务的情况，法院均应当驳回其破产申请，并根据其违法行为的具体情节，对之施加破产惩戒措施，以规制债务人滥用破产申请权的问题。在比较法上，对此已有相关规定。例如，加拿大《破产法》规定，如果债务人滥用破产申请权且在破产程序中违反了禁止欺诈义务、如实披露破产事实义务以及妥善保管账簿等义务时，根据犯罪情节的不同，他们可能会遭受1～3年时间不等的有期徒刑以及相应数额的罚金。①

其二，规定破产申请间隔制度。所谓破产申请间隔制度，是指债务人不得在法律规定的时间内，连续多次地申请破产。法律之所以应规定破产申请间隔制度是因为，破产虽是一个事实问题，但法律如果对债务人行使破产申请权的时间不加以间隔限制，不利于维护各方当事人的利益。比如，对债权人来说，债务人连续多次地申请破产，意味着债权人是在与一位清偿能力极其不确定的相对人进行交易，这将有害于交易的稳定与安全。对债务人来说，债务人短时间内连续多次地申请破产，意味着他们并非诚实而不幸的债务人，因为这很可能是一种变相的“逃废债”行为。因此，法律应当规定债务人在行使破产申请权后的几年内，不得再次向法院申请破产保护，以防止债务人滥用破产申请权。至于具体间隔时间确定的问题，笔者认为，可以根据债务人选择清理债务程序的不同而分别设置相应的间隔时间。例如，法律可以规定，债务人在申请破产清算程序后，需要间隔10年方可再申请启动破产程序，而若债务人申请破产和解或者重整程序的，则可需要间隔8年方可再行使破产申请权。

---

① 参见胡守鑫：《加拿大破产刑事责任惩戒制度要览》，载《人民法院报》2021年1月22日，第8版。

五、结论

在历史发展的脉络中,个人破产程序的适用主体范围以及债务人破产申请权的问题并非完全一致。然而,我国在构建个人破产程序的过程中,由于当然肯定了自愿破产制度,所以个人破产程序的适用主体范围与赋予哪些债务人享有破产申请权存在交叉一致性。尽管在比较法上,存在商个人破产主义、消费者破产主义以及一般个人破产主义等立法主义的区别,但是“商个人破产”与“消费者破产”均是“个人破产”中的子概念。在我国法律语境下,“个人破产”中的个人之内涵应当符合我国《民法典》中关于法律关系主体的规定。

我国未来个人破产法究竟赋予哪些债务人破产申请权的问题,应从债务人破产申请权所具备权利属性要素以及权利保障视角进行论证。经考察可发现,该权利意味着债务人可以享有债务清理的主动权与选择权,是连接破产程序中其他对债务人利好的制度之关键。因此,法律应允许所有债务人享有此权利,这有利于保障债务人生命、生存发展以及债务人家庭成员基本生活的权利。故而,我国个人破产程序应在采一般个人破产主义的基础上,以债务人所负有的债务总额、债权人数量等因素作为划分标准,构建简易破产程序,以全面保障债务人的破产申请权。与此同时,还应当建立破产申请间隔等机制,以防范债务人滥用破产申请权。

第六章 遗产破产程序规则构建

早在战国时期,孟子就提出了“有恒产者有恒心”的论断,为民众能够拥有私有财产提供了理论支持。私有财产的传承需要通过继承的方式进行,而作为民事权利义务的百科全书——民法典需要对符合本民族特点的继承制度加以回应。

2021 年 1 月 1 日,我国《民法典》正式施行。《民法典》是我国民众的权利宣言,《民法典》的实施也标志着我国法治之路日渐完善。在继承法律制度上,与原《继承法》相比,《民法典》继承编增加了、完善了或修改了诸如继承权丧失与宽宥制度、代位继承的范围、遗嘱效力、遗嘱执行人与遗产管理人等规则。[①] 从程序法的思维观察《民法典》继承编的内容,笔者对新增的遗嘱管理人为基础内容的遗产清算程序颇感兴趣。然而,随着对《民法典》学习的深入,却发现《民法典》继承编中尚存在有待完善的内容,即遗产破产程序的缺失。笔者将以遗产破产程序与《民法典》继承编中的遗产管理制度为切入点,论述遗产破产程序的相关内容

① 参见陈苇、贺海燕:《民法典继承编的立法理念与制度新规》,载《河北法学》2020 年第 11 期。

以及其与《民法典》继承编的衔接适用问题。

一、《民法典》继承编中遗产管理制度概念辨析

1985年原《继承法》正式开始实施。由于当时我国正处于改革开放的起步阶段，家庭的财富积累不如现在丰富，所以那时的被继承人死亡后，留给后世的财富并不多，亦无须通过复杂的继承程序来处置遗产的分配。因此，原《继承法》中遗产处理的程序就规定得就较为简单。

现如今，我国改革开放已经超过了40年，中国人民的物质生活条件有了极大的改善，家庭积累的财产逐渐增多。因此，在新时代背景下，家庭财富的传承需要继承法对此进行新的回应。本次《民法典》编纂采用了遗产管理人规则，系对原《继承法》中有关遗产保管人内容的扬弃。

当前，理论界对于《民法典》继承编新增的遗产管理人规则称为遗产管理制度。① 但笔者认为，该名称并不准确，而应当称为"遗产清算程序"。主要理由如下：

首先，遗产清算程序应属遗产管理制度体系中的一环，二者不存在概念上的相互替代性。遗产管理制度是继承法中的一项体系性制度，它具体包含了遗产管理人、遗产保全、遗产清册编制、遗产破产以及遗产分配处置等内容。②尽管从程序意义的角度出发，可以将遗产管理人、遗产保全、遗产清册编制以及遗产分配处置等制度内容都纳入遗产清算程序与遗产破产程序这两种程序之中，但不可否认的是，在继承法的话语体系下，遗产清算程序不等于遗产管理制度，前者仅是后者的一项具体内容。

其次，《民法典》继承编中所规定遗产管理人的职责应属遗产清算程序，而非遗产管理制度。《民法典》第1145条规定："继承开始后，遗嘱执行人为遗产管理人；没有遗嘱执行人的，继承人应当及时推选遗产管理人；继承人未推选的，由继承人共同担任遗产管理人；没有继承人或者继承人均放弃继承的，由

---

① 参见王歌雅：《〈民法典·继承编〉：制度补益与规范精进》，载《求是学刊》2020年第1期。

② 参见付翠英：《遗产管理制度的设立基础和体系架构》，载《法学》2012年第8期。

被继承人生前住所地的民政部门或者村民委员会担任遗产管理人。”第1147条规定：“遗产管理人应当履行下列职责：(一)清理遗产并制作遗产清单；(二)向继承人报告遗产情况；(三)采取必要措施防止遗产毁损、灭失；(四)处理被继承人的债权债务；(五)按照遗嘱或者依照法律规定分割遗产；(六)实施与管理遗产有关的其他必要行为。”立法者想要通过上述条文表达，在继承事件发生后，直至遗产分割处理之前，增设一个民事主体用于清理结算被继承人生前所负债务、对外享有债权以及处理继承人的继承权份额与特留份等问题的思想，即通过遗产管理人在执行职务时，收取被继承人生前对外享有的物权、债权等财产性权利以增加、稳固遗产中积极财产范围，同时利用现存的遗产清偿被继承人生前所负债务，最后再将剩余遗产向继承人或受遗赠人进行分配。因此，《民法典》继承编中遗产处理的新增条文系以遗产管理人为中心的，对被继承人生前所负有的财产状况进行清算的规定。故而，对照理论上关于遗产管理制度的内容即可发现，现行法仅是将学理上遗产管理制度中的有关遗产清算的部分内容转换成了法律条文，却并未将遗产管理制度的全部内容加以规定。

再次，遗产清算程序的表述与我国法律话语体系更相融。与遗产清算活动相类似，公司法人在出现解散原因开始至申请注销之前同样应当进行清算。[①] 根据公司解散清算后是否为自愿解散清算的不同，分别称为自愿解散清算与非自愿解散清算，而与之对应的程序则称为解散清算程序与强制清算程序。[②] 由于对遗产的处置与公司解散后的对相关资产债务的清算程序具有一致性，[③]故而法律中有关遗产清算的相关规则的表述，在理论上应与公司企业解散后清算程序的表述保持一致。因此，将《民法典》继承编遗产的处理中既有条文所规定的内容概括为遗产清算程序，可以与我国法律话语体系中其他

---

① 《公司法》第183条规定：“公司因本法第一百八十条第(一)项、第(二)项、第(四)项、第(五)项规定而解散的，应当在解散事由出现之日起十五日内成立清算组，开始清算。有限责任公司的清算组由股东组成，股份有限公司的清算组由董事或者股东大会确定的人员组成。逾期不成立清算组进行清算的，债权人可以申请人民法院指定有关人员组成清算组进行清算。人民法院应当受理该申请，并及时组织清算组进行清算。”

② 参见时建中主编：《公司法原理精解、案例与运用》(第2版)，中国法制出版社2012年版，第657页。

③ 参见谭启平、冯乐坤：《遗产处理制度的反思与重构》，载《法学家》2013年第4期。

有关清算程序的表述更契合且不会显得突兀。

最后,遗产清算程序的表述更可为《民法典》继承编中的立法优化提供理论支持。表述的辨析并非仅具有理论上的价值,更会为后续立法的完善或者法律解释的科学性提供指导建议。遗产清算程序不仅可以发挥保障被继承人的全部财产纳入遗产范围,使遗产不被遗漏或遭受损害,进而保障继承人的继承权的功能,[①]还可以发挥保障被继承人生前债权人的合法权益不受损害的功能。但是,《民法典》继承编中的既有条文内容尚未涵盖在比较法中遗产清算程序应有的遗产管理人替换制度、公告制度、详尽的遗产管理人报酬比例制度。[②] 因此,可利用遗产清算程序的理论模型,为我国未来《民法典》继承编的完善提供理论上的指导意见。

二、遗产清算程序之功能边界

遗产清算程序是《民法典》继承编有关继承法律关系相关主体的权利义务关系实现的程序保障。然而,遗产清算程序得以运行顺利的前提是,被继承人留有的遗产能够足以清偿被继承人生前所负的各种债务。如果遗产的数额小于被继承人生前所负债务,则遗产清算程序无法得到顺利开展。详言之,在现行法的体系框架之下,当遗产不足以清偿被继承人生前所负债务时,可能会出现下列无法解决的问题:

1.《民法典》继承编中规定的限定继承原则实现缺乏程序规则。在大陆法系中,关于继承人是否继承被继承人全部权利义务存在两种主义:一种谓无限继承主义,即继承人无条件地继承被继承人的一切权利义务,在此种主义下,无论被继承人留有的遗产或债务多寡,继承人均全部承担并对被继承人生前所负债务承担无限责任。[③] 另一种主义谓限定继承主义,即继承人虽对被继承人的权利义务概括继承,但对被继承人生前所负财产仅以继承遗产的额度为

---

① 参见郭明瑞:《民法典继承编应弘扬社会主义核心价值观——兼论〈民法典各分编继承编(草案)〉》,载《烟台大学学报(哲学社会科学版)》2019 年第 3 期。

② 参见史尚宽:《继承法论》,中国政法大学出版社 2000 年版,第 289 ~295 页。

③ 参见史尚宽:《继承法论》,中国政法大学出版社 2000 年版,第 308、324 页。

限承担有限责任。[1] 我国《民法典》第1161条规定:“继承人以所得遗产实际价值为限清偿被继承人依法应当缴纳的税款和债务。超过遗产实际价值部分,继承人自愿偿还的不在此限。继承人放弃继承的,对被继承人依法应当缴纳的税款和债务可以不负清偿责任。”这意味着,我国《民法典》采限定继承主义。限定继承主义于继承人来说,其以继承的遗产价值为限承担有限责任;于债权人来说,其仅能针对继承人所继承遗产价值为限请求继承人的进行清偿,而超出遗产价值额度的债权,债权人不能再向继承人请求清偿。但是,限定继承主义作为一项实体法上的规则,在具体实现过程中需要相应的程序规定予以落实。当前,由于遗产破产程序的缺失,在实务中,债权人仅能向起诉继承人,要求其在遗产继承范围内承担清偿责任。[2] 在债权人获得胜诉判决之后,再通过执行程序申请强制执行。但若被继承人生前对数个债权人均负担债权,则数个债权人也仅能通过上述民事程序对继承人发动若干诉讼而后启动执行程序以维护自身权益。笔者认为,由于缺乏继承人财产与遗产隔离的程序规则,[3] 利用通常的民事诉讼程序与民事执行程序不仅徒增诉讼成本,还会给债权人以及继承人双方带来不必要的诉累,为落实限定继承主义产生了不必要的程序困扰。

2. 债权人缺少程序权利保护的规定。《民法典》第1147条规定了遗产管理人应当处理被继承人的债权债务,但由于遗产清算程序不具备公法上民事程序的强制效力,因此,由遗产管理人主导的遗产清算程序在实务操作中可能出现隐蔽性的特点,即遗产管理人若发现遗产不足以偿还全部债务时,很可能出于利己角度的考量,不对遗产上负担的债务进行清理,反而直接将遗产向继承人或受遗赠人进行分配。此时,因现行法中尚且缺乏相应的公告、催告制度以及债权人强制启动遗产清算程序的规则,以至于债权人无法准确获取到被

---

① 参见杨遂全主编:《亲属与继承法论》,四川大学出版社2005年版,第190页。

② 参见保山市隆阳区人民法院民事判决书,(2020)云0502民初3981号;凤翔县人民法院民事判决书,(2018)陕0322民初1514号;佳木斯市前进区人民法院民事判决书,(2017)黑0804民初250号。

③ 参见张黎:《遗产分割前遗产处理规则的制度安排——兼评〈民法典·继承编(草案)〉(二次审议稿)》,载《西南政法大学学报》2019年第6期。

继承人死亡等信息，进而无法及时向遗产管理人主张债权，保障其自身合法权益。[①] 在实务中，常常有债权人对遗产真实情况以及继承人是否真实继承遗产情况不明而向继承人发起诉讼。例如，在“曲某与王某被继承人债务清偿纠纷案”中，债权人曲某要求继承人王某在继承遗产的限额内清偿曲某对王某的父亲所享有的债权。在庭审中，2 人对王某是否继承其父亲遗产的问题各执一词，二审法院最终撤销裁判，发回重审。[②]

3. 全体债权人无法获得公平清偿。债权人的合法权益应当予以保护，且根据债权具有平等性的特质，拥有相同性质债权的债权人应当获得公平清偿。然而，现行《民法典》继承编中的遗产清算程序尚且缺乏对被继承人生前所从事的偏颇行为或欺诈行为予以检视而撤销等保障债权人利益的规定，这会让债权人团体在债权不能得以全部清偿的前提下，无法在遗产财产价值最大化的基础上获得公平清偿，亦无助于全体债权人之利益实现。

以上问题的出现，受制于遗产清算程序的功能所限。为解决上述问题，应当建立遗产破产程序，使之与遗产清算程序共同构成《民法典》继承编中实体规定的衔接程序。

三、遗产破产程序之法律特征

（一）遗产破产程序之理论界定

若要系统性地解决债务人死亡后遗产不足以清偿到期债务的问题，唯有通过遗产破产程序予以化解。破产程序，是指当债务人不能清偿到期债务时，为使全体债权人获得平等满足，并兼顾债务人的利益，而就债务人的总财产，由法院参与其中的一般强制执行的程序。[③] 关于遗产破产程序的定义，学界对此有不同观点。例如，有的学者认为，遗产破产，是指当债务人死亡后，其留有的遗产不足以清偿到期债务，同时没有继承人，或者虽有继承人但继承人全体

---

① 参见房绍坤：《继承制度的立法完善——以〈民法典继承编草案〉为分析对象》，载《东方法学》2019 年第 6 期。

② 参见沈阳市中级人民法院民事裁定书，(2014)沈中民四终字第 348 号。

③ 参见陈计男：《破产法论》，台北，三民书局 2008 年版，第 10 页。

抛弃继承或者限定继承,或者全体继承人均具备破产原因的,此时经利害关系人申请,由法院对遗产宣告破产。[①] 有观点认为,遗产破产程序,是指当被继承人死亡后,遗产不足以清偿所欠债务时,由遗产管理人、债权人或继承人等主体向法院申请针对遗产宣告破产而用以清偿债务的程序。[②] 有观点认为,遗产破产,是指当自然人死亡或被宣告死亡后,其留有的遗产不足以清偿债务,相关主体经申请请求法院对遗产宣告破产,或者在自然人破产程序中因破产人死亡而针对遗产继续进行的破产程序。[③] 此外,还有学者认为,当债务人死亡,没有继承人或受遗赠人,或者继承人、受遗赠人放弃继承或遗赠的,债权人可以向法院针对债务人留有遗产申请破产清算。[④]

上述关于遗产破产程序的定义观点可抽象解构为 3 个部分内容,即遗产破产原因、继承法中遗产继承的主义以及遗产破产申请权问题。在这 3 个部分内容中,遗产破产原因乃破产法单独调整的问题,遗产破产的申请权属于横跨继承法与破产法两个领域的问题,而继承法中遗产继承的主义则专属继承法调整的范围。详言之,第一种观点将遗产破产原因、继承法中遗产继承的主义以及遗产破产申请权三个方面内容均涵盖其中,第二、第三种观点涉及遗产破产原因以及遗产破产申请权这两方面内容,而第四种观点仅涉及继承法中继承规则以及破产申请权等两方面内容。

笔者认为,关于我国遗产破产程序的定义,第二、第三种观点更符合我国现状。理由如下:

首先,第一种遗产破产程序的定义中关于继承法中的继承主义以及内容并不符合我国现行《民法典》继承编的规定。该种观点是以单纯继承为原则、以限定继承或抛弃继承为例外的继承法立法主义并结合一般破产主义而来的。然而,我国《民法典》第 1161 条明确了我国继承仅采限定继承主义,故而

---

① 参见汤维建:《关于建立我国个人破产程序制度的构想》(下),载《政法论坛》1995 年第 4 期。

② 参见付翠英:《遗产管理制度的设立基础和体系架构》,载《法学》2012 年第 8 期。

③ 参见廖显堂:《有关遗产破产的几个问题的探讨》,载《贵阳学院学报(社会科学版)》2009 年第 3 期。

④ 参见刘静、齐砺杰:《个人破产法(学者建议稿)》,载微信公众号"个人破产法研讨"2021 年 4 月 23 日,https://mp. weixin. qq. com/s/2_ftRWCFwGNcLCNdYJuVPQ。

被继承人是否有继承人以及继承人或受遗赠人是否抛弃、放弃继承、接受遗赠以及继承人是否都具备破产原因均不影响遗产破产程序的启动。因此,继承法中的内容不应包含在我国遗产破产程序的定义中。

其次,第四种观点混淆了遗产破产程序与遗产清算程序的区别。在第四种观点中,并未提及遗产破产原因,而是仅当发生继承人或受遗赠人抛弃或放弃继承或遗赠,或没有继承人、受遗赠人的情况下,债权人便可启动遗产破产程序。由于没有规定破产原因,该种观点更类似债权人强制启动遗产清算程序与遗产破产程序的混合体。但事实上,遗产清算程序与遗产破产程序二者在价值导向、功能定位以及具体规范内容等方面均存在不同,不可混为一谈。详言之,二者在法律性质上存在差异。遗产清算程序作为《民法典》中规定的一项民事自治程序不具有司法强制性。尽管《民法典》第1164条规定,利害关系人对遗产管理人的人选有争议的可以请求法院指定遗产管理人,但是这并不意味着法院当然介入遗产清算程序之中。遗产管理人被法院指定后,其不负有向法院报告工作的义务,其根据遗嘱或者法律规定分割遗产的行为亦无须向法院获得批准,法院对遗产管理人的履职情况也没有监督权。这意味着遗产管理人所进行的行为没有强制公开性,其不受司法权的监督。唯有当遗产管理人在履行职务的结果上给继承人、受遗赠人或者债权人造成损害的,相关权利人方可通过诉讼手段追究遗产管理人的法律责任。[①] 而遗产破产程序作为一种民事司法程序,其性质上具有强制性。例如,在遗产破产程序的审查受理、选定管理人、申报债权、召开债权人大会、宣告遗产破产、拍卖处置与分配遗产等流程环节,全部严格依照破产法之规定进行,相关主体若在程序中滥用实体权利或程序权利的,将严格受到法律制裁。另外,遗产是否资不抵债是界分两种程序以及适用的关键。因为,当遗产足以清偿全部债务时,只需依照《民法典》继承编中的规定,依照遗产清算程序在盘点、查清遗产的基础上,将遗产处置分配给债权人即可,债权人的债权完全可在清算程序中得到满足。然而,当遗产资不抵债时,在遗产破产程序中,为了将全体债权人损失降至最

---

① 《民法典》第1148条规定:“遗产管理人应当依法履行职责,因故意或者重大过失造成继承人、受遗赠人、债权人损害的,应当承担民事责任。”

低,破产法规定了一系列保障全体债权人利益的措施方法,例如,管理人务必对债务人生前所作的行为以及在遗产继承过程中所发生的行为进行重新检视,追讨原本属于遗产破产财产的财产,以提高债权人受偿比例等;同时,管理人还可以接替债务人继续在未决诉讼、仲裁等程序中行使程序权利。

最后,第二、第三种关于遗产破产程序的理论界定更加符合我国现状。这两种观点即突出了破产程序中关于遗产破产的破产原因,又根据我国《民法典》继承编所规定的限定继承原则,以及结合继承法律关系中的相关主体,清晰地界定了我国法语境下的遗产破产程序的定义。同时,与第二种观点相比,第三种观点增加了宣告死亡—法定推定死亡的情形,更从理论上完善遗产破产程序的适用空间。

(二)遗产破产程序之性质

遗产破产程序作为破产程序的一种,既有破产程序的一般共性,也有其自身特性。遗产破产程序与破产程序的共性表现在二者的基本原则是一致的。例如,在破产程序中强调的公平清偿原则、破产财产价值最大化原则、诚实信用等基本原则,在遗产破产程序中同样得以适用。此外,遗产破产程序通常认为是个人破产程序中的一种,而个人破产程序又是破产程序的重要分支之一,因此,遗产破产程序的功能与破产程序、个人破产程序的功能是一脉相承的。破产程序中的重要功能之一就是落实实体法上的责任制度。[①] 而个人破产程序的功能则是拯救诚实而不幸的债务人,让债务人能够获得重新开始机会的债务清理程序。[②] 遗产破产程序则兼具了上述两种程序功能:一方面,遗产破产程序是落实《民法典》限定继承以及其他法律责任的衔接程序。被继承人死亡后,其生前所负债务以及对外享有债权等其他财产权并非随着被继承人死亡而一笔勾销。被继承人生前对外享有的债权等其他财产权,相对人应当向遗产管理人进行清偿、履行其法律义务,遗产管理人应将收归的财产归集至破产财团之中。更重要的是,债权人对被继承人生前所享有的债权仍继续有效,

① 参见[德]莱茵哈德·波克:《德国破产法导论》(第6版),王艳柯译,北京大学出版社2014年版,第2页。

② 参见刘冰:《论我国个人破产制度的构建》,载《中国法学》2019年第4期。

直至在破产清算中获得相应比例清偿后，债权人所享有的债权方才消灭，故而被继承人所负有的法律责任需延展至遗产被破产清算后方可结束。由于《民法典》继承编中的限定继承原则的规定，债权人不得再向被继承人的继承人、受遗赠人等主体启动法律程序追索债权，但继承人、受遗赠人自愿清偿的除外。另一方面，遗产破产程序的拯救功能表现在不再让继承人、受遗赠人背负沉重债务负担，可以展开新的生活。尽管个人破产程序强调的是让债务人重新开始新的生活，可是遗产破产程序中的债务人已经死亡，故而债务人在事实上已经不能死而复生。但由于受我国“父债子偿”等传统思想的影响，继承人、受遗赠人仍有可能因此背负被继承人身后留有的债务负担而生活。因此，遗产破产程序通过将遗产与继承人财产相隔离的方法，要求债权人仅能对遗产的额度为限行使债权以及债权人按比例受偿后不可再向继承人要求承担清偿责任、继承人享有免责利益等规定，使继承人或受遗赠人无须承受被继承人留下的债务负担，而展开新的生活。

但是，遗产破产程序因仅调整在继承中出现遗产破产的案件，所以遗产破产程序除具有上述破产程序、个人破产程序的共性特征外，亦表现出如下特性：

1. 遗产是遗产破产程序中的程序主体

在企业破产程序以及个人破产程序中，债务人作为程序主体进行债务清理是毫无疑问的。但是，在遗产破产程序中，债务人已经死亡，故此仅是对遗产所负担的债务进行清理。尽管遗产作为遗产破产程序中的主体在比较法上是较通说的观点，但在我国仍需诠释遗产作为法律关系主体如何与《民法典》相衔接。理论上，关于遗产破产程序的主体存在“遗产主体说”“继承人主体说”“被继承人主体说”等观点。①

笔者认为，应当肯定遗产是遗产破产程序的主体。但是，遗产很难与《民法典》中的法律关系主体直接对应，只能在解释论上将之视为特殊的法律关系主体，从而认可其具有破产能力。② 将遗产解释为法律上的主体，承认其破产能力有如下利好：

---

① 参见檀钊：《遗产破产基本问题初论》，载《江苏广播电视大学学报》2008 年第 6 期。

② 参见陈计男：《破产法论》，台北，三民书局 2021 年版，第 40 页。

其一,顺利地解释了遗产与破产管理人之间的关系。破产管理人是破产程序中主要程序推动者。关于破产管理人的性质,学理上存在“代理说”“中立行为说”“职务说”“机关理论说”等学说,①上述学说与遗产破产程序中的主体一样存在各种争议,个中缘由在于管理人需针对债务人的财产进行清算,但清算过程中的职权行为又与破产程序各方主体均存在利害关系,因此任何一种学说均无法诠释该学说观点中的例外情况。如在“代理说”中,又可分为“债务人代理说”“债权人代理说”等,以“债权人代理说”观点为例,管理人系破产债权人的代理人,其行使的权利系为维护债权人的利益,但是破产法又规定了涉及债务人的诉讼或仲裁由管理人作为其诉讼代表人行使权利,这样的规定与债权人代理说目的不相符。若将遗产视为法律关系主体则不存在相关争论,即遗产与破产财团的范围相等,管理人履行职务的行为,均是为了遗产即破产财团的利益,因此,遗产与破产管理人二者之间系代理的关系。

其二,遗产作为法律关系主体可使尚未消灭财产民事法律关系得以暂时延续。在以自然人为主体的民事法律关系中,当主体死亡后,其身份法律关系当然消灭,但财产法律关系并不当然消灭,须经遗产清算或破产清算后方完全消灭。在遗产破产程序中,遗产作为法律关系主体可以替代已经死亡的被继承人,继续向被继承人生前债务人或其他义务人主张相关权利。同时,被继承人生前尚未履行完毕的债务,债权人亦可对遗产进行主张。因此,确立遗产为民事法律关系主体,可以确保尚未消灭的财产民事法律关系得以继续,直至遗产破产程序终结后消灭。

其三,遗产作为民事法律关系主体与使之享有诉讼权利能力保持一致。民事权利能力与诉讼权利能力在特殊情况可以发生分离,例如,某些诉讼主体享有诉讼权利能力,却并不享有民事权利能力。较典型的是分公司,即分公司可以自己的名义起诉应诉,却并非民事法律关系主体。承认诉讼权利能力与民事权利能力相分离无非在于方便诉讼,但实体责任仍由真正的民事主体承担。在遗产破产中,假设仅承认遗产具有诉讼权利能力而不将之视为民事主

① 参见[德]莱茵哈德·波克:《德国破产法导论》(第6版),王艳柯译,北京大学出版社2014年版,第29~31页。

体,则无法解释最终法律责任由谁承担的问题。反之,赋予遗产民事法律关系主体的地位,可使遗产既享有民事权利能力又享有诉讼权利能力,最终使实体权利、程序权利以及法律责任相统一。作为民事主体的遗产,在法律程序中应以"被继承人×××之遗产"的名义参与民事程序。

2. 遗产破产程序具有程序类别的单一性

广义上的破产程序有破产清算程序、破产和解程序以及破产重整程序等程序类别。然而,在遗产破产程序中被继承人已经死亡,遗产虽作为一种民事主体,但却并不享有、也无力享有与遗产债权人达成和解或重整协议的权利能力。这是因为债权人无法与遗产达成和解,以及遗产自身也不可能进行重整。即便达成了偿债协议,但该协议却无法实际履行。故而在遗产破产程序中,仅存在遗产破产清算程序。破产和解程序与破产重整程序等更生性程序于遗产破产程序中没有适用空间。

3. 遗产破产程序宜采取破产宣告开始主义

比较法上关于破产程序的启动可分为受理开始主义与破产宣告开始主义,二者的区别在于,前者是指破产程序自法院受理破产申请开始,在这种立法例下,破产程序一般包括受理程序、审理程序、破产宣告程序以及破产清算程序,并可能会包括和解与重整程序,通常英美法系采用这种立法例;后者则是指破产程序自法院宣告债务人破产时开始,采用这种立法例的破产程序包括宣告程序与清算程序,大陆法系国家多采用这种立法例。①

在我国,《企业破产法》采用的受理开始主义即"一门进入,多口径选择"的破产程序。为了与《企业破产法》保持一致,我国在个人破产法的立法实践也基本采用受理开始主义。② 采用这种程序启动模式的好处在于,由于破产清算程序不可逆,即债务人一旦被宣告破产后就要承受破产清算程序的后续程序后果。但是,即便在破产清算程序中,仍有部分债务人具有可再生、可拯救的价值,

① 参见罗培新主编:《破产法》,格致出版社2009年版,第6页。

② 《深圳经济特区个人破产条例》第2条规定:"在深圳经济特区居住,且参加深圳社会保险连续满三年的自然人,因生产经营、生活消费导致丧失清偿债务能力或者资产不足以清偿全部债务的,可以依照本条例进行破产清算、重整或者和解。"

对这类债务人直接宣告破产不符合现代破产程序的拯救功能。因此,采受理开始主义可以对那些具有拯救价值的企业或个人在被破产宣告之前,使其转入和解或重整等更生性程序,让这类债务人免于受破产清算而"死亡"或遭受破产惩戒措施等不利影响,并尽快恢复正常生活,进而重新参与市场竞争或开始生活。

然而,遗产不具备拯救价值,因遗产的原所有人已经死亡,没有理由对遗产进行拯救,让遗产展开新的生活。同时,对遗产在程序受理之时就宣告破产,破产清算程序中的失权、考察期等惩戒措施对遗产不产生任何作用。另外,若在遗产破产程序中,经对遗产变价分配后尚有余存的,管理人只需将剩余财产分配给继承人、受遗赠人即可,而无须考虑是否撤销对遗产的破产宣告。所以,在遗产破产程序中采破产宣告开始主义更为合理。

4. 遗产破产程序以资不抵债为破产原因,停止支付为推定破产原因

破产原因是破产程序启动的必要实质性条件,若债务人不具备破产原因,则无法启动破产程序。比较法上的破产原因包括支付不能、资不抵债以及停止支付。其中,支付不能,是指"债务人对于已届满清偿期而请求的债务不能使之消灭的客观情况"。① 支付不能是判断债务人是否具备破产客观情况的现金流标准。债务人出现支付不能意味着债务人已经丧失包括信誉、资力以及劳力在内的清偿能力,且在持续时间内无法清偿到期债务,而非一时的资金周转不畅。② 资不抵债是判断债务人是否存在破产事实客观情况的资产负债表标准。具体是指债务人的资产负债超过了资产总价值,资产不足以清偿全部债务的客观情况。③ 在具体实践中,该破产原因主要用于债务人申请破产的情况,即债务人提供了资产负债表、审计报告或者评估报告显示债务人的全部财产不足以清偿全部债权的,则就可以认定债务人具备资不抵债的原因。④ 停止支付,是指债务人向债权人表明不能支付债务的主观行为,这种主观行为不论是明示或默示。⑤ 停止支付强调债权人的利益保护,通常将其作为推定债务人

---

① 韩长印:《破产界限之于破产程序的法律意义》,载《华东政法学院学报》2006 年第 6 期。
② 参见王欣新:《破产法》(第 4 版),中国人民大学出版社 2019 年版,第 42 ~ 43 页。
③ 参见汤维建:《优胜劣汰的法律机制——破产法要义》,贵州人民出版社 1995 年版,第 80 页。
④ 参见王欣新:《破产法》(第 4 版),中国人民大学出版社 2019 年版,第 43 ~ 44 页。
⑤ 参见韩长印:《破产原因立法比较研究》,载《现代法学》1998 年第 3 期。

具备破产原因。以上 3 种破产原因并非适合全部债务人类型主体。在比较法上,常以支付不能作为一般破产原因,适用所有类型的债务人。资不抵债通常作为资合法人、清算中法人等特殊主体的破产原因。停止支付则作为推定破产原因,用于解决债权人申请债务人破产的举证困难问题。

笔者认为,我国遗产破产程序中应将资不抵债作为破产原因,并将停止支付作为推定破产原因。采用这种破产原因立法是因为,对于企业或自然人债务人来说,资不抵债并不一定引起破产。在企业破产程序或自然人破产程序中,因为企业或自然人债务人可以通过其信用、劳力、技能等方式进行偿债。但对于遗产来说,其虽可作为程序主体,却并不享有信用、劳力或技能等清偿能力。因此,只要遗产所负有的债务超过遗产的数额本身,那么就意味着遗产不能清偿全部到期债务,具备破产原因,进而可以申请并被宣告破产。

在遗产是否资不抵债的时间判断基准点上,笔者认为,申请人向法院递交的资料之日能够证明在该基准点上出现了遗产资不抵债的情况,则法院就应当认定遗产具备破产原因,进而受理该申请并同时宣告遗产破产。至于遗产破产程序启动后,遗产是否有积极财产增加使资不抵债的破产原因消除,则在所不问。

与其同时,遗产是否资不抵债在遗产清算程序中,唯有遗产管理人以及继承人、受遗赠人对此知晓,而债权人无法获取遗产负有的债务总额为多少以及遗产的数额是多少等信息,无法通过遗产是否具备资不抵债而判断遗产是否可以破产。故而,法律仍应将停止支付视为遗产破产的推定破产原因,即债权人申请遗产破产时,只需证明被继承人死亡时尚未偿还债权人到期债务,即可启动遗产破产程序,并不用考量被继承人的主观行为,因债权人所持有的债权已经在客观上清偿不能。

四、遗产破产程序具体内容构成

在明晰遗产破产程序的程序主体、程序类别、程序启动主义以及破产原因等基础性问题之后,仍需对遗产破产程序的细节问题进行讨论。具体论述如下。

(一)遗产破产程序的启动

在遗产破产程序中,根据启动主体不同,可以分为利害关系人依申请启动以及法院依职权启动。

1. 当事人申请启动遗产破产程序

(1)遗产管理人以及继承人、受遗赠人申请启动遗产破产程序

首先,赋予哪些当事人享有启动遗产破产程序的申请权应当结合《民法典》继承编的规定。从《民法典》继承编第4章的规定出发,遗产管理人在遗产清算程序中负有清理遗产制订遗产清单并处理被继承人的债权债务之责,因此,遗产管理人应是对遗产是否发生资不抵债最为清楚的人。故而,遗产管理人在清查遗产过程中,如若发现了遗产出现了资不抵债的破产原因,应当及时向法院申请遗产破产。

其次,如果遗产管理人在发现遗产具备破产原因而未及时向法院申请遗产破产时,则其他继承人、受遗赠人在知道或应当知道遗产具备破产原因时应当向法院申请遗产破产。

遗产管理人以及继承人、受遗赠人在向法院申请遗产破产程序时,需要向法院提交遗产资不抵债等证明资料。

(2)债权人申请启动遗产破产程序

遗产管理人以及继承人、受遗赠人申请启动遗产破产程序通常发生在遗产清算程序中。然而,债权人对于被继承人是否死亡的消息并非在第一时间就知道,故而其向法院申请启动遗产破产清算程序则不限于遗产清算程序阶段,即债权人自知道债务人死亡且债务人生前尚未能清偿其债权的,即可向法院申请遗产破产。债权人申请遗产破产的与债权人申请企业债务人破产、自然人债务人破产的程序规定保持一致即可。

最高人民法院《关于适用〈中华人民共和国企业破产法〉若干问题的规定(一)》(以下简称《企业破产法司法解释(一)》)第6条之规定:“债权人申请债务人破产的,应当提交债务人不能清偿到期债务的有关证据。债务人对债权人的申请未在法定期限内向人民法院提出异议,或者异议不成立的,人民法院应当依法裁定受理破产申请。受理破产申请后,人民法院应当责令债务人依法提交其财产状况说明、债务清册、债权清册、财务会计报告等有关材料,债务人拒不提交的,人民法院可以对债务人的直接责任人员采取罚款等强制措

施。”因此，债权人若要申请遗产破产，应当根据该条规定，向法院递交已经死亡的债务人在生前不能清偿到期债务的有关证据即可。此时，如果遗产管理人以及继承人或受遗赠人有异议的，应当向法院提出异议并提供相应证据资料。异议成立的，法院应当驳回债权人申请。如果没有异议或者异议不成立的，则法院应当认定遗产具有破产原因，启动破产程序并同时宣告遗产破产。

2. 法院依职权启动遗产破产程序

(1)破产程序中的依职权启动遗产破产程序

该种情况通常发生在自然人破产程序中。在自然人破产程序启动后，当债务人死亡的，在程序未终结前，无论正在开展的程序是破产清算程序、和解程序或者重整程序，均由法院依职权裁定转入遗产破产清算程序。

同时，在破产程序终结后，如果正处于考察期的破产人死亡或者正处于履行偿债协议阶段的债务人死亡的，也应当由法院依职权裁定转入遗产破产程序。这是因为，在自然人破产清算程序中，基于免破财产制度的规定，破产人自会保留一些生活所必需的财产。同时，在破产和解与重整程序中，并不对债务人财产进行直接处置分配，所以债务人也会保有部分财产。以上财产在破产人或债务人死亡时变为遗产，法院应对这部分遗产宣布破产。

应当注意的是，从自然人破产程序转入遗产破产程序的，为了提高程序效率、节约诉讼成本，法律应当规定已经开始的程序行为无须重复进行。例如，破产管理人无须重新指定、债权人已经申报的债权无须重新申报，在没有新的债权人申报债权情况下，按照原有财产分配方案、考察期中或在和解、重整程序中制订的偿债协议对遗产进行分配即可而无须制订新的财产分配方案并获得债权人会议通过以及法院的批准。

但是在此期间新产生的债权，债权人可向破产管理人申报债权。破产管理人则应以遗产中积极财产为基础，重新制订清偿方案。在新的破产财产分配方案中需要协调新债权与旧债权之间的关系。笔者认为，按照同种债权同等清偿的公平清偿原则，在新破产财产分配方案中应将旧债权已经受偿部分，重新计算在遗产破产财产的范围之中，但无须要求旧债权人向遗产破产财产返还已经受偿的金额，破产管理人据此计算出破产财产的总体数额。同时，破产管理人将新旧债权重新按照债权性质不同进行分类归集,并计算出各组债权应当受偿的比例。并将新的破产财产分配方案递交债权人大会通过以及法院批准。当分配方案经法院批准后,管理人按照方案中规定的各组债权的受偿比例进行分配,但应将旧债权人原先已经受偿部分作出相应扣减之后再行分配。

(2)诉讼程序中依职权启动遗产破产程序

在涉及财产纠纷的诉讼中,若债务人作为诉讼参加人死亡的,法院可以依职权启动遗产破产程序。应当注意,在此种情况下法院依职权启动遗产破产程序的应当建立在,根据现有的财产保全、债权人提供的证据以及其他案件等财产线索可以证明债务人现有的财产不能清偿到期债权的基础之上。否则,法院不可依职权启动遗产破产程序。

(3)执行程序中的依职权启动遗产破产程序

在执行程序中,被执行人死亡的,且执行法院通过网络查控系统已经查明或者申请执行人提供的财产线索已经证明,被执行人生前所有的财产不足以清偿到期债权的。此时,法院亦可以依职权将执行程序转入遗产破产程序。

(二)遗产破产程序中的管理人选任

当遗产破产程序启动后,面临选任管理人的问题。笔者认为,在遗产破产程序中选任管理人应当坚持如下原则:

1. 遗产管理人不适宜担当破产管理人

在破产程序中,破产管理人应当具有中立性、专业性、丰富的工作经验等特质,方可应对复杂的法律问题。在企业解散清算程序中,清算组如果发现企业具有破产原因的,应当向法院申请破产。同时,清算组可被指定为破产管理人。但遗产管理人却并不适宜担当破产管理人。《民法典》继承编中规定可担当遗产清算程序中遗产管理人为遗嘱执行人、继承人或者被继承人生前住所地的民政部门或村委会。由于遗产清算程序并不复杂,所以上述主体有能力可以做到尽责履职。但上述主体可能缺乏对破产程序的了解与认知,不熟知破产程序中具体操作流程,故而不具备担当管理人的专业性。同时,由于遗产管理人大多是被继承人的亲属,因此,在处置遗产上可能与破产管理人的中立性要求不符。

综上,遗产清算程序中的遗产管理人不适合担当遗产破产程序中的破产管理人。遗产破产程序即便是由遗产清算程序转入的,法院也应当重新选任破产管理人,而非直接由遗产清算程序中的遗产管理人直接担当破产程序中的破产管理人。

2. 原则上应当优先选任个人管理人

目前,我国《企业破产法》规定了机构管理人以及个人管理人两种破产管理人类型。① 法律虽然没有规定选任管理人的顺序原则,但在具体的企业破产实践中,却奉行选任机构管理人为优先的原则。然而,比较法上的选任程序上,除对破产管理人中立性与专业性的要求外,为了节省破产程序费用以及方便对债务人财产的管理,还应当遵循属地原则、机构管理人优先原则以及指定一人原则。② 例如,日本法等立法例规定,破产管理人原则上仅指定一人,如果有复杂案件则指定多人,但在实务中仅设破产管理人的常设代理人以辅助管理人的工作,也不会指定多个管理人。③ 但是,在企业破产程序中优先选任机构管理人作为案件管理人是情有可原的,因为企业破产案件通常较复杂,需要一个通力合作的破产管理人团队处理案件。

但在个人破产案件中,自然人的财产关系以及债权债务关系较简单。在这种情况下,选任机构作为破产管理人难免会有"杀鸡焉用宰牛刀"之嫌。作为个人破产程序的一种特别程序,在遗产破产程序中仅需要按照破产清算程序的规定对被继承人的遗产进行清理,与个人破产程序相比,遗产破产程序更简单,所以也当然适用个人破产管理人优先选任原则。

---

① 《企业破产法》第24条规定:"管理人可以由有关部门、机构的人员组成的清算组或者依法设立的律师事务所、会计师事务所、破产清算事务所等社会中介机构担任。人民法院根据债务人的实际情况,可以在征询有关社会中介机构的意见后,指定该机构具备相关专业知识并取得执业资格的人员担任管理人。有下列情形之一的,不得担任管理人:(一)因故意犯罪受过刑事处罚;(二)曾被吊销相关专业执业证书;(三)与本案有利害关系;(四)人民法院认为不宜担任管理人的其他情形。个人担任管理人的,应当参加执业责任保险。"

② 参见邹海林:《破产法——程序理念与制度结构解析》,中国社会科学出版社2016年版,第156页。

③ 参见[日]伊藤真:《破产法》,刘荣军、鲍荣庭译,中国社会科学出版社1995年版,第63页。

（三）遗产破产程序中的债权清偿顺位

破产程序是债权人权利争夺最激烈的场所。债权清偿顺位规则体现了破产程序中保障实体法上的责任制度，具有避免程序参与人矛盾冲突扩大的功能。关于遗产破产程序中的债权清偿顺位规则应予讨论。

在遗产清算程序中，《民法典》继承编规定了除继承人的继承债权外的其他遗产债权，例如，第1149条规定了遗产管理人的报酬请求权，第1155条规定了胎儿保留分请求权，第1158条规定了遗赠扶养协议中扶养人的请求权，第1159条规定了特留分请求权，第1161条规定了税收债权与其他债权。但是，《民法典》继承编中尚且缺乏各种程序费用以及债权的清偿顺位。在当前背景下，可在遗产破产程序中建立起债权清偿顺位规则，供遗产清算程序参照适用。

在遗产破产程序中，应将《民法典》继承编以及其他实体规定与破产程序中的债权清偿顺位相结合，构建遗产破产程序中的债权清偿顺位规则。在现行法中，具有债权清偿顺位规则立法参考价值的是《企业破产法》第43条、第109条以及第113条所确立的债权清偿顺位规则。然而，在现有论述中，有论者并未根据企业破产程序中所确立的债权清偿顺位规则来确定遗产破产程序中的债权清偿顺位规则。该论者指出，遗产所负担的债务可以分为被继承人死亡前所负债务、继承开始时生效的债务以及在开始继承后所产生的债务。①同时，该论者根据债权的性质等因素认为，在遗产清算中依次存在如下债权顺位：第一顺位为继承费用与共益债务，采随时清偿原则；第二顺位为具有生存权性质的债权，如特留分、人身损害赔偿债权、劳动债权、社保债权等；第三顺位为担保债权；第四顺位为普通债权（包括税收债权）；第五顺位是罚款、罚金以及惩罚性赔偿；第六顺位即最后顺位为继承人或受遗赠人债权。②

与企业破产程序中的债权清偿顺位规则相比，该论者所述的债权清偿顺位有如下明显不同：其一，将担保债权的清偿顺位后置于具有生存权性质的债权；其二，将税收债权划归为普通债权，使税收债权丧失了在企业破产程序中的优先受偿性；其三，将继承中特有的继承人债权人与受遗赠人债权归为劣后

---

① 参见汪洋：《遗产债务的类型与清偿顺序》，载《法学》2018年第12期。
② 参见汪洋：《遗产债务的类型与清偿顺序》，载《法学》2018年第12期。

债权,处于债权清偿的最后顺位。笔者认为,该论者构建的债权清偿顺位规则,虽在继承中具有一定道理,但却忽视了破产程序的统一性与系统性,容易在实践操作上带来诸多不便与困扰。例如,当某企业主与企业合并破产的案件中,企业主突发意外而不幸死亡,此时针对企业主的个人破产程序应当转入遗产破产程序中。如果在原破产案件中,债务人财产尚未分配完毕,且尚存两套债权顺位清偿规则,那么,必然会出现债权清偿顺位混乱的矛盾后果。因此,笔者认为,遗产破产程序中的债权清偿顺位规则应当与企业破产程序、个人破产程序中的债权顺位清偿规则保持一致,同时,将继承人债权与受遗赠人债权作为劣后债权,作为最后顺位的债权人进行受偿。至于遗赠扶养协议债权人债权顺位的问题,笔者认为,《民法典》第1158条以及第1163条并未确立遗赠扶养协议债权人的债权具有优先性,因此其债权清偿顺位也应当与继承人、受遗赠人的债权清偿顺位保持一致,即劣后债权。

同理,《民法典》第1141条以及最高人民法院《关于适用〈中华人民共和国民法典〉继承编的解释(一)》(以下简称《继承编解释一》)第25条均未确立特留分债权人的优先性地位,故而特留分债权人亦无法在遗产破产程序中处于优先债权人或普通债权人的地位,也应当作为劣后债权人与其他受继承人债权人获得相同的清偿顺位。单纯强调特留分债权人之债权具有保障生存权功能的理由,是缺乏说服力的,因为特留分债权人不可能在未来仅依靠遗产的特留分进行生活,其生活可以通过社会保险制度、社会救助制度得以保障,而并非在《民法典》中得以宣示。

域外实践证明,在自然人破产案件中,能够向债权人分配的财产少之又少。同样地,在遗产破产案件中,可供向债权人分配的遗产也非常少,甚至会出现多数的"无产可破"案件。因此,考虑遗产破产程序案件的现实情况,确立复杂的、与企业破产程序或个人破产程序相矛盾的债权清偿顺位规则是没有必要的。

五、结语

遗产破产程序作为个人破产程序中的一项特别程序,在个人破产法立法中应予确认。在遗产破产程序规则构建上,需要考虑《民法典》继承编中的实体规定,同时结合破产程序自身的特点。遗产破产程序作为《民法典》继承编中落实限定继承原则、保护债权人利益、打破“父债子偿”传统观念、解放继承人背负沉重债务的重要程序,应当予以必要重视。

第七章　免破财产制度的思考与构建

一、免破财产制度概念的提出

免破财产制度亦可称为免于破产的财产制度。对此,学界通常使用“自由财产制度”或者“豁免财产制度”等概念。但笔者认为,学理上在论述相关问题时,使用“免破财产制度”一词,更加精确。为此,笔者将免破财产制度与自由财产制度、豁免财产制度等概念进行辨析。

(一)“免破财产制度”的其他表述

免破财产制度是笔者提出的创新性概念,而对此,学界所接受的概念就是自由财产制度。然而,很多学者在论述免破财产制度概念时,除常用的“自由财产制度”的表述外,还有“豁免财产制度”等表述方式。例如,有学者认为,“豁免财产,又称自由财产,是指在个人破产中为债务人保留的不受破产分配的财产”。[①]有学者认为:“自由财产,又称为豁免财产,即破产法为了实现保障债务人及其家人的合理生活需要等特殊目标,通过特别的法律规定,使部分债务人财产无须归入

① 胡利玲:《论个人破产中的豁免财产范围的确定》,载《经贸法律评论》2019年第4期。

破产财产范围,从而构成债务人可以自由支配的财产。”[①]有学者认为:“自由财产也称为豁免财产,它不属于破产财产的范围,是债务人不被清算分配的财产底线,这也就意味着,无论债务如何高昂,也不应剥夺债务人的基本生存权,应给予其‘经济重建’(economic rehabilitation)的机会,通过必要的财产保留来助力其实现财务性重生。”[②]有学者认为:“自由财产与破产财产相对应,是个人破产制度中独有的一个概念,是指法律规定或由法院酌情决定的,未纳入破产财产范围而用以保障债务人及其供养亲属的基本生活需要的财产。”[③]由于理论界对此存在混淆或误用,以致在实践中的表述亦各不相同。例如,《深圳经济特区个人破产条例》中亦使用的是“豁免财产”的表述。而由刘静、齐砺杰起草的《个人破产法(学者建议稿)》中使用的是“自由财产”的表述,该建议稿第59条规定:“破产申请受理时属于债务人的全部财产,以及破产申请受理后至破产程序终结前债务人取得的财产,含个人财产以及共同财产中债务人最终应当分得的份额,为债务人财产。人民法院作出破产宣告裁定之后,用于破产清偿的财产部分,为破产财产。债务人依据本法可以保留的财产部分,为自由财产。”

在此,笔者暂且不论免破财产制度、自由财产制度以及豁免财产制度的具体内涵是什么,而是需要追溯学者将自由财产制度与豁免财产制度相等同的原因。笔者认为,学者之所以将自由财产制度与豁免财产制度相混淆,是因为学者在引述英美法系以及大陆法系中相似概念时,因翻译问题而产生了理解上的差异。英美法系多用豁免财产制度一词,即“exemption”,该词直译为“豁免”。在英美法系中,诸如英国、加拿大的破产法,会在法律文本中直接规定有关“exemption”的内容。故而,当我国学者在翻译英美法系中相关文献资料时,就会使用“豁免财产制度”或“豁免财产”一词。例如,韩长印等在翻译美国学者查尔斯撰写的《美国破产法新论》第9章内容时,就使用的是“豁免财产”一词。[④]

---

① 徐阳光、陈科林:《论个人破产立法中的自由财产制度》,载《东方论坛》2020年第3期。

② 张阳:《个人破产何以可能:溯源、证立与展望》,载《税务经济》2019年第4期。

③ 李晓燕、鹿思原:《论我国个人破产制度的构建》,载《山西大学学报(哲学社会科学版)》2020年第2期。

④ 参见[美]查尔斯·J.泰步:《美国破产法新论》(第3版),韩长印、何欢、王之州译,中国政法大学出版社2017年版。

早在1906年,我国历史上颁布的第一部破产法即《大清破产律》中就有免破财产制度的相关规定。该法第48条规定:"倒闭之商若将财产偿还各债后,实系净绝无余,并无寄顿藏匿情弊,应由董事向各债主声明,准于未摊分以前在财债项下酌提该商家赡养之费,约敷二年用度,以示体恤。"[①]但当时是否已经有学者将该制度称为"自由财产制度"就无从考证了。目前,学术界使用"自由财产"这一概念可以追溯至民国时期。例如,在1935年陶亚东撰写的《破产法》一书中就提到:"因为禁止扣押的财产和专属于破产人本身的权利,乃破产人的自由财产,虽在破产宣告以后,还是由破产人管理和处分,并不归属于破产财团而为债权人公平分配的标的。"[②]而后,这样的用词也被新中国的学者所接受。例如,在20世纪90年代,就有学者使用了"自由财产"这个概念,该学者指出,破产法一般都将破产人及其家属所必需的衣服、餐具、寝具及职业上或教育上所必需的器具物品等所谓"自由财产"排斥在强制清偿的财产之外。[③]如今,"自由财产制度"似乎已经被学界认可为一种约定成俗的表达方式。

但是,除"豁免财产""自由财产"这两种表达方式外,还有学者在翻译外文资料时使用的是"不可扣押的财产"。例如,在张宇晖翻译的德国学者乌尔里希撰写的《德国破产法》一书中,将《德国破产法》中的"Unpfändbare Genenstände"翻译为"不可扣押的财产"。[④]

综上,目前理论界关于免破财产或者免破财产制度还存在3种表述方法,即自由财产、豁免财产以及不可扣押的财产,其中,又以自由财产的表述最常见。换言之,自由财产的表述为当前的通说。

(二)免破财产制度其他表述的思考

笔者之所以提出"免破财产制度"这一概念,主要基于以下原因:

1. 自由财产的表述不能被广大民众所接受

法律用语虽然具有一定的专业性与特殊性,但法律并非仅是法律人士的

---

① 段宝玫:《清末〈破产律〉实施环境之历史考察》,载《前沿》2013年第24期。

② 陶亚东:《破产法》,商务印书馆1935年版,第98页。

③ 参见柴发邦主编:《破产法教程》,法律出版社1990年版,第164页。

④ 参见[德]乌尔里希·福尔斯特:《德国破产法》(第7版),张宇晖译,中国法制出版社2020年版,第94页。

法律,应是一项公共产品,任何人都有学法、用法的权利。因此,法律用语在注重专业化的表达基础上,还需要能够被广大人民群众所理解。然而,就“自由财产”的表述而言,不仅普通民众对此不能理解其内涵,恐怕连一些没有关注破产法的法律专业人士也尚不能直接知晓该词语的内涵。

2. 自由是人享有的一种权利,财产无法享有自由

“自由财产”的表述不仅在语义上尚不能直接被广大人民群众所熟知,就其概念本身也存在一定的逻辑问题。该词语将“自由”与“财产”相结合的原因是在破产程序中,债务人丧失了对其财产的控制权与支配权,而这部分财产的控制权与支配权完全交由管理人行使,但对于个人债务人来说,其需要解决日常的吃、穿、住、行等基本需求,故而破产法在债务人财产中划分出一小部分财产,任由债务人自由支配,以满足其基本日常需求。所以,自由财产的本意应当是可以任由债务人或破产人自由支配的财产。

然而,将“债务人可自由支配的财产”简称为“自由财产”势必会引起这样的误解,即财产如何实现自由?因为,自由仅是人方可享有的一项基本权利,而财产作为一项法律关系中的客体,是无法享有自由的。尽管这并非该词语的本意,但事实上却无法避免人们对该词所表达内涵的误读。

3. 豁免财产的表述容易与民事执行程序中的执行豁免财产相混淆

同样,豁免财产的表述也不适宜在个人破产法中被使用。尽管在英美法系中,“exemption”可以直接翻译为豁免财产,但是这样的直译表达却容易与我国《民事诉讼法》中关于豁免执行财产的表述相混淆。例如,我国《民事诉讼法》第 251 条就有关于执行豁免财产的规定。

由于我国《民事诉讼法》早在 20 世纪 80 年代已经出台,所以人们对“执行豁免财产”概念的认知也广为接受,故而若在未来个人破产法中再提出“豁免财产”的概念,则可能为广大民众带来一些不必要的困扰。

4. 豁免财产、不可扣押的财产表述不能完全表达本制度的内涵与外延

除豁免财产的表述容易与执行程序中的执行豁免财产表述相混淆外,豁免财产以及不可扣押财产的表述的最大问题是其不能完全表达破产程序中所涉制度的内涵与外延。然而,有很多学者将执行豁免财产或不可扣押财产与

免破财产相等同。例如，张阳认为："实践中，我国民事强制执行中的'最低生活保障'的安排即有类似功能，在执行自然人债务人的财产时，应当为其生活及抚养家属保留必要的居住房屋和普通生活必需品(如衣服、家具、寝具、生活费及炊具等)。"[①]沙洵认为："设立自由财产制度是为了适当保护破产人，使破产人的基本生活不因偿还债务而无法维持，这符合建立个人破产制度的目的。我国民事诉讼法第222、223条都规定了法院有权执行被执行人的财产，'但应保留被执行人及其所扶养家属的生活必需费用'，可以说我国现行的法律制度是符合'自由财产制度'的基本精神的，这一点在制定新的破产法时也应当予以纳入。"[②]李帅认为，我国目前的民事司法实践也存在类似制度，即在执行自然人债务人的财产时，应当为其生活及其抚养家属保留必要的居住房屋和普通生活必需品，包括衣服、炊具、家具、生活费、完成义务教育所必须的物品等。虽然我国目前的执行规定并没有像发达国家的个人破产法那样对自然人生活必需品作事无巨细的规定，但从司法实践来讲，民事强制执行中的最低生活保障财产豁免已与个人破产之自由财产制度相近似。[③]

比较法上，尤其是大陆法系国家或地区，其不可扣押财产制度或豁免财产制度与免破财产制度通常存在重合之处。例如，德国《破产法》第36条规定："(1)不受强制执行的标的，不属于破产财产。《民事诉讼法》第850条、第850a条、第850c条、第850e条、第850f条第1款、第850g条至第850i条相应适用。(2)但是下列财物属于破产财产：1.债务人的营业账簿；保管文件的法定义务不受影响；2.依照《民事诉讼法》第811条第1款第4项和第9项不受强制执行的物。3.属于常用家用器具且为债务人在家庭事务中使用的物，以其变现显然只能取得与其价值极其不成比例的价金为限，不属于破产财产。"日本《破产法》第34条第3款规定："不受第一款的限制，下列财产不属于破产财团：1.民事执行法第一百三十一条第三款所规定的数额乘以1.5所得的数额；2.不能扣

① 张阳：《个人破产何以可能：溯源、证立与展望》，载《税务经济》2019年第4期。

② 沙洵：《建立我国个人破产制度的若干思考》，载《华东政法学院学报》2005年第2期。

③ 参见李帅：《论我国个人破产制度的立法进路——以对个人破产"条件不成熟论"的批判而展开》，载《商业研究》2016年第3期。

押的财产（民事执行法第一百三十一条第三款所规定的金钱除外）。但是，依照同法第一百三十二条第一款的规定、可以扣押的部分与破产程序开始后可以扣押的部分，不在此限。”

从以上规定可以看出，免破财产的范围与执行法中不可扣押财产的范围虽有重合，但并非完全一致。这是因为，尽管破产程序可以看作一种概括性的执行程序，但破产程序与执行程序仍存在本质区别。其中，最大区别就在于在执行程序中的债务人对债务是具备清偿能力的，而在破产程序中的债务人是已经丧失了清偿能力。故而，程序适用的前提标准的不同，决定了程序中的各种制度也是不同的。不仅如此，破产程序还要发挥拯救破产债务人重整旗鼓、东山再起的功能，而执行程序仅需发挥其强制执行被执行人财产、满足债权人债权的功能即可。因此，程序的功能差异以及程序适用标准等因素决定了免破财产的范围要大于不可扣押财产或执行豁免财产的范围。①

综上所述，自由财产、豁免财产以及不可扣押财产的表述均不准确描述本制度的内涵与外延。故而，笔者认为，将此制度概括为免于破产财产即免破财产的表述更恰当。

二、免破财产制度的功能与思考

（一）免破财产制度的应然功能

免破财产制度作为个人破产法对债务人的3项利好制度之一，体现了现代破产法拯救诚实而不幸债务人的基本价值取向。尽管不同国家的立法对免破财产制度有不同的角色定位，例如，有的立法例是为了改变债务人无法自处的境地，有的是为了保障债务人获得再生而重新恢复到经济活动之中。② 理论界认为，该制度主要有如下功能：

1. 基本功能：拯救诚实而不幸的债务人。拯救债务人是免破财产制度的基

① 参见胡利玲：《论个人破产中豁免财产的构成与限制》，载《东方论坛》2020年第3期。

② 参见胡玲：《债务人生存权益视角下的我国个人破产立法研究》，中国法制出版社2014年版，第68页。

本功能。因为该制度的核心目的就是将债务人财产中的部分财产从债务人财产中的整体区分出来，留给破产债务人自行支配，以免造成债务人的财产全部被管理人处置之后，债务人身无分文，无法在社会上生存的窘境。学者又在拯救债务人功能的基础上，衍化出一些功能。例如，有的学者认为，免破财产制度具有保障人权、培育企业家精神的功能；[①]有的学者认为，免破财产制度会起到维护债务人人格尊严的功能。[②] 然而，这些功能均是免破财产制度对债务人拯救功能的具体表现而已。

2. 扩张功能：保障债务人家庭成员基本生活。如果说，拯救诚实而不幸的债务人是免破财产制度的基本功能，那么保障债务人家庭成员基本生活的功能就属于免破财产制度的扩张功能。因为，该制度的涵盖范围不仅是债务人本人，还扩张至债务人的家庭成员。该项功能主要表现于免破财产的范围除能够满足债务人基本生活外，还需要满足其所扶养家庭成员的基本生活。尽管此项功能也可见于执行程序中，例如，在最高人民法院颁布的《关于人民法院民事执行中查封、扣押、冻结财产的规定》（以下简称《查扣冻规定》）中第3条规定："人民法院对被执行人下列的财产不得查封、扣押、冻结：（一）被执行人及其所扶养家属生活所必需的衣服、家具、炊具、餐具及其他家庭生活必需的物品；（二）被执行人及其所扶养家属所必需的生活费用。当地有最低生活保障标准的，必需的生活费用依照该标准确定；（三）被执行人及其所扶养家属完成义务教育所必需的物品；（四）未公开的发明或者未发表的著作；（五）被执行人及其所扶养家属用于身体缺陷所必需的辅助工具、医疗物品；（六）被执行人所得的勋章及其他荣誉表彰的物品；（七）根据《中华人民共和国缔结条约程序法》，以中华人民共和国、中华人民共和国政府或者中华人民共和国政府部门名义同外国、国际组织缔结的条约、协定和其他具有条约、协定性质的文件中规定免于查封、扣押、冻结的财产；（八）法律或者司法解释规定的其他不得

---

① 参见徐阳光、陈科林：《论个人破产立法中的自由财产制度》，载《东方论坛》2020年第3期。

② 参见郭兴利：《建立个人破产制度：化解个人债务纠纷的新路径》，载《山东师范大学学报（人文社会科学版）》2010年第2期。

查封、扣押、冻结的财产。”第4条规定：“对被执行人及其所扶养家属生活所必需的居住房屋，人民法院可以查封，但不得拍卖、变卖或者抵债。”第5条规定：“对于超过被执行人及其所扶养家属生活所必需的房屋和生活用品，人民法院根据申请执行人的申请，在保障被执行人及其所扶养家属最低生活标准所必需的居住房屋和普通生活必需品后，可予以执行。”同样，在债务人丧失清偿能力时，个人破产程序中的免破财产制度更需要强调对债务人家庭成员基本生活的保障。但是应当注意的是，在比较个人破产法上，并非所有的立法例都对债务人家庭成员的保障功能放置于免破财产制度之上，有的立法例就将此功能放置于破产财团债权制度之中。

3. 附随功能：降低债务人“逃废债”的可能。打击恶意债务人利用破产程序进行“逃废债”，是我国建立个人破产制度的一项重要课题。对于恶意“逃废债”的规制与打击，不仅需要依靠破产惩戒制度中的“严”，还需要依靠免破财产等制度中的“宽”，即需要充分发挥免破财产制度功能，以打消债务人“逃债”念头或举动，让其参与破产程序中，配合债务清理工作。① 此项功能并非免破财产制度的主要功能，而是免破财产制度在拯救诚实而不幸债务人以及保障债务人家庭成员基本生活功能基础上，附随而来的。

4. 社会功能：维护社会公共利益。个人破产基本只是涉及债务人与债权人之间的经济纠纷，通常不涉及社会公共利益。然而，如果在破产程序中不设免破财产制度，将破产人的全部财产进行拍卖或变卖，则可能会导致破产人无家可归、流落街头等局面，继而可能不利于社会的稳定与发展。因此，通过免破财产制度，可以让破产债务人保留部分财产与谋生工具，不至于让其无家可归、流落街头。故而，从长远看来，该项制度有利于维护社会治安以及经济秩序等公共利益。

（二）免破财产制度功能的思考

以上观点是理论界对免破财产制度应具备的制度功能的共识。然而，笔者对此抱有疑问的是，以上制度功能在实践当中究竟能够发挥多大作用。换

---

① 参见王斐民、乔星：《个人债务清理基本法律制度的中国塑造》，载《贸大法律评论》2017年第2卷。

言之,理论上的制度功能能否在实践中予以落实。

笔者产生以上问题主要是因为如下原因:

1. 免破财产制度可能更多的是宣示与象征意义。免破财产制度是破产清算程序中的一项特有制度,即该项制度只有在破产清算时方可发挥相应作用,然而在破产和解或重整等更生性程序中,该制度没有适用的空间。这是因为,在更生性程序中,债务人会与债权人团体达成偿债协议,而后债务人仅需依照偿债协议中的约定内容偿债即可,此时无须管理人对债务人财产加以处置,故而自然也就没有免破财产制度的适用空间。但是,相关实践已经表明,在个人破产案件中,尤其是在适用破产清算的案件,"无产可破"的案件将占据案件数量的绝大多数。故而,在破产债务人已经没有资产的情况下,法律规定免破财产制度可能更多的是在于其宣示性与象征性意义。

2. 免破财产制度能够发挥拯救债务人功能有限。免破财产制度真的能够发挥让破产债务人再生的功能吗?笔者对此也持有异议。赞成者认为,免破财产的范围主要以用于债务人生活目的财产为限,用于商业目的的财产则原则上不属于免破财产,但是如果该财产为债务人的谋生工具的,则可以将之列为免破财产,以便帮助破产债务人尽可能地恢复生活。① 在比较破产法上,可以看到与这种观点相符合的法律规定。例如,英国《破产法》规定:"第 283 条(2)第(1)款不适用于——(a)任何财产;或(a)破产人在受雇工作、业务或职业上亲自使用的工具、书籍、车辆及其他设备。(b)为满足破产人及其家庭的基本生活需要所需的衣物、被褥、家具、家居设备及用品。"②然而,如果破产人在破产程序中同时受到了失权措施而不能从事本行业工作的,那么将破产人的谋生工具作为免破财产予以保护则有何意义?例如,如果债务人因经营失败造成破产,且被限制从事相关职业的,此时就没有必要将债务人的谋生工具作为免破财产而保留。因此,该制度能否发挥本项功能,得依赖失权措施的有关规定。此外,我国未来个人破产法很可能对所有适用破产清算程序的破产

---

① 参见陈本寒、罗琳:《个人破产制度中豁免财产范围规则的本土化构建》,载《湖北大学学报(哲学社会科学版)》2021 年第 1 期。

② See UK Insolvency Act.

人均施加失权措施，故而在此前提下，免破财产制度所发挥的帮助债务人重建生活的功能将被加大地限制。事实上，在世界银行出具的《自然人破产问题处理报告》中明确提到，免破财产制度不足以发挥为债务人真正提供重新开始的机会，它仅能够在债务人重新开始之前，保障债务人及其家人能够享有最低生活所需。①

3. 免破财产制度恐难以调和债权人与债务人之间的矛盾。想要寻求债权人与债务人达到"共赢"是几乎不可能的，尤其是在破产程序中，债权人在收回全部债权无望，甚至根本无法获得清偿的前提下，还需要给债务人保留一部分免于破产处置的资产，这对于债权人来说可能是无法接受的。我国个人破产法亦不能将全部重点放置于帮助债务人重建生活之上，而是要将保护债权人利益作为第一要务。因此，免破财产制度应当合理设置，否则不仅不会起到维护社会公共利益的功能，甚至可能会引发债权人的集体声讨与不满。

三、免破财产制度的原则与范围

在构建免破财产制度的过程中，既要发挥其理论上应有的制度功能，同时还要避免本制度可能引发的问题与风险。因此，需要合理设定免破财产制度的原则以及确定免破财产制度的范围。

（一）免破财产制度应坚持的原则

笔者认为，我国在构建免破财产制度时，应当坚持如下原则：

1. 适度保障原则。笔者认为，在我国未来个人破产法中，免破财产制度不能具有拯救债务人，助力其东山再起的功能。这是因为，免破财产制度是镶嵌于破产清算程序之中，而我国破产清算程序的设计需要保持连贯性与一致性，即债务人通过破产清算程序清理债务之后，为了使债务人的牺牲利益与获得利益能够保持一致性，故而其必然要受到破产惩戒措施的惩戒，同时要拍卖处

① 参见自然人破产处理工作小组起草：《自然人破产问题处理报告》，殷慧芬、张达译，中国政法大学出版社2016年版，第92～93页。

置绝大部分财产以用于偿债。如果债务人想要东山再起,则应引导债务人进入破产和解或重整等更生性程序中。此外,免破财产制度只能为债务人提供适度保障。这是因为,免破财产制度仅能保障破产人的部分财产不被处置,却无法增加债务人的财产,因此免破财产制度对债务人的保障原本就属于一种消极保护,而非积极救助,该制度不可能长期地保障债务人利益;[①]另外,破产人现实中享有的财产数额过小,这也决定了免破财产仅能发挥微小的作用,无法全面保障债务人未来的生活。故而,免破财产制度的设计应坚持适度保障原则。

2. 因地制宜原则。我国幅员辽阔,经济发展水平并不均衡。若个人破产法设定统一的免破财产规则,恐怕难以平衡地区发展差异问题。所以,在制定免破财产规则时,应当坚持因地制宜原则,法律可以设置一个笼而统之的规定,而后各地区可以根据当地经济发展的实际水平,作出相应的变通规定。但地方作出的变通规定,不得违背现行法中的规定以及兼顾债权人利益原则与适度保护原则。

3. 兼顾债权人利益原则。从免破财产制度诞生之日起,就注定其是为了债务人利益的一种制度安排。所以,无论免破财产制度中所规定的具体内容的多寡、认定程序是什么,它们均有利于保障债务人的利益。因此,在该制度具有天然的价值偏向的情况下,在具体构建免破财产制度具体规则的过程中,应突出强调保障债权人利益的重要性,切不可将该制度打造成只注重维护债务人利益的安全堡垒,却成为损害债权人利益的空洞。因此,在具体制度的构建上,应当赋予债权人必要的话语权以及异议权,充分尊重债权人在破产程序中的意思表达。

(二)我国免破财产范围的理论与实践规定

当前,实践中关于我国免破财产范围的规定,主要有如下内容(见表11)。

① 参见陈本寒、罗琳:《个人破产制度中豁免财产范围规则的本土化构建》,载《湖北大学学报(哲学社会科学版)》2021年第1期。

表 11　司法实践中关于免破财产的相关规定

序号	规范名称	内容
1	《深圳经济特区个人破产条例》	第 36 条规定,为保障债务人及其所扶养人的基本生活及权利,依照本条例为其保留的财产为豁免财产。豁免财产范围如下:(1)债务人及其所扶养人生活、学习、医疗的必需品和合理费用;(2)因债务人职业发展需要必须保留的物品和合理费用;(3)对债务人有特殊纪念意义的物品;(4)没有现金价值的人身保险;(5)勋章或者其他表彰荣誉的物品;(6)专属于债务人的人身损害赔偿金、社会保险金以及最低生活保障金;(7)根据法律规定或者基于公序良俗不应当用于清偿债务的其他财产。前款规定的财产,价值较大、不用于清偿债务明显违反公平原则的,不认定为豁免财产。除本条第 1 款第 5 项、第 6 项规定的财产外,豁免财产累计总价值不得超过 20 万元。本条第 1 款第 1 项、第 2 项的具体分项和各分项具体价值上限标准由市中级人民法院另行制定
2	《浙江法院个人债务集中清理(类个人破产)工作指引(试行)》	第 22 条规定,人民法院应当保留债务人及所扶养的家属的生活必需费用和必需品不受执行,人民法院可以依照《民事诉讼法》第 244 条规定[1]认定下列财产属于"生活必需品":(1)债务人及其所需要抚养、赡养和扶养的家庭成员生活、学习、医疗的必需品和合理费用;(2)因债务人职业发展需要必须保留的物品和合理费用;(3)对债务人有特殊纪念意义的物品;(4)无现金价值的人身保险;(5)勋章或者其他表彰荣誉的物品;(6)专属于债务人的人身损害赔偿金、社会保险金以及最低生活保障金;(7)根据法律规定或者基于公序良俗不应当用于清偿债务的其他财产。前款规定的财产,价值较大、不用于清偿债务明显违反公平原则的,不认定为生活必需品

续表

序号	规范名称	内容
3	山东省东营市中级人民法院《关于个人债务清理的实施意见（试行）》	第 24 条规定，下列财产属于豁免财产：（1）债务人及其所抚养人生活、医疗、学习的必需品和合理生活费用；（2）为职业发展需要必须保留的物品或者合理费用；（3）勋章或者其他表彰荣誉物品；（4）没有现金价值的人身保险；（5）专属于债务人的人身损害赔偿金、社会保险金以及最低生活保障金等；（6）依照其他法律、法规或者基于公序良俗不应当用于清偿债务的财产。前款规定的财产，价值较大、不用于清偿债务明显违反公平原则的，不认定为豁免财产
4	台州市中级人民法院《执行程序转个人债务清理程序审理规程（暂行）》	第 26 条规定，（保全措施）管辖法院依职权或依债权人申请，对未采取保全措施的债务人财产采取保全措施，但下列债务人财产不予采取冻结、查封、扣押措施：（1）债务人及其所扶养家属生活所必需的衣服、家具、餐具及其他家庭生活必需品；（2）债务人及其所扶养家属所必需的生活费用，当地有最低生活保障标准的，必需的生活费用按该标准确定；（3）债务人及其所扶养家属完成义务教育所必需的物品；（4）债务人及其所扶养家属用于身体缺陷和治疗当前疾病所必需的资金、辅助工具、医疗物品；（5）专属于债务人人身权利的抚恤金、伤残扶助金；（6）债务人所得的勋章及其他荣誉表彰。 第 37 条规定，（债务人生活保障）在债务清理期间，债务人及其所扶养的家庭成员的生活水准保持在本地最低工资标准或所对应的通常水平，如遇疾病、自然灾害等特别情况，经管理人许可，可适当放宽上述限制条件。 第 54 条规定，（豁免财产范围）以下财产作为债务人的破产豁免财产，准予债务人保留：（1）债务人及其所扶养家属生活所必需的衣服、家具、餐具及其他家庭生活必需品，总价不超过 2 万元，但具有较大经济价值的财产除外。（2）债务人及其所扶养家属所必需的生活费用。当地有最低生活保障标准的，必需的生活费用按该标准确定。（3）债务人及其所扶养家属完成义务教育所必需的物品。（4）债务人及其所扶养家属用于身体缺陷和治疗当前疾病所必需的资金、辅助工具、医疗物品。（5）专属于债务人人身权利的抚恤金、伤残扶助金。（6）债务人所得的勋章及其他荣誉表彰等具有纪念意义但经济价值不大的动产

续表

序号	规范名称	内容
5	温州市中级人民法院《关于个人债务集中清理的实施意见（试行）》	未直接规定免破财产的范围，但是根据该文件第10条之规定，申请人提交的债务清理方案中需要记载“依法应当由债务清理申请人抚养、扶养、赡养的人以及维持其不高于本地最低工资标准所对应的生活水平而必需的费用”
6	苏州市吴江区人民法院《关于个人债务清理的若干规定（试行）》	第22条规定，（自由财产）以下财产作为债务人的清理豁免财产，准予债务人保留：(1)债务人及其所抚（扶）养家庭成员必需的衣服、家具、餐具等生活用品，但具有较大经济价值的财产除外；(2)债务人及其所抚（扶）养家庭成员必需的生活费用；(3)债务人或债务人所抚养家庭成员完成义务教育所必需的费用与物品；(4)债务人及其所抚（扶）养家庭成员因身体缺陷和治疗当前疾病所必需的资金、辅助工具、医疗物品；(5)债务人作为职工工作的必要工具，但具有较大经济价值的财产除外；(6)专属于债务人人身权利的抚恤金、扶助金；(7)债务人所得的勋章及其他荣誉表彰等具有纪念意义但经济价值不大的动产
7	山东省高青县人民法院《关于企业破产中对有关个人债务一并集中清理的意见（试行）》	未明确规定，但根据该文件第19条规定，个人债务清理方案需要有“申请人自留财产明细及年最低生活消费支出标准”的相关内容

〔1〕现《民事诉讼法》第251条。

除实践探索外，理论界对于免破财产的范围界定也提供了相应的智慧贡献。具体如表12所示。

表12　我国学术界关于免破财产范围的观点

序号	学者	免破财产的范围
1	张晓冉、文学国	两位学者认为，免破财产的范围是，“债务人维持基本生活水平的费用（参照债务人户籍所在地的低保额）、缴纳社保或纳税的费用、伤残赔偿金、退伍军人补贴等，维持债务人基本生活需要或法定需要缴纳的费用”〔1〕

续表

序号	学者	免破财产的范围
2	彭元、熊彬	两位学者认为,免破财产的范围是,"1.破产人个人和家属维持最低生活水平的住处;2.破产人个人生活、教育、职业所必需的专业书籍、资料、工具等物品;3.破产人个人及家庭维持基本生活所需的衣物、寝具、饮食饮具等家庭常用物品;4.破产人个人所拥有的未到期的人寿保险;5.破产人接受的诸如社会安全救济、失业下岗补偿费、退伍安置费、抚恤金等财产;6.债务人接受的诸如犯罪受害赔偿金、精神或人身伤害赔偿金等财产"[2]
3	胡玲	该学者认为,免破财产包括如下内容,"1.任何价值不超过当地最低生活水平的动产。2.赡养费、扶养费、退休金、抚养费、失业金、抚恤金、抚慰金、伤残补偿金、救济金、援助金、残疾赔偿金、福利援助、赔偿性奖金、精神损害赔偿金、地方公共补助金、社会保险金、荣誉证、现役或退伍军人的军功章、军事嘉奖、专业费、退伍军人补助金。3.因残疾、疾病或失业获得的救济、轮椅、假肢。4.人寿保险、工资收入。5.随身衣物、商业或职业使用工具、器具或账册。6.与宗教信仰、祭礼物品相关的物品"[3]
4	孙颖	该学者认为,"根据我国的具体情况,禁止扣押财产的范围应当合理,除必要的住房和基本生活用品以外均应允许扣押。有多处房屋的,除保留必要面积的供居住所需的房屋以外,其余的均应允许扣押;如果只有一处房屋,且面积显然过大、档次明显过高的,应当换住面积较小的普通住宅;汽车、高档家具、豪华用品等均应当允许扣押"[4]
5	李景义	该学者认为,"我国个人破产法律制度之自由财产应当包括以下几部分:(1)法律明文规定不得扣押的财产;(2)保障破产人及受其供养人生存的财产;(3)保障破产人发展的基本财产;(4)专属于破产人本人不可让与的权利,如精神损害赔偿请求权、赡养抚养费、人身损害赔偿金、伤残补助金、抚恤金;(5)与破产人个人身份有关的财产,如人寿保险金、社会福利保险金出于保障债务人及其供养人的生存和发展之目的"[5]

续表

序号	学者	免破财产的范围
6	李宏伟	该学者认为,“我国建立个人财产豁免制度时,可引入上述条款[6]关于保留生活必需品的价值、数量、类别的规定,以节约立法成本,同时避免新设制度与既有立法之间产生冲突。具体而言,可采用列举加概括的方式,规定豁免财产包括满足债务人及其家属基本需求的房屋、车辆,债务人的养老金、医疗保险金等社会保障福利,债务人的生活必需品、工作用品等”[7]
7	郭兴利	该学者认为,“自由财产一般包括三大部分。第一部分是保障与维持破产人及其所抚养之人的基本生活的财产,如最低程度的衣食住行等方面的财产。第二部分是保障破产人再生的财产,一般指其必要的劳动工具、学习资料等。第三部分是对破产人有特定精神价值的财产(如结婚戒指)、特定使用价值的财产(如残疾人的轮椅、假肢)等”[8]

〔1〕张晓冉、文学国:《中国构建个人破产机制的规范研究:问题、规制与进路》,载《南方金融》2021年第1期。

〔2〕彭元、熊彬:《论建立我国个人破产制度》,载《特区经济》2004年第12期。

〔3〕胡玲:《债务人生存权益视角下的我国个人破产立法研究》,中国法制出版社2014年版,第86页。

〔4〕孙颖:《论我国个人破产法律制度的构建》,载《现代法学》2006年第3期。

〔5〕李景义:《论自然人经济主体与我国个人破产法律制度的构建》,载《开发研究》2013年第6期。

〔6〕此处是指《民事诉讼法》第251条以及《查扣冻规定》第5条。

〔7〕李宏伟:《我国构建个人破产制度的现实困境与法治对策》,载《中州学刊》2019年第11期。

〔8〕郭兴利:《建立个人破产制度:化解个人债务纠纷的新路径》,载《山东师范大学学报(人文社会科学版)》2010年第2期。

(三)对免破财产范围的思考

经表11、表12对比即可发现,我国理论界与实务界在构建免破财产的具体范围上,存在一定的共识,只是在某些具体的免破财产表现形式上存在差异。但是,结合免破财产制度应有的原则,笔者认为,下列财产是否应当纳入免破财产的范围,应当进行思考。

1. 职业工具。职业工具是一个较广泛的概念,不同职业的债务人所有的职业工具是不同的,如对于农民来说,生产工具不仅有铁锹、锄头,在现代农业中拖拉机、收割机甚至无人机均属于职业工具;对于开私人诊所的医生来说,诊所内的检查设备、治疗仪器均是职业工具。那么,以上财产是否均需要被纳入免破财产的范围?前文已有学者提出了要根据财产价值的大小来判断是否将之纳入免破财产的范围的观点。但笔者认为,除价值判断要件外,还需要结合债务人破产的原因予以判断,即如果债务人非因自身的经营原因,或者没有其他恶意负债行为的,仅是因为客观经济环境所致的破产,此时可以对一些具有一定价值的职业工具予以保留。但该工具如果具有较高价值的,且不处置该工具则有害于债权人利益时,法院应当向债务人释明其转入和解或重整程序进行债务清理并可保留职业工具,如果债务人不同意转入和解或重整程序的,则不应将具有较高价值的财产列为免破财产的范围。另外,如果债务人破产的原因并非由于客观经济情况所致,而是与自身的经营行为有关,那么此时无须将债务人的生产工具作为免破财产予以保留,而要将之列为债务人财产,并依法处置。

2. 具有人身专属性的财产。在讨论具有人身专属性的财产之前,需要明确一个论断即具有人身属性的权利不等于具有人身专属性的财产。事实上,具有人身属性的权利,如姓名权、身份权、荣誉权等不具有财产性属性,故而不可将之列为破产财产。[①] 但有学者在论述此类问题时,将二者相混淆,误将具有人身属性的权利与具有人身专属性的财产相等同,继而认为具有人身专属性财产也应作为免破财产。[②] 然而,学界通说仅是具有人身属性的权利不可作为破产财产。[③]

免破财产与执行豁免财产存在重要的关联性,即免破财产的范围包括了执行豁免财产,因此笔者将总结具有人身属性的财产在执行程序中的可被执

---

① 参见汤维建:《优胜劣汰的法律机制——破产法要义》,贵州人民出版社 1995 年版,第 82 页。

② 参见徐阳光、陈科林:《论个人破产立法中的自由财产制度》,载《东方论坛》2020 年第 3 期。

③ 参见许德风:《破产法论:解释与功能比较的视角》,北京大学出版社 2015 年版,第 367 页。

行情况，进而论述本类财产是否可以作为免破财产。具体如下：

(1)伤残军人抚恤金。在“钟某应、谢某宇民间借贷纠纷案”中，执行法院认为伤残军人抚恤金具有人身性与专属性，不能作为执行标的，故而不得强制执行。[①] 但就伤残军人抚恤金是否能被执行的问题，也存在不同裁判结果的案例，如在“王某忠、王某花民间借贷纠纷案”中，被执行人以执行法院查封的账户系伤残补助金账户为由提出异议，并认为伤残抚恤金具有人身专属性不得被查封，最终法院认为尽管伤残抚恤金具有人身专属性，但退伍军人仍应当遵守国家法律，履行相应义务。故而，在保障被执行人基本物质生活的基础上，继续对该资金账户进行强制执行。[②]

(2)残疾赔偿金。残疾赔偿金通常发生于人身损害赔偿案件之中，即行为人需要向受害人赔付因其侵权行为导致受害人致残的损失。在实践中，残疾赔偿金通常是可以被强制执行的，如在“郑某良与江某容民事执行案”中，双方针对被执行人的残疾赔偿金能否被执行问题发生争议，最终法院认为残疾赔偿金可以作为执行标的，进行执行。[③]

(3)社会保险金。在实践中，关于对被执行人社会保险金的执行多是通过对社保账户的查封完成的。那么被执行人的社保账户能否被查封，以及该账户内的资金是否可被执行并非一概而论的。例如，在“佛山市顺德区勒流镇某家用电器厂、广州市白云区某机械配件厂、梁某炳执行异议案”中，执行法院原本查封了被执行人的社保账户，但被执行人以自身患有重病为由提出异议，执行法院收到异议后认为，被执行人每月从社保账户获得的养老金的金额要高于当地最低生活保证金的标准，因此查封行为并无不当，但考虑到被执行人身患疾病需要看病医疗，故而解除了对被执行人社保账户的查封。[④] 在“朱某奇、朱某兰民间借贷纠纷案”中，被执行人的社保账户也因被执行法院查封而提出异议，执行法院认为查封社保账户并无不当，只要给被执行人留有最低生活保

---

① 参见广西壮族自治区扶绥人民法院执行裁定书，(2020)桂1421执异11号。

② 参见沧州市中级人民法院执行裁定书，(2018)冀09执复125号。

③ 参见龙岩市中级人民法院执行裁定书，(2019)闽08执复57号。

④ 参见广州市中级人民法院执行裁定书，(2017)粤01执复134号。

障金即可,遂驳回了被执行人提出的异议。①

(4)人身保险。前文诸多学者认为,人身保险应当作为债务人的免破财产予以保护,同时在实践探索中也有诸多文件规定了“没有现金价值的人身保险合同”是可以作为债务人的免破财产。在当前实践中,银行账户、公积金、社保、房产以及车辆等财产具有易查处性,导致了有的债务人为了规避执行而大量购买人身保险的情况发生。然而,人身保险特别是人寿保险明显具有储蓄性质,故而法院能否对此进行执行是实践中的一个争点问题,即执行法院强制执行人身保险合同所面临的问题为是否可以要求被保险人强制退保。为此,实践中已经达成了基本共识,即可以对具有现金价值的人身保险合同进行强制执行,但需要保障相关权利人利益以及保单现金价值尽量不贬损。②

以上案例表明,具有人身属性的财产是可以被强制执行的。所以,既然在强制执行程序中,大部分具有人身属性的财产均可被强制执行,故而作为概括执行程序的破产法,也没有理由将所有人身属性的财产列为免破财产予以保护。尤其是当这些财产的价值已经超出了对破产人及其家庭成员最低生活保障的情况下,更没有理由将之列为免破财产的范围,否则会造成侵害债权人的利益后果。

3. 宠物、植物。考察域外法中关于免破财产立法内容即可发现,免破财产的范围是随着社会发展、人们观念的进步而变化的。在现代社会中,人们的精神世界普遍空虚,同时,在我国第七次人口数据亦可表明,我国存在“人户分离”情况,③这意味着很多人都在背井离乡,在外地打拼。人们出于精神目的的需要而豢养一些宠物或培育一些植物。这让独自生活的人,聊以慰藉。因此,在这种时代背景下,债务人所豢养或培育的宠物以及植物,原则上可以作为免破财产予以保留。但也应当具体作如下讨论:如果债务人的宠物数量较多的情况下,管理人应当对这些宠物的价值进行评估,对于价值较小且无益于增加

---

① 参见恩平市人民法院执行裁定书,(2020)粤0785执异166号。

② 参见裴永胜、廉玉光、杜建勋:《人身保险现金价值的强制执行问题研究》,载《人民法院报》2021年1月13日,第7版。

③ 参见《第七次全国人口普查公报(第一号)》,载国家统计局网,http://www.stats.gov.cn/tjsj/zxfb/202105/t20210510_1817177.html。

债权人受偿金额的，则应当允许将之列为免破财产；反之，如果宠物或植物的总价值较大，不被拍变卖则有害于全体债权人清偿，则管理人应当让债务人在众多宠物或植物当中选择一个对其具有陪伴意义最大的宠物或植物予以保留，其他的宠物或植物应当进行拍变卖。

四、免破财产的实现程序

免破财产制度还应包括相应的程序规则。笔者认为，我国未来个人破产法应当围绕免破财产制度建立认定程序、置换程序以及异议程序。具体论述如下。

（一）明确免破财产认定程序

所谓免破财产认定程序，是指在破产程序中将免破财产从债务人财产相隔离的程序。比较法上存在3种免破财产认定程序：第一种是规定免破财产价值上限，即在破产程序开始后，债务人全部财产均作为破产财产，只是债务人可以在破产财产中寻求一些不超过法律设置价值上限标准的财物予以豁免；第二种程序是第一种程序的现代改良版，即为债务人设置了可以特定豁免的财产类别与价值，这是域外现代个人破产法中较常见的做法；第三种的程序更激进，该程序规定在破产程序开始后，可以让债务人大部分财产均免于破产，此时由管理人对相应财产提出异议，使之回归到破产财团当中。①

当前，我国实践中通常采用第一与第二种相结合的办法，即在设定免破财产的具体种类的同时，还设定了免破财产价值的最高限额。但是，笔者不太赞同在未来个人破产法中设置最高限额的做法。这是因为，如果设立了免破财产价值的最高限额，就意味着在额度内且符合免破财产范围的债务人财产不会被破产处置，然而，当债务人的负债小于债务人的免破财产价值且无其他可被破产处置的财产时，依此规定，债务人将保留所有财产，而债权人却得不到任何受偿。此举显然是违背了保护债权人利益的基本原则。因此，法律不应

---

① 参见自然人破产处理工作小组起草：《自然人破产问题处理报告》，殷慧芬、张达译，中国政法大学出版社2016年版，第94～95页。

当设定免破财产价值的最高标准。

（二）构建免破财产置换程序

前文已述，当债务人相关财产价值过大或因其他原因而不应被列为免破财产，而债务人却想对之保留的，则法院可以向其释明转入破产重整或和解程序，如果债务人不同意的，则仍应对此进行拍卖。笔者认为，债务人想要保留免破财产的途径，除转入破产和解或重整程序外，还可以构建免破财产置换程序，即通过该程序以保留相应的免破财产。

所谓免破财产置换程序，是指对于那些原本属于债务人的免破财产，因其价值过大或者其他原因而需要被排除免破财产范围的，如果该财产对债务人具有特别意义，则债务人可以向法院申请保留该财产，但债务人需要置换出具有相似价值的免破财产作为破产财产。举例以释之，当债务人甲申请破产清算时，甲的免破财产假设有最低生活保障额度的工资、一枚曾参赛所得的金牌、几本书籍以及一只价格不菲的宠物犬。此时，因为该宠物犬价值不菲，将其保留则有害于全体债权人债权，但该犬是甲父母留给甲的遗物且陪伴甲多年，此时，甲若想保留该宠物犬，只能放弃将金牌以及相关书籍列为免破财产的权利，从而将宠物犬置换为免破财产；同时，管理人应当评估财产置换的结果是否有害于债权人的清偿，如果置换后的结果仍导致债权人利益受损的，则应当通过延长考察期的形式，以平衡债权人的利益。

设立免破财产置换程序的意义是，在坚决维护债权人利益的基础上，兼顾债务人的内心需求，减少债务人内心痛苦，进而努力寻求债权人与债务人利益的平衡点。因此，笔者认为，免破财产置换程序具有如下特点：

1. 被置换的财产原本属于免破财产，但却因价值过大或其他原因致使其应当被列为破产财产的范围。因此，债务人只能对原本属于免破财产的财产进行置换，而不能对原本就不属于免破财产范围的财产进行置换。

2. 该财产对债务人具有特别意义。此处问题判断并非单纯的法律判断，而应是事实判断甚至情感判断，如该物是至亲生前所留遗物等。债务人需要向管理人或法院陈述保留该免破财产的理由并提供相应证据。

3. 置换后应当保障债权人利益不受损。此制度在实践中可能会引发债务人单纯想要保留某些价值较大的财物,因此,需要置换后对债权人利益不受损。如果置换后,导致债权人利益受损的,则该置换行为应当被撤销,被置换物品重新返还至破产财团之中。

(三)完善免破财产异议程序

免破财产异议程序适用的前提是,债权人或管理人可以对债务人哪些行为提出异议,笔者具体作如下讨论。

1. 债务人于破产程序开始前的财产转换行为

笔者认为,该行为在我国出现的概率较小,这主要是因为我国免破财产的范围规定较窄,同时对免破财产的价值也存在限额规定,故而债务人理应不会费时费力地将破产财产转化为免破财产予以保护。然而,当债务人的转换行为明显有损于债权人利益的,如被转化后免破财产的总价值较大的,则仍应对该行为作出否定性评价。此时,相关权利人可以对债务人的该行为提出异议。

2. 债务人制作免破财产清单行为

在进入破产程序的时候,债务人向法院提交的材料还应当包括免破财产清单,该清单上应当记载可以被免于破产处置财产的名称、种类、数量、价值以及免破原因等内容。在程序开始后,管理人对该清单上的财产进行审查。管理人认为清单中的个别财产不属于免破财产的,可向债务人发出书面异议,债务人收到异议后,不同意的可向法院申请确认该财产为免破财产。

此外,如果管理人对债务人提交的免破财产清单没有异议的,则可以将之一并提交至债权人会议进行核查。在债权人会议核查中,如果债权人对清单中的个别财产有异议的,可以向法院申请确认免破财产清单中的个别财产不具备免破财产资格;反之,没有异议的,则可以作出决议通过。

3. 债务人的免破财产置换行为

债务人的免破财产置换行为同样应当受到管理人以及债权人的监督。债务人应当向管理人提出财产置换申请,管理人同意的则应当进行置换,并修改相应的清偿方案;若管理人不同意置换的,则债务人可向法院提出申请,请求法院裁判是否认可债务人的置换行为。

另外,对于置换行为以及置换后的结果,债权人可以对此提出异议。即在管理人同意后的置换行为,债权人可以向管理人提出异议,如果管理人没有接受债权人的异议,则债权人可以向法院提出异议。

4. 债务人于破产程序启动后的处置免破财产行为

在比较法上,债务人是否可以处置免破财产存在较大争议,即债务人可否放弃保留免破财产并将之用于清偿。日本理论界对此问题存在4种学说,即"完全肯定说"、"部分肯定说"、"个别清偿否定说"以及"完全否定说"等,而争论的焦点主要在于免破财产是否可以用于清偿破产债权。①

笔者认为,免破财产可以用于清偿破产债权。这是因为,免破财产原本就是与破产财产共同构成了债务人财产,只是法律为了保障债务人及其家庭成员的利益而强制设定其为不可被破产处置的财产。作为债务人而言,自然可以放弃法律强制赋予其的利益保护优惠,而将之用于清偿破产债权。但应当注意的是,如果债务人有需要被扶养的家庭成员的,则债务人一人的放弃行为不足以引起个别免破财产变为破产财产的法律效果,而需要取得被扶养的家庭成员的一致同意。对于不具备完全民事行为能力的家庭成员,管理人应当综合考量债务人的放弃后果、是否不利于家庭成员生活等因素,而作出相关决定。同时,放弃的免破财产,只能用于清偿全体破产债权,而不可用于个别清偿。这是免破财产回归到破产财产之中所必然产生的法律后果。

五、结论

与自由财产、豁免财产等概念相比,免破财产能够更清晰地表达该制度的内涵与外延,因此,我国未来个人破产法应当采纳免破财产的表述作为立法用语。同时,免破财产制度在理论上具有的拯救债务人及其家庭成员等功能,在实践中可能不能很好地发挥其功效。

我国建立免破财产制度应当遵循适度保护、因地制宜以及兼顾保护债权

---

① 参见罗琳:《论个人破产制度中自由财产处分"自由"的限制》,载《湖北社会科学》2020年第11期。

人利益原则，不宜过分地扩大免破财产范围，而造成债权人与债务人利益失衡的情况。与此同时，我国免破财产制度还应当明晰认定程序、构建置换程序以及完善异议程序。

第八章　免责制度思辨与规则构建

个人破产法实施的关键在于免责制度。就《企业破产法》实施情况而言，破产制度在我国实践当中受阻的最大原因可能是破产法中的免责理念与我国传统债务清偿观念不协调。[①] 然而，在我国构建免责制度也具有不协调之处：在没有破产免责制度之下，我国针对个人破产问题，具有侧重债权人利益的偏向性，忽视了维护债务人利益；[②]而当免责制度构建后，社会又担心债务人会利用破产免责制度进行合法地"逃废债"。

为保障我国未来个人破产法能够顺利实施，笔者以免责制度构建为视角，观察我国当前理论界与实务界关于免责制度的研究与探索，并提出合理化建议。

一、免责制度的定位思考

"免责是指在破产程序终结后，对于符合法定免责

---

① 参见蔡晓荣：《从负债到破产免责：破产债务清偿责任衍进的中国法律史叙事》，载《法学家》2013 年第 6 期。

② 参见项焱、张雅雯：《从破产有罪到破产免责：以英国个人破产免责制度确立为视角》，载《法学评论》2020 年第 6 期。

条件的诚实的债务人未能依破产程序清偿的债务，在法定范围内予以免除继续清偿的责任的制度。”[①]免责制度是现代个人破产法中最重要的制度之一，该制度也是个人破产程序区别于企业破产程序的关键。[②] 我国学者对于破产免责制度的研究已经有了相当多的积累，例如，对免责制度的正当性、[③]合宪性、[④]不免责情况、不免责债权、免责程序等问题撰写了丰富的论文，应当说理论界对于本制度的研究是较成熟的。然而，笔者认为，我国未来个人破产法仍应当重新定位免责制度。

（一）理论界关于免责制度的定位

关于免责制度的定位，理论界的观点虽然表述不同但是理念是趋于一致的。例如，李永军认为，免责制度存在两种目标：一是实现公平清偿债权人债权；二是对债务人本身进行债务免责，使债务人获得重生。[⑤] 韩长印在考察免责制度的历史后认为，在免责制度出现后，完全偏向债权人利益保护的天平已经向债务人一方开始倾斜。[⑥] 许德风认为，随着人们观念的改变，是法律对“诚实而不幸的”债务人的保护放宽至“不慎”，同时免责制度亦对债务人的冒进误判以及不节俭等行为予以宽容，这是因为法律需要债权人放贷之前需要秉持谨慎的态度。[⑦] 解玉娟认为，在个人破产法理论演变过程中，将对债务人进行免责逐渐成为破产法中的一项重要目标，该目标有利于帮助破产人重新开始经营产业并减轻社会压力，进而增加社会财富。[⑧] 殷慧芬认为，破产免责制度是对债务人基本人权的一种法律确认，也是债务人承担有效责任的一种途径。[⑨] 欧元捷认为，破产与免责本是两种不同的制度，就其理念与功能而言，破

① 李永军：《论破产法上的免责制度》，载《政法论坛》2000 年第 1 期。

② 参见汤维建：《〈个人破产法〉的立法研究》，载《山东警察学院学报》2010 年第 5 期。

③ 参见张晨颖：《破产免责制度的正当性及其实现》，载《社会科学战线》2006 年第 5 期。

④ 参见丁燕：《破产免责制度的合宪性考察》，载《中国法律评论》2020 年第 6 期。

⑤ 参见李永军：《论破产法上的免责制度》，载《政法论坛》2000 年第 1 期。

⑥ 参见韩长印：《破产理念的立法演变与破产程序的驱动机制》，载《法律科学（西北政法学院学报）》2002 年第 4 期。

⑦ 参见许德风：《论个人破产免责制度》，载《中外法学》2011 年第 4 期。

⑧ 参见解玉娟：《试论我国破产免责制度的构建》，载《河北法学》2009 年第 2 期。

⑨ 参见殷慧芬：《破产免责制度的价值分析》，载《黑龙江政法管理干部学院学报》2007 年第 4 期。

产是对债务人相关权益的全面剥夺,而无须考虑债务人是否会“重生”,但免责就需要考虑如何对诚实而不幸的债务人救助与帮扶。①

总体而言,以上学者对免责制度的论述具有偏向债务人利益保护的特点。然而笔者认为,在破产程序中应当存在一个不争的事实:债务人选择进入破产程序的首要目的可能就是摆脱债务的困扰,而并非完全仅是追求新的开始。因为债务人能否恢复正常生活、东山再起完全取决于债务人自身的主观能动性。如果债务人没有想要东山再起的决心,则任何帮助性措施对债务人而言都是无效的。同样地,破产程序也只能解决如何使债务人摆脱债务的问题,至于债务人在破产程序结束后是否真正恢复正常生活、东山再起,是一个无法考证,或者没有被追踪的事项。因此,想要通过破产免责制度或者破产程序中的其他制度来帮助债务人东山再起,获得一个新的起点,可能仅是立法者或者学者的理想目标。

(二)我国免责制度应有定位

笔者认为,我国个人破产免责制度应将债务人余债免除的功能与让债务人重生功能相互分离,并将重点回归到保护债权人利益之上。即我国个人破产法中免责制度的定位是在保护债权人利益的基础上,兼顾债务人余债免除的问题。

由于免责制度会侵害债权人的财产权,因此务必要考察该制度的正当性基础。有学者从免责制度的合宪性角度考察后认为,该制度可以保障债务人的生存权,同时又可以维护社会公共利益,故而可以合理地限制债权人的财产权。② 然而,这样的结论可能难以让债权人接受。因为,这是完全偏向债务人利益的论断。站在债权人的视角上,债务人首先是无法清偿到期债务,使债权人的债权受损,故而债权人很难接受牺牲自身利益来换取保障债务人的利益。更何况,债的存在源于人类社会生存资源的有限性:当债务产生时,意味着债权人暂时地将自身的生存资源让渡于债务人,希冀在未来的时候收回或换取

① 参见欧元捷:《论个人破产构建的中国逻辑——以破产与免债的界分为起点》,载《山东社会科学》2020 年第 3 期。

② 参见丁燕:《破产免责制度的合宪性考察》,载《中国法律评论》2020 年第 6 期。

更多的生存资源。然而,当债务人无法按时偿还债权人的生存资源并可以获得破产免责时,便意味着债务人不但消耗了债权人的生存资源,还可以不负清偿责任。这样的“只借不还”的行为相当于债务人占有了双份资源,而债权人的生存资源却无法得到满足。换言之,债务人的利益可以通过免责制度得到保障,那么债权人牺牲掉的利益又如何得到保障?

免责制度的最初设想,并非为了保障债务人的利益,其只不过是债权人为了能够让债务人毫无保留地交出全部财产、减少自己的债权损失,而作为对债务人的一种交换条件而已。① 这种交换条件更类似传统民法中的债务免除制度。因此,破产法中的免责制度仍是建立在尊重债权人自愿以及债务人务必诚实地交出全部财产的基础上来实现的。此即债务人合作理论,而后关于个人破产免责的理论还有债务宽恕理念与人道主义理论以及社会效用理论等,其中,债务人宽恕理念起源于基督教的教义,该理念后被英国《1705 年破产法》所接受;人道主义理念认为,应当拯救深陷债务囹圄的债务人,让其重拾自尊,并让债权人因得到不完全清偿的心理尽量恢复平衡;社会效用理论则是将个人破产放置于社会公共利益的视角下进行考量,认为该制度对社会整体是有利的,而非仅在特殊情况下对债权人不利。② 以上理论均左右各国个人破产免责制度的立法实践。

虽然免责制度自诞生之日起就有利于债务人,但其所留存的“维护债权人利益”、“尊重债权人意志”以及“债务人务必是诚实的”等要义是不可被磨灭的。

所以,我国个人破产法中的免责制度仍应当坚持维护债权人利益的基本定位,在此基础上实现对债务人余债免除功能。

(三)构建我国免责制度的基本原则

为了实现我国免责制度的应有定位,笔者认为,在构建我国免责制度上,应当坚持如下原则:

---

① 参见[英]费奥纳·托米:《英国公司和个人破产法》(第 2 版),汤维建、刘静译,北京大学出版社 2010 年版,第 9 页。

② 徐阳光:《个人破产免责的理论基础与规范构建》,载《中国法学》2021 年第 4 期。

1. 适度尊重当事人意愿的原则

现代个人破产案件亦表明,债务人已经掌握了债务清理的主动权与选择权。具体而言,在破产程序中,无论是债权人抑或是债务人启动了破产程序,其他当事人均要强制进入破产程序之中。同时,在绝大多数的案件均是由债务人主动启动程序的情况下,①债权人的情绪必然是被动且消极的,因为破产程序的启动对于债权人来说就是需要被迫接受其债权不会完全甚至完全不会被清偿的结果。

此外,破产程序势必触及债权人的根本利益,但债权人被动且消极的情绪定然不利于程序的进展。同时,债务人在免责制度下可以收获的双份利益仍需要获得债权人的同意。只是在现代个人破产法中,已经形成了诸多规则以实现查清债务人的全部财产,进而辅助或取代债权人同意的要件,例如,管理人会依职权盘点或追查债务人的责任财产、债务人若在破产程序中发现有诈害行为的需要遭受破产惩戒等法律后果等。但对于债务人加以再多的破产惩戒,也只是对债权人启动心理安慰的作用,毕竟其财产真正地受到了损失且无法被弥补。

因此,关于债务人免责、考察期等方案,仍需要经过债权人会议的批准,债权人对债务人可以获得免责的条件、是否存在不免责情况以及不免责债权的,均可以提出异议,以充分尊重债权人的意志。

2. 区分原则

所谓区分原则,是指应当根据债务人破产的原因进行区分,对之适用不同的规则,以平衡债权人与债务人的利益。在破产法理论研究中,学者特别关注对破产原因的研究。该理论也是破产法基础理论之一。然而,笔者认为,学界还应当关注债务人破产的原因,即导致债务人破产的原因研究。破产原因,是指债务人丧失清偿能力的事实,而导致破产的原因则是指使债务人陷入丧失清偿能力、陷入破产经济状况的原因。② 导致破产的原因非常多,例如,导致企

---

① 在比较法上,绝大多数个人破产案件均是债务人主动提起的,参见刘颖:《日本的个人破产免责制度及其借镜》,载《经贸法律评论》2020 年第 5 期。

② 参见王欣新:《破产原因理论与实务研究》,载《天津法学》2010 年第 1 期。

业破产的原因可能是互保圈中的某一资金链断裂、内部经营管理不善以及不可抗力等因素，而导致自然人破产的原因有离婚、疾病以及过度消费等因素。有观点认为，导致破产的原因包括主观因素与客观因素，主观因素包括企业所有者与管理者的懈怠与机会主义，而客观因素则包括产业周期、法律与政策的调整、技术革命以及经济周期等环境因素。[①] 关于导致债务人破产的原因是否具有意义，有观点认为，导致债务人破产的原因于法律上没有意义，并不影响破产程序的启动，无论何种原因导致债务人破产的，只要债务人丧失了清偿能力就应当通过破产程序解决债务清偿问题，所以破产程序的启动条件之一仅需规定破产原因即可，没有必要也无法将导致破产的原因列为破产程序的启动条件。[②] 然而，笔者认为，导致债务人破产的原因虽然不能作为破产程序的启动条件之一，但是其却影响破产法的走向。

因此，区分导致债务人破产的原因也影响对债务人免责制度的适用情况。具体而言，如果导致债务人破产的原因是客观情况所致，如经济危机、失业、离婚、疾病或者意外事件等，那么法律应当使这类债务人较容易地获得免责。因为此类债务人在不能清偿债务时，其主观上并没有特别明显的恶意“逃废债”行为，所以，对此类债务人无须特别苛责。相反，对于那些因经营不善、恶意负债、超前消费的债务人，法律应当增加这类债务人获得免责利益的难度，因为此类债务人在主观上存在侵害债权人利益的可能。

3. 合理分配风险负担原则

有学者从打造良好营商环境的视角出发，认为个人破产制度存在的意义在于鼓励创新，并营造出宽容、允许失败的氛围。[③] 但笔者对此却不敢苟同：在这种观念的指引下，很容易让我国个人破产程序中的免责制度变得十分宽松，继而可能造成债务人不顾任何风险并采取十分激进的冒险行为。因为，在债务人看来，自己就算投资失败或者过度消费而造成的无力清偿，通过免责即可

---

① 参见许德风：《破产法论：解释与功能比较视角》，北京大学出版社2015年版，第94～95页。

② 参见王欣新：《破产法》（第4版），中国人民大学出版社2019年版，第37页。

③ 参见蔡嘉炜：《个人破产立法与民营企业发展：价值与限度》，载《中国政法大学学报》2019年第4期。

了之，最终的成本是由债权人承担，而非其本人承担，故而其自然没有必要理会其行为所产生的后果。债务人的不负责的风险冒进行为必然会大大减少债权人的放贷行为。长久以往，不仅会导致中小企业融资困难，不利于我国经济的良好发展，还会助长债务人“逃废债”的歪风邪气。因此，“宽容失败”的观念可能会被债务人通过破产程序进行合法“逃废债”的心理所利用。故此，笔者认为，免责制度不应当鼓励债务人的冒进行为且不对任何风险进行评估，也不应将“宽容失败”的主观想法强加于债权人之上，也不能对债权人要求过高的风险管控能力。反之，免责制度应当支持债务人谨慎的借贷行为，以及鼓励债权人对放贷行为等形成适度合理的风险管控能力。

二、免责制度中的主体与对象思辨

世界银行对破产程序的评价指标之一，就是债权人的债权在破产程序中的回收率。[①] 而免责制度则直接关涉了个人破产程序中债权人债权的回收率问题。在免责制度中，最主要的两个问题分别是谁可以获得破产免责，即免责制度的适用主体范围，以及对什么样的债务进行免责，即免责制度的对象范围。这两个问题的答案看似毫无争议，但却颇值得理论界进行反思。其中，在免责制度适用的主体范围上，并非只要债务人不具备不免责的情况，就应当统统获得免责，而是要结合相关情况进行具体分析。同样，免责的对象范围也不是只要将债务人不免责债权排除在外，剩余的债权均可获得免责这么简单。为此，笔者特作如下讨论。

（一）具有劳动能力的债务人的免责问题

传统观点认为，债务人应当具备破产原因方可适用破产程序。而债务人具备破产原因的条件之一就是其应当丧失了包括劳动能力在内的所有清偿能力。同时，部分学者以及实务界人士对具有劳动能力的债务人进入破产清算程序而获得免责的情况颇有异议。进言之，这种观点并非对债务人进入破产

---

① 参见罗培新：《世界银行营商环境评估：方法·规则·案例》，译林出版社2020年版，第468页。

清算程序有异议,而是对债务人经破产清算后直接获得免责有异议。原因在于,持这种观点的人们认为,具有劳动能力的债务人就可以创造财富价值,既然如此,就应当让这部分债务人继续偿债,没有理由允许其获得破产免责,否则是对债权人的不公。①

笔者认为,是否应当允许具有劳动能力的债务人获得破产免责,不能一概而论。为此,笔者拟通过函数模型来说明劳动能力与债务清偿的关系。具体如图 1 所示:

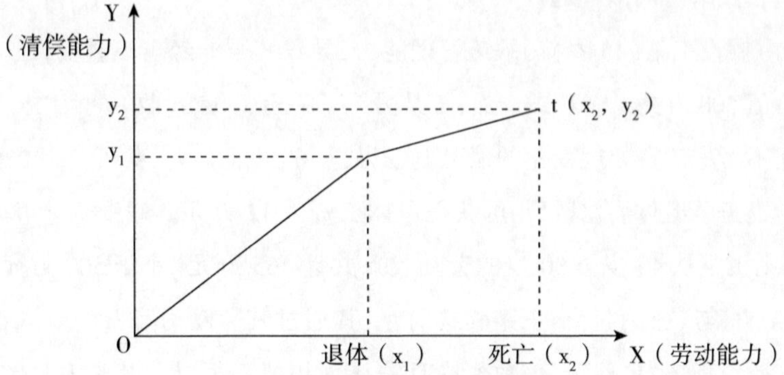

图 1　劳动能力与债务清偿的关系

在图 1 中,X 轴(横轴)代表债务人的劳动能力,Y 轴(纵轴)代表债务人的清偿能力。在不考虑债务人的资本与信用等清偿能力要素的情况下,随着债务人年龄的增长,其可通过劳动获得报酬。② 故而在债务人未达到法定退休年龄之前,债务人的清偿能力可以随着债务人劳动能力(年龄)的增长而增长。但在法定退休年龄之后,由于退休工资比退休前的工资要少,所以债务人清偿能力仍会增长,只是会对比其退休前增长的速度变缓。然而,随着年龄的增长,债务人必然要面临生老病死的自然规律,故而债务人的劳动能力不可能无限制地延续下去。所以,在仅考虑劳动能力,不考虑信用、资产等因素时,债务人的清偿能力是具有一个极限值的。而该极限值就代表了债务人这辈子清偿

---

① 笔者在做本书第 2 章中的问卷调查时,有部分受访者持该观点。

② 图 1 中关于劳动能力的判断亦排除债务人是否因伤残而丧失劳动能力的情况,只考虑年龄因素。

能力的极限。

故此在债务人未丧失劳动能力的情况下,尽管其清偿能力会随着债务人年龄的增长而增长,但是债务人通过劳动能力所获取的清偿能力是有限额的。因此,如果债务人的负债没有超过其劳动能力所负担的清偿能力,那么债务人当然不可进入破产程序继而获得免责。但是,如果债务人的负债超过了其劳动能力所能负担的清偿能力。在这种情况下,也可将之等同债务人丧失了清偿能力,并允许其进入破产程序获得免责。

笔者试举两例以释之:

(1)假设王某(45 岁)因缺乏管理能力,导致其企业经营不善而破产,王某为此负债 500 万元。企业破产后,王某另寻了一份工作,年收入可为 15 万元左右。在不考虑工资幅度变化的情况下,王某至 60 岁退休时,共可获得 225 万元收入。当王某退休后,其每年可获得退休工资为 12 万元。假设王某可以活到 80 岁,则王某从 45 岁至 80 岁的劳动收入共计 465 万元(小于 500 万元)。显然,王某自破产那刻起,至王某临终时止,其通过其劳动力赚取的收入都不能清偿其所负债务,更何况,该数额尚且需要划扣掉王某以及其家人日常所需。此时,王某真正能够用于清偿债务的劳动收入已经离其所负债务的数额相比显得越来越遥远了。是故王某虽具有劳动能力,但也无法清偿到期债务,若王某申请破产,则应当认为其具备了破产原因。

(2)张某(25 岁)通过多张信用卡相互拆借进行超前消费,最终导致多张信用卡累计负债 30 万元。张某初入社会,名下没有其他资产,唯有工资收入(每年收入 5 万元)。此时,尽管张某所负债务也超过了其每年的收入,但是其劳动收入在不考虑任何花销以及工资幅度变化的情况下,6 年即可清偿其债务。即便在留给债务人基本生活所需等免破财产之后,债务人清偿债务的期间虽然会被延长,但无论如何,债务人对该笔债务是具有清偿能力的。此时,如果债务人申请进入破产清算程序,并获得破产免责,则是对债权人的不公。

故此笔者认为,在不考虑债务人的资产及信用等清偿能力时,债务人是否具备清偿能力,不应当仅观察债务人在破产时,其所具备的劳动能力与清偿能力之间的关系,而且应当综合考量债务人未来的劳动能力所创作出的财富价值,即清偿能力是否能够覆盖其所负债务。所以,有可能会出现债务人仍具备清偿能力,但却无法清偿到期债务的情况,此时仍应将债务人认定为丧失了劳动能力,具备了破产原因,允许其进入破产清算程序并获得余债免责。

(二)免责制度的对象范围思考

免责究竟应当对什么进行免责,这看似十分简单的问题,却值得反思。理论界对此问题的观点较一致,即在破产程序终结后,对于依破产程序未偿之债务,豁免债务人的清偿责任,[①]但债务人具有不予免责的债权除外。但笔者认为,对该问题亦不可一概而论,仍应对此进行分情况讨论。

1. 债务人不负有清偿能力的部分债权

前文通说观点在企业破产中是合适的,因为企业一旦丧失了清偿能力且无被重整的可能时,意味着该企业已经进入了报废期,此时,人们能做的仅剩清算企业现有的财产,并将之拍卖后向债权人分配,随着破产程序的终结,企业债务人亦在法律上不复存在。但个人破产却与企业破产不同,因为当个人破产时,债务人仍可能具有清偿能力,只是需要将清偿能力与负债情况进行对比之后,作进一步判断。因此,笔者还以函数模型的形式,来阐述此问题(见图2)。

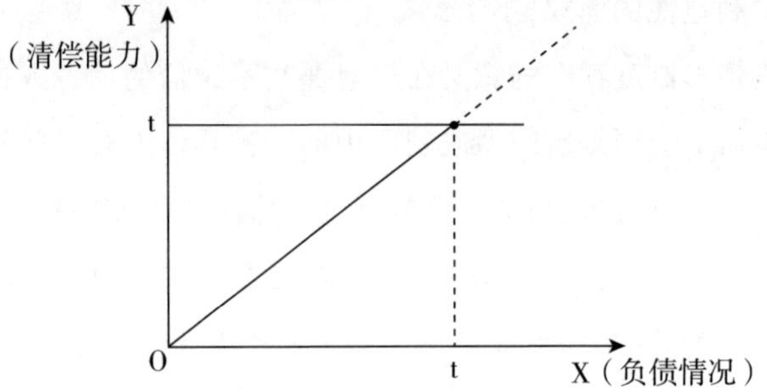

图2　债务人清偿能力与负债情况的关系

① 参见彭元、熊彬:《论建立我国个人破产制度》,载《特区经济》2004年第12期。

图2表示债务人清偿能力与负债情况的关系。该图X轴代表债务人负债情况,Y轴代表债务人的清偿能力。取图1中的极限值做一条y=t的横线。如图所示,当债务人的负债情况在t值以下的,债务人均可以自身的清偿能力来清偿债务;然而当债务人的负债超过其所具备的最大清偿能力时,就意味着债务人对超过其最大清偿能力部分的债务已经无力清偿。

故而在个人破产程序中,将超出债务人清偿能力之外的债务予以免除是应有之义。因为这部分债务,债务人劳作一生都无力偿还。因此,这部分债务对债务人来说是无力偿还的,对债权人而言是根本没有追回的可能。然而,对于在债务人清偿能力极限值以下的债务,则不应当对之进行免责。

2. 破产程序中的利息

免责的对象除超出债务人清偿能力的债务外,还至少应当包含自破产程序启动后,至考察期结束时的利息。为了方便债权人债权的统计以及为债务人提供喘息的机会,破产程序启动后,债权人所持破产债权就停止计息。而停止计息规定将持续至考察期结束或者和解协议履行完毕之日。因此,此阶段中的利息对债务人来说也是免责的。

(三)不予免责的情形与不免责债权

所谓不可免责情形,是指当债务人具备破产法规定的特定情形时,债务人不可因此享有破产免责。而所谓不予免责债权,是指债务人负有的具有人身专属性或公共利益性的债权,不予免责。

不予免责情形制度存在的意义在于对那些不诚信的债务人进行惩戒。故而该制度在本质上应当是破产惩戒制度中的一种具体方式。既然作为一项破产惩戒方式,其适用前提是与破产惩戒制度总体的适用前提相同的,即凡是债务人具有不诚实、不负责、不可信的行为,诸如欺诈行为、恶意转让财产行为、肆意挥霍财产行为等的,均可能被法院裁定不予获得免责利益。① 对此观点,理论界与实务界的观点差别不大。故此不予免责制度的核心要义在于保护债权人利益,避免道德风险发生,进而体现出个人破产法对债务人不当行为的零

① 参见张阳:《个人破产何以可能:溯源、证立与展望》,载《税务经济》2019年第4期。

容忍以及平衡债权人与债务人利益原则。

对于不予免责债权的具体范围，理论界的观点较一致。例如，解玉娟认为，下列的请求权不在免责之列：(1)破产人应缴纳的税款；(2)基于破产人的恶意侵权行为的损害赔偿；(3)破产人所欠职工的工资和医疗、伤残补助、抚恤费用，所欠的应当划入职工个人账户的基本养老保险、基本医疗保险费用，以及法律、行政法规规定应当支付给职工的补偿金；(4)破产人知道但却未在债权人名单中记载的请求权，但债权人已知有破产宣告的除外；(5)罚金、罚款及诉讼费用。① 王斐民等认为，不能免责的债务还应当包括以下几类：(1)在破产程序开始之后新加入的债权，债权人未能在公告期间申报债权或被债务人刻意隐瞒等情形未能如期申报债权；(2)债务人因违法犯罪行为而须清偿的债务；(3)债务人须支付的赡养、抚养或扶养的费用；(4)债务人曾有过破产经历的，对其免责的范围进行限制；(5)债务人在破产宣告之后新负的债务。② 文杰等认为，不予免责债权包括：(1)破产人应支付赡养费、抚养费的义务；(2)破产人以与他人约定在劳务合同中的劳务履行义务；(3)因破产人侵权行为造成被害人人身伤亡而必须向被害人或其家属支付的各种赔偿金；(4)破产人违反刑事法律、行政法律被有关部门勒令支付的罚金、罚款；(5)其他不应免除的支付义务。③ 刘冰认为，债务人对子女的抚养费、政府罚款、罚金和罚没等债务，债务人故意侵权、欺诈、侵占和盗窃等犯罪行为产生的债务、税款和其他政府债务以及教育贷款属于不予免责债权。④ 此外，亦有学者针对我国个人破产制度是否应当就教育贷款问题予以免责进行了比较法考察，认为教育贷款在我国不应被列为不免责债权。⑤

在实践探索中，各地出台的规范性法律文件关于不予免责债权的划分界

---

① 参见解玉娟：《试论我国破产免责制度的构建》，载《河北法学》2009年第2期。

② 参见王斐民、乔星：《个人债务清理基本法律制度的中国塑造》，载《贸大法律评论》2017年第2卷。

③ 文杰、张丽琴：《建立我国个人破产制度问题研究》，载《上海社会科学院学术季刊》2002年第3期。

④ 参见刘冰：《论我国个人破产制度的构建》，载《中国法学》2019年第4期。

⑤ 参见陈夏红：《个人破产程序中教育贷款的免除困境与制度抉择》，载《清华法学》2021年第6期。

定也颇为类似。例如,《深圳经济特区个人破产条例》第 97 条规定:“下列债务不得免除,但债权人自愿放弃或者法律另有规定的除外:(一)因故意或者重大过失侵犯他人身体权或者生命权产生的损害赔偿金;(二)基于法定身份关系产生的赡养费、抚养费和扶养费等;(三)基于雇用关系产生的报酬请求权和预付金返还请求权;(四)债务人知悉而未记载于债权债务清册的债务,但债权人明知人民法院裁定宣告债务人破产的除外;(五)恶意侵权行为产生的财产损害赔偿金;(六)债务人所欠税款;(七)因违法或者犯罪行为所欠的罚金类款项;(八)法律规定不得免除的其他债务。前款规定的债务,因债务人丧失或者部分丧失劳动能力,不予免除将导致债务人及其所扶养人生活长期极其困难的,债务人或者管理人可以向人民法院申请部分或者全部免除。”

笔者认为,不予免责情形与不予免责债权具有相互排斥性,我国未来个人破产法仅保留不予免责情形规定即可,无须保留不予免责债权规定。具体理由如下:

1. 不予免责债权可能无法实现足额清偿的目标。尽管不予免责债权存在的意义在于抑制债务人恶意负债、防范相应的道德风险以及保障他人生存权益等功能,①但是不予免责债权制度应当充分考量债务人的清偿能力,若不考虑债务人清偿能力,该制度亦只可能体现出象征性意义,具体发挥的作用是不大的。例如,债务人甲负债总额为 500 万元,其中债权人对此享有的人身损害赔偿债权 100 万元,税收债权 50 万元,剩余普通债权 350 万元,而甲清偿能力的极限值仅为 100 万元。在此情况且不考虑清偿顺位的前提下,对各个债务按比例清偿后,普通剩余债权将被免除,而人身损害赔偿债权以及税收债权将被保留。但是,余债是否保留而不免责是意义不大的,因为剩余债务已经超过了债务人清偿能力的极限值,即债务人以 100 万元的清偿极限值仍然无法偿还人身损害债权 + 税收债权的总额 150 万元。况且,若考虑债权清偿顺位规则,债务人的清偿极限值 100 万元首先应当清偿破产费用以及共益债务,而后方可按照顺位依次清偿人身损害赔偿债权、税收债权以及普通债权,那么此时,债务

---

① 参见徐阳光:《个人破产免责的理论基础与规范构建》,载《中国法学》2021 年第 4 期。

人的清偿极限值仅能满足部分人身损害赔偿债权，却无法满足后一顺位且同为不予免责债权的税收债权了。故而这些不予免责的债权仍然得不到足额清偿，甚至沦为仅停留在法律文本中的“不可免责”。

2. 债务人清偿不予免责债权的方式不明。不免责制度中还存在债务人利用什么来清偿不予免责债权的问题。有学者提出，债务人应当利用免破财产清偿不予免责债权。[①] 但笔者对此却不认可。这是因为免破财产的价值没有多少，其仅能满足债务人及其家庭成员的日常所需。因此，若将免破财产用于清偿不予免责债权，势必会产生债务人及其家庭成员的基本生活都无法得到保障的局面。如此，债务人在清偿能力极限值下，除非发生彩票中奖或者继承巨额遗产等事件，债务人不可能创造新的偿债方式进行清偿不予免责债权。退一步而言，即便债务人的免破财产可以覆盖不予免责债权，但是由于债务人掌握免破财产的所有权，因此，当债务人不主动交出免破财产用于清偿不予免责债权时，债权人又应当如何维权？是申请管理人接管免破财产，抑或是向债务人发动新的诉讼？以上方式都是不合适的。

3. 不予免责债权制度与债权人公平清偿原则不符。以《深圳经济特区个人破产条例》为例，该条例第 89 条规定了债务清偿顺位，内容是：“破产财产在优先清偿破产费用和共益债务后，其他债务依照下列顺序清偿：(一)债务人欠付的赡养费、抚养费、扶养费和专属于人身赔偿部分的损害赔偿金；(二)债务人所欠雇用人员的工资和医疗、伤残补助、抚恤等费用，应当缴入雇用人员个人账户的基本养老保险、基本医疗保险等社会保险费用，以及依法应当支付给雇用人员的补偿金；(三)债务人所欠税款；(四)普通破产债权，其中债务人的配偶以及前配偶、共同生活的近亲属以及成年子女不得在其他普通破产债权人未受完全清偿前，以普通债权人身份获得清偿；(五)因违法或者犯罪行为所欠的罚金类款项。破产财产不足以清偿同一顺序债权的，按照比例分配。”但

---

① 参见文杰、张丽琴：《建立我国个人破产制度问题研究》，载《上海社会科学院学术季刊》2002 年第 3 期。

对比第 97 条[①]关于不予免责债权可知，除普通债务可被免责外，剩余 89 条规定的其他债务类型均属于不可免责债务，甚至连劣后于普通债务顺位的罚金债务亦属于不可免责债务。如此规定显然是对普通债权人的不公平。因为普通债权既没有债权顺位优先清偿的优势，也没有收回全部债权的期待利益。尽管债权人公平清偿原则，是指同类债权人之间获得相同对待，但普通债权人与其他类别债权人之间的待遇差异太过悬殊，不利于贯彻公平清偿原则。

综上所述，笔者认为，我国未来个人破产法仅保留不予免责情形制度即可，无须保留不予免责债权制度。

三、免责制度与考察期制度内容思辨

至此，在明确免责制度应对超出债务人清偿能力的债务人予以免责之后，仍应当考虑的是，债务人在破产程序中的剩余债务（除已用债务人财产拍卖变价清偿的部分）应当如何处理？为了解决上述问题，个人破产程序应当设立考察期制度，规定债务人在考察期内仍负清偿责任，其所获得的收入扣除免破财产的部分之外，均应当用于清偿，只有在考察期经过后，法律方可宽恕债务人，债务人也才能重新开始。[②]

（一）考察期制度时长设定

然而，各地关于考察期制度时间长短的规定并不统一。当前，我国理论研究上或实践中关于考察期的时间设定大体可以分为 3 种：第一种，将考察期原则上设置为 3 年，但有特别情况的可以延长 2 年。采用这种方式的有《深圳经济特区个人破产条例》第 95 条规定："自人民法院宣告债务人破产之日起三

① 《深圳个人破产条例》第 97 条："下列债务不得免除，但债权人自愿放弃或者法律另有规定的除外：（一）因故意或者重大过失侵犯他人身体权或者生命权产生的损害赔偿金；（二）基于法定身份关系产生的赡养费、抚养费和扶养费等；（三）基于雇用关系产生的报酬请求权和预付金返还请求权；（四）债务人知悉而未记载于债权债务清册的债务，但债权人明知人民法院裁定宣告债务人破产的除外；（五）恶意侵权行为产生的财产损害赔偿金；（六）债务人所欠税款；（七）因违法或者犯罪行为所欠的罚金类款项；（八）法律规定不得免除的其他债务。"

② 参见马哲：《论个人破产余债免除制度在我国的适应性及其构建》，载《中国政法大学学报》2019 年第 4 期。

年，为免除债务人未清偿债务的考察期限。”第 96 条规定：“债务人在考察期内应当继续履行人民法院作出的限制行为决定规定的义务，并履行本条例规定的债务人其他义务。债务人违反前款规定的，人民法院可以决定延长考察期，但延长期限不超过二年。”山东省东营市中级人民法院《关于个人债务清理的实施意见（试行）》第 55 条规定：“债务人免责考察期一般为三年，自人民法院裁定认可财产分配方案并终结个人债务清理程序之日起算。在个人债务清理程序中和免责考察期内，债务人应当遵守人民法院依照本意见作出的限制债务人相关行为的决定。违反该决定的，人民法院可以决定延长免责考察期，但延长期限不超过两年。”第二种，直接将考察期设定为 5 年，但并未设置延长期限。例如，《浙江法院个人债务集中清理（类个人破产）工作指引（试行）》第 56 条规定：“人民法院裁定终结个人债务集中清理程序后，对于同意免除债务人剩余债务的执行案件，以《中华人民共和国民事诉讼法》第二百五十七条第六项为由终结对债务人的执行。对于不同意免除债务人剩余债务的执行案件，在符合设置了五年行为考察期等条件的情况下，可以裁定终结执行。”除以上两种外，第三种做法是将考察期设定为 5 年，并且当债务人具有特殊情况的，可以延长 3 年。例如，《个人破产法（学者建议稿）》第 164 条规定：“债务人应当自破产终止之日起进入良好行为考察期，考察期一般为五年。良好行为考察期内，债务人应当遵守下列规定：（一）继续遵守本法第四十条的规定；（二）每年定期向人民法院和管理人申报过去一年间的个人收入、开支等财产变动状况；（三）债务人的月实际可支配收入扣除自身及其所抚养、赡养和扶养的家庭成员所需合理开支后的余额达至管理人在破产财产分配方案中确定的额度时，应当于次月报告管理人，并将余额交由管理人进行分配；（四）债务人接受或获取一万元以上的借款或者信用，应当事先告知对方自己已被宣告破产的事实。管理人或者债权人发现债务人违反本条第二款第（三）项规定的，可以申请人民法院查封债务人超过部分的收入。管理人或者债权人发现债务人违反上述规定的，可以向人民法院申请延长良好行为考察期，延长期限不得超过三年；或者申请不准债务人免责。”

除法律法规规定外，实践中已有具体的案例操作。例如，在温州首例个人债务集中清理案件中，债务人蔡某因企业经营不善，对外欠下214万元的债务，最终通过的清偿方案是债务人只需在18个月内一次性偿还3.2万元的债务，即可免除对剩余债务的清偿。[①] 尽管在报道中提到，债务人蔡某身患多种疾病以及家庭日常必需开支较多，但笔者仍然质疑该案中3.2万元的清偿款是如何结算得出的，18个月的清偿期又是如何而来的，这两项数字是否是在估算了债务人的清偿能力之后得出的？

仅从上述规定以及实践操作而言，难言关于考察期的时间设定具有怎样的规律。在现有资料中，也很难发掘到规则制定者是如何制订出以上方案的。只有零星学者论述了关于考察期时长设置的理由，例如，刘静与刘崇理认为："对于多数债务人，应根据清偿比例的高低，设定3年左右的行为考察期，为识别或者追究遗漏财产、未通知债权人申报债权、发现免责前的其他欺诈行为等问题的澄清和处理留出相应时间和空间，但又不能过于漫长，以致过度消耗债务人的希望和降低其生产力。"[②]

然而，考察期的时间设置又关乎债权人债权的回收率以及债务人负责清偿时间的长短与失权时长等问题。因此，如何设立科学的考察期时长，是一个必须反思的问题。

笔者认为，考察期应当根据个案的要求设置相应的考察时长，而不应当采用当前理论上以及实践中的设置固定考察时长的做法。理由如下：

其一，采用固定考察期时长的做法不足以体现债务人清偿能力与负债的关系。以前文例2中25岁的张某为例，若给债务人设置3年的考察期，在此期间不考虑张某工资浮动的情况下，其用于清偿债务的总收入为15万元，同时，按照北京市2020年最低生活保障标准（家庭月人均标准1170元），则留有张某的免破财产是42,120元，那么用于清偿债务的是104,880元，清偿率为34.96%，考察期经过后，债务人将获得免责。然而，若充分延长对张某的考察期，则债务人当然有能力清偿全部债务。故而在债务人完全有能力清偿全部

① 参见李卓雅、朱健勇：《温州审结全国首例"个人破产"案》，载《北京青年报》2019年10月11日，A8版。

② 刘静、刘崇理：《建立我国个人破产制度若干问题研究》，载《人民司法》2020年第19期。

债务的情况下,法律没有理由将考察期时长予以固定化,也没有理由让债权人在本能回收的债权情况下,却强制接受债务人的债务免责。

其二,灵活的考察时长制度可以尽最大可能地减少债权人的损失、维护交易安全。免责制度中已经包含了“停止计息 + 债务延长”的利益,故而免责制度应当充分鼓励债务人尽力偿还债务,而非在一时偿还不能的情况下,就产生放弃偿还债务、违背合同约定的意图。作为免责制度的重要组成部分,考察期制度就应肩负起此项责任。破产程序是为债务人设立了临时保护的“安全港”,在此期间,债权人不能另行对债务人发起诉讼,同时债务人享有停止计息等优惠。但当破产程序终结后,考察期开始时,债务人享有的停止计息、免受另诉等利益将继续存在。与此同时,考察期将根据债务人的清偿能力而确定时长,如此既可让债权人收回债权,又可让债务人享有充分的时间利益。故而与“一免了之”相比,采用灵活的考察期制度可以尽最大可能地将债权人损失降至最低,同时也可将交易风险降至最小。

(二)免责后债务的性质与清偿

企业债务人经破产清算后而注销其法律主体资格,从而实现其在法律意义上的“死亡”,但自然人债务人经破产清算后并不会死亡,而是继续生活。至此就产生了一个必须面对的问题,即债务人在获得免责后,遇到彩票中奖、继承巨额财产或者重整成功等意外情况下,使其清偿能力完全能够偿还之前的破产债权,此时债务人是否应当对已经被免责的债务负清偿责任?

当前,理论界对此问题大致存在 3 种观点,具体如下:

第一种观点:债务人获得免责后,债权债务关系消灭。持这种观点的学者认为,债务人经破产免责后,债权人所持债权已不复存在,且不得对债务人就相同债权提起诉讼、申请强制执行以及进行私力救济等永久性追索,如此规定有利于使债务人的财产处于稳定的状态,同时也有利于实现债务人“重生”的破产法目标。①

第二种观点:债务人获得免责后,剩余未偿债务的性质转为自然债务。此

---

①　参见张晨颖:《破产免责制度中的平衡理念》,载《浙江大学学报(人文社会科学版)》2006年第2期。

种观点与第一种观点的不同之处在于，该观点并不主张余债当然消灭，而是可将余债转变为自然债务，即一方面债权人不得对该部分余债启动法律上的追索形式，另一方面法律也不禁止债务人放弃免责利益而对该笔自然债务进行清偿。①

第三种观点：债务人放弃免责利益的，剩余未偿债务仍属于法律债务。这种观点与前两者观点均不相同。该观点认为，债务人获得免责时，债权债务关系消灭，债权人不得向债务人再行使相应的程序权利。然而，若债务人主动放弃免责利益的，则债权债务关系不消灭，且债权人也可以对债务人发动诉讼、强制执行以及破产等程序。②

笔者认为，如果严格遵照破产法法理，则以上 3 种观点均有一定的道理。既然是免责制度，那么债务人在免责后，就当然获得免除清偿剩余债权的责任，债权人对债务人再行发动法律程序是没有任何正当性可言的。然而，上述观点却恰好忽视了或者不能很好地解决笔者提出的问题。换言之，以上 3 种观点，在债务人没有意外获得清偿能力的前提下，均是可成立的，但若在债务人意外获得或恢复清偿能力的前提下，以上 3 种处理方案均可能对债权人产生实质上的不公平。因为债权人很难接受，当债务人获得意外收入且足以偿债的情况下，却不对之前的债务进行清偿。同时，破产法在力促债务人东山再起、获得“重生”之外，还应当往前跨越一步，即鼓励已经东山再起的债务人清偿债务，而非将目标仅仅定格在使债务人东山再起之上。

因此，笔者认为，在通常情况下，债务人获得免责之后，余债暂时转为自然债务的处理方案较妥当。但是，当债务人在破产程序终结后，获得足够偿还被免债务的收入时，如获得巨额遗产继承、彩票中奖或者经营成功等，法律应当设置相应的激励机制，来激励此类当事人进行偿还债务。在具体措施上，对这类债务人可以颁发相应的荣誉称号或者证书以表彰其诚信行为，甚至在特定情况下，可给予这类债务人一定的政策优惠以激励其他债务人遵守诚实信用

① 参见李永军：《论破产法上的免责制度》，载《政法论坛》2000 年第 1 期。

② 参见毛琳：《个人破产程序中债务人权利的限制于恢复》，载《山东法官培训学院学报》2019 年第 4 期。

原则，努力偿债。

四、结论

以上内容系关乎破产免责制度中的实体性规则，此外，免责制度尚且包括程序性规则。然而，对于免责制度中的程序性规则无非是关于我国免责程序应当采取许可免责主义，还是采取当然免责主义的争论。其中，当然免责主义，是指当破产程序终结后，债务人当然获得免责的利益，而无须向法院提出免责申请。① 而许可免责主义则与之相对，即债务人要想获得免责，应当向法院提出申请，法院经审查后就是否同意债务人获得免责的许可，作出裁定。② 但对此问题，学界与实务界基本已经达成了共识，即采纳许可免责主义。

免责制度的存在，对自然人债务人来说具有重要意义。然而，在该制度构建过程中，应当充分考虑债务人的整体清偿能力，而非申请破产时的清偿能力。并且，在我国初步建立个人破产程序之时，该制度应当将域外免责的理念与我国债务清偿观念相融合，即坚持维护债权人利益、鼓励债务人偿债，而非让债务人产生可以逃避责任心理、助长"逃废债"之风。

---

① 参见沙洵：《建立我国个人破产制度的若干思考》，载《华东政法学院学报》2005 年第 2 期。

② 参见龙一平：《关于我国个人破产制度的立法构想》，载《特区经济》2005 年第 9 期。

第九章 个人破产更生性程序规则构建

个人更生性程序,学术界亦称个人破产重整或个人破产和解程序,是个人破产制度中的重要组成部分。我国在构建个人破产制度时,应当充分重视个人更生性程序的重要性与必要性。然而,在目前的理论研究中,对于个人更生性程序尚有诸多问题没有被梳理清楚,如个人破产和解与个人破产重整的关系、更生性程序具体包括的程序内容等。这将影响我国个人破产制度的构建。故笔者将以个人更生性程序构建中的问题为导向展开论述。

一、企业破产和解程序对个人破产和解程序的影响

个人破产程序的构建本身并不复杂,且我国已经出台了《企业破产法》,因此可以参照该法制定个人破产法即可。目前,从已经出台的《深圳经济特区个人破产条例》的范本可以看出,该条例基本是参照《企业破产法》的立法体系以及内容并结合个人破产程序中的特殊规定而制定的。关于更生性程序,《企业破产法》规定了破产和解程序以及重整程序,《深圳经济特区个

人破产条例》也参照并设置了这两种程序。然而,企业破产程序中的更生性程序的相关规定或原理是否能够直接被个人破产程序所借鉴,值得反思。

(一)企业破产和解程序运行现状

作为我国企业破产制度的三大程序之一,企业破产和解程序在实践中的应用率并不高。2021 年 8 月 15 日,笔者通过“北大法宝”以“申请破产和解”为关键词进行检索,共检索出 88 篇(个)裁判文书与案例。这显然与 13,036 篇(个)涉及破产清算的裁判文书与案例甚至 1472 篇(个)涉及破产重整的裁判文书或案件的数量不可比肩。

与此同时,在各地法院公布的典型破产审判案例中,虽会涉及破产和解案例,但所占比例并不多。例如,2019 年 10 月,有北京破产法庭发布的“十大破产典型案例”中,仅有案例 3“国泰世行控股集团有限公司破产和解案”涉及破产和解程序案例,其他 9 个案例均不涉及破产和解程序。同样,在 2018 年,江苏省高级人民法院发布的“2018 年度江苏法院审理企业破产十大典型案例”中也只有“恩杜罗生物技术(苏州工业园区)有限公司破产和解案”涉及破产和解程序。

理论界对破产和解程序的定位是挽救企业、避免破产倒闭以及缓和破产清算程序带来的种种弊端。① 然而在实践中,企业破产和解程序适用率不高的原因在于破产和解申请条件过于严格、对担保权人行使债权不加以限制、和解协议履行缺乏保障手段以及对未按期申报债权的规定不合理等。② 同时,因破产和解程序不触及债务人的生产能力,不解决债务人清偿能力等消极因素,③ 以至于理论界对破产程序的存废产生了争论。④

主张企业破产和解程序废除的学者认为,企业破产和解程序存在的意义仅在于保持破产程序体系上的完整性,但功能上如同“鸡肋”,发挥不了太大作

① 参见王欣新:《破产法》(第 4 版),中国人民大学出版社 2019 年版,第 267 页。

② 参见张善斌、翟宇翔:《破产和解制度的完善》,载《河南财经政法大学学报》2019 年第 5 期。

③ 参见韩长印主编:《破产法学》(第 2 版),中国政法大学出版社 2016 年版,第 283 页。

④ 参见张善斌主编:《改革开放四十周年破产法热点透视》,武汉大学出版社 2019 年版,第 436 ~ 437 页。

用,且诸多功能已被重整程序所取代,因此没有必要保留企业破产和解程序。①也有学者认为,企业破产和解程序在未来应当被废止,然而当前阶段其仍然是作为解决破产问题的有效途径之一,且不可被改造为重整程序。②

然而,主张我国破产法应当保留企业破产和解程序的学者却认为,企业破产和解的首要目的在于尽快了结债务人与债权人之间的债务,而非是以债务人复苏为唯一程序目标。此外,企业破产和解程序具有费用低廉、耗时较短且极其尊重债权人自治等特点,故而该程序是不可被替代的。③ 因此,我国企业破产和解程序只是在最传统破产和解程序的基础上,尊重中国国情,对之加以改造而成的。④

(二)企业破产和解程序的存废之争对个人破产程序构建的影响

理论上,企业破产和解程序的存废之争以及该程序在实务中的适用率低等因素,导致了我国在探索个人破产更生性程序时,有的实务界专家直接排除了个人破产和解程序的适用。例如,在卢林主编的《深圳经济特区个人破产条例草案建议稿附理由》中仅存在个人破产重整程序的规定,却没有关于个人破产和解程序的规定。⑤ 同样,在陈科杰撰写的《个人破产法的中国构建:基于比较法研究的探索》一书中,对个人破产和解程序亦是只字未提。⑥

但是,也有在个人破产程序中主张保留破产和解程序的观点。典型的例子就是《深圳经济特区个人破产条例》保留了个人破产和解程序。此外,有的地方法院在个人债务集中清理的探索实践中,也出现了专门规定个人破产和

---

① 参见齐明:《中国破产法原理与适用》,法律出版社2017年版,第176页;齐明:《破产法学:基本原理与立法规范》,华中科技大学出版社2013年版,第167页。转引自张善斌主编:《改革开放四十周年破产法热点透视》,武汉大学出版社2019年版,第437页。

② 参见张钦昱:《破产和解之殇——兼论我国破产和解制度的完善》,载《华东政法大学学报》2014年第1期。

③ 参见邹海林:《破产法——程序理念与制度结构解析》,中国社会科学出版社2019年版,第449页。

④ 参见郁琳:《我国企业破产法和解制度评析》,载《中国青年政治学院学报》2008年第6期。

⑤ 参见卢林主编:《深圳经济特区个人破产条例草案建议稿附理由》,法律出版社2016年版,"目录"。

⑥ 参见陈科杰:《个人破产法的中国构建:基于比较法研究的探索》,中国法制出版社2020年版,第227~228页。

解程序的情况。例如,四川省泸州市龙马潭区人民法院出台的《个人破产和解实施办法(试行)》。

总结当前关于个人破产和解程序的条文规定即可发现,现有规定虽然在体例模式上借鉴了《企业破产法》中破产和解程序的相关规定,但实质上已经出了诸多突破。具体表现如下:

1. 拓宽了破产和解原因。在《企业破产法》中,债务人启动破产和解程序与启动破产清算程序所应具备的实质条件,即破产(和解)原因是相同的,即均要求债务人"不能清偿到期债务 + 资不抵债"或者明显缺乏清偿能力。然而,企业破产和解程序在实践中应用率不高,与之有莫大的联系。这是因为,当债务人已经不能清偿到期债务时,意味着其已经丧失了包括资本、信用等因素在内的所有清偿能力,故而处于这种情况的债务人,绝大多数是没有重整的可能且已经进入了报废期。所以,与其单纯地选择结清债务、保留所剩无几的"空壳",不如直接进行破产清算而走向消亡。

在制定个人破产程序时,部分学者、立法者以及实务工作者意识到了过窄的破产原因给破产和解程序的适用带来的问题,因此拓宽了个人破产和解原因的范围。例如,《个人破产法(学者建议稿)》第 2 条方案二规定:"债务人出现下列情形之一的,可以依照本法规定进行更生、和解或者破产清算:(一)不能清偿到期债务;(二)停止支付;(三)全部财产不足以清偿全部债务;(四)即将丧失清偿能力。"

2. 承认了债权人破产和解申请权。《企业破产法》中关于破产和解程序的启动权,采纳了传统破产和解程序规定的做法,即仅赋予债务人破产和解申请权,却并未赋予债权人破产和解申请权。该法第 95 条规定:"债务人可以依照本法规定,直接向人民法院申请和解;也可以在人民法院受理破产申请后、宣告债务人破产前,向人民法院申请和解。债务人申请和解,应当提出和解协议草案。"法律如此规定的原因在于,债务人出现破产原因时,可以选择和解,请求债权人让步,使债务人自身免于清算,也可以选择破产清算而直接甩掉债务包袱,故而和解与否应当由债务人自身决定。①

此外,仅尊重债务人的和解意愿以保障日后和解协议履行的观点忽视了对债权人的意愿保障以及破产程序本身具有的强制力规定。破产和解程序应当至少分为4个步骤,即双方提出和解意愿、实质内容磋商、达成和解协议、履行和解协议。破产和解程序既然是对破产清算程序的避免,就更应在程序中强调尊重债权人的意愿,即双方在法院、管理人或者第三方的组织下,进行交互式的谈判,方可最终达成和解协议。因此,赋予债权人破产申请权,只是由债权人首先提出了和解意愿,这不仅不会造成日后债务人履行协议的困难,反而该举动所带来的善意会使债务人积极配合债权人达成和解协议,使和解协议更加具有可履行性。

另外,有学者认为,破产和解程序启动前,个别债权人仅能代表自己的意志,而不能代表全体债权人的意志,故而不能赋予债权人破产和解程序申请权。② 然而,这种观点也是站不住脚的。原因在于:其一,如果个别债权人不能代表全体债权人申请破产和解程序,那就否定了自古以来就有的债权人的破产申请权制度;其二,个别债权人既然可以申请债务人进行破产重整,就没有理由不可以申请债务人进行破产和解;其三,假设债务人仅有一位债权人,那该名债权人就是全体债权人,此时赋予其破产和解程序申请权又如何不能体现出全体债权人意志?

当前,我国现行关于个人破产和解程序的文本中已经出现了赋予债权人破产和解申请权的规定而不再延续《企业破产法》中的相关规定。例如,《深圳经济特区个人破产条例》第134条规定:"在人民法院裁定受理破产清算申请后、宣告债务人破产前,债务人或者债权人可以向人民法院申请和解。人民法院认为有和解可能的,应当自收到和解申请之日起五日内裁定转入和解程序。"泸州市龙马潭区人民法院《个人破产和解实施办法(试行)》第2条规定:"有泸州市龙马潭区户籍或在区内居住并缴纳社会保险满三年的债务人不能清偿到期债务,且其资产不足以清偿全部债务或者明显缺乏清偿能力的,或者

① 参见王卫国:《破产法精义》,法律出版社2007年版,第278页。
② 参见赵吟:《个人破产准入规制的中国路径》,载《政治与法律》2020年第6期。

数额较大的债权人可以向人民法院申请对自然人进行破产和解。”

3. 破产和解申请权与和解协议草案提交权相分离。根据《企业破产法》第95条第2款之规定，和解协议草案由债务人在申请启动破产和解程序时，一并提交。然而，这样的规定却并不符合破产和解程序的本质要求。因为，和解本身十分强调债权人与债务人之间的合意，即双方就债务人债务清理问题达成合意方可称为和解。和解协议应当是双方充分磋商协调后的结果，而非债务人一方提出，再由债权人会议进行通过。这样的方式并非和解，而是变相强迫债权人接受债务人提出的债务清理方案而已。

故此我国现行有关个人破产和解程序的规范文本中，已经有将破产和解申请权与和解协议草案提交权相分离的做法，即运用真正的和解方式，充分尊重各方当事人意愿，在此基础上达成和解协议。在《深圳经济特区个人破产条例》中，就规定了法院在破产和解程序中，可以委托人民调解委员会、特邀调解员、特邀调解组织或者破产事务管理部门等组织当事人之间进行和解。[①] 此外，当事人也可以在破产和解程序启动前，主动到调解组织等机构申请破产和解，达成协议后再申请法院予以认可。[②]

可见，《深圳经济特区个人破产条例》是对《企业破产法》中的破产和解程序规定的重大突破与进步。如此规定，一则丰富了破产和解程序中的当事人进行和解的形式，增加了和解协议达成以及履行的可能；二则一改债权人以往在破产和解程序中被动接受的局面，丰富了债权人在破产和解程序中的话语权，同时也创造了债权人与债务人双方的平等对话空间，使双方能够在多样的和解形式中增强互信，这有利于落实债权人利益保障以及兼顾债务人利益与社会公共利益的基本程序理念。

---

① 《深圳个人破产条例》第135条规定：“人民法院可以委托人民调解委员会、特邀调解员、特邀调解组织或者破产事务管理部门等组织和解。委托和解期限不超过二个月。委托和解期限内，债务人与全体债权人达成和解协议的，可以申请人民法院认可和解协议。人民法院决定委托和解时尚未指定管理人的，可以暂不指定管理人。”

② 《深圳个人破产条例》第136条规定：“债务人与全体债权人可以就债务清理在庭外自行委托人民调解委员会、特邀调解员、特邀调解组织或者破产事务管理部门等组织进行和解，达成和解协议的，可以直接请求人民法院裁定认可和解协议。”

4. 和解协议通过方式的灵活性。《企业破产法》第 97 条规定,和解协议的通过需要有债权人会议进行表决,其表决规则是由出席会议的有表决权的债权人过半数同意,并且其所代表的债权额占无财产担保债权总额的 2/3 以上。[①] 在现有的规范文本中,泸州市龙马潭区人民法院《个人破产和解实施办法(试行)》亦采用了类似表决规则,但又比《企业破产法》中通过的标准更严格,该办法第 18 条第 1 款规定:"债权人会议的决议,需经出席会议的有四分之三以上表决权,并且其所代表的债权额占无财产担保债权总额四分之三以上的债权人通过。"

然而,《深圳经济特区个人破产条例》却并未采用《企业破产法》中关于和解协议草案的表决规定。该条例采用的模式是"公告 + 听证"的模式,即双方当事人自行或者在相关组织的主持下达成破产和解协议的,法院应当将该协议草案进行公告,在公告之日起的 15 日内,债权人、利害关系人可以对和解协议的内容或者程序向法院提出异议。在公告期届满后,法院应当对和解协议草案进行听证审查,债务人、债权人以及提出异议的利害关系人应当参加听证。在听证审查之后,法院可对和解协议草案作出认可与否的决定。

5. 担保债权的适度调整。传统破产和解程序的特点之一就是,不对担保债权进行调整,即担保债权人不受破产和解程序的影响,可以直接针对特定财产行使担保权进行优先受偿。然而,在泸州市龙马潭区人民法院《个人破产和解实施办法(试行)》中却明确对担保债权的行使以及受偿比例作出了指导规定。该办法第 15 条规定:"个人破产和解过程中,债权处置指引:(一)金融机构为债权人且有担保的情况下,金融机构收取本金、放弃其他利息及罚息;(二)类金融机构为债权人且有担保的情况下,类金融机构收取本金的 70%、放弃其他本金、利息及罚息;(三)其他债权人收取本金的 50%、放弃其他本金、利息、违约金等。"但是,对于担保债权是否在个人破产和解程序中暂停行使以及受调整的问题没有得到共识。

上述 5 点是个人破产和解程序对企业破产和解程序的突破,然而企业破产

---

① 《企业破产法》第 97 条规定:"债权人会议通过和解协议的决议,由出席会议的有表决权的债权人过半数同意,并且其所代表的债权额占无财产担保债权总额的三分之二以上。"

和解程序仍有部分有待完善的内容在个人破产和解程序中存在,如对破产和解协议履行的保障与监督问题。

经上述分析可发现,个人破产和解程序与企业破产和解程序已经呈现相互影响、彼此带动发展的态势:企业破产和解程序的原型被个人破产和解程序所借鉴,但个人破产和解程序又不满足于完全照搬企业破产和解程序,而是在此基础上的批判继承。此外,可以预见的是,未来企业破产和解程序也势必会吸纳个人破产和解程序中的优点,以保持两种程序的内在一致性、避免实践中的冲突。

二、企业破产重整程序对个人破产重整程序的影响

因企业重整程序触及债务人内部清偿能力调整的问题,故而其本质不仅在于帮助债务人解决债务危机的问题,还从债务人内部完善债务人的清偿能力,故而重整程序较和解程序更积极、更能体现拯救债务人的程序功能。[①] 笔者认为,重整程序好比一场对企业债务人的"外科手术",即对那些具有存续价值且没有进入报废期的企业实施全方位的抢救,让债务人恢复健康,并按照正常的经营规律进行生产运营。

我国理论界与实务界在构建个人破产重整程序时,显然受到了企业破产重整程序的价值取向的影响,又结合个人破产重整中可能会遇到的独有问题,作出了相应的创设性规定。具体论述如下。

(一)个人破产重整程序的识别机制

对企业债务人是否适合进行破产重整程序,需要对之进行识别。因为,如果企业债务人没有可被重整的价值却仍进入重整程序的,则不仅使债权人利益受损,还是严重浪费司法资源。然而,企业是否具有重整价值的识别是一项商业判断,因此应当借助征询制度、检查人制度来帮助法院进行识别。[②] 为此,

---

① 参见邹海林:《我国破产立法的若干观念》,载《中央政法管理干部学院学报》1996 年第 4 期。

② 参见张世君:《我国破产重整立法的理念调适与核心制度改进》,载《法学杂志》2020 年第 7 期。

《全国法院破产审判工作会议纪要》第 14 条明确规定："破产重整的对象应当是具有挽救价值和可能的困境企业；对于僵尸企业，应通过破产清算，果断实现市场出清。人民法院在审查重整申请时，根据债务人的资产状况、技术工艺、生产销售、行业前景等因素，能够认定债务人明显不具备重整价值以及拯救可能性的，应裁定不予受理。"

然而，与企业破产重整的识别相比，个人破产重整的识别就简单方便许多。通常而言，债务人只要在未来有固定收入的，即可进入重整程序进行重整。例如，《深圳经济特区个人破产条例》第 106 条规定："有未来可预期收入的债务人，可以依照本条例向人民法院申请重整。申请重整的，除提交本条例第八条规定的材料外，还应当提交重整可行性报告或者重整计划草案。"

笔者认为，是否要求债务人有预期收入以及是否对债务人的负债数额作出限定都不重要，因为这两点仅是判断债务人是否具备重整的条件之一而非全部。换言之，个人重整成功的要件应当在于债务人的清偿能力与债务人负债水平相匹配，至于对债务人清偿能力以及负债情况，法律不应对之作出具体的要求，而是可以规定一个原则性的条件，要求法院、管理人、债务人以及债权人等主体根据个案情况进行判断即可。故此《个人破产法(学者建议稿)》就没有对债务人的预期收入以及负债总额的上限作出规定，该建议稿第 96 条规定："债务人可以依照本法规定，直接向人民法院申请更生；也可以在人民法院受理破产申请后、宣告债务人破产前，向人民法院申请更生。债务人申请更生的，应当自人民法院裁定受理案件之日起三个月内，向人民法院和债权人会议提交更生计划草案。人民法院决定适用简易更生程序的，债务人应当自人民法院裁定受理案件之日起一个月内，向人民法院和管理人提交更生计划草案。"

(二)家庭住宅抵押贷款调整问题

在破产清算与和解程序中，担保债权不受破产程序的影响，可以行使权利。然而，在重整程序中，尤其是企业重整程序，由于需要让企业恢复清偿能力，因而法律规定担保债权在重整程序中需要暂停行使。我国《企业破产法》第 75 条第 1 款规定："在重整期间，对债务人的特定财产享有的担保权暂停行使。但是,担保物有损坏或者价值明显减少的可能,足以危害担保权人权利的,担保权人可以向人民法院请求恢复行使担保权。”

通常而言,在重整计划草案中对担保债权的金额是不作实质调整的,因为担保债权对担保物的价值享有优先受偿权,只不过对担保债权行权的时间上作出暂停调整规范。[①] 至于说,对担保债权究竟如何调整、怎么调整,在《企业破产法》中是没有规定的。

在企业重整案件中,担保权种类繁多、担保物又复杂多样,因而法律一时难以对之进行规定,是可以理解的。但是,在个人重整案件中,家庭住宅对个人债务人意义重大,因此,如何调整家庭住宅担保债权人的担保权,就成为个人破产重整程序中的关键。

对家庭住宅抵押贷款进行调整的规则首见于日本法。在日本泡沫经济时期,人们普遍花高价通过贷款购买了住宅,然而当泡沫被刺破之后,购房者的工资骤减,导致其不能清偿到期债务而破产,为了重振债务人的生活、保障债务人复苏,日本制定了住宅资金贷款债权的特则,以规范该债权行使的情况。[②]

日本《民事再生法》第十章通过 11 个条文对该制度作出了详细规定。根据相关条文规定,该制度适用要件是:(1)该笔贷款应当为购房、建房或改良住房、购买住宅用地等情况为目的;(2)偿还该笔债权的方式应为分期付款且已经为该笔贷款设立了抵押权;(3)在不损害其他债权人利益的同时,法院可以许可该笔债权在再生计划获批前随时获得清偿;(4)保证公司为债务人住房贷款提供保证的,当保证公司代位清偿时亦可适用特别条款;(5)唯有贷款目的符合法律规定的担保债权适用本制度,出于其他使用目的的债权,是不能够适用本特别规定的。[③]

在具体内容上,日本《民事再生法》主要规定了 4 种调整住宅资金抵押贷款债权的模式,分别是到期利益恢复型、延长清偿期限型、本金延期并用型以

---

① 参见徐阳光:《破产法视野中的担保物权问题》,载《中国人民大学学报》2017 年第 2 期。

② 参见[日]山本和彦:《日本倒产处理法入门》,金春等译,法律出版社2016 年版,第 172 页。

③ 参见[日]山本和彦:《日本倒产处理法入门》,金春等译,法律出版社 2016 年版,第 173 ~ 174 页。

及协议型，在具体适用的顺序上，前3种模式存在优先依次适用的情况，即只有前一种模式不足以确保再生计划顺利实施的，方可适用第二种模式，但协议型不与前3种模式存在依次递进关系。[①] 具体内容如下：(1)到期利益恢复型。通常而言，如果债务人未按照贷款合同约定按时清偿债务，则担保债权人可以按照约定行使担保权以优先受偿，然而此时，根据法律规定，债务人只需按照原贷款合同清偿未来到期的贷款以及清偿根据再生计划所约定的迟延履行的本金、利息以及违约金等，即可等同于按期、如约地履行了合同，故此债务人可以继续保留住宅而不使该房产被处置；(2)延长清偿期型。根据日本《民事再生法》第199条第2款之规定，当债务人不具有履行按照前种类型制定再生计划的可能时，可以选择延长住宅资金贷款债权的清偿期，即可将未偿违约债务约定至原贷款合同最终清偿日期之后进行清偿，但是在当事人之间未达成合意的情况下，再生计划中分期付款的时间、金额应当与原贷款合同大体保持一致。[②] (3)本金延期并用型。如果债务人还负有其他债务的，导致前种再生计划也不具备批准可能性的，则债务人可以选择在再生期间内仅清偿部分住宅资金贷款本金以及原贷款合同中约定的本金在迟延履行期间所产生的利息。(4)协议型。该型则取决于债务人与债权人的具体协商意愿，这种类型在日本的实务中要比前3种类型更多见，因为前3种类型不可能涵盖所有借贷以及担保形态，但日本实务出现更让人意外的情况下，债务人通常不会适用住宅资金抵押贷款特则，而是按照原贷款合同的约定继续履行债务，以至于住宅资金抵押贷款特则规定的内容并不十分重要。[③]

笔者认为，在个人破产重整程序中规定暂停债务人住宅贷款担保债权行权是有必要的，但至于说法律是否应当为此划定一个具体的调整模式是不必要的。

(三)个人破产重整中的投资人制度

《企业破产法》虽然没有具体规定企业重整的模式，但在实践中，企业重整

---

① 参见[日]山本和彦：《日本倒产处理法入门》，金春等译，法律出版社2016年版，第175页。

② 参见日本《民事再生法》第119条第2款。

③ 参见[日]山本和彦：《日本倒产处理法入门》，金春等译，法律出版社2016年版，第175～177页。

通常分为事业存续型重整、清算型重整以及让与型重整。[①] 在事业存续型重整中,又可以分为引入投资人、债务人自我经营管理以及债务消减等多种具体实施模式。其中,引入投资人是在重整成功的案例中较常见的方式。其具体路径是,由于债务人自身具有明显丧失清偿能力之虞,故而可能无法清偿到期债务,因此通过引入外来投资人对债务人企业进行注资的方法,使债务人企业恢复清偿能力,从而化解债务危机。例如,在北京破产法庭受理的"北京理工中兴科技股份有限公司破产重整案"就是采用的这种重整模式:近年来,债务人的技术以及开发能力没有显著提高,加之债务人股东流动性差、股价低迷,最终导致债务人负债近亿元,严重资不抵债,在案件中,投资人看好该企业能够上市且实现营利,故而破产法院利用预重整 + 重整无缝衔接的模式,引入外部资金 8 亿余元,有效地化解了债务危机,实现了投资人、债务人以及债权人等多方共赢。[②]

在当前的个人破产理论与实践中,通常是依靠债务人自身的预期收入实现个人重整。因此,可否借助企业重整的模式来实现个人重整是一个值得思考的问题。然则,在我国个人债务集中清理实践中,已经出现了在个人重整时借助企业破产的模式,即引入第三方投资人参与个人重整的"遂宁模式"。浙江省丽水市的遂昌县人民法院(以下简称遂昌法院)是探索个人破产集中清理制度的发源地之一,该地法院在实践中对尚有清偿能力的债务人,实施完全市场化为导向的个人重整,即通过引入第三方投资人对债务人的债权人进行清偿,并最终获得了良好的社会效果。[③]

为进一步了解该制度在实践中运行状况以及取得的收益,笔者特向浙江省破产管理人协会就在个人重整中引入第三方投资人制度进行咨询。调研显示,在遂昌法院的探索实践中,该种模式取得了良好的效果,这是因为在这种模式下,通过引入第三方投资人制度,利用其资金对债权人进行快速清偿,避

---

① 参见王欣新:《重整制度理论与实务新论》,载《法律适用》2012 年第 11 期。

② 参见北京破产法庭 2019 年发布"十大破产典型案例"。

③ 参见《会议新闻|"浙江省个人破产制度实践与探索研讨会"在杭召开》,载微信公众号"中国破产法论坛"2020 年 12 月 20 日,https://mp.weixin.qq.com/s/rRFzgvbk5CbH5ZxYm3eM8A。

免了在个人重整过程中可能会发生的进展周期较长、风险较高、未来清偿能力不确定等问题,因此该制度受到了债权人的普遍好评。此外,该制度适用的前提是诚实而不幸的且具有一定清偿能力的债务人,例如,具有固定收入的公务员、事业单位工作人员或者另有第三人为其愿意提供担保等,以确保债务人可以偿还第三方投资人的借款。

为了巩固遂昌模式的实践成果,浙江省高级人民法院在其发布的《浙江法院个人债务集中清理(类个人破产)工作指引(试行)》中确立了该项规则。该文件第53条规定:“债务人或者管理人可以引入金融机构等第三人作为投资人参加个人债务集中清理程序,采用向第三人融资的方式清偿原有债务。第三人可以要求债务人提供相应的担保。”

笔者认为,在个人破产重整中引入第三方投资人制度具有如下重要意义:

1. 丰富个人破产重整的操作类型

与不对具体清偿方式作出规定的破产和解程序,以及在比较法上较流行的利用债务人预期收入进行个人重整的模式相比,引入第三方投资人制度对债务人负债进行清偿,是一种制度或理念上的创新。

这种创新做法虽然常见于企业重整案件中,但却罕见于个人破产重整案件之中。这是企业破产重整程序对个人破产重整程序具有正向性的影响之一,是个人破产重整程序需要借鉴并吸纳的地方。

2. 降低重整失败风险、确保债务人重整成功

在论述个人破产重整程序时,笔者自身也对是否可以引入第三方投资人制度参与个人破产重整留有顾虑。这是因为,在企业重整案件中,第三方对企业进行注资的目的并非在于帮助企业解决债务危机,而是看好债务人企业自身具有的经营能力,可以为其实现创收。然而,第三方投资人又如何对自然人债务人进行投资?又如何实现创收?个人重整是否成功取决于重整计划能否得到完全履行。易言之,如果重整计划得到了全部履行,那么该案件就是重整成功。然而,重整计划通常持续时间较长,在此期间,如果债务人出现履行不能,或者发生意外事件以及不可抗力等因素,均可能会导致重整失败。因此,即便债务人与债权人达成了重整协议,也仅是万里长征的第一步,能否真正取

得重整成功,只能经过时间的检验。

从遂昌实践中可知,与普通债权人相比,第三方金融机构作为第三人对债务人提供偿债贷款,更加具有忍受分期付款、抵抗风险的能力。因此,在个人重整中引入第三方金融机构作为投资人,利用其贷款实现对全体债权人的一次性清偿,大大地减少了重整计划在执行期间可能出现的由全体债权人承担的风险问题,这不仅实现了对债权人利益的有效保障,也确保了债务人得以重整成功。

3. 避免了资源的浪费

在传统个人破产重整制度中,通常会引入重整计划延长制度、艰难事项免责、重整计划撤销、转入破产清算等制度来克服重整计划执行期间出现的风险,例如,《深圳经济特区个人破产条例》第 127 条规定:"经批准的重整计划因不可归责于债务人的原因导致无法按期执行的,经债务人申请,人民法院可以批准延长执行期限,但最长不得超过二年。债权人因延期清偿所受的损失应当得到合理补偿。"第 128 条规定:"经批准的重整计划因不可抗力、意外事件等原因导致无法执行,且债务人按照重整计划清偿各类债务均达到四分之三以上的,经债务人申请,人民法院可以裁定免除未清偿债务,并终止重整计划的执行。"

然而,上述条款与引入第三方投资人制度相比,哪个条款更具有优势,是显而易见的。传统个人破产重整制度中的风险规避或风险处理规则条款,十分烦琐且耗费时间长,会造成严重的资源浪费。在实践中,浙江省台州地区法院在总结个人债务清理案件实务中亦明确指出,对债务人达成重整协议之后的事后监督是实践中的一个难题。①

在理论上,对一个本身案件利益值不大,却又持续较长的时间周期,并消耗法院、管理人、债务人以及债权人持续资源与精力的案件,适用一个较复杂的程序,本身是一件不符合程序法理的事情。因此,法律没有必要固守所谓的传统以及比较法上的常规做法,因为这些规定可能已经是过时且不符合我国

---

① 参见《浙江发布全国首份个人债务清理(个人破产)审理报告》,载微信公众号"浙江天平"2021 年 3 月 31 日,https://mp.weixin.qq.com/s/s7CXAL4StmFN3aR4ergBvA。

国情的，而是要采用在实践中能够切实解决问题的方案。笔者认为，在我国未来个人破产法中，应当将“遂昌经验”写入立法，在全国范围内进行推广。

(四)偿债计划的表决规则

1. 美国破产法中债权人对债务人偿债计划的表决规则

美国《联邦破产法典》中涉及个人更生性程序的主要有第11章商事重整程序、第12章家庭农场主债务清理程序以及第13章个人债务整理程序。从美国《联邦破产法典》规定的内容而言，以上三章内容均是以不同债务人类型而设计的不同程序规则：

第11章系针对商事债务纠纷的整理程序，当然负债金额超过第13章界限的自然人债务人亦可适用该章内容解决债务危机。在第11章中，由于重整计划带有合同性质，因此法律规定受重整计划影响的债权人应当对此进行表决，然而要求每组债权人均表决重整计划并非重整计划获批的唯一条件，因为其是否获批仍取决于美国《联邦破产法典》第1129(a)条所列的其他条件。[①]

而第13章的历史可以追溯至1930年以后，即针对那些没有资产却有固定收入的工薪阶层债务人，以其工资为基础制定偿债计划以摆脱债务。[②] 关于偿债计划的表决上，根据第13章规定，偿债计划由债务人制订，债权人对此不享有表决权，但是可以根据该法第1325条之规定，对法院是否批准该偿债计划提出异议，但是，无论债权人是否提出异议，法院均会在预定时间就是否批准债务人偿债计划召开听证，如果没有人提出异议，则法院可以在不经任何审查的情况下，认定该份计划具有善意且没有违法之处，最终法院将结合该法第1325条的规定批准该偿债计划。[③]

第12章是以第13章为原型，针对家庭农场主债务危机化解而设立的特别程序，该程序主要是为了解决家庭农场主因负债金额较大而无法适用第13章

① 参见[美]查尔斯·J.泰步：《美国破产法新论》(第3版)，韩长印、何欢、王志洲译，中国政法大学出版社2017年版，第1230页。

② See Huls N., *American Influences on European Consumer Bankruptcy Law*, Journal of Consumer Policy, Vol. 15, No. 2, p. 128(1992).

③ 参见[美]查尔斯·J.泰步：《美国破产法新论》(第3版)，韩长印、何欢、王志洲译，中国政法大学出版社2017年版，第1347～1348页。

内容,但适用第 11 章内容时却又无法保留他们的农场的问题。[①] 第 12 章的内容基本与第 13 章一致,只不过在细节规定上,如提交清偿计划的时间、送达时间、法院听证时间等方面存在差异。[②] 然而,对于偿债计划的表决规则上,第 12 章与第 13 章之间没有差异。

仅从立法的规定,很难寻找出美国法关于债权人对偿债计划的表决规定的内在逻辑。赋予债务人专属偿债协议提交权的理由亦与不允许债权人对债务人发动第 13 章程序的伪善理由相一致,即避免引发强制劳役以及保障偿债计划顺利实施。同时,美国法又不能很好地解释,为何仅在负债数额与第 13 章有差别的第 11 章,又需要债权人对偿债计划进行表决。至少目前美国国会、理论界给出的理由是不足以让人信服的。

综上所述,美国《联邦破产法典》不存在关于“个人破产重整”与“个人破产和解”的划分,其个人破产制度的三大核心概念是直接清算、偿债计划以及财产豁免,[③]而第 11 章、第 12 章、第 13 章只是偿债计划这一核心概念下,针对不同类型债务人的处置方法,该处置方法并无十分充足的理由,可能仅是一种约定俗成的习惯做法。应当认为,美国《联邦破产法典》立法模式采用的是“债务人本位主义”,即以不同类型的债务人为逻辑出发点,并为之设计不同的程序模式。故而,不能以我国法语境下的思维去照搬美国法的逻辑。

2. 日本法中债权人对债务人再生计划草案的表决规则

日本《民事再生法》深受美国《联邦破产法典》的影响,同样采取债务人本位主义的立法模式,但在此基础上将个人更生性程序进行进一步的细化。日本法个人更生性程序分为适用于中小企业以及经营者的通常再生程序、简易再生程序与同意再生程序,同时也兼顾了消费者再生问题而设置了小规模个

---

① See Evans R. G. , *A Brief Explanation of Consumer Bankruptcy and Aspects of the Bankruptcy Estate in the United States of America*, Comparative and International Law Journal of Southern Africa, 43(3), p. 341(2010).

② 参见[美]查尔斯 · J. 泰步:《美国破产法新论》(第 3 版),韩长印、何欢、王志洲译,中国政法大学出版社 2017 年版,第 1426 页。

③ See Evans R. G. , *A Brief Explanation of Consumer Bankruptcy and Aspects of the Bankruptcy Estate in the United States of America*, Comparative and International Law Journal of Southern Africa, 43(3), p. 342(2010).

人再生程序与工资所得者等再生程序。

在债权人对债务人再生计划草案的表决问题上，通常再生程序、简易再生程序以及同意再生程序中，债权人均需要对再生计划草案进行表决，并且，由于后两种程序是第一种程序的简化版与极简化版，所以后两种程序中再生计划草案所要求债权人同意的比例也不断提高。① 详言之，在通常再生程序中，再生计划草案获得出席债权人的过半数且有表决权的代表债权额度过半即可通过，而在简易再生程序中，则需要申报债权总额的3/5以上的债权人同意方可通过。另外，同意再生程序的表决规则就更严苛，即要求全体申报债权人同意再生计划草案。②

在消费者再生程序中，工资所得者等再生程序基本上参照了美国《联邦破产法典》第13章的规定。但在小规模个人再生程序中，仍需要债权人会议的表决通过。但该表决规则较有特色，即采用书面投票且消极表决的做法，即不同意再生计划草案的债权人应当在法定期间内明确作出反对意思表示，而同意的债权人则无须作出意思表示，最终反对再生计划草案的债权人人数低于表决人数一半的，且所代表债权额低于债权总额一半的，则通过再生计划草案。③

3. 德国法中债权人对债务人偿债计划草案表决的规定

在德国，自然人债务人可以适用常规破产程序，也可以适用消费者破产程序。但是，债务人适用消费者破产程序的前提是其没有从事过独立的经营活动，或者从事过经营活动但财产关系非常简单。

德国《破产法》针对消费者破产程序主要采纳通过达成偿债协议的处理模式，即债务人申请破产，应当尝试与债权人达成庭外和解，如果和解不成的，进入庭审程序后，法院也应当促成债权人与债务人之间达成和解协议，然而和解协议是否通过仍需要债权人对此进行表决，但与其他国家或地区的规定相同，

---

① 参见[日]山本和彦：《日本倒产处理法入门》，金春等译，法律出版社2016年版，第141～142页。

② 参见[日]山本和彦：《日本倒产处理法入门》，金春等译，法律出版社2016年版，第155、175～177页。

③ 参见[日]山本和彦：《日本倒产处理法入门》，金春等译，法律出版社2016年版，第167页。

即便和解协议草案因少数债权人表决而未通过，法院仍可以结合相关情况进行裁量批准。[①] 同样，在德国破产法计划程序中，其表决规则与比较法上重整程序的表决规则的原理是相同的。

我国在实践探索中，浙江地区对于债权人会议的表决规则亦提出了创新性举措，在《浙江法院个人债务集中清理（类个人破产）工作指引（试行）》中第40条规定："债权人会议可以探索采用双重表决规则等方式，即首先由全体债权人一致同意通过一项表决规则，然后再根据通过的表决规则对财产分配方案等事项进行表决，以有效推进清理程序。"

三、我国个人更生性程序设置思辨

在总结当前实践中关于个人破产和解程序以及个人破产重整程序的相关做法、规定之后，尚且需要讨论二者之间的关系，以及我国未来个人破产法究竟如何设置相关更生性程序。

（一）理论界关于个人破产和解程序与个人破产重整程序的关系定位

个人破产和解程序与个人破产重整程序究竟是什么关系，不同学者给出了不同的答案。

有的学者从程序来源的正当性基础以及目的等方面对两种程序进行区分，该学者认为，个人破产重整程序与个人破产和解程序的正当性基础不同，前者源于改善债务人负债情况而使之步入生活正轨，后者则源于债权人与债务人之间的合意；同时，个人破产重整程序并不以债务人及时分配为主要内容，相反，个人破产和解程序却以债务人财产及时分配为唯一内容。[②]

有的学者认为，两种程序在以清偿方案为核心的制度、偿债计划需要经法院批准、当事人应自觉履行偿债计划以及会避免破产等方面存在共同性，只不过个人重整程序比个人和解程序更具有积极的拯救债务人功能，例如，其申请

---

① 参见［德］乌尔里希·福尔斯特：《德国破产法》（第3版），张宇晖译，中国法制出版社2020年版，第15页。

② 参见刘静：《个人重整程序与个人破产和解程序的识别》，载《法制与经济》2010年第1期。

条件较宽松、债务人应当具有可重整性以及对担保物权会加以限制等。①

有学者认为，与个人破产和解程序、破产清算程序相比，个人破产重整程序具有如下不同之处：其一，程序适用主体不同，重整程序要求债务人应当具有固定收入且后续具有偿债能力的，如此可以确保后续重整计划得以成功履行；其二，债权人在重整程序中具有更强的话语权与参与度；其三，重整程序可能会使债权人获得更多的清偿比例，但也使债权人背负较大的风险。②

有学者认为，个人破产重整程序系从个人破产和解程序基础上发展而来的，其可对担保债权的行使加以限制、对进入重整程序债务人具有可重整性的要求；同时，在重整程序中，即便债务人不同意重整计划，但法院可以根据公平原则进行利益衡量，对于符合利害关系人最利益原则的重整计划草案也可以裁定认可通过。③

有学者认为，破产和解程序强调债务人与债权人的意思自治，但在实践中常会出现债权人恶意干扰会议、债务人故意拖延还款的情形发生等情况，故而个人破产重整程序正是在此背景之下孕育而生的。④

总结以上观点可以看出，学者对个人破产重整程序中债务人所具备的破产重整原因、可重整性以及对担保债权暂停行使等规定认识是较一致的。但是，对于学者一致认为的个人破产和解程序与个人破产重整程序区分要素，笔者在前文论述中已经表达了相应观点，即以上要素并非两种程序区分的关键所在。

（二）我国个人破产和解程序与个人破产重整程序的应有定位

从企业破产程序发展的历史而言，重整程序是脱胎于和解程序之中的，且重整程序与和解相比具有明显优势，故而在比较法中，有的国家采取了废除和解程序而直接保留重整程序的做法。然而，就个人破产而言，照搬企业破产程序的思路是不可取的，应当注意到个人破产与企业破产的差异性。

---

① 参见殷慧芬：《论个人重整》，载《中国海洋大学学报（社会科学版）》2012 年第 6 期。

② 参见毛琳：《个人破产程序中债务人权利的限制与恢复》，载《山东法官培训学院学报》2019 年第 4 期。

③ 参见熊杰：《个人破产救济程序的选择与建构》，载《人民司法》2020 年第 10 期。

④ 参见郑有为：《论个人重整》，载《东吴法律学报》1994 年第 17 卷第 2 期。

就个人破产和解程序与个人破产重整程序本质上的功能原理而言,二者是相一致的,即利用法律程序上的处理,将债务人当前不能清偿的债务分摊至往后数年,以换取相应的时间利益。如此一来,既可以减缓债务人的偿债压力,又可以尽最大可能保障债权人利益不受损。所以,从程序原理出发,想要完全地将两种程序相互区分是不可能做到的。至于学者提到的两种程序在适用条件、适用主体、对担保债权的限制、债权人会议表决规则的表现不同的观点,已不足以将二者完全区分。这是因为,学者是站在两种程序相互优劣比较的层面而总结出二者的差别。换言之,是以重整程序的优点与和解程序的缺点进行比较。然而,这样比较总结的意义又在哪里?既然个人破产和解程序毫无是处,那为何不将之废除?

因此,笔者认为,应当以繁简程序的分类理论为考察视角,观察个人破产和解程序与个人破产重整程序的关系。比较法上立法的差异性证明了我国可以同时保留个人破产和解程序与个人破产重整程序。通过比较法观察可知,不同国家或地区的破产法是具有差异性的,各国或地区立法均是按照债务危机处置的共同性原理而设置的。因此,我国可以根据实际情况,保留个人破产和解程序以及个人破产重整程序。但应当注意的是,这两种程序与企业破产程序是不同的,因为这两种程序无法改变债务人的清偿能力,故而其拯救债务人的功能应当是打折扣的,但在为债务人提供喘息的功能上,二者是具有相当的可发挥空间。

笔者认为,在实质功能相同的情况下,就应当按照程序原理以及程序功能的不同,将二者进行区分。如同在民事诉讼中,通常诉讼程序、简易诉讼程序以及小额诉讼程序的目的均是解决纠纷或保障实体权利,但三者程序本身的各自价值取向、功能等方面是截然不同的。照此原理,在保留个人破产重整程序以及和解程序的基础上,可在解释论上,将个人破产重整程序解释为理论上的通常个人债务更生性程序,将个人破产和解程序解释为理论上的简易个人债务更生性程序。此外,值得注意的是,根据案件标的额大小、复杂程度,在自然人更生案件中还可能出现与企业重整复杂程度相等同的案件,如“贾某亭案”,这类案件通常发生于企业股东或投资人与企业连带破产重整之中。此时，这类案件应当适用《企业破产法》中关于企业破产重整程序的相关规定。①

将个人破产重整程序与个人破产和解程序定位为理论上的繁简程序，亦符合我国当前破产审判实务中繁简分流的规定。《全国法院破产审判工作会议纪要》第29条规定："建立破产案件审理的繁简分流机制。人民法院审理破产案件应当提升审判效率，在确保利害关系人程序和实体权利不受损害的前提下，建立破产案件审理的繁简分流机制。对于债权债务关系明确、债务人财产状况清楚的破产案件，可以通过缩短程序时间、简化流程等方式加快案件审理进程，但不得突破法律规定的最低期限。"

四、我国个人更生性程序的内容完善

在明确我国未来个人破产法中个人破产和解程序以及个人破产重整程序之间的关系之后，笔者认为，应将现有的个人破产和解程序以及个人破产重整程序进行改造，以完善我国未来个人更生性程序。具体内容如下。

（一）共通性规则

作为个人更生性程序的个人破产重整程序与个人破产和解程序，它们应当存在一定的共通性原则。具体论述如下：

1. 统一更生原因。破产原因可以分为支付不能、资不抵债以及濒临支付不能。我国未来更生性程序，无论繁简程序，均应当将濒临支付不能作为债务人更生的条件。

但是，这样的规定也可能是"一厢情愿"的做法。因为人们往往对未来发生的事不仅乐观且无法预见。濒临支付不能通常是对债务人处于支付不能实际状态的一种回顾分析而已。尤其是在当今的风险社会中，债务人无法准确地预见到自己何时濒临支付不能、何时支付不能。

因此，为了保障个人破产法的有效实施，我国社会的确应当建立起破产业务咨询、自然人财富管理辅导等配套机制。

2. 取消债务人有固定收入的限制性条款。债务人能否更生成功的关键，取

---

① 参见刘静：《个人更生类型程序的中国化路径》，载《经贸法律评论》2020年第5期。

决于其是否尚存清偿能力,即其资产、信用以及劳务是否能够变现并偿还债务。因而,债务人有预期固定收入当然是确保更生计划得以成功履行的关键性条件,但该条件并非唯一的。更何况,更生计划应当是根据债务人的实际情况来制订的,而并非存在一套统一的可被复制却又不可被更改的模板样式。

笔者认为,在更生性程序中,更生计划中偿债总额、履行方式以及履行保障系以债务人的清偿能力为基础而制订的,因此债务人只需提供相关资料来证明其具备相应的清偿能力,即可满足债务人具备可更生性的目标,而无须仅以债务人应具有可支配收入为唯一要件。

3. 赋予债权人更生申请权。更生计划的形成是需要凝结当事人之间的合意,如果没有债权人与债务人之间的合意,那么该计划就不是约束双方的合约了,而仅是约束债务人自身的规则。所以,谈判与磋商进而达成合意,是更生计划所应当具备的灵魂。该计划是将债务人与所有个别债权人达成的独立合同进行总体变更。

为了达成该计划,需要启动更生性程序为债权人与债务人创设一个独立于外部时空的谈判场所。因此,赋予何方主体启动更生性程序的权利根本不会诱发强制奴役以及直接导致更生失败等不利后果。该权利仅是开启更生性程序大门的钥匙,至于具体房间如何布置、如何装修,完全取决于进入该房间的人。因此,把该钥匙交给哪方主体完全不重要,因为任何一方人开启房门后,其他人员多是要进入到该房间内的。所以,赋予债权人更生申请权不应当有理论上的障碍。

4. 担保债权的限制行使规则。在更生性程序中,为了保障更生计划的成功,担保债权人通常需要暂停行使权利,该项规则应当是更生性程序的共同规则。然而,在更生性程序中,限制担保债权行使的目的通常在于保障债务人的基本生活,而非如同在企业破产程序中帮助债务人恢复清偿能力并提高普通债权人的受偿比例等功能。①

故此前文已经讨论的家庭住宅资金贷款债权的暂停行使以及调整规则,

---

① 参见李忠鲜:《担保债权受破产重整限制之法理与限度》,载《法学家》2018 年第 4 期。

关系债务人能否保留稳定居所的重大问题。该项条款内容应当被写入我国未来个人破产法之中,但无须制定复杂的规则,而更多的是给予双方谈判的空间。

5. 更生计划的执行监督。如果将"遂昌经验"所确立的第三方投资人制度引入到我国未来个人破产法之中,将大大减轻更生计划的执行监督成本。不仅债权人团体无须担心更生计划履行不能的风险问题,也免去了管理人按时定期向债权人团体分配偿债金额的复杂工作。

然而,免去债权人团体的风险承担,不意味着也同时免去了第三方投资人的风险负担。如果债务人在执行更生计划期间,发生了不可抗力事件导致其无法履行与第三方投资人之间的借贷协议,则法律仍需考虑债务风险分摊问题。但是,无论是采用当前学界或是实务界承认的艰难事项免责条款,抑或是其他规定,想要完全化解此时产生的风险是十分困难的。目前而言,艰难事项免责条款等机制可能是除双方协议协商外的最佳选择方案了。

在英国,一种庭外债务清理机制的做法与"遂昌经验"十分相似,叫作"债务合并"。为化解上述风险,该制度明确提出,如果债务人不能偿还新借款或者新借款无法覆盖旧债务、债务人偿还新债的压力要明显高于偿还旧债以及债务人确需债务处理的帮助而非仅是与投资人达成一项清偿计划等情况时,适用债务合并计划是没有意义的。①

(二)区分性规则

除上述共通性原则外,通常个人更生性程序应当与简易个人更生性程序尚存一些区分性规则,具体如下。

1. 程序准入标准的区分。笔者认为,通过"债权人人数+债权额总额"为标准,将不同的案件导入繁简程序之中是较适宜的方案。这是因为,案件人数越多、债权额度越大往往意味着该案件复杂程度越高,故而处理此类案件需要更严密的程序。

至于具体的判断标准,由于我国幅员辽阔且地方发展不均衡,因而法律可以规定由地方高级人民法院制订该地区的具体繁简程序分流标准。

---

① 参见徐阳光:《英国个人破产与债务清理制度》,法律出版社2020年版,第147页。

同时,法律还应当规定如果自然人债务人与企业债务人连带破产的案件,二者原则上应当适用同一个更生性程序。

2. 管理人指定问题。我国当前各地开展的个人债务清理的实践表明,单独的个人破产案件标的额不大、债权人人数不多,同时,管理人获得报酬比例较低且管理人没有太高的履职积极性。[①] 因此,可以推论我国在全面开放个人破产程序之后,适用简易个人更生性程序的案件数量较多。

管理人是破产程序中的重要推动者,但在个人破产程序中,不设置管理人也未尝不可。笔者认为,在简易个人更生性程序中,原则上可以不设立管理人,如果债务人或者债权人向法院申请需要管理人的,法院可以指定公职管理人处理个人破产案件。

与此同时,在通常个人更生性程序中,可以指定管理人,但具体是选任公职管理人或者私人管理人,则也应当交由债权人团体决定。

3. 更生计划的表决与批准规则。笔者认为,在通常个人更生性程序中,可以采用"债权人会议表决 + 法院批准"的模式。然而,在简易个人更生性程序中,为了更生计划草案能够迅速获得批准且不违反公平正义,则可采取"法院听证 + 批准"的模式进行。

4. 程序期限规则。通常个人更生性程序与简易个人更生性程序的另一区别在于程序期限的规定不一致。笔者认为,在简易更生性程序中,法院的公告时间、送达时间、申报债权时间、听证时间等均应当合理地进行限缩。

---

① 参见《浙江发布全国首份个人债务清理(个人破产)审理报告》,载微信公众号"浙江天平"2021 年 3 月 31 日,https://mp.weixin.qq.com/s/s7CXAL4StmFN3aR4ergBvA。

第十章 特别破产撤销权

破产程序启动后具有的保全功能意在保全债务人财产,进而实现债权人的债权能够获得最大化清偿,为实现此目标,破产法规定了对债务人在破产程序启动前作出的有害于债权人的行为加以重新检视并且对部分行为予以否认撤销的制度,即破产撤销权制度。[①] 根据我国《企业破产法》第 31 条、第 32 条之规定,[②]倘若债务人实施了对债权人不利益的行为,那么在破产程序启动后,管理人可撤销相应欺诈行为与偏颇行为,使被转移的财产得以回复至债务人财产之中。

近年来,破产债务人所实施的对债权人不利益行为逐渐呈现出"合法性"的特点,即有越来越多的债务人通过诉讼、仲裁、公证以及执行等法定程序实施转移

---

① 参见韩长印主编:《破产法学》(第 2 版),中国政法大学出版社 2016 年版,第 114 ~ 115 页。

② 《企业破产法》第 31 条规定:"人民法院受理破产申请前一年内,涉及债务人财产的下列行为,管理人有权请求人民法院予以撤销:(一)无偿转让财产的;(二)以明显不合理的价格进行交易的;(三)对没有财产担保的债务提供财产担保的;(四)对未到期的债务提前清偿的;(五)放弃债权的。"第 32 条规定:"人民法院受理破产申请前六个月内,债务人有本法第二条第一款规定的情形,仍对个别债权人进行清偿的,管理人有权请求人民法院予以撤销。但是,个别清偿使债务人财产受益的除外。"

财产、损害全体债权人利益的欺诈与偏颇行为。通过法定程序实施的不法行为也应当被撤销,但我国《企业破产法》在制定的过程中,仅考虑了在一般情况下管理人撤销债务人的偏颇行为或欺诈行为,却未对管理人因债务人利用法定程序进行的不法行为应如何撤销等问题加以规定,以至于此问题在实践中产生诸多困扰,如撤销的对象是什么以及如何行使撤销权等。本书将以此为问题导向,综合论述特别破产撤销权的内容构成及行权路径方式等。

一、特别破产撤销权概述

(一)何谓“特别破产撤销权”

特别破产撤销权是破产撤销权的一种特殊形态,它具体是指管理人对债务人与债权人之间恶意串通并经诉讼、仲裁、公证或执行程序进行的欺诈行为或偏颇行为,通过法定途径请求撤销的权利。特别破产撤销权是对破产撤销权的特殊运用,而破产撤销权则是管理人可对债务人在破产程序启动前对破产债权人作出的不利益行为予以撤销的权利。[①]

我国《企业破产法》未明文规定特别破产撤销权,而是在司法解释当中设立了该制度。根据最高人民法院《关于适用〈中华人民共和国企业破产法〉若干问题的规定(二)》(以下简称《破产法司法解释(二)》)第 15 条之规定:“债务人经诉讼、仲裁、执行程序对债权人进行的个别清偿,管理人依据企业破产法第三十二条的规定请求撤销的,人民法院不予支持。但是,债务人与债权人恶意串通损害其他债权人利益的除外。”该条构成了我国当前特别破产撤销权制度的唯一规定。

(二)建立健全特别破产撤销权制度的必要性

特别破产撤销权制度在打击破产债务人的欺诈行为与偏颇行为、回复债务人财产以及提高全体债权人清偿比例的基本目标上与破产撤销权制度是一致的。与此同时,破产撤销权的理论基础即破产法中的诚实信用原则、保

---

① 参见[德]莱茵哈德·波克:《德国破产法导论》(第 6 版),王艳柯译,北京大学出版社 2014 年版,第 111 页。

障破产债权人合法权益原则以及债权人公平受偿原则均适用于特别破产撤销。①

目前,理论界并未对特别破产撤销权以及相关制度"另眼相看"。关于特别破产撤销权也仅有司法解释中的一条规定。然而,笔者却认为,相对破产撤销权而言,特别破产撤销权具有一定的特别之处,同时,关于该权利的各方面规定均有待完善之处。主要表现在以下方面:

1. 明确特别破产撤销权规制范围之必要。破产撤销权所规制的范围在我国《企业破产法》中表现为第31条、第32这两条规定。然而,在当前制定法中,对特别破产撤销权所规制的范围仅限于通过法定程序进行的偏颇行为,尚未涵盖通过法定程序进行的欺诈行为。因此,需要及时完善相应的法律内容。

2. 明确特别破产撤销权客观对象之必要。破产撤销权所针对的对象是债务人在没有借助诉讼、仲裁、公证或执行程序而进行的欺诈与偏颇行为,这些行为在日常生活或商事来往过程中即可完成。特别破产撤销权所针对的客体是对于在法定期间内本属于可撤销的不法行为,但通过诉讼或者仲裁的方式取得生效法律文书,假借法院执行程序使债权获得合法受偿,以损害全体债权人的利益的行为。② 但是,现行法律法规尚未明确特别破产撤销权所指向的具体标的,故而需要在理论上进一步对之加以明确。

3. 明确特别破产撤销权行使方式之必要。破产撤销权既可以通过由管理人向债权人发函等私力救济方式撤销相应的欺诈或偏颇行为,也可以通过由管理人直接向法院提起诉讼的方式撤销相应行为。然而,特别破产撤销权的行使方式在理论与实践中具有模糊性,与现行《民事诉讼法》尚不能有效衔接,具体表现为权利行使的标的不明确,在诉讼过程中的诉讼标的与诉讼请求不明确,以及采用什么样的诉讼程序行使权利不明确,以至于如何行使特别破产撤销权未成定论。

---

① 参见汤维建:《论破产法上的撤销权》,载《法律科学(西北政法学院学报)》1995年第6期。

② 参见最高人民法院民事审判第二庭编著:《最高人民法院关于企业破产法司法解释理解与适用破产法解释(一)、破产法解释(二)》,人民法院出版社2017年版,第231页。

4.特别破产撤销权有独特的价值取向。常规意义上的破产撤销权是作为破产惩戒制度的一种,利用民事责任惩戒的方式撤销债务人在破产程序启动之前所作出的欺诈与偏颇行为,并追回相应的债务人财产,以保障债务人财产价值最大化原则以及公平清偿原则的实现。所以,维护债权人利益为破产撤销权的核心价值所在。但是,特别破产撤销权除需要维护债权人利益外,还需要考虑维护司法权威性。这是因为破产债务人与债权人经过法定程序进行的对其他债权人不利益行为具有特殊的违法性。所以,需要特别破产撤销权在维护债权人利益的同时,扶正已经偏失且被利用的司法权威性。

总之,我国理论界在破产撤销权的研究上取得了丰富的成果,但是对特别破产撤销权的关注仍显不足,导致了我国制定法对特别破产撤销权规定得简单了,实践中对于特别破产撤销权的案件操作较模糊。因此,有必要在制定法上建立健全特别破产撤销权制度。

二、特别破产撤销权之内容构成

特别破产撤销权在行权主体、行权条件上与破产撤销权相差无几,其特殊性主要表现为权利主观要件的特殊以及权利客观要件的特殊等两个方面。具体论证如下。

(一)特别破产撤销权主观要件之特殊性分析

在破产撤销权制度中,主观意思的地位主要存在三大主义,即主观主义、客观主义以及缓和主义,其中,主观主义要求管理人在行使撤销权时,需要证明行为人具有主观恶意;客观主义只要求行为人存在撤销权行使的客观要件,而不考虑行为的主观要件;缓和主义则是推定行为人具有主观恶意,但行为人提供相反的证据除外。[①] 以《企业破产法》第 32 条针对偏颇行为的破产撤销权为例,其行使条件是否需要具备主观要件,在理论上和实践中争议较多。有观点认为:“就我国破产法第 32 条规定来看,我国破产立法也不考虑行为人当时

---

① 参见崔艳峰、房绍坤:《论主观意思在破产撤销权中的地位》,载《贵州社会科学》2015 年第 4 期。

的主观状态。"[①]也有观点认为,对债务人与债权人之间的交易,无论是否为正当交易,均应当予以撤销,这种做法虽然破坏了交易安全与秩序,但是基于法律明确的规定,当债务人处于破产危机期时,允许作出对先行为的反悔,所有的民事主体都应当承担一致的法律后果,是公平合理的制度安排。[②] 基于此,上述观点认为,《企业破产法》第32条所规定的破产撤销权的行使采取的是客观主义学说,即权利人在行使该权利时无须考虑债权人与债务人之间是否具备主观恶意。但反对该种观点的学说认为,法律应当平衡对不同利益的保护程度,对于个别清偿行为的撤销应当限于恶意所为的范围内,这里的"恶意"不仅要求债务人已知自身具备破产原因,还要求获得受偿的债权人明知债务人不能清偿的事实。[③] 即该观点主张《企业破产法》第32条应采纯主观主义。

由于《企业破产法》第32条并未明确对主观要件加以规定,所以在实践中,法院对破产撤销权的构成要件上多采客观主义学说。例如,在(2013)浦民二(商)初字第934号案件中,法院在论证管理人行使的破产撤销权的构成要件上系从债务人是否具有清偿行为、清偿行为的发生时间是否处于危机期内以及债务人进行清偿时是否已经处于破产界限等三方面进行论证的,并未将债务人与债权人之间是否具有主观恶意作为破产撤销权的构成要件之一。[④]

笔者认为,特别破产撤销权的构成要件不应同破产撤销权一样采纳客观主义学说。这是因为,特别破产撤销权的行使会让民商事法律关系在程序法加持下所获得的安定性受到挑战。同时,不由分说地将通过法定程序获得的利益进行撤销也与尊重破产法之外的法律规范原则相抵触。正因如此,《破产法司法解释(二)》第15条明确规定了"恶意串通"的主观要件,即债务人通过诉讼、仲裁或执行程序进行个别清偿行为时已经明知自身具备破产原因,债权人对此事实在主观上也处于明知状态。"恶意串通"的主观要件是管理人行使特别破产撤销权的必备要件之一,如果债权人与债务人之间不具备恶意串通

---

① 唐军:《论破产撤销权》,载《社会科学研究》2013年第1期。

② 参见王东敏:《新破产法疑难解读与实务操作》,法律出版社2007年版,第198~199页。转引自张志新:《对个别清偿行为行使破产撤销权的构成要件》,载《人民司法》2010年第6期。

③ 参见王欣新:《破产撤销权研究》,载《中国法学》2007年第5期。

④ 参见上海市浦东新区人民法院民事判决书,(2013)浦民二(商)初字第934号。

的主观要件，那么就产生阻碍管理人行使特别破产撤销权的后果。

但是，特别破产撤销权的主观要件采“纯主观主义说”还是“缓和主义说”是有待商榷的。在实践中，法院通常采纳“纯主观主义说”，如在“宁波奉化宝杰废品回收有限公司管理人与广发银行股份有限公司宁波奉化支行请求撤销个别清偿行为纠纷案”中，法院认为：“宁波奉化宝杰废品回收有限公司归还贷款本息的行为也是为了履行法院生效判决，现因原告并无证据显示宁波奉化宝杰废品回收有限公司与被告奉化广发银行存在恶意串通的行为，故依据该条规定，原告同样也不能申请撤销。”①

笔者认为，“纯主观主义说”与“缓和主义说”在诉讼法上的差异是证明责任的分配问题。若采主观主义，则管理人须承担对债权人与债务人具有主观恶意的证明责任；若采缓和主义，法律则推定债务人与债权人具有主观恶意，债务人与债权人认为特别破产撤销权不成立的，则应承担不具有主观恶意的证明责任。很显然，证明责任的分配关乎管理人行使特别破产撤销权的难度，即若采“纯主观主义说”，则加剧管理人证明债务人与债权人具有主观恶意的难度，而采缓和主义则使管理人的证明难度降低。笔者认为，尽管特别破产撤销权需要兼顾司法的权威性与安定性，然而其核心要义仍是维护全体债权人的利益，因此，为了实现这一目标，特别破产撤销权采纳缓和主义更妥帖。不仅如此，这更是因为实践中的不法行为具有隐蔽性特点，作为被临时选任而加入债务人与债权人团体中的管理人很难对债务人与债权人的主观恶意加以证明，所以采缓和主义有利于释放管理人的证明压力，进而打击不诚信行为。

（二）特别破产撤销权客观要件之特殊性分析

尽管特别破产撤销权的客体亦是对全体债权人不利益的欺诈与偏颇行为，然而需要明确什么是特别破产撤销权具体的撤销对象。这决定了在特别破产撤销权的诉讼中诉讼标的与诉讼请求的确立问题。关于具体的特别破产撤销权客体构成内容，理论界主要存在以下观点：

1. 执行行为。有观点认为，特别破产撤销权的撤销对象应是执行法院的执

---

① 浙江省奉化市人民法院民事判决书，(2019)浙0213民初2740号。

行行为。理由是债务人在危机期内通过利用执行名义进行的偏袒清偿是具有非法目的的,尤其是对于恶意通过操纵执行程序而获得清偿的行为,是违背《企业破产法》基本原则的,该执行行为应当予以撤销。[①] 持这种观点的学者还认为,如果破产撤销权不对通过强制执行而受偿的行为予以规制,那么就会促使债权人争相通过诉讼的方式主张债权,而不利于债务人的经营状况以及交易稳定。[②] 但是,笔者不赞同将执行行为作为特别破产撤销权的对象,理由如下:

首先,持这种观点的学者在论证执行行为可以撤销时,分别援引了德日两国破产法中的第141条与第165条的规定作为论据。但是,笔者认为,从上述条文的内容中仅能得出具有执行力的执行名义或者执行行为不能阻碍撤销权行使的结论,并不能得出执行行为是特别破产撤销权的撤销对象这一结论。

其次,执行程序的分类具有广义上和狭义上的区分,前者是指执行法院进行的各种执行措施、执行方法等执行行为;[③]后者则专指开始实行执行行为直到最后终结执行程序为止的执行程序。[④] 对于广义上的执行程序的撤销,大多是由执行法院依职权直接撤销;对于狭义上的执行程序的撤销,一般与执行名义或者执行阻却因素有关,此时执行法院不能主动撤销执行程序而是必须先撤销执行名义。[⑤] 广义上执行程序的撤销乃执行法院的权力范围,撤销的也不是整体执行程序,因此除法院外,其他主体并不享有撤销广义执行程序的权力。狭义上执行程序的撤销启动权为申请执行人或利害关系人所享有,对于狭义执行程序的撤销是对执行名义的撤销,而不是对执行行为的撤销。

最后,在执行程序启动之后,执行法院是通过若干个执行行为的接连组合使申请人获得受偿,而非通过单一执行行为就可以使申请人获得受偿。因此,

---

① 参见王欣新:《破产法》(第3版),中国人民大学出版社2011年版,第140页。

② 参见房绍坤、崔艳峰:《论破产临界期内强制执行行为的撤销》,载《甘肃社会科学》2013年第5期。

③ 执行行为可以分为财产查控行为以及财产处置行为,前者包括查询、扣押、冻结、查封等执行行为,后者包括拍卖、变卖以及裁定以物抵债等执行行为,此外还包括执行和解等执行行为。

④ 参见陈荣宗:《强制执行法》,台北,三民书局1988年版,第131页。

⑤ 参见陈荣宗:《强制执行法》,台北,三民书局1988年版,第131~132页。

在撤销某一具体执行行为时，仅对该执行行为产生效果，撤销效力并不及于整个执行程序。[①] 所以，申请人仅能申请法院撤销某一执行案件中的某一具体的执行行为，而无法申请撤销整个执行案件的执行行为。然而就以撤销执行行为而言，我国《民事诉讼法》第232条规定了针对违法的执行行为的执行异议制度，其中，撤销执行行为的核心要素是执行法院违反法律的规定而作出了侵害执行当事人或者利害关系人的利益的执行行为，若法院作出的执行行为不包含法院自身的违法要素时，申请人是不能申请撤销执行行为的。

2. 自动履行生效法律文书的行为。自动履行生效法律文书的行为，是指当判决书、裁决书、调解书或其他法律文书确定生效时，债务人自动履行生效法律文书所确定义务的行为。然而，该行为是否属于特别破产撤销权的撤销对象亦是值得商榷的。在实践中，确有管理人向法院诉请撤销自动履行法律文书行为的案例，如在浙江省遂昌县人民法院审理的一起案件中，管理人欲撤销债务人在危机期内基于民事调解书所确定的内容向债权人履行的个别清偿行为，但法院最终认为，债权人与债务人之间不存在恶意，故而驳回了管理人诉求。[②] 也有法院认为，自动履行法律文书的行为是可撤销的，如"重庆远衡科技发展有限公司破产管理人等诉重庆神州数码有限公司请求撤销个别清偿行为纠纷案"中，重庆市第五中级人民法院审理后认为，《破产法司法解释(二)》第15条规定所述的个别清偿，即包括了在法院的民事调解书生效之后尚未启动执行程序之前，债务人主动履行生效裁判文书中的债务清偿所形成的个别清偿。[③]

笔者认为，自动履行生效法律文书行为不是特别破产撤销权的撤销对象，具体理由如下：

其一，自动履行生效法律文书的行为是当事人的法定义务。《民事诉讼法》第52条第3款规定："当事人必须依法行使诉讼权利，遵守诉讼秩序，履行发生法律效力的判决书、裁定书和调解书。"因此，债务人自动履行生效判决书

---

① 参见陈荣宗：《强制执行法》，台北，三民书局1988年版，第131页。
② 参见浙江省遂昌县人民法院民事判决书，(2020)浙1123民初375号。
③ 参见重庆市第五中级人民法院民事判决书，(2016)渝05民初1190号。

是履行其法律上应尽的义务,而这种义务本身是不能被撤销的。

其二,在纠纷的产生到纠纷的解决的整体过程中,首先是因为当事人之间形成了基础法律关系,其次是当事人对法律关系的相关要素产生了争议而诉诸法院进行解决,而后法院依法对争议进行裁判,最后是当事人自动履行生效判决所确定的义务或者通过强制执行使债权人获得受偿。故而针对这样一个整体、系统的工程而言,假使存在债权人与债务人之间恶意串通的不法行为,不能仅仅对最后的自动履行生效法律文书所确定的义务进行纠偏而忽视当事人从提起诉讼或申请仲裁、执行就已经具备的违法要素。所以,若仅撤销自动履行生效法律文书的行为,这实际上并未从根本上解决问题。

3. 生效的法律文书。生效的法律文书是否是特别破产撤销权的撤销对象的问题,已经有学者得出了肯定的答案,[①]但理论界尚且缺乏对为什么生效的法律文书是特别破产撤销权的撤销对象的讨论。笔者认为,对全体债权人不利益的生效法律文书方才是特别破产撤销权的唯一撤销对象,具体理由如下:

其一,执行法院的执行行为与债务人的自动履行生效法律文书所确定的义务的行为,无论在学理上抑或是在实践操作中都不能成为特别破产撤销权的撤销对象。特别破产撤销权行使的基础就在于债务人与个别债权人之间存在恶意串通、侵害全体债权人利益的情况。在这种情况下,其侵害对象不仅是全体债权人的共同利益,而且还应当包括司法机关的权威。所以说,仅通过撤销执行行为或者自动履行生效法律文书所确定的义务的行为,即使可能会使全体债权人的权益得以回复,但是无助于修复司法权威受到的损害。作为两全其美的方法,唯有将对全体债权人不利益的生效法律文书作为特别破产撤销权的唯一撤销对象,以维护司法的权威以及全体债权人利益。

其二,撤销对全体债权人不利益的生效法律文书系从根本上解决问题。有观点认为,特别破产撤销权不应当否认生效法律文书的效力,而只是排除履

① 参见邵明舟:《试论对生效裁判和执行行为的破产撤销权》,载《人民司法》2012 年第 19 期。

行行为。[1] 然而,这种观点没有认识到当事人之间通过恶意串通获得生效法律文书而进行不法行为的手段并不具备合法性的根本问题。所以,特别破产撤销权的意义并非仅排除法院的执行行为,而是要在源头上撤销对全体债权人不利益的生效法律文书。

其三,对全体债权人不利益的生效法律文书的取得是破产债务人不法行为的集中体现。首先,如果当事人之间事先进行恶意串通,计划提起诉讼或者仲裁,那么即便诉讼或者仲裁本身所审理的债权债务关系合法,但是诉讼或者仲裁已然成为债权人与债务人之间恶意个别清偿或欺诈的手段;其次,在进行诉讼或仲裁之后,当事人取得了法院或者仲裁庭的生效法律文书,但是对全体债权人不利益的生效法律文书中却含有当事人之间恶意串通、损害其他债权人利益的违法因素;最后,在取得生效法律文书之后,无论是自动履行行为还是通过执行程序而获得受偿,其依据均是具有违法性质的生效法律文书。综上所述,应当将整个债权人与债务人提起诉讼或仲裁——获得生效法律文书、获得债务清偿视为一个整体个别清偿或欺诈行为,而这个整体的个别清偿或欺诈行为最集中体现或者最核心环节就是对全体债权人不利益的生效法律文书。

其四,撤销对全体债权人不利益的生效法律文书不等于否认当事人之间债权债务关系。当生效法律文书被撤销后,债权人依然可以通过破产程序进行申报债权。

在肯定对全体债权人不利益的生效法律文书应是特别破产撤销权的撤销对象之后,还应当对其所包含的范围进行具体探讨。通常而言,通过诉讼方式取得的判决书、调解书是特别破产撤销权的撤销对象,同时部分裁定书也是特别破产撤销权的撤销对象。例如,债务人对本没有提供担保的债务提供财产担保,并假借实现担保物权程序而获得清偿,所以在此程序下作出的裁定书就是特别破产撤销权的撤销对象。同时,通过确认调解协议程序而取得的确认调解协议裁定也是特别破产撤销权的撤销对象。相类似地,通过仲裁方式取

---

① 参见刘敏:《企业破产派生诉讼审理中有关问题的研究》,载最高人民法院民事审判第二庭编:《民商事审判指导》,人民法院出版社 2009 年版,第 250 页。

得的裁决书、调解书也是特别破产撤销权的撤销对象。

需要进一步讨论的则是,赋予强制执行效力的公证债权文书的问题。笔者认为,一方面,对于没有进入执行程序的赋强公证债权文书的自动履行行为,如果债务人存在欺诈行为或者偏颇行为,那么管理人可以根据《企业破产法》第 31 条、第 32 条的规定直接撤销相应行为即可,此时不涉及特别破产撤销权的问题;另一方面,如果赋强公证债权文书进入了执行程序使债权人获得受偿,那么问题就较复杂化了。根据最高人民法院《关于公证债权文书执行若干问题的规定》(以下简称《公证债权文书司法解释》)第 3 条的规定,申请人申请执行赋强公证债权文书时,其执行依据是公证债权文书,同时还需要向执行法院提交执行证书。此类案件的执行名义学界多数学者认可的是公证书。[①] 因此,公证书是此类案件唯一的执行名义,是特别破产撤销权的撤销对象之一。

综上所述,特别破产撤销权的主观要件以及客观要件是其构成要件中的特有部分,也是在《企业破产法》修改过程中需要明确注意的地方。因此,特别破产撤销权除破产撤销权构成的一般要素外,还需要明确在主观上采缓和主义学说,并在客观上将对全体债权人不利益的生效法律文书作为具体的撤销对象。

三、特别破产撤销权之行使路径分析与比较

特别破产撤销权应如何行使是值得讨论的。当前,在理论上与实务操作中至少存在以下 5 种特别破产撤销权的行权路径。笔者将逐一对其进行讨论分析。

(一)路径一:执行异议程序

本路径的法律依据为《民事诉讼法》第 232 条的规定。[②] 在实践中,有管理

---

① 参见百晓峰、董少谋:《公证机构执行证书的性质及相关程序问题》,载《人民法院报》2017 年 7 月 5 日,第 8 版。

② 《民事诉讼法》第 232 条规定:"当事人、利害关系人认为执行行为违反律规定的,可以向负责执行的人民法院提出书面异议。当事人、利害关系人提出书面异议的,人民法院应当自收到书面异议之日起十五日内审查,理由成立的,裁定撤销或者改正;理由不成立的,裁定驳回。当事人、利害关系人对裁定不服的,可以自裁定送达之日起十日内向上一级人民法院申请复议。"

人拟通过此路径行使特别破产撤销权:在贵州省遵义市汇川区人民法院审理的一起案件中,执行法院在破产程序启动前的执行程序中,将债务人对次债务人享有的应收账款转给债权人。当破产程序启动后,管理人认为该行为可能构成个别清偿,应予撤销。管理人首先向执行法院提出执行异议,拟撤销该执行行为。但法院经审查后将管理人提出的异议驳回。当该执行异议被驳回后,管理人又向破产法院提出撤销个别清偿行为诉讼,拟行使特别破产撤销权,但最终未获法院支持。①

笔者认为,管理人无法通过执行异议程序行使特别破产撤销权。这不仅是因为法院的执行行为并非特别破产撤销权的撤销对象,更重要的是,若执行程序已经终结,那么对于一个已经程序终结的案件,管理人是无论如何都不能撤销已经终结了的程序当中的执行行为。因此,执行异议程序不是特别破产撤销权的衔接程序。

(二)路径二:普通诉讼程序

管理人通过普通诉讼程序行使特别破产撤销权是实践中最常见的方式。如在"永州圆东投资置业发展有限公司破产管理人与周某珠、阳某、永州向阳房地产开发有限公司请求撤销个别清偿行为纠纷案"中,管理人向法院提出诉讼,要求撤销被告债权人与破产债务人之间的民事调解书。永州市中级人民法院在审理中认为,根据《企业破产法》第32条以及《破产法司法解释(二)》第15条的规定,破产撤销权所指向的行为是民事主体之间基于意思表示所作出的行为,而该案中,某公司以涉案土地5%的份额折抵借款对阳某进行清偿,虽然发生在法院受理圆东公司破产申请前6个月内,但债务清偿行为是通过诉讼进行的,依据的是法院生效法律文书即民事调解书,该民事调解书是在认定当事人之间行为效力基础上的公权力行为,在对象上不符合撤销权的要件,最终法院驳回了管理人的诉讼请求。②

尽管该案法院不认可调解书是特别破产撤销权的对象,致使管理人诉请未获法院支持。但笔者认为,就诉讼程序的功能而言,生效法律文书的撤销需

① 参见贵州省遵义市汇川区人民法院民事判决书,(2015)汇民商初字第337号。
② 参见湖南省永州市中级人民法院民事判决书,(2018)湘11民初2号。

要具有审判监督功能的程序进行，而普通诉讼程序仅具有解决有关民事权利义务纠纷功能，不具备撤销生效法律文书的审判监督功能①，自然无法在程序中实现撤销生效法律文书的目标。故而该案法院即便认为调解书是特殊破产撤销权的撤销对象，也无法通过普通诉讼程序撤销该调解书。

概言之，当前涉及特别破产撤销权的案例大多未获得法院支持，个中缘由一方面在于原告对特别破产撤销权构成要件的证明失败，另一方面在于普通诉讼程序无法实现撤销生效法律文书的效果。而后者乃关键问题之所在。因此，普通诉讼程序不是特别破产撤销权的合适行使路径。

（三）路径三：审判监督程序

有观点认为，特别破产撤销权可以通过审判监督程序行使，但未详细论述。② 管理人能否启动再审程序以及以什么身份启动再审程序应予讨论。《民事诉讼法》规定了启动再审程序的主体为当事人、法院以及检察院。同时，司法解释对启动再审程序作了补充性规定，《民诉解释》第420条规定："必须共同进行诉讼的当事人因不能归责于本人或者其诉讼代理人的事由未参加诉讼的，可以根据民事诉讼法第二百零七条第八项规定，自知道或者应当知道之日起六个月内申请再审，但符合本解释第四百二十一条规定情形的除外。人民法院因前款规定的当事人申请而裁定再审，按照第一审程序再审的，应当追加其为当事人，作出新的判决、裁定；按照第二审程序再审，经调解不能达成协议的，应当撤销原判决、裁定，发回重审，重审时应追加其为当事人。"

笔者认为，管理人不能以此路径行使特别破产撤销权。理由如下：

首先，管理人不能依据《民事诉讼法》第206条之规定，③以当事人的身份申请启动再审。管理人是特别破产撤销权的权利主体，因此，当管理人在诉讼程序中行使该权利时，应当以自己的名义享有诉讼地位，而非以债务人的诉讼

---

① 本处特指普通诉讼程序中的一审程序。

② 参见王欣新：《破产撤销权研究》，载《中国法学》2007年第5期；房绍坤、崔艳峰：《论破产临界期内强制执行行为的撤销》，载《甘肃社会科学》2013年第5期。

③ 《民事诉讼法》第206条规定："当事人对已经发生法律效力的判决、裁定，认为有错误的，可以向上一级人民法院申请再审；当事人一方人数众多或者当事人双方为公民的案件，也可以向原审人民法院申请再审。当事人申请再审的，不停止判决、裁定的执行。"

代表人的名义参与诉讼。因此,管理人在行使特别破产撤销权时,不能以债务人诉讼代表人的名义申请启动再审程序。

其次,管理人也不能按照《民诉解释》第 420 条的规定行使特别破产撤销权。在多数人诉讼中,诉讼标的为同一个的是必要共同诉讼,该诉的当事人为必要共同诉讼当事人。可是,管理人与拟再审诉讼中的诉讼标的没有实质关联,亦非是拟再审诉讼中任何一方的必要共同诉讼人,因此,管理人不能根据该条规定,启动再审。

故而审判监督程序不适宜作为特别破产撤销权的衔接程序,实践中亦尚未有通过审判监督程序行使特别破产撤销权的案例。

(四)路径四:执行异议之诉

管理人是否可以依据《民事诉讼法》第 234 条的规定行使特别破产撤销权?① 笔者认为,应分下列情况进行具体讨论:

首先,如果债务人与债权人在获得生效法律文书后,没有通过执行程序而是自动履行生效法律文书所确定的义务,则完全不存在特别破产撤销权通过该路径的行使空间。

其次,如果执行程序在破产程序启动之前已经终结,此时管理人也无法提起执行异议,也失去提起再审进而撤销生效法律文书的可能。尽管有学者主张,应当对《民事诉讼法》第 234 条中的"执行过程中"进行扩大解释,即当执行行为处于债务人破产危机期且债务人已经具备破产原因的,那么只要破产程序没有终结,则该执行行为始终处于"执行过程中",即便执行程序已经终结,管理人依然可以根据《民事诉讼法》第 234 条的规定申请再审。② 但笔者认为,这种观点在实践中难以成立。因为管理人无法对一个事实上已经执行终结的案件提出执行异议,因而也就无法按照再审程序行使特别破产撤销权。

---

① 《民事诉讼法》第 234 条规定:"执行过程中,案外人对执行标的提出书面异议的,人民法院应当自收到书面异议之日起十五日内审查,理由成立的,裁定中止对该标的的执行;理由不成立的,裁定驳回。案外人、当事人对裁定不服,认为原判决、裁定错误的,依照审判监督程序办理;与原判决、裁定无关的,可以自裁定送达之日起十五日内向人民法院提起诉讼。"

② 参见房绍坤、崔艳峰:《论破产临界期内强制执行行为的撤销》,载《甘肃社会科学》2013 年第 5 期。

最后，如果在破产程序启动时，应被撤销的法律文书尚处于执行程序中，那么，根据《企业破产法》之规定应当执行中止，此时管理人可以依照《民事诉讼法》第234条之规定以案外人的身份提出执行异议行使特别破产撤销权，如果该异议被驳回的，则仍根据该条规定依法启动再审程序，行使特别破产撤销权。但是，若管理人在提出执行异议阶段就获得了法院的支持，进而导致了后续程序无法启动，此时因生效法律文书未被撤销，所以也不能实现特别破产撤销权。

因此，该路径唯有在特定情况下，方可实现特别破产撤销权。

（五）路径五：第三人撤销之诉

特别破产撤销权提起的诉讼应属于形成之诉。形成之诉可以分为实体法上的形成之诉与诉讼法上的形成之诉，二者的区别在于前者以实体法上形成权的存在为前提条件，而后者则可不以形成权的存在为前提条件。在程序功能方面，前者仅作为形成权的实现程序，而后者除作为形成权的实现程序外，还会发挥剥夺执行名义的执行力、宣告已经发生的执行程序无效等诉讼法上的功能。①

因特别破产撤销权意在撤销对全体债权人不利益的生效法律文书，所以实体法上形成之诉无法解决此问题，唯有通过诉讼法上的形成之诉加以解决。我国《民事诉讼法》第59条第3款规定的第三人撤销之诉是典型的诉讼法上的形成之诉，具备撤销生效法律文书的程序功能。②

笔者认为，管理人可通过提起第三人撤销之诉行使特别破产撤销权。理由如下：

其一，第三人撤销之诉与特别破产撤销权的价值理念相匹配。起源于法

---

① 参见肖建华：《民事诉讼当事人研究》，中国政法大学出版社2002年版，第119页。

② 《民事诉讼法》第59条第3款规定："前两款规定的第三人，因不能归责于本人的事由未参加诉讼，但有证据证明发生法律效力的判决、裁定、调解书的部分或者全部内容错误，损害其民事权益的，可以自知道或者应当知道其民事权益受到损害之日起六个月内，向作出该判决、裁定、调解书的人民法院提起诉讼。人民法院经审理，诉讼请求成立的，应当改变或者撤销原判决、裁定、调解书；诉讼请求不成立的，驳回诉讼请求。"

国的第三人撤销之诉是一种特别的程序性救济方式。[①] 在我国民事诉讼领域中，虚假诉讼、恶意诉讼等一系列违法诉讼现象高发，当事人违背诚实信用原则进行民事诉讼并非鲜见，第三人撤销之诉正是在此现实背景之下被引入我国民事诉讼体系当中。该制度的立法目的是为受生效裁判不利影响的第三人提供救济[②]，即第三人可以通过第三人撤销之诉，撤销他人之间在诉讼中形成并侵害本人利益的错误生效法律文书，实现对本人民事权益的保障与事后救济。[③] 所以，第三人撤销之诉具备天然的打击虚假诉讼、恶意诉讼、冒名诉讼等违法诉讼程序的价值理念，而这种程序理念正好与特别破产撤销权所追求的价值理念相匹配。

其二，第三人撤销之诉与特别破产撤销权的功能相契合。特别破产撤销权虽实质上是否认债务人与债权人之间的欺诈与偏颇行为，但特别之处在于，它还需否认与欺诈、偏颇行为相关联的生效法律文书。而第三人撤销之诉恰巧具备否认生效法律文书的程序功能，故而其与特别破产撤销权具有功能上的契合性。

其三，第三人撤销之诉具有与特别破产撤销权衔接较合理的程序构造。第三人撤销之诉与执行异议之诉相较而言，它克服了案外人必须经过执行程序后方可再申请再审的程序障碍，极大地为管理人行使特别破产撤销权提供程序的便利，完美地与特别破产撤销权相衔接。同时，将之与普通诉讼程序以及其他程序相比较，它作为一种特殊的监督程序具备普通诉讼程序不具有的撤销裁判文书功能，弥补了普通诉讼程序本身的程序功能的空白。再者，第三人撤销之诉与执行异议程序相比较，它完全满足了特别破产撤销权的撤销对象是生效法律文书而非执行行为的关键性要件。

尽管第三人撤销之诉是特别破产撤销权比较理想的行权方式，可是现行法关于第三人撤销之诉的规定仍存在与特别破产撤销权难以完全契合的地方，例如，该诉目前却仅能满足对生效判决书、裁定书以及调解书的撤销，而无

---

① 参见张卫平：《民事诉讼法》（第4版），法律出版社2016年版，第385页。

② 参见吴泽勇：《第三人撤销之诉的原告适格》，载《法学研究》2014年第3期。

③ 参见张卫平：《中国第三人撤销之诉的制度构成与适用》，载《中外法学》2013年第1期。

法满足对仲裁裁决书、调解书以及公证书等特别破产撤销权全部对象的撤销。此外，管理人提起第三人撤销之诉已有程序时段限制，即管理人仅能在破产程序启动后，债务人未经执行程序而自动履行生效法律文书以及执行程序虽已终结但该执行名义应被撤销时，向法院提起第三人撤销之诉以行使特别破产撤销权。

四、特别破产撤销之诉的设立与程序构造

经前文分析可知，现有法律程序虽然某些特定情况下可与特别破产撤销权相衔接，但无法满足特别破产撤销权所针对的全部情况。因此，笔者认为，可以在诉讼法上的形成之诉的程序原理基础上，以第三人撤销之诉为参照，单独在破产程序中设立特别破产撤销之诉作为特别破产撤销权的行权方式。

（一）单独设立特别破产撤销之诉的意义

笔者认为，应在我国未来《企业破产法》修改时，单独设立特别破产撤销之诉。单独设立该制度具有如下意义：

其一，单独设立特别破产撤销之诉有助于充分发挥特别破产撤销权的功能。民事权利的有效行使与保障有赖诉讼程序中的国家强制力。普通诉讼程序虽然可以基本涵盖所有因民事权利义务而产生的纠纷解决，但随着民事权利发展的精细化，新兴权利不断兴起以及民事纠纷日益复杂化等趋势，与之相对接的民事诉讼程序也需要不断地与民事实体权利的发展相协调。因此，为了充分发挥特别破产撤销权的功能，有必要单独在《企业破产法》中设置与之相衔接的特别破产撤销之诉。

其二，单独设立特别破产撤销之诉有利于助推第三人撤销之诉的改革与完善。第三人撤销之诉在被引入我国民事诉讼体系之中时，就伴随极大的争议，例如，其与既判力相冲突的问题以及与审判监督程序的衔接问题等。同时，理论界关于第三人撤销之诉的对象范围是否可以扩大至仲裁裁决等生效法律文书的问题上，亦是颇具争议。本着具体问题具体分析的思路，同时结合《企业破产法》与《民事诉讼法》的特别关系，笔者认为，通过在《企业破产法》

中单独设立特别破产撤销之诉并将全部类型的生效法律文书包含在撤销之诉的范围内的做法,可以作为未来我国《民事诉讼法》中第三人撤销之诉改革与完善的有力论据之一。

其三,单独设立特别破产撤销之诉有助于丰富诉讼法上形成之诉的类型。如同破产撤销权与特别破产撤销权是一般与特殊之间的关系一样,诉讼法上的形成之诉与特别破产撤销之诉也应是一般与特殊的关系。民事实体权利在演变过程中逐渐在一般权利基础上衍化特殊权利,同样,诉讼程序在发展过程中,除要不断地与实体权利、纠纷解决相适应外,诉讼程序本身也会不断地进行衍化——从通常程序中衍化出特殊程序。所以,单独设立特别破产撤销之诉的做法,一方面可以充分体现出特别破产撤销之诉的特别所在,另一方面也体现出了破产程序与民事诉讼程序特别与一般的关系,并将特别破产撤销之诉视为民事诉讼程序的有益补充。因此,单独设立特别破产撤销之诉有助于体现民事程序自我发展与完善的独立性和多样性。

(二)特别破产撤销之诉的程序构造

1. 特别破产撤销之诉的诉讼地位

在我国司法实践当中,由破产撤销权引发通常撤销之诉中当事人的诉讼地位是:原告为管理人,而被告则仅为受益债权人,债务人一般不被列入诉讼主体之中,也不参加诉讼,否则可能在实务中引发管理人“自己告自己”的悖论。日本法认为,撤销权行使的相对方仅能是受益人,而破产人不能成为该权利行使的相对方;[①]但是,德国法却认为,可以针对债务人、相对人以及相对人的继受人或者其他整体权利继受人行使撤销权。[②]

笔者认为,特别破产撤销权系管理人以自己的名义享有的权利之一,所以在撤销之诉当中管理人当然享有原告地位,而并非以债务人之诉讼代表人的身份参加诉讼。特别破产撤销之诉的被告,应当以拟撤销的生效法律文书中

① 参见[日]谷口安平主编:《日本倒产法概述》,佐藤孝弘、田言等译,中国政法大学出版社2017年版,第177页。

② 参见乔博娟:《论破产撤销权之行使——兼析最高人民法院关于适用〈企业破产法〉若干问题的规定(二)》,载《法律适用》2014年第5期。

的主体为被告。债务人作为生效法律文书中的主体之一，当然是特别破产撤销之诉中的被告，且不会产生“自己告自己”悖论。理由如下：

其一，管理人正是因为破产债务人与全体债权人之间的相互不信任与矛盾利益冲突，继而双方迫切地需要相对中立的第三方来主持财产分配的事项而产生的。因此，管理人最本质的工作就是管理债务人的财产。但凡有危害债务人财产的行为出现，管理人都有打击此类行为的天然职责，即便是债务人自己作出的行为也不例外。

其二，无论是欺诈行为还是偏颇行为，破产债务人都是这两种行为的作出主体之一。因此，特别破产撤销权必然指向破产债务人，破产债务人也自然就成为特别破产撤销之诉的被告。故而没有理由将应被撤销行为的作出主体排除在特别破产撤销权以及特别破产撤销之诉以外。

其三，《企业破产法》第 25 条关于管理人职责的规定与公司正常状态下的法定代表人的职责范围基本保持一致。就诉讼代表资格而言，因公司属于法律拟制主体，不可能自己参加诉讼，因此，需要有人代表或接受公司委托代理参加诉讼，而管理人被法律赋予代表破产债务人参加诉讼或仲裁与公司正常状态下法定代表人代表公司参加诉讼或仲裁的原因是一致的，都是基于法定诉讼担当的原因。但是，这并不意味着管理人或者法定代表人仅享有诉讼实施权，而丧失了独立享有诉讼地位参加诉讼的机会了。在正常的公司诉讼案件中，存在大量的原告自然人是被告公司的法定代表人，但与被告发生纠纷而诉诸法院的案例，例如，某一自然人既是公司的法定代表人又是该公司的股东，但因股东知情权纠纷而向法院起诉。在这类诉讼中，该自然人应当以自己的名义作为原告起诉作为被告的公司。所以，当管理人以自己名义独立作为原告起诉债务人时，也并不会存在“自己告自己”的问题。

因此，对于管理人可能存在“自己告自己”的问题仅是一个“迷宫”而已，是一个伪命题，债务人在特别破产撤销之诉中的被告资格不应被否认。

2. 特别破产撤销之诉之起诉时限

我国《企业破产法》中对于破产撤销权没有关于除斥期间的规定，通常认为，管理人行使破产撤销权的起止时间为破产受理之日起至职务终止之日止。[①] 因此，管理人提出通常破产撤销权诉讼时，无须考虑除斥期间，仅考虑被诉行为发生时间即可。

与普通撤销之诉不同，法律需要对诉讼法上的形成之诉之提起加以时间的限定，以保障程序的安定性。例如，《民事诉讼法》规定，第三人应当在知道或应当知道权益被侵害之日起的6个月之内提起第三人撤销之诉，同时法律也规定了案外人应当在收到异议裁定之日起的15日内向法院提出执行异议之诉。

《企业破产法》同样应当对原告提起特别破产撤销之诉的起诉时限加以规定。在起诉时限的划定的原则上，需要考虑破产程序的特殊性、落实债务人财产价值最大化原则与维护债权人利益原则，以及管理人提起特别破产撤销之诉的现实难度等因素——既不能完全任意由管理人自行决定提起特别破产撤销之诉的时间，也不能过分增加管理人的履职难度。因此，笔者认为，《企业破产法》应当规定破产程序启动后，管理人自知道或应当知道存在应被撤销的生效法律文书之日起的1个月内，应向法院提起特别破产撤销之诉。

3. 特别破产撤销之诉的证明责任分配

在特别破产撤销之诉中管理人仅需对客观行为、行为的发生时间以及债务人何时处于破产界限等问题负证明责任。前文已述，特别破产撤销权应采缓和主义为构成要件，所以原告对被告是否存在主观恶意无须承担证明责任，而是由法律推定被告存在主观恶意，此时特别破产撤销之诉的被告，即拟被撤销生效法律文书的当事人，应当对他们之间不存在主观上的恶意串通负证明责任。

4. 特别破产撤销之诉的法律后果

在特别破产撤销之诉的法律后果上，如果受益债权人是通过执行程序而获得清偿的，则当生效法律文书被撤销后，管理人可根据《民事诉讼法》第240条的规定申请执行回转；如果是获得生效法律文书后，债务人自动清偿的，则管理人应当同时请求法院依法判令返还相应财产。若被撤销的法律文书涉及对待给付的问题，则管理人应返还债权人相应财产，如果应返还的财产已经与

---

① 参见董璐、杨遂全：《我国〈破产法〉偏颇性清偿制度的疏漏与完善——基于比较分析的视角》，载《河南师范大学学报（哲学社会科学版）》2018年第3期。

债务人财产难以区分,则应按共益债务处理。[①]

五、结论

我国当前的制定法对于特别破产撤销权制度规定得较简单,在实践中操作各样,不利于统一裁判观点,维护司法权威。在构建特别破产撤销权制度上,应在构成要件上明确因欺诈或偏颇行为而产生的生效法律文书是特别破产撤销权之具体的撤销对象,在主观上应改变现有的纯主观主义而规定为缓和主义。同时,特别破产撤销权行使的方式上,应以第三人撤销之诉为基础,在《企业破产法》中单独设立特别破产撤销之诉,以作为特别破产撤销权的衔接程序。在该诉之中,应当明确管理人为该诉的原告,生效法律文书中的主体为该诉的被告,明确在破产程序启动后,管理人自知道或应当知道存在应被撤销的生效法律文书之日起的1个月内提起特别破产撤销之诉,明确由被告对其不存在主观上的恶意串通负有证明责任,以及明确在生效法律文书被撤销后,债权人应返还相应财产并可以申报债权等法律后果。

① 共益债务,是指在破产程序启动后为全体债权人的利益所发生的债务。与普通破产债务相比,共益债务具有优先清偿的特性。《企业破产法》第42条规定:"人民法院受理破产申请后发生的下列债务,为共益债务:(一)因管理人或者债务人请求对方当事人履行双方均未履行完毕的合同所产生的债务;(二)债务人财产受无因管理所产生的债务;(三)因债务人不当得利所产生的债务;(四)为债务人继续营业而应支付的劳动报酬和社会保险费用以及由此产生的其他债务;(五)管理人或者相关人员执行职务致人损害所产生的债务;(六)债务人财产致人损害所产生的债务。"

第十一章　个人破产惩戒制度构建

破产惩戒制度是破产程序中一项重要制度，是指个人破产法对于那些违反法定义务的债务人进行的惩戒措施的总和。破产法得以有效发展，离不开破产惩戒制度的保障。当前，在我国个人破产法立法与实践中，如何判断“诚实而不幸的”债务人，以及如何惩罚那些利用破产程序进行逃债的债务人等问题尚不十分清晰。这些问题的解决有赖对破产惩戒制度与个人破产程序的内在关系进行体系化分析。

破产惩戒主义与破产不惩戒主义是各国破产法立法中所秉持的主义。前者多将破产视为一种犯罪，并将破产制度当作对债务人的惩罚。后者则仅针对债务人的财产进行处置，对债务人的人身身份不作公法或私法上的限制。①

破产法从破产惩戒主义发展到破产不惩戒主义，标志着破产法逐渐从野蛮走向文明。破产法从罗马法以降，发展到现代意义上的破产法，其本意完全不包括帮助债务人合法“逃废债”。然而，如何利用惩戒制度

---

① 参见陈计男：《破产法论》，台北，三民书局 2008 年版，第 15～18 页；罗培新主编：《破产法》，格致出版社 2009 年，第 8 页。

防范债务人在破产程序中出现欺诈行为，各个阶段法律的要求并不一样。罗马法时期破产惩戒制度的内容十分残忍，所以罗马法时代的债务人，如果有不诚信的行为，那么其会付出自由甚至生命的代价。现代意义上的破产法，虽摒除了破产惩戒主义的思想，对丧失清偿能力的债务人报以宽容的心态，但对于那些利用个人破产程序进行“逃废债”的债务人，仍施加严厉的惩罚。同时，即便债务人是“诚实而不幸的”，但其进入破产程序的原因可能是其经营水平、管理能力或者经济信誉上的不足。所以，法律应当从公法或私法上对其权利或资格加以一定的限制，使之不得像常人一样享有权利、履行义务。[①] 个人破产惩戒制度通过对债务人以及其他主体特殊资格的剥夺等措施，既可以防止出现假借个人破产的名义施行恶意逃债的现象，又可以使自然人认识到过度消费、盲目投资的严重后果，从而警示其主动还债，审慎行事。[②]

一、国外个人破产惩戒制度概述

（一）法国法上的个人破产惩戒制度

相较古代破产法对待破产债务人极其严苛的惩戒主义而言，现代各国破产法普遍采纳破产不惩戒主义的观点，对待破产债务人秉持较宽容、人文的态度。然而，现代破产法中的破产不惩戒主义仅是对那些诚实而不幸的债务人不采取破产惩戒措施。但是，现代破产法仍然会惩戒那些存在破产欺诈、恶意消耗财产以及在企业经营失败中存在过错的债务人或债务人的领导人。

法国破产法采一般破产主义，但因民商分立的立法模式，故而法国破产法体系由两部分组成：一是规定在法国《商法典》中针对商人债务清理的集体程序；二是规定在法国《消费法典》中针对消费者债务超负的处理程序。

法国《商法典》存在 3 种惩戒制度，分别是民事赔偿责任惩戒制度、个人破产惩戒制度以及破产刑事责任惩戒制度。具体论述如下。

---

① 参见汤维建：《论破产法上的复权制度》，载《法学家》1996 年第 5 期。

② 参见李帅：《论我国个人破产制度的立法进路——以对个人破产“条件不成熟论”的批评而展开》，载《商业研究》2016 年第 3 期。

1. 民事赔偿责任惩戒制度

法国破产法上的民事赔偿责任惩戒与我国《企业破产法》第125条的规定具有相似之处。它是指凡是对进入破产程序的企业负有经营管理职责的人，若对企业在司法清算中出现资产不足的状况具有管理上过错的，则需要承担资产不足的部分或全部的连带责任。该种惩戒的主体范围包括法人的领导人、作为此种领导人的法人所委派的自然人常任代表以及有限责任个人企业主等。

具体操作是由清算人、检察院或监督人在自债务人被宣告司法清算之日起的3年内，向法院通过诉讼的方式进行责任追究。通过诉讼追获的款项可用于清偿债务人的债务，但被惩戒的主体即便对债务人享有债权，也不得参与分配此部分款项。

2. 个人破产惩戒制度

法国破产法语境下的"个人破产"与我国破产法语境下的"个人破产"存在本质区别。法国法中的"个人破产"并不是指适用于个人的破产程序，而是与我国法语境中的"破产失权制度"存在相似之处。它是指在适用司法重整或司法清算程序中的有关人员，被发现具有某些不诚信、破产欺诈等损害债务人财产、破坏债权人利益的行为时，可宣告其个人破产，剥夺其某些民事权利或资格。

该项惩戒的主体除民事赔偿责任惩戒的主体范围外，还包括从事商业、手工业的自然人、农业生产者以及从事独立职业的自然人。

个人破产惩戒的行为对象分为一般行为与特别行为。其中，一般行为，是指不区分被惩戒主体职业的特殊性，只要行为人从事了相关行为，那么该行为人就会被惩戒。这些行为具体包括不履行民事赔偿责任、违背法律规定从事了被禁止的职业、低价出售货物或故意消耗资产以推迟或避免司法重整或司法清算程序的开展、明知企业状况但为他人利益以没有任何对等代价而作出相关承诺、危机期内对债权人进行偏颇清偿、在程序中不履行配合义务或妨碍程序的正常进行、隐匿会计账簿、不制作或虚构账目以及虚构债权等。如果前述主体在企业已经亏损的状态下，继续滥用管理职权最终导致企业破产的，以及存在挪用或隐匿资产或者虚构债务的,那么前述主体也应被宣告个人破产。

特别行为是针对不同的职业主体规定了不同的需要被惩戒的行为。其中,有限责任个体企业主若存在随意处分债务人财产、以合法程序掩盖非法目的以及为本人或他人利益而损害企业利益等行为的,均需要被宣告个人破产。法人若具有处分混同财产、为本人利益而非为法人利益从事商业行为、违反有利于法人利益的原则将法人的资产或信贷用于本人或他人、为本人利益滥用经营职权而最终导致企业经营失败以及挪用或隐匿法人财产、增加虚构债务等行为的,则该领导人应被宣告个人破产。

被宣告个人破产的当事人将直接或间接地丧失法国《商法典》中规定的领导、经营、管理或监督企业的权利或资格。换言之,其不能以商人的身份从事商业行为。同时,法院还可以宣告当事人丧失担任公职的资格。但是,为了减轻宣告个人破产对当事人的影响,法院可以选择性地宣告禁止当事人直接或间接领导、管理或监督任何商业企业、手工业企业、农业企业或任何法人中的一项内容作为宣告当事人个人破产的替代性措施。例如,前述主体在企业已经具备破产原因时,未在法定期限内及时履行破产申请义务,则法院可宣告当事人禁止管理企业,替代宣告个人破产。在惩戒期限上,当事人被宣告个人破产或某项替代性措施的持续时间最长可达 15 年,而宣告禁止担任公职的最长期限则不超过 5 年。

当事人被宣告个人破产或替代性措施后,如果债务人企业正处于司法重整程序或司法清算程序,那么该当事人将在企业的股东大会上丧失相应表决权。表决权由法院指定一名代理人负责行使。法院可以责令或在代理人评估鉴定之后,强制当事人转让股权。

在具体操作上,司法代理人、清算人以及检察院可向法院提出相关诉讼。如果司法代理人没有在法定期间内提出有关诉讼,那么监察人可以向法院起诉追究。

惩戒期限届满以及因负债消灭而程序终结之时,当事人所有被限制的权利或资格均自动恢复。如果有第三人对债务人的债务进行了部分清偿,那么,该第三人有权向法院申请撤销对当事人的惩戒措施。如果被宣告惩戒措施的当事人可以提供担保，以证明其有能力行使经营职权的，那么其可向法院申请撤销对本人的惩戒措施。

法国对待消费者在破产程序中出现欺诈问题的态度较柔和。法国《消费法典》在第七卷“超负债状况的处理”作出了相关规定。根据该法典第L761－1条以及第 L761－2 条之规定，对于故意作出虚假陈述或提交不正确文件的任何人，挪用、隐匿或企图挪用隐匿其全部财产的任何人，以及在超债务处理程序中债务人没有经过债权人、个人超负债委员会或法官的同意而借入新贷的或进行财产处置的任何人，个人超负债委员会应在 1 年之内向法院提出诉讼，要求撤销已经进行的程序。

这意味着，具有破产欺诈的消费者债务人，法律仅是废止了其获得超债务处理程序救济的资格，却并未对其加以与商人破产欺诈类似的民事赔偿责任惩戒、个人破产惩戒以及破产刑事责任惩戒等措施。

（二）英国法上的个人破产惩戒制度

英国法上的惩戒制度主要有如下方面：

1. 破产限制令惩戒

债务人启动破产程序后，其在公法上或私法上的身份或权利可能会受到一定的限制。破产限制令惩戒涉及 14 大项、84 种具体情形。① 但英国法本着拯救债务人的目标，通常在破产程序结束后，解除对破产人相应的破产限制措施。但是，如果破产人在破产程序中被发现有不诚信行为，法院依然可以根据相关人员的申请，对破产人作出相应的限制令措施。②

2. 债务纾缓限制令惩戒

在债务纾缓程序中，债务人获得债务纾缓令的 12 个月之后，没有清偿的债务就会被解除。但是，如果在此期间发现债务人存在不诚信的行为，那么官方接管人或者法院将会发出债务纾缓限制令，延长对债务人的限制措施。③

① 参见徐阳光：《英国个人破产与债务清理制度》，法律出版社 2020 年版，第 198～207 页。
② 参见徐阳光：《英国个人破产与债务清理制度》，法律出版社 2020 年版，第 194～195 页。
③ 参见徐阳光：《英国个人破产与债务清理制度》，法律出版社 2020 年版，第 132～133 页。

（三）德国法上的个人破产惩戒制度

德国法中的个人破产惩戒制度主要表现为破产刑事责任惩戒制度、不予免责惩戒以及失权制度。德国破产法虽强调，破产程序并非以拯救债务人为立法宗旨，而是落实债务人实体法上的责任，但其破产惩戒制度的核心要义仍是惩戒在破产程序中相关主体的不诚信行为。具体如下：

1. 不予免责惩戒

余债免除利益是现代破产法给予诚实而不幸的债务人的利益之一。因此，只有诚信而不幸的债务人方可享有。如果债务人不是诚实而不幸的，那么其就不能获得破产法中的余债免除利益。德国法亦是采纳这个观点，其规定如果债务人实施了德国《刑法典》中第283条至第283c条与第263条中的犯罪行为，那么其无法获得余债免除的利益。①

2. 失权措施

德国破产法并未直接规定破产程序启动后，债务人会丧失或被暂停行使某些职业资格。这类失权措施通常在职业法上加以规定。在破产程序启动后，某些自由职业者的资质可能会因资产危机情况而被撤销，例如，律师、建筑师、公证员、税务师、审计师、商事案件合议庭陪审员以及名誉法官等。②

然而，并非只要自由职业者作为债务人进入破产程序的，就必然遭受失权惩戒。例如，德国《联邦律师法》规定，如果进入破产程序的律师没有给诉求法律人的利益带来威胁，则其执业资格可不被撤销。而不受威胁的具体情况可以包括该债务人律师制订了且被法官认可的破产计划以及已经制订偿债协议且有获得余债免除的希望。③

---

① 参见［德］莱茵哈德·波克：《德国破产法导论》（第6版），王艳柯译，北京大学出版社2014年版，第231页。

② 参见［德］乌尔里希·福尔斯特：《德国破产法》（第6版），张宇晖译，中国法制出版社2020年版，第89~90页。

③ 参见［德］乌尔里希·福尔斯特：《德国破产法》（第6版），张宇晖译，中国法制出版社2020年版，第89页。

二、个人破产惩戒制度的构成

从比较法上的规定可知，个人破产惩戒制度并非仅仅是关于惩罚措施的规定，还需要结合个人破产法对于债务人或其他参与程序主体在破产程序中所负义务的内容规定。唯有当债务人或者其他程序主体在违反法律所规定的义务时，惩戒措施方可根据行为人所实施的行为而作出相应的制裁措施。在考察域外立法特点的基础上，笔者认为，个人破产惩戒制度的具体内容可由下列部分构成。

（一）程序参与主体应负的法律义务

我国未来个人破产法应当分别针对不同的法律主体，设定不同的法律义务。具体如下：

1. 债务人所应负的法律义务

（1）及时申请破产义务

就破产法的演变历史而言，破产申请权最初是仅属于债权人的一项权利。然而随着社会发展、观念进步，人们普遍认为债务人也应享有申请破产的权利。但是，债务人所享有的这项权利也有与之相伴的义务——及时申请破产的义务。该义务要求，当债务人具备破产原因时，应当毫不延迟地申请破产，否则其应当承担相应的法律责任。这是因为，债务人如果已经出现不能清偿到期债务的情况，但又没有及时申请破产，则具有继续消耗其财产的可能，这会使债权人的权益严重受损。所以，若债务人没有履行及时申请破产义务，那么其就是不诚实的，应负担相应的法律义务。

（2）禁止恶意消耗债务人财产义务

禁止恶意消耗债务人财产义务应从主、客观两方面进行诠释。一方面，债务人在客观上不应当通过过度消费、过度负债等方式追求不能清偿到期债务的状况发生，或者在债务人已经出现不能清偿到期债务时，不应有继续透支消费、大量举债等行为。另一方面，债务人在主观上不应明知自己的行为会导致自身破产并使债权人的利益受损，但仍积极追求这种结果的发生。如若债务人违反禁止恶意消耗债务人财产义务，那么也不能认定其是诚实而不幸的。

(3)禁止诈欺与偏颇清偿义务

我国《企业破产法》第31条、第32条规定了管理人的撤销权,其针对的行为对象包括债务人在申请破产的一年内存在无偿转让财产的行为、以明显不合理的价格进行交易的行为、对没有财产担保债务提供财产担保的行为、对未到期债务提前清偿的行为以及放弃债权的行为,同时对于债务人在危机期内仍向个别债权人进行清偿的偏颇行为也予以撤销。这些行为在破产申请前的规定时间内是不能够存在的。这是因为上述行为减损了债务人财产的价值,使债权人在破产程序中能够获得分配的利益变少。故而在个人破产程序中具有以上行为的债务人,不是诚实而不幸的。

(4)破产程序进行时的配合义务

破产程序进行时的配合义务,是指凡是进入破产程序的债务人均应当配合法院、管理人以及债权人会议等相关主体的工作,具体内容包括但不限于如实提供完整的破产申请资料、按照要求提交个人征信报告、如实申报个人财产状况、保管好并按照要求提交个人债权债务清册、妥善保管债务人财产、不得隐匿或转移财产、全力配合管理人对其进行财产调查、出席债权人会议并接受债权人质询、不得擅自离开住所地、个人通信须接受限制、向新债权人如实披露自身处于破产程序之中、主动接受各方主体的监督以及积极与债权人团体达成和解或重整协议等。债务人的程序配合义务,一方面可以起到让那些肯与债权人合作的债务人获得余债免责优待的作用,另一方面可以起到督促债务人尽全力向债权人交出全部责任财产,以便债权人在最大范围内获得更多清偿的作用。该义务是判断"诚实而不幸的债务人"的主要识别依据。

(5)破产程序终结后的义务

破产程序终结后的义务,是指在破产清算程序以及破产和解程序、重整程序终结后,破产人或债务人在免责程序以及偿债协议的执行阶段所负有的义务。该义务在不同的程序中表现出不同的内容,如在破产清算程序终结后的免责程序中,破产人应当负有严格遵守失权规定的义务、积极寻找工作并努力偿债的义务。而在破产和解或重整程序终结后的偿债协议执行阶段中,债务人负有努力工作的义务、恪守履行偿债计划的义务等。此外,债务人或破产人在此程序阶段还负有一些共同的义务，如定期地向管理人如实报告财产状况、接受管理人与债权人监督等。同样，破产人或债务人如果不能遵守上述义务的，那么不能认定债务人或破产人是诚实而不幸的，应当追究他们的法律责任。

从上述债务人应负有的法定义务的内容可以看出，它们均源于破产程序中的诚实信用原则。这也表明了破产法的立法宗旨：仅为那些遭遇债务危机的不幸且诚实的债务人提供破产保护，对于那些因自己不当行为引起破产或不诚实的债务人，破产法没有为其提供破产保护的正当性理由。

在个人破产程序中，债务人的亲属、共同居住人甚至朋友等关系密切的相关主体，也应当负有程序配合义务，例如，配合法院、破产行政管理机构、管理人、债权人会议等相关主体的调查、如实答复相关主体的提问、如实陈述相关问题等。之所以对与债务人关系密切的相关主体施加一定的法律义务，是为了调查债务人在具备破产原因之前或之后是否存在故意隐瞒财产、恶意转让资产等不诚信行为。由于具有恶意"逃废债"意图的债务人，最有可能向与之有亲密关系的人转移财产，所以法律对相关配合调查主体的范围不应作出具体限定。

2. 债权人所应负的法律义务

笔者认为，债权人在破产程序中同样负有法律义务，具体论述如下。

(1) 如实申报债权义务

作为一种集体清偿程序，债权人在破产程序中申报的债权数额决定了将债务人财产分配给谁、分配多少等关键性问题。因此，债权人在破产程序中应当准确、如实地申报债权。违反该义务的具体表现包括但不限于：其一，申报虚构不存在的债权，即债权人向管理人申报的债权根本不存在，却故意捏造了债权进行申报。其二，申报不真实的债权。这种情况属于债权是存在的，但是债权人故意改变了原债权的性质、数额等，例如，债权人故意将普通债权或劣后债权伪造成优先债权进行申报，又或者债权人故意变造债权具体的数额等。

(2) 勤勉义务

勤勉义务并非所有债权人均应负有的义务，而是那些被选任为债权人委员会的债权人所应负有的义务。该义务要求，债权人委员会的组成人员应当严格遵守法律规定进行履职，不得在履职过程中具有与管理人或债务人等其他利益相关主体合谋串通、侵害全体债权人利益的行为。

债权人或债权人委员会的成员若违反上述义务，实质上是违反了破产法中的公平清偿原则，即该行为有损于全体债权人的利益，法律应当予以破产惩戒。

3. 管理人应负的法律义务

管理人是破产程序中的重要机关。管理人在破产程序中是否勤勉履职直接影响债务人财产价值最大化原则以及公平清偿原则的实现。因此，管理人在破产程序中也应当遵守相关法律义务。

管理人除在破产程序中应当尽勤勉义务，尽全力实现债务人财产价值的最大化，并维护全体债权人利益外，还应当廉洁奉公。在破产程序中，尽管按照当前的法律制度，管理人系通过法院选任而产生的，在表面上管理人具有中立性的特点。但是在破产程序中，因涉及破产财产的处置问题，而处置权通常由管理人行使。权利的行使必然会带来“寻租”的空间，如果管理人滥用该权利，进而非法谋取利益的，那么其应当受到破产惩戒。

（二）个人破产惩戒制度之具体内容

1. 个人破产惩戒具体措施的种类

总结比较法上的个人破产惩戒制度以及我国《企业破产法》中关于破产惩戒制度的规定，笔者认为，在个人破产程序中，存在下列破产惩戒措施：

（1）破产刑事责任惩戒

破产刑事责任惩戒是对违反法定义务的行为人最严厉的惩戒措施。在域外，破产犯罪通常被认为是较严重的经济犯罪，这是因为债务人违背法定义务的行为不仅损坏了债权人利益，而且破坏了正常的市场经济秩序。我国在开放个人破产程序以后，应当对《刑法》进行同步修改，在现有破产罪名的基础上，以破产程序中债务人应遵守的法定义务为基本内容，增加相应的罪名以及刑罚措施，严厉打击破产犯罪行为。

（2）民事责任惩戒

行为人如果违反相应的法定义务，还应当承担民事责任。行为人承担民事责任的意义在于尽最大可能追回被债务人非法处置的财产，以提高债权人的受偿比例。同时,民事责任的承担主体不仅包括债务人,如果债务人是法人或其他组织的情况下,还应当追究企业高管以及其他责任人员的责任。债务人承担民事责任的具体形式包括管理人对债务人的欺诈行为以及偏颇清偿行为的撤销追诉、对债务人企业中违背勤勉与忠诚义务的责任人员要求赔偿等。当管理人违反勤勉义务,导致全体债权人或债务人利益受损时,相关主体也可以追究管理人的民事责任。上述民事责任在《企业破产法》中已有规定,在个人破产法中也应当加以规定。

(3)司法责任惩戒

我国《企业破产法》中第126条、第127条以及第129条规定了债务人以及债务人的有关人员违背法定义务,法院对之进行处罚的司法责任。在未来我国个人破产法的设计中,需要在《企业破产法》现有的规定基础上,扩充司法责任的处罚对象,并且明确罚款的数额以及司法拘留的期限等问题。例如,《企业破产法》第129条规定:"债务人的有关人员违反本法规定,擅自离开住所地的,人民法院可以予以训诫、拘留,可以依法并处罚款。"仿照此条款,我国个人破产法可规定:"债务人违反本法规定,擅自离开住所地的,人民法院可以予以训诫、15日以内的拘留,可以依法并处5万元以下的罚款。"

(4)不免责责任惩戒

债务人进入破产程序获取的最大利益就是余债免除。余债免除制度,一方面,促使债务人诚实地遵守破产程序中应负有的义务,交出自身财产,配合程序的进行;另一方面,如果债务人有违反法定义务的情况,那么其将不能获得余债免除的利益。因此,债务人是否能够获得免责利益,完全取决于债务人自身。这是对债务人遵守诚信原则的一项激励措施。

(5)失权责任惩戒

失权制度是破产清算程序终结后的衔接制度,通常需要对被宣告破产的破产人的任职资格或对其可从事某些民事活动的资格予以限制或剥夺。随着破产法的发展,并非债务人只要被宣告破产,债务人就一定会被宣告失权。例如,在英国破产法以及法国破产法中,只有那些违反法定义务的破产人,才会被采取制裁性的失权措施。笔者认为,我国个人破产程序在破产人的失权问题上，应当结合破产人是否具有违反法定义务的行为、行为的恶劣程度以及造成损害后果的大小等因素进行综合设计。对于那些真正诚实而不幸的债务人，应按照比例原则尽可能地减少失权责任对这类债务人生活上的影响，但对于那些具有失信行为的债务人，应处以严厉的惩戒。

2. 个人破产惩戒具体措施之间的关系

在制定个人破产惩戒制度的具体规则时，务必考虑这样一个问题——个人破产惩戒制度的具体措施之间究竟是何种关系。详言之，若行为人的行为违反了法律规则，其将会遭受何种惩戒？惩戒责任之间是否存在排斥或兼容等问题？笔者认为，在回答上述问题之前，应当捋顺个人破产惩戒制度所针对的主体范围，即个人破产惩戒措施在何种情况下会发生重叠。

(1)现行法关于法律责任的规定

我国现行法律对于各种责任的承担已有原则性的规定，如《刑法》第36条规定："由于犯罪行为而使被害人遭受经济损失的，对犯罪分子除依法给予刑事处罚外，并应根据情况判处赔偿经济损失。承担民事赔偿责任的犯罪分子，同时被判处罚金，其财产不足以全部支付的，或者被判处没收财产的，应当先承担对被害人的民事赔偿责任。"第37条规定："对于犯罪情节轻微不需要判处刑罚的，可以免予刑事处罚，但是可以根据案件的不同情况，予以训诫或者责令具结悔过、赔礼道歉、赔偿损失，或者由主管部门予以行政处罚或者行政处分。"《民法典》第187条规定："民事主体因同一行为应当承担民事责任、行政责任和刑事责任的，承担行政责任或者刑事责任不影响民事责任；民事主体的财产不足以支付的，优先用于承担民事责任。"《行政处罚法》第8条规定："公民、法人或者其他组织因违法行为受到行政处罚，其违法行为对他人造成损害的，应当依法承担民事责任。违法行为不构成犯罪，应当依法追究刑事责任的，不得以行政处罚代替刑事处罚。"①从上述法律规定可知，我国法律责任的承担取决于违法行为的危害性大小，民事责任与行政责任、刑事责任之间并不排斥，行为人承担了民事责任并不影响其承担行政责任或刑事责任；反之亦然。

① 2021年1月22日，十三届全国人大常委会第二十五次会议通过了《行政处罚法(修订草案)》，并将于2021年7月15日起施行。本处所引条文为修订后的条文。

同时,在司法责任与其他责任的关系上,《民事诉讼法》第114条规定:“诉讼参与人或者其他人有下列行为之一的,人民法院可以根据情节轻重予以罚款、拘留;构成犯罪的,依法追究刑事责任:(一)伪造、毁灭重要证据,妨碍人民法院审理案件的;(二)以暴力、威胁、贿买方法阻止证人作证或者指使、贿买、胁迫他人作伪证的;(三)隐藏、转移、变卖、毁损已被查封、扣押的财产,或者已被清点并责令其保管的财产,转移已被冻结的财产的;(四)对司法工作人员、诉讼参加人、证人、翻译人员、鉴定人、勘验人、协助执行的人,进行侮辱、诽谤、诬陷、殴打或者打击报复的;(五)以暴力、威胁或者其他方法阻碍司法工作人员执行职务的;(六)拒不履行人民法院已经发生法律效力的判决、裁定的。人民法院对有前款规定的行为之一的单位,可以对其主要负责人或者直接责任人员予以罚款、拘留;构成犯罪的,依法追究刑事责任。”第117条规定:“有义务协助调查、执行的单位有下列行为之一的,人民法院除责令其履行协助义务外,并可以予以罚款:(一)有关单位拒绝或者妨碍人民法院调查取证的;(二)有关单位接到人民法院协助执行通知书后,拒不协助查询、扣押、冻结、划拨、变价财产的;(三)有关单位接到人民法院协助执行通知书后,拒不协助扣留被执行人的收入、办理有关财产权证照转移手续、转交有关票证、证照或者其他财产的;(四)其他拒绝协助执行的。人民法院对有前款规定的行为之一的单位,可以对其主要负责人或者直接责任人员予以罚款;对仍不履行协助义务的,可以予以拘留;并可以向监察机关或者有关机关提出予以纪律处分的司法建议。”《企业破产法》第131条规定:“违反本法规定,构成犯罪的,依法追究刑事责任。”可见,针对一种违法行为,也可根据其违法程度以及所侵害法益大小,令其承担司法责任或是刑事责任。

同时,破产法中的失权责任惩戒与其他法律责任亦可能构成交叉。例如,《企业破产法》第125条规定:“企业董事、监事或者高级管理人员违反忠实义务、勤勉义务,致使所在企业破产的,依法承担民事责任。有前款规定情形的人员,自破产程序终结之日起三年内不得担任任何企业的董事、监事、高级管理人员。”此外,《刑法》第37条之一规定:“因利用职业便利实施犯罪,或者实施违背职业要求的特定义务的犯罪被判处刑罚的,人民法院可以根据犯罪情况和预防再犯罪的需要,禁止其自刑罚执行完毕之日或者假释之日起从事相关职业,期限为三年至五年。被禁止从事相关职业的人违反人民法院依照前款规定作出的决定的,由公安机关依法给予处罚;情节严重的,依照本法第三百一十三条的规定定罪处罚。其他法律、行政法规对其从事相关职业另有禁止或者限制性规定的,从其规定。"

(2)个人破产惩戒具体措施的交叉适用

个人破产惩戒措施在本质上是行为人违反法律之后所承担的相应法律责任。因此,上述5种具体的个人破产惩戒措施均可被划分在当前的法律责任之中,其中,破产刑事责任惩戒对应刑事责任、民事责任惩戒与不免责责任惩戒对应民事责任、司法责任惩戒对应司法责任、失权惩戒对应行政责任。

当行为人是债务人并作出了违反法律的不诚信行为时,最有可能同时触发上述5种惩戒措施。例如,债务人在破产申请的一年前,已经办理多张信用卡进行相互拆借,明知自己可能陷入无力清偿的情况下,仍然继续恶意透支信用卡并最终无力清偿到期债务。此时,债务人已经违反了禁止恶意消耗债务人财产义务与及时申请破产等义务,并可能会被追究如下法律责任:首先,管理人可依法提起撤销权诉讼,撤销债务人在破产申请前恶意转移资产或偏颇清偿等行为;其次,如果债务人恶意消耗财产等行为较严重的,则应当将犯罪线索移送至司法机关以追究债务人的刑事责任;再次,因该行为明显违背了"诚实而不幸的"债务人基本标准,属于不予免责的情况,故而债务人不享受免责的程序利益;最后,债务人因不诚信行为而应在程序终结后承担相应的失权惩戒。

因不免责责任惩戒与失权惩戒系专属于不诚信债务人的惩戒措施。因此,当破产程序的其他参与主体出现了不诚信的违法行为时,并不触发这两种责任而是触发其他3种法律责任。

法律责任适用的前提是立法已经针对各种法律责任作出了明文规定,但是在立法尚无规制时,讨论法律责任的适用仍具有理论上的指导意义。上述内容的讨论是站在个人破产惩戒制度"总论"的视角下进行的,下面将对个人破产惩戒制度"分论"进行论述。在此部分中,不免责责任惩戒将在本书专章论述,在此不予赘述。民事责任惩戒与司法责任惩戒与企业破产程序相比没有特别之处,故而笔者将以失权责任惩戒与破产刑事责任惩戒为重点进行详细论述。

三、失权责任惩戒制度

失权责任惩戒制度由失权制度与复权制度两部分构成。理论界对于失权制度概念的认识较统一。有观点认为:"所谓失权是指给予破产人各种公法、私法权利或者资格的限制。"①有观点认为:"失权制度与复权制度是根据债务人所处的不同境况,所进行的相应的限制与解除限制的程序。当债务人明显难以履行债务,并有类似于转移财产、逃避债务等行为时,通过限制债务人的主体资格、消费行为以及出入境等行为,保障债务人的财产状况,促使其积极履行偿还义务,避免造成更大的损害。而当债务人积极参与债务清理程序,或债务已经履行达到一定的比例时,则可以适当地采取复权制度,恢复债务人的各项资格或消费、出行等行为,法官可以结合破产程序的实际履行过程,对是否复权进行裁量。"②但是,理论界除对于失权制度的概念认识较统一外,对于我国个人破产程序失权制度采取的模式、程序、内容以及针对主体范围等问题均有争论。因失权制度同时涉及失权的实体内容与程序内容,故而笔者以上述争论为导向,以实体与程序为二分点,论述我国失权责任惩戒制度的选择路径。

(一)失权责任惩戒制度的实体内容

所谓失权责任惩戒制度的实体内容,是指该制度指向的失权主体、具体的失权内容以及失权期间等问题。

1. 失权主体

笔者认为,我国失权惩戒制度应当针对以下主体:

(1)破产人

进入破产程序的债务人并非都是破产人,破产人,是指那些在破产清算程

---

① 郭兴利:《建立个人破产制度:化解个人债务纠纷的新路径》,载《山东师范大学学报(人文社会科学版)》2010 年第 2 期。

② 王斐民、乔星:《个人债务清理基本法律制度的中国塑造》,载《贸大法律评论》2017 年第 00 期。

序中已经被宣告破产的债务人。破产人是失权责任惩戒的基本主体之一,因为破产人已经丧失了包括资产、技能、信用以及劳动力等任何清偿能力而无法清偿到期债务。所以宣告债务人破产,实际上亦是对其丧失清偿能力的宣告。

(2)准破产人

所谓准破产人,是指破产企业的董事、监事、高级管理人员、投资人、合伙人等。这类主体并非债务人,故而在通常情况下并不对他们施加失权措施。但是,当企业破产时,这类主体对企业破产负有过错的,例如,没有及时申请破产、恶意负债导致企业破产、缺乏组织领导企业能力、恶意转移企业资产等,破产法应当对之处以失权责任惩戒。至于企业债务人的准破产人的范围如何确定,现行法律亦存在不同规定。例如,《企业破产法》第125条规定:"企业董事、监事或者高级管理人员违反忠实义务、勤勉义务,致使所在企业破产的,依法承担民事责任。有前款规定情形的人员,自破产程序终结之日起三年内不得担任任何企业的董事、监事、高级管理人员。"故而《企业破产法》将准破产人的范围限定在企业的董事、监事以及高级管理人员。但是,在执行程序中如果单位债务人被限制消费的,则法定代表人、主要负责人、影响债务履行的直接责任人员、实际控制人也是被限制消费的对象。① 然而,实践中很多企业将法定代表人这一职务交由员工、实际控制人的亲属或者与企业没有利害关系的人担任,导致法定代表人一职被架空,以至于惩戒措施无法发挥应有效果。因此,结合《公司法》以及其他企业组织法中对于企业治理结构的规定,将涉及企业债务人的准破产人范围应扩大至包括但不限于实际控制人、主要负责人、隐名股东、法定代表人、董事、监事、高级管理人员、合伙企业的合伙人以及个人独资企业的投资人等。②

扩大企业债务人之准破产人的范围似乎是学界共识,例如,有学者就明确指出:"应当扩大失权针对的主体范围,对其主体资格以及行为进行限制,进行

① 最高人民法院《关于限制被执行人高消费的若干规定》第3条第2款规定:"被执行人为单位的,被采取限制消费措施后,被执行人及其法定代表人、主要负责人、影响债务履行的直接责任人员、实际控制人不得实施前款规定的行为。因私消费以个人财产实施前款规定行为的,可以向执行法院提出申请。执行法院审查属实的,应予准许。"

② 参见刘俊海:《信用责任:正在生长中的第四大法律责任》,载《法学论坛》2019年第6期。

全方位的限制约束，给予债务人更大的束缚，让其能够在从事经营活动时对后果进行预判，从而避免陷入债务困境，更好地维护债权人的合法权益。"[①]但是，现行司法政策对此问题却有不同的态度。本着努力改善营商环境的目的，以及本着文明善意执行的理念，最高人民法院于2020年印发了《关于在执行工作中进一步强化善意文明执行理念的意见》。该意见扭转了以往对单位法定代表人、主要负责人的惩戒，明显地增强了对单位法定代表人、主要负责人等人员的保护措施，如该意见第16条规定："……单位是失信被执行人的，人民法院不得将其法定代表人、主要负责人、影响债务履行的直接责任人员、实际控制人等纳入失信名单。"笔者认为，该意见具有理念上的先进性，对未来我国个人破产程序中失权责任惩戒措施的适用具有指导意义。但在个人破产程序建立的初期，适度扩张对企业或单位债务人之准破产人的惩戒范围，有利于个人破产法的实施。

与破产人承担失权惩戒的构成要件不同，对准破产人施加以失权责任惩戒的，需要准破产人具有主观过错以及相应的客观行为。如果准破产人没有主观恶意亦没有相应的客观行为，则法律不能对之施加失权制裁。

在此应当重点关注的问题是，是否应当对破产人的子女等其他亲属施加失权责任惩戒。在当前的失信惩戒中，普遍限制失信人员子女就读高收费私立学校。[②] 由于该项惩戒措施将对象范围扩大至被惩戒人的子女，故而引起了社会上的广泛关注。支持者认为，此项规定虽然指向了失信人员子女，但本质上仍是限制失信人员不合理的高消费行为，子女虽不能在高收费的私立学校就读，但可以在公立学校就读，故而并不对失信人员子女的教育权构成侵害。然而，反对者认为，失信人员虽然应当被惩治，但是祸不及家人，对失信人员子女进行惩戒难免有"连坐"之嫌。

---

① 王斐民、乔星：《个人债务清理基本法律制度的中国塑造》，载《贸大法律评论》2017年第00期。

② 此类地方性规定较多，例如，安徽省黄山市屯溪区印发的《关于加快推进失信被执行人信用监督、警示和惩戒机制建设的实施办法》规定："教育主管部门应采取多种方式向从业单位发送失信被执行人的名单，限制失信被执行人及失信被执行人的法定代表人、主要负责人、实际控制人、影响债务履行的直接责任人员，以其财产支付子女入学就读高收费私立学校。"

笔者认为,失权惩戒的主体范围应当适度扩大,但不应无限扩大。法治之精髓在于限制公权、保障私权。所以,失权作为一种法律惩戒措施,对破产人、准破产人以外的人侵害又不能超过必要限度,势必应当在有效的限度之内进行。因此,"对于非义务教育阶段的失信被执行人子女采取勒令转学、退学或者就读禁令的措施时,应当更加谨慎"。①

(3)不诚信的债务人

不诚信的债务人应当是失权责任惩戒的对象之一。如果说,对于何种情况下的破产人以及哪些范围内的准破产人实施失权责任惩戒是有争议的,那么对于在破产程序中不诚信的债务人施以失权责任惩戒应当是一则铁律且不应被质疑的。这是因为,不诚信的债务人在根本上不符合个人破产法拯救诚实而不幸的债务人的立法目标,其本不应享有获得个人破产法保护的权利。但是,如果该债务人的确已经丧失了清偿能力而支付不能时,个人破产程序虽可为其提供救助,但却不能放弃对之严惩。因此,当债务人在破产程序中被发现有不诚信行为时,无论其适用破产清算、和解,抑或是重整,均应当对之施以失权责任惩戒。

2. 失权内容

失权内容,是指当债务人依法承担失权责任惩戒时,具体有哪些权利或资格被限制。破产失权制度的内容构成并非仅由个人破产法所规定,而是散见于其他法律制度之中。但是,这并不意味着个人破产法中的失权制度无须考虑失权人具体的失权内容了。反之,应当从个人破产的特殊性考虑,反向丰富失信惩戒即破产失权的具体内容。

2014 年国务院颁布《社会信用体系建设规划纲要(2014—2020 年)》对我国社会信用机制建设进行总体规划。国务院 2016 年出台《关于建立完善守信联合激励和失信联合惩戒制度加快推进社会诚信建设的指导意见》,对失信惩戒措施的具体内容作出了规定。与此同时,国家各部委以及最高人民法院等机关又联合印发了多项文件,以丰富失信联合惩戒的具体内容,例如,2018 年

---

① 李广宇:《禁止"子女就读高收费私立学校"惩戒性措施省思》,载《华侨大学学报(哲学社会科学版)》2019 年第 1 期。

最高人民法院、国家发展改革委等联合印发了《关于对统计领域严重失信企业及其有关人员开展联合惩戒的合作备忘录(修订版)》、《关于对会计领域违法失信相关责任主体实施联合惩戒的合作备忘录》以及《关于对知识产权(专利)领域严重失信主体开展联合惩戒的合作备忘录》等文件。

对上述失信惩戒内容分析之后,我国失信惩戒措施大致可以包括行政许可类惩戒、国有资源类惩戒、公共利益类惩戒、商事登记类惩戒、任职资格类惩戒、荣誉称号类惩戒、融资授信类惩戒、限制消费类惩戒、限制旅行出境自由类惩戒、靶向监管类惩戒、刑事制裁类惩戒以及公开揭露类惩戒等。①

我国学者对于失权惩戒制度的具体内容已有相当的论述。例如,有学者认为,破产人在破产还债期间内,下列消费行为和从业资格受到限制:(1)每月收入扣除合理及必要的生活费用后,余款将用作还债;(2)不准出入高档消费场所,如豪华宾馆、饭店、夜总会等;(3)清楚交代资产或负债后,方可自由出入境,但事前必须将去处及联络方法通知破产受托人,及需在指定日期返回;(4)不能自费出国旅行;(5)应停止进一步负债,不可再借钱;(6)破产管理人定期到家中视察;(7)不能购买住房;(8)不能出任专业人士,如律师、会计师、经纪人、公司董事或参与公司的管理工作等。法院将公告破产人名单,任何人、任何单位发现破产人违反上述规定的,有权向相关部门举报。对于性质严重、行为极其恶劣的破产人,可以追究其相应的刑事责任。② 综上所述,失权责任惩戒的具体内容主要包括人格破产致使从事某些职业或职务的资格受限、自由受限、消费行为受限、收入支配受限等内容。③ 可见,失信惩戒内容大致都可以应用于破产失权责任惩戒中,而破产失权责任惩戒的内容均被包含在失信惩戒内容里。

但是,本章节讨论的重点并非失权责任惩戒的具体内容是什么,而是这些措施是否能够发挥其应有的功能与效用。因此,笔者以人格破产与限制消费

---

① 参见刘俊海:《信用责任:正在生长中的第四大法律责任》,载《法学论坛》2019年第6期。

② 参见孙颖:《论我国个人破产法律制度的构建》,载《现代法学》2006年第3期。

③ 参见毛琳:《个人破产程序中债务人权利的限制与恢复》,载《山东法官培训学院学报》2019年第4期。

为例进行重点讨论。

(1)人格破产致使从事某些职业或职务的资格受限

是否对破产人施加人格破产的惩戒措施是一个立法价值判断与选择问题。有待选择的立法价值是个人破产法选择对所有破产人一律适用人格破产,[①]抑或是仅对待那些对破产有过错的、不诚信的债务人适用人格破产。立法如果选择前者则是对所有破产人的信用人格惩戒,其优势在于无须具体讨论何种职业的债务人需要被宣告人格破产,这样节省了立法成本并提高了立法效率,同时在建立个人破产制度的初级阶段这种选择有利于打击恶意"逃废债"行为,但不利之处在于这种做法有"一刀切"之嫌,不符合拯救诚实而不幸债务人的立法目标。立法如果选择后者则符合个人破产法应拯救诚实而不幸债务人的立法目标,针对不同债务人采取相应的措施彰显了立法的科学性,但这种选择的不利之处在于可能会增加实践中的办案难度。

由于我国正处于建立个人破产制度的初级阶段,所以采用上述前种立法选择可能更能与我国国情相适应。但在未来,我国势必要采取后者立法选择。对于后者的立法选择的具体讨论如下:

域外个人破产法对待人格破产有较明显的倾向——主要应用于那些在破产程序中具有不诚信行为或者对企业破产具有过错的商个人,对于消费者来说通常不适用人格破产。法国和英国就是采用此种规则。其中的道理是较通俗易懂的:因为该商个人或缺乏一定的经营领导能力而致使企业破产,或没有遵守市场经济所必备的诚实信用义务,所以法律应对之进行惩戒,限制其再行进入市场与其他主体进行公平竞争的资格。可见,人格破产针对商人而言是十分必要的,但其对消费者的应用价值不大,故而我国人格破产不应将之用于消费者,其应用范围主要有公司董事、监事、高级管理人员,合伙企业中的合伙人、有限合伙中的无限合伙人以及参与合伙企业实际经营管理的有限合伙人、个人独资企业投资人、个人工商户等。

仍需讨论的是,一些非商人的职业是否也应当对其适用人格破产,如公职

① 所谓"人格破产",是指债务人被宣告破产后,因其人格受限,而丧失了从事某行业或担任某职务的资格。

人员、医生、律师、会计师、税务师等。事实上,人格破产一方面是对债务人在进入破产程序之前的不诚信行为与经营失败于法律上的确认,另一方面其可以遏制此类债务人在同个岗位上继续从事有损于与之交易的相对方、全体债权人以及社会公共利益的行为。因此,对何种职业施加人格破产并不在于形式上的职业分类,而是在于不被宣告人格破产的债务人所从事的职业行为是否会继续加害于后续与之交易的相对方利益、全体债权人利益以及社会公共利益。

因此,除商个人外,从事其他职业的债务人如果在破产程序中被发现有不诚信行为,则被宣告人格破产是毫无疑问的。但是如果这类债务人是真正的诚实而不幸的,且其职业行为并不会使相对方、全体债权人、社会公共利益受损的,则其不应被宣告人格破产。

(2)限制消费行为

进入破产程序的债务人,无论适用清算、和解或是重整程序,他们都可能会用现有财产以及未来收入进行偿债。限制债务人的消费行为则是控制债务人财产的减少,以避免损害全体债权人的利益。

当前关于限制消费的规定,可见于最高人民法院《关于限制被执行人高消费的若干规定》,其第 3 条规定:“被执行人为自然人的,被采取限制消费措施后,不得有以下高消费及非生活和工作必需的消费行为:(一)乘坐交通工具时,选择飞机、列车软卧、轮船二等以上舱位;(二)在星级以上宾馆、酒店、夜总会、高尔夫球场等场所进行高消费;(三)购买不动产或者新建、扩建、高档装修房屋;(四)租赁高档写字楼、宾馆、公寓等场所办公;(五)购买非经营必需车辆;(六)旅游、度假;(七)子女就读高收费私立学校;(八)支付高额保费购买保险理财产品;(九)乘坐 G 字头动车组列车全部座位、其他动车组列车一等以上座位等其他非生活和工作必需的消费行为。”《深圳经济特区个人破产条例》第 23 条亦采用与上述司法解释较相似的做法,该条规定:“自人民法院作出限制债务人行为的决定之日起至作出解除限制债务人行为的决定之日止,除确因生活和工作需要,经人民法院同意外,债务人不得有下列消费行为:(一)乘坐交通工具时,选择飞机商务舱或者头等舱、列车软卧、轮船二等以上舱位、高铁以及其他动车组列车一等以上座位;(二)在夜总会、高尔夫球场以及三星级以上宾馆、酒店等场所消费;(三)购买不动产、机动车辆;(四)新建、扩建、装修房屋;(五)供子女就读高收费私立学校;(六)租赁高档写字楼、宾馆、公寓等场所办公;(七)支付高额保费购买保险理财产品;(八)其他非生活或者工作必需的消费行为。"浙江省高级人民法院出台的《浙江法院个人债务集中清理(类个人破产)工作指引(试行)》第14条规定:"自人民法院受理个人债务集中清理申请之日起至程序终结之日或者债务人行为考察期满之日止,债务人不得有以下消费行为:(一)乘坐交通工具时,选择飞机商务舱、头等舱、列车软卧、轮船二等以上舱位、G字头高速动车组旅客列车二等及其他动车组一等以上座位;(二)在三星级以上宾馆、酒店、夜总会、高尔夫球场等场所进行消费;(三)购买不动产或者新建、扩建、高档装修房屋;(四)租赁高档写字楼、宾馆、公寓等场所办公;(五)购买机动车辆;(六)旅游、度假;(七)子女就读高收费私立学校;(八)支付高额保费购买保险理财产品;(九)其他非生活和工作必须的消费行为。"

上述规定虽然具有方便的可操作性,但是也容易造成债务人逃避限制的做法。例如,行为人可能在日常生活中完全没有乘坐飞机、高铁以及入住星级宾馆等消费需求,在这种情况下限制消费措施除起到安抚债权人的用途外,对债务人来说没有任何用途。此外,在实践中,虽然限制消费令会限制行为人乘坐飞机或高铁,但是行为人可以通过自驾等方式出行,继而导致限制措施落空。

笔者认为,失权责任惩戒中的限制消费行为措施应当进行改革。所改革的方案不仅是应当限制债务人的消费行为,还应当限制消费金额。在清算程序终结后的考察期以及偿债协议执行期间,破产人或债务人的大部分收入通常用于偿还债务,只有一小部分用于满足债务人及其家庭的日常生活所需,因此法律需要结合当地的收入与可支配收入的具体情况,作出原则性的限制消费额度的规定,同时法官与管理人在实践中应当根据债务人的收入情况、需扶养家庭情况、偿债情况等因素综合确定债务人的消费限额。在此期间,债务人应当定时向管理人报告消费状况并提供证明,如果管理人发现债务人有违反法律规定的消费行为与消费金额且没有合理解释的，则应当通过其他破产惩戒措施制裁债务人。

（二）失权制度的程序构造

1. 失权程序模式：当然失权主义抑或是裁判失权主义

债务人丧失或被限制公法、私法上的权利或资格系失权制度的结果。然而，债务人何时失权、如何失权，即关于失权的过程性问题则存在当然失权主义与裁判失权主义的区分。所谓当然失权主义，是指凡是受破产宣告的债务人一律受到失权结果的作用，仅是在复权时间上会略加区分。而裁判形成主义则认为，债务人受到失权结果的作用并不与破产宣告相同，且并不必然产生，而是形成于法院的裁判。①

我国个人破产程序究竟应选择当然失权主义抑或是裁判失权主义，无论是在理论和实践中均尚未形成统一意见。赞成裁判失权主义的观点认为："我国应当采取裁判形成主义，这是因为失权的限度应当适当，应当从具体案情和实际需求出发，而裁判形成主义就有利于破产法院根据债务人主观过错的大小、破产途径、剩余债务数额大小等因素在法定限度内确定具体案件的失权内容、范围和限度，使对破产者行为能力的限制控制在既足以惩戒其过失，但又不至于妨碍其再生的范围之内。"②赞成当然失权主义的观点认为："我国尚处于破产惩戒机制形成的初级阶段，采用失权制度具有现实意义，在助推个人破产制度实施的同时，强化破产惩戒的社会效果。"③

在当前的立法实践中，对此问题亦呈现两种姿态。例如，《个人破产法（学者建议稿）》中采纳的是当然失权主义，该建议稿第174条规定："自人民法院作出破产宣告裁定之日起，至裁定债务人复权前，债务人不得以其收入实施非生活、工作或者经营必需的高消费、投资行为，不得实施其他可能使债务人承担重大债务或者使其财产显著减少的行为。被限制消费的破产债务人确有必

① 参见汤维建：《论破产法上的复权制度》，载《法学家》1995年第5期。

② 毛琳：《个人破产程序中债务人权利的限制与恢复》，载《山东法官培训学院学报》2019年第4期。

③ 杨显斌、陈风润：《个人破产制度的中国式建构》，载《南京社会科学》2017年第4期。

要进行本条第一款禁止的消费活动的,应当向人民法院提出申请,获得批准后方可进行。”第175条规定:“自人民法院作出破产宣告裁定之日起,至裁定债务人复权之前,相关法律明确规定债务人从事公务型、信誉型职业或者担任某种社会公共职务或者经营职务应当受到限制的,适用其规定。”然而,《深圳经济特区个人破产条例》却采纳的是裁判失权主义。

笔者认为,采用当然失权主义虽然可以让失权人全方位失权,但也可能造成部分失权措施仅是在名义上对失权人产生效果却并不发生任何实质作用的不利后果。因此,采纳裁判失权主义,结合行为人的行为、造成的损害后果、行为人的主观过错以及对行为人日后生活的影响等方面予以综合判断,由法院最终裁定失权方案更合理。

2. 失权程序规则设计

在当然失权主义模式下,针对破产人的失权裁定是无须独立的程序,即法院在宣告债务人破产时,通过对破产人作出失权制裁的裁定。相反,在裁判失权主义模式下,由谁来调查行为人失权原因、何时向法院提起失权申请、法院如何作出失权裁定等问题均需要相应的程序构造。况且,在当然失权主义模式中,对于准破产人以及不诚信的债务人的失权问题,仍需考虑失权程序的规则构造。

笔者认为,无论是当然失权主义抑或是裁判失权主义,对于失权程序应当由失权调查阶段与失权裁定阶段两部分构成。前者主要是对行为人是否存在应被失权责任惩戒的状况进行调查,后者是指在调查结果获得之后,应当如何对行为人作出相关裁定。

首先,在失权调查阶段,管理人应当调查债务人是否存在应被失权惩戒的相关行为。同时,债权人或其他利害关系人发现债务人存在应当失权惩戒行为的,可以向管理人提供线索。管理人在收集相关证据后,应当向法院提出对债务人进行失权惩戒的申请。

其次,在失权裁定阶段,管理人应当作为申请人,行为人作为被申请人,法院应当按照特别程序审理管理人提出的失权申请。被申请人可以对申请人提出的申请进行答辩,法院也可以依职权调查有关问题。法院经申请人的申请以及被申请人的答辩最终作出失权裁定。双方对结果不服的,可以提出复议。

(三)复权制度

对失权人作出的失权惩戒不可能无限持续下去,而是要加以时间或条件的判定,即在经过一段时间后或符合某种条件时应当解除对失权人的失权责任惩戒,恢复其作为完全民事行为人而应当享有的各种资格等。因此,“破产法所规定的终止破产人失权效果继续延续的制度,就是复权制度”。[①] 复权制度主要涉及复权启动模式、复权条件、复权主体等问题,具体论述如下。

1. 复权的启动模式

关于复权的启动,国际上存在两种立法模式:一是申请复权主义模式,即失权人符合复权条件时并不必然复权,而是需要向法院进行申请,经法院裁定后方可复权。二是当然复权为主、申请复权为辅的模式,即在通常情况下,失权人符合复权条件时,当然自动获得复权而无须向法院提出复权申请,唯有在特殊情况下,失权人需要向法院提出复权申请。

我国应当采取何种复权的启动模式,理论界也有不同观点。如有学者认为:“我国立法时应当采用当然复权制度和申请复权制度相结合的原则。当然复权的适用条件应当包括债务人被免责的,或者债务人与债权人于破产程序终结之前达成和解的;许可复权的适用条件应当包括债务人清偿所有债务的,或者债务人虽不能清偿所有债务但是在破产期间并无犯罪行为,且自破产程序终结之日起已满若干年的。具体的期限长短可以参考其他国家的法律规定,基本上从3年到5年不等。”[②]然而,也有学者认为,在失权期内,就债务人是否存在违反法律规定的行为,如果没有法院对其审核就当然复权,有可能会产生相应的放纵效果,同时,部分复权条件亦是由失权人提出申请后,法院方可得知。因此,在个人破产建立的初级阶段采用申请复权主义模式更贴切我国现状。[③]

---

① 汤维建:《论破产法上的复权制度》,载《法学家》1995年第5期。

② 沙洵:《建立我国个人破产制度的若干思考》,载《华东政法学院学报》2005年第2期。

③ 参见毛琳:《个人破产程序中债务人权利的限制与恢复》,载《山东法官培训学院学报》2019年第4期。

笔者赞同采用申请复权主义的复权启动模式。这是因为在程序法理上失权裁定系由法院作出,所以对于失权措施的解除也需要法院作出相应的复权裁定。然而,依据“不告不理”原则,法院不可能依职权作出复权裁定,所以当然需要失权人提出申请,法院对此审查后方可作出相应的复权裁定。

2. 复权条件

所谓复权条件,是指法律对失权人在失权期间达到何种条件,方可被复权。具体论述如下。

(1)破产人自清偿或依其他方式清偿全部债务时可以申请复权。

在当然失权主义的模式下,破产人因丧失清偿能力而无法清偿到期债务导致的破产,此乃失权责任惩戒的前置性要件。所以,当破产人恢复了清偿能力而偿还了全部债务时,失权责任惩戒的前置性要件自然消失,导致失权措施也丧失了合法性基础,故而此时破产人可以向法院申请复权。

(2)债务人获得免责时可以申请复权。

在通常情况下,已经破产了的债务人鲜有可能在短时间内恢复清偿能力,故而他们也很难通过清偿或依其他方法清偿全部债务。所以,当债务人获得免责时,法律已经通过强制力手段消灭了债权人对债务人的请求权,债务人所负债务全部转为自然债务。此时,债务人也应当获得申请解除失权措施的申请权利。

(3)失权期间经过后,债务人可以申请复权。

此种条件与前两种条件在适用对象方面具有一定的不同。本种情况主要针对准破产人、不诚信的债务人以及采取裁判失权主义模式下的具有过错的破产人。原因是,上述主体被处以失权责任惩戒皆因其在破产程序中被发现具有一定的过错行为,因此,无论债务是否已经全部清偿完毕或者其本身是否获得了免责,此类失权人均不得以此为由申请复权。唯有经过完整的失权期间后,法律赋予其申请复权的权利。在确定失权期间的问题上,理论界具有不同的论述,如有学者认为:“债务人申请破产清算,经法院审查准予破产后即可获得债务免责,但是自法院裁定债务人破产之日起5年内债务人失去部分权利,限制其高消费,限制出境,在征信系统记录‘破产’字样,通过媒体公布破产信息和10年内不得再次申请破产等。”[①]有观点认为,(失权)时限方面多为3年以上,但不超过10年,如我国香港特别行政区是4年,德国是6年。[②] 也有观点认为,无须确立明确的失权期限,具体的失权期限应当根据具体适用的程序不同而分别确定——适用破产清算程序的,应当根据余债数额的多少确定失权期间的长短,适用重整程序的,失权期间应当与偿债期间保持一致。[③] 笔者认为,确立失权期间并非简单的数字问题,因为其涉及了债务人是否真正的因为其不诚信行为获得了制裁,而且制裁的时限亦与其行为过错的本身相符合——不可不加区分地对所有行为人适用相同的失权期间。因此,我国未来法律应当设立最高失权期限为10年,在此基础上,法院在对失权人作出的具体失权期间的问题应当结合行为特征、主观过错以及对他人利益的损害程度等问题综合判断,在个案当中确立不同的失权期间。当失权期间经过后,债务人可以向法院申请复权。

3. 复权程序规则

当复权条件成就后,失权人可以作为申请人向法院申请复权。此时,对失权人在失权时间负有监督责任的管理人、债权人以及利害相关人可以向法院提供是否赞成或反对申请人复权的意见。法院对此应当进行审查,并作出相应裁定。申请人不服的,可以向法院提出复议。

---

① 刘冰:《论我国个人破产制度的构建》,载《中国法学》2019年第4期。

② 参见张阳:《个人破产何以可能:溯源、证立与展望》,载《税务经济》2019年第4期。

③ 参见毛琳:《个人破产程序中债务人权利的限制于恢复》,载《山东法官培训学院学报》2019年第4期。

第十二章　破产犯罪研究

在破产惩戒制度中,以破产刑事责任惩戒最严厉。破产刑事责任惩戒,是指在破产程序中,行为人被发现有违反法定义务触犯刑法的行为,进而需要依法承担刑事责任的惩戒制度。破产刑事责任惩戒制度在打击破产犯罪、维护破产程序的价值目标上,发挥巨大作用,即破产刑事责任惩戒通过对那些在破产程序中触犯刑法的行为人判处刑罚的方式,可以强有力地震慑与减少那些有意假借破产程序想要“假破产、真逃债”的赖账者逃债行为的发生,从而维护破产法的基本秩序。当前,我国企业破产程序中的诸多规定有待修改完善,个人破产程序正在实践探索。破产程序的有效运行离不开破产刑事责任惩戒制度的有力保障。

一、国外破产犯罪规制

(一)加拿大法上的个人破产刑事责任惩戒制度

加拿大《破产法》第198条至第208条规定了破产刑事责任惩戒的内容。根据该法规定,破产刑事责任惩戒的主体主要有3类,分别是破产人、债权人以及受托人。该法又根据3类不同主体在破产程序中作出的不同行为,分别加以规制并规定了不同的刑罚承担方式。具体内容如下：

1. 针对破产人的破产刑事责任惩戒

破产人遭遇破产虽意味着破产人已经丧失了信用，但破产人仍然要遵守诚实信用原则。加拿大《破产法》将破产人应遵守的诚信原则具体划分为破产人应负的3项义务，即禁止欺诈义务、披露破产事实义务以及妥善保管账簿义务。

(1) 禁止欺诈义务

如果破产人被发现有法律规定的欺诈行为，那么该破产人会被根据其所作出的具体欺诈行为的不同，可单独或合并处以1年以下监禁、5000元以下罚金，或处以3年以下监禁、10,000元以下罚金。欺诈行为主要表现为破产人在首次破产事件发生之日前1年内或之后存在隐瞒、销毁、伪造或遗漏有关破产财产的账簿或文件，通过虚假陈述而获得信贷或财产，隐瞒或转移价值50元以上的财产或破产人所欠或应得的任何债权债务，故意赊账且未提供担保（但商人进行正常贸易活动的除外），以及为非法牟利而与他人进行非法交易等行为。破产人还应当负有全面并真实地回答相关询问的义务，若违反此义务，破产人同样会遭受破产刑事责任惩戒。①

(2) 披露破产事实义务

破产人在破产解除之前，若从事任何商业活动或者想要获取单笔或累计超过1000元的信贷，应当如实地向相对方披露本人破产的事实。这是因为，债务人破产意味着债务人已经丧失了清偿能力，所以债务人如果未向相对方披露本人破产的事实，使相对方与之交易，这等同欺诈地获得了相对方财产而不付出任何对价。该行为严重扰乱了市场经济秩序，破坏了交易安全。所以法律要求破产人在与相对方交易之前，应当如实披露本人破产的事实，以便相对方获取到对称信息，并自行考量与破产人交易的风险。若破产人违背了本项义务，则破产人会被单独或合并处以1年以下监禁、5000元以下罚金。②

---

① See Canada Bankruptcy and Insolvency Act Art. 198.

② See Canada Bankruptcy and Insolvency Act Art. 199.

(3)妥善保管账簿义务①

债务人负有妥善保障账簿义务的意义在于,账簿可以帮助官方接管人或受托人调查债务人财产状况、债权债务状况以及判断债务人是否存在欺诈行为等。该义务要求债务人所保管的账簿应当详细记载债务人每日的收支状况、交易情况、买卖货物情况以及各种财会项目报表等。

若债务人违背了妥善保管账簿义务,无疑增加了破产程序推进的难度。根据加拿大《破产法》第200条规定,若破产人或提出偿债计划的申请人违背了本项义务,则需要被单独或合并判处1年以下监禁、5000元以下罚金。

具体言之,义务主体若在首次破产事件发生之日起的前两年内直至破产程序结束日为止,若正在从事任何商业活动,没有保存或适当保存账簿的,或者直接或参与隐瞒、销毁、肢解或伪造任何影响有关义务主体的正当性或事务性账簿或文件,且主观具有故意的,则应受到破产刑事责任惩戒。

以上惩戒措施,行为人若是自然人,则其本人应当直接承担相应的刑事责任。行为人若是公司,则该公司的任何董事、高级职员、代表人、任何直接或间接实际控制该公司的人以及指示、授权、同意、默许或参与犯罪的人,均应被处以相应的破产刑事责任惩戒。

2. 针对债权人的破产刑事责任惩戒

在破产程序中,不仅是债务人应当负有诚信义务,债权人同样应负有诚信义务。唯有申报真实债权的债权人,方可以"债权人"的身份参与破产程序并最终获得清偿。如果行为人通过申报虚构债权或者申报的债权数额、性质不实等方式取得债权人地位的,则该行为人会遭受破产刑事责任的惩戒。

根据加拿大《破产法》第201条的规定,行为人如果在破产程序中存在欺诈行为或虚构债务,例如,提出虚假索赔,提供虚假的账目、报表、文件等资料进行申报债权的,该行为人将被单独或合并判处1年以下监禁、5000元以下罚金。

① See Canada Bankruptcy and Insolvency Act Art. 200.

3. 针对监督人的破产刑事责任惩戒

被债权人委任的监督人应当保持廉洁公正。如果监督人在破产程序中除可获取法律规定的报酬外,还非法收取破产人或经破产人授权的自然人、公司等提供的任何费用、佣金或报酬的,则该监督人可被单独或合并判处1年以下的监禁、5000元以下的罚金等刑罚。

4. 针对受托人的破产刑事责任惩戒

受托人是破产程序的核心要素,是连接债务人、债权人团体以及法院、破产行政管理机构等相关主体的重要机关,也是破产程序中组织各方主体有效参与破产程序,具体推动破产程序各项工作顺利进行的承担主体。因此,受托人应当具备专业性、中立性等职业素养,破产法则要求受托人负有勤勉义务。如果受托人不具有专业性、中立性,或在破产程序中没有恪守勤勉义务,则会被处以破产刑事责任惩戒。

加拿大《破产法》规定,受托人存在特定行为的,应当被单独或合并判处不超过1年的监禁、不超过5000元的罚金等刑罚,具体包括:尚未取得受托人执业资格的行为人自称是具备执业职格的受托人或者以具有执业资格的受托人身份从事相关业务;已经取得执业资格的受托人因证件失效或吊销却仍行使相应职权;受托人未向官方接管人缴纳履职保证金或已经缴纳履职保证金但该保证尚未生效之前就以受托人的身份行使相应职权;被选任的受托人存在欺诈故意或者缺乏合理理由地不遵守或不履行破产法中的规定以及法院根据法律作出的相关指令;被选任又被更换的原受托人没有按照规定或请求向新任受托人移交相关职权,如对债务人财产的接管权,对债务人账簿、文件等资料的接管权等;直接或间接索求或游说任何人根据破产法之规定启动破产程序;索求委托人在债权人会议上进行投票;受托人收受破产人、法律顾问、拍卖商或在破产程序中被雇佣其他人的贿赂并为之作出相应的非法行为等。[①]

加拿大《破产法》除针对特定主体作出的特定行为处以破产刑事责任惩戒外,还规定了任意主体在破产程序中作出的相应行为也需负刑事责任,例如,

---

① See Canada Bankruptcy and Insolvency Act Art. 202.

未按法律规定接受破产行政长官的调查,具有不遵守总则或条例规定的行为以及未依法行使取回权等。

5. 追责程序[①]

官方接管人、受托人若在破产程序中发现有关人员具有犯罪嫌疑的,应当对其展开调查,调查后应将包含案件事实情况、相关证据以及所涉罪名的报告递交至法院,并同时向破产行政长官送达报告副本。

破产行政长官、债权人、监督人或其他人员认为有关人员在破产程序中存在犯罪嫌疑的,也可向法院递交一份报告,或者对官方接管人、受托人所递交的报告进行补充说明。

收到相关人员递交的报告后,法院如果有理由相信行为人需要被处以刑事责任惩戒的,则可授权受托人启动刑事诉讼程序,对行为人进行追诉。受托人经授权后,应将相关命令或决议副本以及所依据的报告副本送达检察官。

(二)法国法上的破产犯罪规制

法国《商法典》将破产犯罪分为破产欺诈罪以及其他犯罪行为。其中,破产欺诈罪的规制主体与上述宣告个人破产的规制主体一致,并且破产欺诈罪规制的客观行为也与宣告个人破产中的绝大多数共有行为相同。在刑罚方面,犯有破产欺诈罪的行为人通常会被判处5年有期徒刑以及7.5万欧元罚金,如果行为人是提供投资服务企业的领导人,那么会被判处7年有期徒刑以及10万欧元罚金。

犯有破产欺诈罪的行为人,除会被判处有期徒刑以及罚金外,其还可能被判处禁止公权、民事权利与亲权、禁止其进入公共工程市场的资格、禁止签发支票等附加刑,以及被宣告个人破产。

破产刑事责任惩戒不仅针对从事商业、手工业、农业以及其他独立职业活动的自然人、法人的领导人以及担任领导人的法人所派出的自然人,还包括与破产程序具有密切相关的其他主体,例如,上述主体的配偶、直系与旁系血亲、姻亲或虚报债权的债权人、管理人、司法代理人、清算人,以及方案执行的监察

---

① See Canada Bankruptcy and Insolvency Act Art. 205 – 206.

人等。所打击的程序范围也不再仅限于司法重整或司法清算程序，对保护程序中的犯罪行为也适用破产刑事责任惩戒。

总之，破产刑事责任惩戒行为对象的类型要比个人破产惩戒行为对象的类型更广泛。但核心要义仍是这些行为对债务人财产造成了不当减损，致使债权人利益陷入了危险或遭受了侵害。

（三）英国法上的破产刑事责任惩戒

如今的英国法深受美国法中拯救文化影响，将破产法视作为债务人提供的法律保护，并将为拯救诚实而不幸的债务人作为破产法的立法宗旨。尽管如此，英国法并未减轻对于滥用破产程序，想要借助破产程序进行"逃废债"的不诚信债务人的惩戒力度。并且，英国法中的个人破产惩戒制度具有以破产刑事责任惩戒措施为主，以其他惩戒措施为辅的特点。英国个人破产刑事责任惩戒制度主要有如下内容：①

英国破产法根据适用主体的不同区分为个人破产程序与企业破产程序，在个人破产程序中存在债务纾缓程序、个人自愿安排程序以及破产程序，其中，债务纾缓程序是行政债务清理程序，而个人自愿安排程序以及破产程序均属于司法债务清理程序。

英国法所规定的个人破产刑事责任惩戒制度具有如下特点：其一，英国法并非将破产犯罪采用专章规定的形式，而是在不同的债务清理程序当中采用专门章节的方式进行规定。其二，英国法中的破产刑事责任惩戒制度对不诚信债务人容忍程度非常低，即无论债务人在何种程序中具备不诚信的行为，均可能会被处以破产刑事责任惩戒。其三，英国法中对债务人的不诚信行为刑罚力度较高。英国法规定了两种刑事追诉程序，即普通程序（On indictment）与简易程序（Summary）。这两种刑事追诉程序与行为人可能会被处以什么样的刑罚是相对应的。在刑罚上，英国法对于债务人在不同程序中犯罪行为，采不一样的刑罚。在个人自愿安排程序中，如果行为人存在虚假陈述行为，若按普通程序追诉，则最高可能被判处单独或合并适用 7 年有期徒刑与罚金的刑罚，

---

① See Schedule 10 Punishment of Offences under this Act.

若按简易程序追诉,则最高可被判处单独或合并适用6个月有期徒刑或罚金的刑罚。

(四)德国法上的破产刑事责任惩戒制度

在比较法上,因法国个人破产程序存在商人破产程序与消费者破产程序。在立法上,法国破产刑事责任惩戒强调对商人债务人在破产程序中的犯罪行为予以惩戒,反而对于消费者债务人在破产程序中不诚信行为并不施加以严厉的破产刑事责任惩戒。英国破产刑事责任惩戒制度虽不区分商人与消费者,但是由于英国个人破产程序存在债务纾缓、个人自愿安排以及破产等多种不同的债务清理程序,故而在不同的债务清理程序中破产刑事责任惩戒对行为人惩戒的客观行为以及相对应的量刑标准均有不同。而德国破产刑事责任惩戒制度,因德国破产程序采用"一门进入"的方式,所以债务人无论是商人或是消费者、企业或是自然人,只要在破产程序中存在应被惩戒的不诚信行为的,均会受到破产刑事责任惩戒。

德国《刑法典》将破产法犯罪专章规定在德国刑法第24章中,同时,德国破产法中也有涉及关于债务人过怠破产罪的规定。具体涉及的罪名如下:

1. 过怠破产罪

德国《刑法典》规定,如果当债务人具备破产原因而非及时申请破产时,则可能会处罚过怠破产罪,将会被处以破产刑事责任惩戒。①

2. 破产罪

德国《刑法典》第283条规定:"(1)处5年以下的自由刑或者金钱刑,如果行为人在超过债务时或者在面临或者已经出现无力支付时:1. 转移或者隐瞒或者以与符合秩序的经济的要求相违背的方式毁坏、损坏在开展破产宣告程序的情形中属于破产财团的财产的组成部分或者使其变得不可使用,2. 以与符合秩序的经济的要求相违背的方式承受货物或者有价证券的损失交易或者投机交易或者差额交易或者通过非经济性支出、游乐或者赌博而耗费过度费用或者负债,3. 通过信贷获取货物或者有价证券和以与符合秩序的经济的要

① See Sprayregen James H. M. , *International Insolvency*: *From Punitive Regimes toward Rescue Culture*, Emory Bankruptcy Developments Journal 36, No. 1 , p. 7 – 8(2020).

求相违背的方式显著低于其价值地出卖或者交出它们或者由这种货物所产生的物品,4. 假造他人的权利或者承认被虚构的权利,5. 不制作法律责成他制作的商业账簿或者对其如此制作或者变更以致使有关他的财产状况的一览表困难化,6. 在相对于账簿制作义务所存在的保管期限届满前转移、隐瞒、毁坏或者损坏商法责成一个商人保管的商业账簿或者其他资料,和由此使有关他的财产状况的一览表困难化,7. 违反商法 a)如此填写资产负债表,以致有关他的财产状况的一览表困难化或者 b)在规定的时间内不填写他的财产的资产负债表或者清单,或者 8. 用其他显著与符合秩序的经济的要求相违背的方式减缩他的财产状况或者隐瞒或者掩盖他真实的交易关系。(2)同样处罚,如果行为人通过第1款中所标明的行为之一导致其超过债务或者无力支付。(3)力图可罚。(4)行为人在 1. 第1款的情形中,过失地没有认识到超过债务或者面临的或者已经出现的无力支付或者 2. 第 2 款的情形中,轻率地造成超过债务或者无力支付的,处 2 年以下的自由刑或者金钱刑。(5)行为人在 1. 第 1 款第 2 项、第 5 项或者第 7 项的情形中,过失地行动和至少过失地没有认识超过债务或者面临的或者已经出现的无力支付或者 2. 与第 1 款第 2 项、第 5 项或者第 7 项相联系的第 2 款的情形中,过失地行动和至少轻率地造成超过债务或者无力支付的,处 2 年以下的自由刑或者金钱刑。(6)只有当行为人停止了他的支付或者就他的财产开始了破产程序或者由于缺乏财团而驳回开始请求时,该行为才是可罚的。"①

3. 加重情节

德国《刑法典》第 283a 条规定:"第 283 条第 1 款第 3 项的破产情节特别严重的,处 6 个月以上 10 年以下自由刑。通常存在特别严重的情形,如果行为人 1. 出于贪欲而行动或者。2. 明知许多人陷入委托给他的财产价值的损失的危险之中,或者经济上的危境之中。"②

4. 违反财务报表义务

德国《刑法典》第 283b 条规定:"一、有下列行为之一的,处 2 年以下自由

① 《德国刑法典》,冯军译,中国政法大学出版社 2000 年版,第 169 ~ 170 页。

② 《德国刑法典》,冯军译,中国政法大学出版社 2000 年版,第 170 ~ 171 页。

刑或罚金:1. 依法有义务记载商业账簿而不记载,或作增加查阅其财产状况困难的记载或变更记载的。2. 依商法有义务保管商业账簿或其他资料的人,在法定保管期限届满前加以去除、隐匿、毁弃或损坏,因而增加查阅其财产状况困难的。3. 下列行为违反商法:a. 为增加查阅其财产状况的困难而提出资产负债表,或 b. 对其财产的资产负债表或财产清单,不在规定的期限内提出的。二、因疏忽大意而为第 1 款第 1 项或第 3 项行为的,处 1 年以下自由刑或罚金。三、相应适用第 283 条第 6 项的规定。"①

5. 庇护债权人

德国《刑法典》第 283c 条规定:"一、知悉其无支付能力,在债权人未请求或不以请求的方式或不在其请求的时间内,对一债权人提供担保或满足其债权,因而故意使他人在其他债权人面前受益的,处 2 年以下自由刑或罚金。二、犯本罪未遂的,亦应处罚。三、相应适用第 283 条第 6 项的规定。"②

6. 庇护债务人

德国《刑法典》第 283d 条规定:"一、具有下列情形之一的,处 5 年以下自由刑或罚金:1. 知悉他人濒临无支付能力,或 2. 在他人停止支付后,在破产程序,在为防止破产的法院和解程序或在宣告破产,或在他人的法院和解程序的裁决程序中,将他人所有的、属于破产案件中破产者自己的财产部分,经其同意或为了其利益,加以去除或隐匿,或以违反通常经济要求的方式毁弃、损坏或使其不能使用。二、犯本罪未遂的,亦应处罚。三、情节特别严重的,处 6 个月以上 10 年以下自由刑。具备 1. 基于营利目的而为上述行为的,或 2. 故意使多人受到损失所托付的财产价值的危险或使其穷困的。四、他人停止支付,就其财产宣告破产程序或宣告破产的申请因缺乏破产人财产而被驳回时,行为始受处罚。"③

① 《德国刑法典》,徐久生、庄敬华译,中国法制出版社 2000 年版。

② 《德国刑法典》,徐久生、庄敬华译,中国法制出版社 2000 年版。

③ 《德国刑法典》,徐久生、庄敬华译,中国法制出版社 2000 年版。

二、我国关于破产犯罪问题的规制现状

我国破产刑事责任惩戒制度规定在《刑法》中。《刑法》第 162 条、第 162 条之一以及第 162 条之二规定了破产犯罪问题。其中,第 162 条妨害清算罪规定:“公司、企业进行清算时,隐匿财产,对资产负债表或者财产清单作虚伪记载或者在未清偿债务前分配公司、企业财产,严重损害债权人或者其他人利益的,对其直接负责的主管人员和其他直接责任人员,处五年以下有期徒刑或者拘役,并处或者单处二万元以上二十万元以下罚金。”第 162 条之一隐匿、故意销毁会计凭证、会计账簿、财务会计报告罪规定:“隐匿或者故意销毁依法应当保存的会计凭证、会计账簿、财务会计报告,情节严重的,处五年以下有期徒刑或者拘役,并处或者单处二万元以上二十万元以下罚金。单位犯前款罪的,对单位判处罚金,并对其直接负责的主管人员和其他直接责任人员,依照前款的规定处罚。”第 162 条之二虚假破产罪规定:“公司、企业通过隐匿财产、承担虚构的债务或者以其他方法转移、处分财产,实施虚假破产,严重损害债权人或者其他人利益的,对其直接负责的主管人员和其他直接责任人员,处五年以下有期徒刑或者拘役,并处或者单处二万元以上二十万元以下罚金。”

就我国《刑法》中所规定的破产刑事责任惩戒制度而言,笔者有如下思考:

1.《刑法》中有关破产犯罪的条文规定仅限于债务人企业或者债务人企业的工作人员,但并未涵盖破产程序中其他参与主体。其他破产程序参与主体在程序可能出现的犯罪行为的有:债权人通过虚构债权或者变造债权数额、性质等方式增加或优先获得清偿;债权人委员会滥用职权,谋取一些非法利益;管理人在破产程序中与他人合谋,侵犯债务人财产,获取非法利益;等等。这些行为在本质上均减损了债务人财产,破坏了其他债权人的合法利益以及司法秩序,是应当依法被处以刑事责任的,但是我国《刑法》却并未对犯下违法行为的其他参与主体作出特别的规制。

2.《刑法》未涵盖关于债务人及其相关人员其他应被惩戒的犯罪行为。以第 162 条为例,该罪惩戒的程序阶段为清算程序,但是我国《企业破产法》既采“一门进入,多门导向”的方式——申请人在启动破产程序后,债务人未被宣告

破产前,可以转入破产和解程序或者重整程序中,又采直接申请的方式——申请人可以直接选择启动破产清算程序、破产和解程序以及破产重整程序。如此,《刑法》第162条仅规制了在清算程序中的债务人犯罪行为,却并未规定在和解、重整程序中债务人的犯罪行为。另外,《企业破产法》第15条规定了债务人相关人员在破产程序过程中的共5项配合义务,但《刑法》第162条之一仅对其中的隐匿或者故意销毁依法应当保存的会计凭证、会计账簿、财务会计报告等行为进行惩戒,却忽视了债务人相关人员若违反了其他程序配合义务也应当被惩戒的问题。

3. 立案追诉标准偏高。以虚假破产罪为例,相关司法解释中对于该案的立案标准是具有下列情形之一的,应当追诉:(1)隐匿财产价值50万元以上的;(2)承担虚构的债务涉及金额在50万元以上的;(3)以其他方法转移、处分财产价值在50万元以上的;(4)造成债权人或者其他人直接经济损失数额在10万元以上的;(5)虽未达到上述数额标准,但应清偿的职工的工资、社会保险费用和法定补偿金得不到及时清偿、造成恶劣社会影响的;(6)其他严重损害债权人或者其他人利益的情形。若按上述规定,债务人在申请破产之前隐匿或非法转移了小于50万元的资产,那么管理人在发现这种情况后虽可以通过破产撤销权制度加以规制,但无法对不诚信的债务人以及相关人员追究刑事责任。如此做法,尤其是在个人破产制度即将开放的未来,势必会为那些想要虚假破产的逃债赖账者开辟了一个"合法通道"。尽管这样的"合法通道"虽会遭受民事责任惩戒以及失权惩戒等,但相较破产刑事责任惩戒而言,上述惩戒措施都不会对逃债赖账者产生巨大的震慑效果。所以,立案追诉标准过高,无疑是对债务人不诚信、非法行为的放纵,更难言有效维护债权人利益、保护社会主义市场经济秩序。

除上述法律规定外,我国实践中对破产犯罪的打击力度有待强化。尽管我国破产欺诈给人直观印象是较严重的,但是真正被判处破产犯罪的刑事案件数量是少之又少。例如,2022年1月23日,笔者以"虚假破产罪"为关键词,通过"威科先行"数据库中,进行检索,仅检索到13件涉及此案的法律文书,笔者又以"隐匿、故意销毁会计凭证、会计账簿、财务会计报告罪"与"破产"为关键词进行检索,共检索出68份法律文书。

显然,我国《刑法》中有关破产犯罪的3个罪名适用较少。产生这样的情况并非由于我国破产程序的相关参与主体均恪守了诚实信用原则,而是主要与破产案件立案难,公安机关、检察机关以及法院等政法机关对待破产犯罪认识不到位,行为人犯罪手段较隐蔽以及管理人对破产犯罪认识不到位、对破产刑事犯罪难以把控等原因有关。①

三、完善建议

为了解决上述问题,笔者认为,在完善企业破产程序以及推出个人破产程序的基础上,应当从以下方面健全我国破产刑事法律制度,完善破产刑事责任惩戒机制,以保障我国破产程序可以行稳致远,经济秩序得以有效维护。

1. 以破产程序中各方主体应负有的法定义务为基础,增设相关破产犯罪罪名。以债务人在破产程序中违反法定义务为例,增设债务人在破产和解、重整程序中有隐匿财产、对资产负债表以及其他文书资料虚假记载等妨害破产程序正常开展的行为,同时将债务人及其相关人员在破产程序中存在的虚假陈述、违反法律规定擅自离开住所地以及在向他人交易时未披露自身破产事实等行为也入罪惩戒。对于债权人来说,应将其虚构债权、捏造债权、改变债权数额、性质以增加或获得优先清偿并致全体债权人利益受损的行为入罪惩戒。同时,对债权人委员会滥用职权、非法获利的行为入罪惩戒。对管理人来说,应将管理人在破产程序中滥用职权、非法侵占他人财产、非法牟利等行为入罪惩戒。

2. 适当降低立案追诉标准。当前,关于破产犯罪的追诉标准过高,不利于破产犯罪的打击。如此做法可能造成"民事司法打击老赖、刑事司法保护老赖"的不正常现象。故而建议调整相应的司法立案追诉标准,坚决打击行为人在破产程序的犯罪行为。

3. 政法机关应充分提高对破产犯罪的认识,合力共同打击破产犯罪。破产

---

① 参见胡丕敢、薛箴言、詹应国:《虚假破产罪的适用》,载《人民司法》2021年第22期。

犯罪的本质不仅是侵害债权人利益,更是破坏了以诚实信用为本的社会主义市场经济秩序。因此,全社会在打击破产犯罪时,应当以雷霆手段,毫不手软。在打击破产犯罪的实践中,管理人首先应当提高对破产犯罪的认识,注意甄别行为人的行为是否同时触犯民事责任与刑事责任。若行为人存在犯罪嫌疑的,应及时将犯罪线索移送至公安机关。另外,公安机关、检察机关以及法院机关应当充分认识到破产犯罪的社会危害性,协力共同打击破产犯罪。

第十三章　公职管理人选任制度研究

随着我国个人破产理论研究以及实践的推进，公职管理人制度进入了人们的视野。作为我国破产法实践中产生的一种全新的制度，公职管理人在设立必要性、任职资格、适用案件范围、选任主体等多方面问题亟待构建相应的理论基础。因此，笔者以公职管理人选任制度为切入点，论述相关问题。

一、公职管理人概述

（一）我国公职管理人制度探索

2020 年 4 月，为推动个人破产的改革与实践，温州市出台了《探索建立公职管理人制度的府院联席会议纪要》，该份文件首次在我国规定了我国首个公职管理人制度。[①] 根据该份文件的规定，司法行政公共法律服务部门是公职管理人的管理机构，主要负责个人债务集中清理过程中的事务性工作，对公职管理人的监督、

① 温州破产法庭：《关于探索建立公职管理人制度的纪要解读》，载微信公众号"中国破产法论坛"2020 年 5 月 19 日，https://mp.weixin.qq.com/s/W5dCEWt08Yyg0LcNR15TSA。

管理与协调以及落实个人债务集中清理的相关工作。公职管理人由司法行政机关中具有法律职业资格证与公职身份的人员担任,在选任程序上,法院可在市级法院与市司法局联合编制的公职管理人名册中指定公职管理人作为个人债务集中清理案件中的管理人。此外,公职管理人还可协助参与重大、复杂个人债务清理案件的行政预清理中的事务性工作。该文件还规定了公职管理人可以聘请必要工作人员以参与个人债务集中清理案件,是否允许则分为两种情况予以决定:对于给债务人增加费用的,需要法院许可;反之,则需要司法行政机关决定。在更换公职管理人的规定上,该份文件突破了我国《企业破产法》中仅由债权人会议享有申请更换管理人之规定,赋予债务人申请更换公职管理人的权利,但决定权仍保留在法院。在具体职责方面,文件规定公职管理人与《企业破产法》中有关管理人职责的规定相差无几,但是公职管理人不收取报酬。在公职管理人工作的保障机制上,该份文件规定须建立公职管理人工作机制、府院协调联动机制、社会律师参与激励机制以及加强管理人监督机制等。

在温州市出台该份文件后,公职管理人在实践中同时有了应用案例。如在"陈某某申请个人债务集中清理案"中,首次适用公职管理人制度,该案指定瑞安市司法局张某担任公职管理人。①

除地方性探索外,理论界也有出现关于公职管理人制度的探索。例如,由学者刘静、齐砺杰起草的《个人破产法(学者建议稿)》第 52 条规定:"下列情形,经破产申请人申请人民法院批准后,或者由人民法院依照职权直接决定,由有权机关指定的公职管理人负责正常情况下应由管理人承担的相关工作:(一)人民法院同意减、免、缓缴破产申请费的案件;(二)预计因债务人的破产财产数量和价值过少而未来可能无法支付破产管理费用的;(三)人民法院认为应当指定公职管理人的其他情形。公职管理人的收费问题,由审理破产案件的人民法院决定。"第 53 条规定:"尚未指定管理人或者管理人不能正常履职又必须立即处理相关工作的,人民法院应当指定公职管理人为临时管理人。之后,根据案件的具体情况,临时管理人将管理职务移交正式管理人或者被指

---

① 载浙江法院网,http://www.zjcourt.cn/art/2020/5/29/art_422_129562.html。

定为正式管理人继续履职。”

在《深圳经济特区个人破产条例》第155条规定了关于破产事务管理部门的职责，具体内容为：“市破产事务管理部门应当履行下列职责：（一）确定管理人资质，建立管理人名册；（二）依照本条例第十八条规定提出管理人人选；（三）管理、监督管理人履行职责；（四）提供破产事务咨询和援助服务；（五）协助调查破产欺诈和相关违法行为；（六）实施破产信息登记和信息公开制度；（七）建立完善政府各相关部门办理破产事务的协调机制；（八）其他与本条例实施有关的行政管理职责。”

总结以上3种公职管理人模式可以看出，在制度规范层面上，温州模式有多处创新。温州模式对公职管理人的任职资格、行政管理、选任主体、选任程序以及监督等各方面均作出了相应规定，具有实践的先进性与突破性。《个人破产法（学者建议稿）》的模式设立了公职管理人制度，同时进一步明确了选任公职管理人案件适用范围、选任主体以及选任程序，但却尚未规定破产行政管理机构，而《深圳经济特区个人破产条例》设立了破产行政管理机构但却未设置负责个案处理的公职管理人制度。

另外，在制度背景层面，我国设立公职管理人制度的出发点源于实践中的个人破产案件处理周期长、私人管理人欠缺履职积极性等现实因素。具言之，温州模式设立公职管理人的原因直接指向了在个人债务集中清理案件中管理人报酬低以及在失权期间债务人难以被监管等问题。[①] 而《个人破产法（学者建议稿）》的起草学者被问及是否需要建立统一的管理人监管机构时，其答复是选择各种方式对管理人进行监管是一个政策导向问题，目前尚无定论。[②]

（二）公职管理人制度设立的必要性分析

我国在企业破产案件中尚未在理论或实践中提出设立公职管理人的问题。笔者认为，我国设立公职管理人制度是具有必要性的，理由如下：

---

① 参见温州破产法庭：《关于探索建立公职管理人制度的纪要解读》，载微信公众号“中国破产法论坛”2020年5月19日，https://mp.weixin.qq.com/s/W5dCEWt08Yyg0LcNR15TSA。

② 参见齐砺杰、刘静：《〈个人破产法（学者建议稿）〉答读者问》，载微信公众号“破记录”2020年6月11日，https://mp.weixin.qq.com/s/Si2g1EddtVRG6Uh4xpYb8g。

其一,公职管理人符合破产法本位论发展的内在要求。所谓破产法本位论,是指破产法在发展过程中所侧重的利益主体的保护范围。综观世界破产法的发展,在破产法产生初期,其功能或者目标就是保护债权人利益,使债权人就债务人的财产得以公平清偿,而随着社会的变化发展,破产法的目标逐渐从债权人本位转向债权人与债务人利益平衡本位再到当事人利益与社会利益平衡本位。[①] 因此,随着社会的不断发展与进步,人与人之间的交往变得日趋复杂,这使过去那种仅存在于债权人与债务人之间的利益关系,变为网格式的社会关系。在网格式的关系中,当其中的某一环关系出现破裂,那么会对网格中的其他关系产生波浪式的影响,这也就造成了破产法不再单纯地仅调整债务人与债权人团体之间的关系,而是需要兼顾社会的公共利益。因此,与私人管理人相比,公职管理人更具有代表公共利益的特点。所以,公职管理人的出现是破产法自我发展与完善过程中的必然产物。

其二,公职管理人有利于提高债权人清偿比例。选任公职管理人优点之一是,公职管理人于具体案件之中不收取管理人报酬。管理人报酬在破产法中属于破产费用的范围,根据我国《企业破产法》之规定,申请人申请债务人破产时,无须预先缴付破产费用,而是在案件中就债务人财产随时优先清偿。因此,作为财团债权的组成部分之一,如果其所占比例越高,则普通债权人获得清偿比例就越小;反之,如果管理人报酬比例越低,则债权人获得清偿比例就越大。因此,当普通债权本身于破产案件中清偿比例较低的现实情况下,公职管理人免收管理人报酬,可以提高普通债权人的清偿比例,进而有利于提高债权人参与破产案件的积极性。

其三,公职管理人有利于解决我国私人管理人零报酬的现实问题。在比较法上,对于"无产可破"的案件存在两种处理方式:一种是采取破产费用预缴的模式,当申请人不能够预缴相应的破产费用,则法院会裁定程序废止,如《日本破产法》第22条规定:"申请人申请破产程序开始时,必须预缴法院规定的作为破产程序所需费用的金额。"[②]另一种是在破产程序中将破产费用随时优

① 参见王欣新:《企业破产法》(第4版),中国人民大学出版社2019年版,第9页。

② 李飞主编:《当代外国破产法》,中国法制出版社2006年版,第723页。

先清偿的规定，当债务人财产不足以支付破产费用时，管理人可以申请法院终结破产程序，我国《企业破产法》第43条就采上述立法例。但是对于企业“无产可破”的案件，仍有继续破产程序的理由，而不是对此类债务人企业放任自流，原因在于债务人企业可以通过破产程序实现退出市场、净化市场经济环境的作用。故而在此类案件中，管理人通过交叉互补的方式获得相应的补贴以继续推动破产程序。对此，问题解决的办法主要有以下几种：一是通过组建管理人协会，成立互助基金的方式，实现管理人之间的相互帮助。此种模式在江浙一带十分常见，其具体操作方法是通过管理人在可获得报酬的案件中提取部分比例的报酬汇入管理人协会设立的互助基金之中，当有的管理人在处理“无产可破”的案件时，可以通过向管理人协会申请互助基金的方式以获得相应的补助。二是通过财政补贴的方式。在此种模式下，当管理人面临零报酬的案件时，可以向法院申请相应的财政补贴。同样，对于个人无产可破案件而言，允许其适用破产程序，有利于实现对债务人进行债务清理、拯救债务人以及帮助其恢复正常经济生活等现代破产法理念。所以，我国未来在开放个人破产程序后，也会出现个人“无产可破”案件，若沿用传统思路解决管理人零报酬的问题，只能通过向管理人协会或法院申请补助或补贴。但是，笔者曾实地调研发现，采用以组建管理人协会、成立互助基金等交叉互补的方式是会随着破产案件的体量减少的，并使互助基金的总量也随之减少，进而管理人在个案中所获得的补贴也会随之降低。所以，若不采用其他开源的方式，扩充管理人协会互助基金的来源方式与金额，那么互助基金在未来的某一天可能会面临枯竭的状况。因此，公职管理人制度的设立，是破解私人管理人面临“无产可破”之零报酬问题的又一全新思路。因其公职性的特点，所以公职管理人既不收取管理人报酬也不缺乏履职的积极性。

总而言之，公职管理人会是我国管理人制度改革的方向之一，是通过个人破产程序的改革带动企业破产程序改革的推动力之一。

二、公职管理人选任的实质要件

（一）公职管理人应具有的特质

选任公职管理人担当个案中的管理人角色应当考虑公职管理人所具备的

特性。笔者认为，公职管理人在担当个案中的管理人角色时应当具备如下特质：

1. 公职性。公职管理人与私人管理人于身份上的最大区别在于，公职管理人具有国家公务员的身份属性，这是公职管理人的基本属性之一。作为破产程序的主要推动者，公职管理人的公职属性决定了在处理破产案件时，不仅需要妥善处理好债务人与债权人团体之间的财产分配问题，更要注重案件中社会公共利益的维护问题。此外，公职管理人的公职性直接解决了其担当管理人的法律性质问题。关于管理人的法律性质存在“代理说”、“中立行为说”、“职务说”以及“财团代表说”等观点。也有观点认为，英美法系多采“信托说”，即将债务人视为信托人，将破产财产视为信托财产，将管理人视为受托人，而全体债权人则为受益人。① 产生上述学说的理论分野源于由私人担当管理人的身份性质与其在破产程序中所享有的职权不相匹配。然而，由公职管理人担当个案中管理人时，对于管理人法律地位的争论就迎刃而解了。因唯有采“职务说”最合适。“职务说”可以继续分为“公吏说”与私法上的“职务说”，前者是指管理人基于法院的选任，执行法律上的职务，其应当被视为国家执行机关中依法执行公务的公务员，而后者则是指管理人经选任后履行职务，是一种国家事务委托授权的私法上的职务。② “职务说”被德国法所接纳、是主流的学说观点，因其指出管理人作为独立司法助理机关应当具有为程序参与的各方主体利益照管财产与变价处置等责任。③ 但也有质疑观点指出“职务说”的弊端在于管理人虽系法院选任但也不能承认其具有公法上的组织，故而其职务行为就失去了依托；根据“职务说”，管理人行使诉讼实施权等同国家机关在行使该权利，这与观念不相符；如果管理人失职，那么要求其承担相应的责任则难以解释。④ 然而，当本身具有国家公务员身份的公职管理人担当个案

① 参见王欣新：《企业破产法》(第4版)，中国人民大学出版社2019年版，第76页。

② 参见陈计男：《破产法论》，台北，三民书局2008年版，第130页。

③ 参见[德]莱茵哈德·波克：《德国破产法导论》(第3版)，王艳柯译，北京大学出版社2014年版，第31页。

④ 参见汤维建：《优胜劣汰的法律机制——破产法要义》，贵州人民出版社1995年版，第127~128页。

中管理人时,其身份并不像私人管理人被法院指定而被拟定具有公职身份,对于“职务说”的弊端论述也失去了理论基础。

2. 公益性。公职管理人的公益性是公职性所衍生的属性之一,其与公职性是属于互为表里、不可分割的关系。所谓公职管理人的公益性具体可体现在公职管理人在履职的过程中并不额外收取管理人报酬之上。私人管理人本身属于社会中介机构,所以,私人管理人以从事管理人职业为基本谋生手段,获得管理人报酬是应有之义。然而,公职管理人属于政府设立的专门从事破产案件管理人的职位,因此其收入为政府发放的工资,所以其不应在破产案件中获取额外报酬。同时,公职管理人的公益性也决定了其应被选任担当个案管理人的案件范围,即公职管理人不能在任何案件中均被选任为管理人,而是在特殊案件中方可被选任为管理人。

3. 补充性。公职管理人的补充性也是公职性所衍生的属性之一。所谓补充性,是指公职管理人作为管理人体系中的一员,其在管理人体系中处于补充地位。与公益性不同,公益性决定了公职管理人被选任案件的适用范围,而补充性,是指关于公职管理人与私人管理人的关系问题。在正常的管理人体系中,私人管理人应当占据绝大多数的比例,这是因为市场应在资源配置中占决定作用,所以通过市场对私人管理人的调整,使管理人市场保持健康发展。但同时,市场在部分情况下也会出现失灵的情况,典型情况就是“无产可破”案件中私人管理人履职积极性不高等情况,此时需要政府设立公职管理人对此进行调节。因此,作为政府调控管理人市场的表现,公职管理人在管理人体系中处于补充地位,不应占据大比例的市场份额。另外,公职管理人的补充性还可体现在具体案件中,当私人管理人缺位的情况下,法院可指定公职管理人担当临时管理人的角色。

除以上公职管理人的特殊属性外,公职管理人还应当具备管理人的一般属性:其一,专业性。破产程序对管理人要求的专业性极高,因此,各国法律对管理人所应掌握的专业知识包括但不限于法律、经济以及管理等方面的内容,因此需要管理人具备法律或会计等相关的教育背景。其二,实践性。仅具备书本的知识也是不能成为一个合格的管理人的,从上述要求可以看出,如果候选人要获得管理人资格需要具备实务经验,只有积攒了一定的实务经验的候选人才有能力担当管理人而应对复杂的破产案件。其三,良好的品性。因管理人在破产程序中需要协调处理各方利益,所以只有具有良好品性且没有破产的人员,才能够保持在破产程序中的中立与勤勉。

尽管实践中要求公职管理人由取得法律职业资格证的公职人员担任,但是公职管理人可能尚且缺乏专业性与实践性的管理人一般属性。因此,笔者认为,为了增强公职管理人的一般属性,应当要求公职管理人加入当地管理人协会,与其他管理人一道参与管理人协会的教育培训,以增强专业知识与技能。

(二)选任公职管理人的案件范围

笔者认为,对于公职管理人在我国破产程序中究竟适用什么类型的案件应当进行如下讨论:

1. 讨论一:个人破产程序与企业破产程序

我国在探索公职管理人的案件适用范围上主要围绕个人破产程序展开。公职管理人是否仅能适用个人破产程序案件而不能适用企业破产程序案件,是值得讨论的问题。就当前的实践而言,在温州模式下,公职管理人可在个人债务集中清理案件中被选任为管理人,然而对于何种具体的案件类型却未做规定,故而可以认为在温州模式下,所有个人债务集中清理的案件均可指定公职管理人作为案件管理人。与之相对应的是,《个人破产法(学者建议稿)》将指定公职管理人的案件范围基本限定为"无产可破"案件,同时增加了"人民法院认为应当指定公职管理人的其他情形"作为兜底条款。可见,在上述两种模式中,适用公职管理人的案件特点突出表现为"无产可破"案件。尽管在个人破产案件中,案件中的权利义务关系较明确,但却不应将公职管理人仅限定适用为个人破产程序案件中的"无产可破"案件中,在企业破产程序中的"无产可破"案件同样可以选任公职管理人,这是公职管理人的公益性所决定的。故而笔者认为,对于以下类型破产案件均可选任公职管理人:其一,债权人数较少、债权数额不大的"无产可破"案件。此类案件主要考虑公职管理人公益性与补充性的特殊属性,可以选任公职管理人作为案件管理人。其二,"执转破"案件。在"执转破"案件中,执行法院以及债权人对债务人的财产已经历过多轮排查摸索,基本上也属于破产程序中的“无产可破”案件,所以“执转破”案件也可以选任公职管理人。其三,法院原则上不享有自由裁量权。因公职管理人所具备的特质,为避免滥用公职管理人选任制度,法律应当严格限定选任公职管理人的案件范围,即可采用列举的方式加以规定,同时不应当赋予法院对选任公职管理人案件的自由裁量权。

2. 讨论二:清算程序、和解程序与重整程序

破产程序由清算程序、和解程序以及重整程序组成,对于公职管理人来说,是否均可在所有程序中被指定为管理人应当具体分析。首先,在企业破产程序中,适用重整程序的案件一方面案件本身较复杂,另一方面因私人管理人会获取的可预期报酬较丰厚,所以私人管理人参与重整案件的积极性较高,同时结合公职管理人公益性与补充性的特点,故而在企业重整案件中不应当指定公职管理人;此外,适用和解程序的案件数量虽占破产案件数量比例较少,但因和解程序本身具有简单灵活并兼具避免破产的特点,故而近段时间以来和解程序往往应用于拯救中小企业、避免其破产的案件中,所以此类案件也通常应当指定私人管理人,公职管理人原则上不参与企业和解案件;在清算程序中,对于“无产可破”的案件可以指定公职管理人。

对于个人破产程序来说,笔者认为,公职管理人在参与破产程序中应当把握如下要点:其一,在个人和解或重整程序中可以指定公职管理人。尽管我国当前在理论上尚未界清个人和解程序与个人重整程序的区别以及设立的必要性等问题,但二者在偿债协议的执行方面具有相同之处:因偿债协议执行期间至少需要 3 ~ 5 年,而私人管理人在此期间存在职业变动等因素,不利于和解或重整程序的进行,所以此类案件可以指定公职管理人。其二,在清算程序中,对于“无产可破”的个人破产清算程序可以指定公职管理人。其三,公职管理人原则上不参与个人与企业合并破产案件。我国学界在论述个人破产程序的正当性基础时的主要论点之一就是个人破产程序可以解决实践中的企业主对破产企业债务连带担保的问题。在此类案件中,企业主与企业可互为担保或发生混同,债权债务关系较复杂,且在允许个人破产的前提下,企业主破产通常与企业破产合并处理,即可由企业破产程序中的私人管理人负责,故而公职

管理人原则上不应被指定为此类案件的管理人。

3. 讨论三：审查受理程序以及其他程序

以时间发展的先后顺序为依据，可将破产程序分为审查受理程序、通用程序以及具体程序。在比较法上，有的立法例规定，在审查受理阶段即可指定临时管理人，负责此阶段的债务人财产保全等工作，例如，在德国《破产法》中审查受理程序最主要的措施是任命临时管理人，并以职责为划分为“弱”临时管理人与“强”临时管理人，前者没有对债务人财产的自主处分权，仅享有对债务人行为的否决权，也不得设立任何财团债务，而后者实际上拥有与正式选任的管理人相差无几的权利，因债务人同时禁止对财产的一般性处分（通常仅对债务人有效），所以临时管理人取得对债务人财产的处分权，但对于财产处置方面仅在紧急情况下才享有，如对易腐货物的处分权。① 我国法律规定，在受理破产案件时同时指定管理人，但却未规定在审查受理程序中指定临时管理人。笔者认为，在审查受理程序中法院既要审查申请人的申请事项，又要组织指定管理人等工作，如遇有重整案件，则法院还需组织重整案件听证程序，故而审查受理程序耗时较长，在此阶段容易发生债务人财产转移等情况。所以，为了确保后续程序的正常进行，可以在法院接收申请人申请时，同时指定公职管理人进行财产保全以及紧急处置债务人财产等工作。

另外，根据《企业破产法》第 61 条之规定，债权人会议享有申请更换管理人的权利，法院亦有依职权决定更换管理人的权力。当原管理人被更换，而新任管理人尚且没有完全履职的“真空”阶段，可能会发生一些紧急需要管理人处置的事项，此时应当由公职管理人代行临时管理人的角色，行使相应职权。此项选任案件范围亦属公职管理人补充性的具体体现。

三、公职管理人选任的程序要件

（一）公职管理人的任职资格

我国《企业破产法》第 24 条以及最高人民法院《关于审理企业破产案件指

---

① 参见［德］莱茵哈德·波克：《德国破产法导论》（第 3 版），王艳柯译，北京大学出版社 2014 年版，第 55 页。

定管理人的规定》中对私人管理人的任职资格以及任职条件作出了细化规定。通常而言，对于符合条件的律师事务所、会计师事务所、清算公司以及律师、会计师等可以参与当地法院管理人申请考核，对符合条件的候选人，法院可以将其编入管理人名册中，即凡是入册的候选人均有资格担当个案中的管理人。就个人管理人而言，其任职资格应当具有形式与实质双重要件，实质要件就是指管理人应具备专业性、实践性以及良好的品性等，而形式要件则是指个人管理人应当是律师或会计师，同时需要被编入法院编制的管理人名册中。在我国当前的实践中，温州模式对于公职管理人的形式要件作出了 3 项规定：一是要求候选人具有公职身份，即属于国家公务员；二是要求候选人具有国家法律职业资格证；三是要求候选人进入由主管机关与法院共同编制的管理人名册之中。从上述形式条件而言，第 1 项与第 3 项条件当无太大争论，但第 2 项条件尚需讨论，讨论的原因就在于仅取得法律职业资格证的人员是否可以担当公职管理人。

笔者认为，现阶段公职管理人的任职资格可能具有如下问题：

其一，取得法律职业资格证不等于取得律师身份。法律职业资格证仅是表明持证人具备从事法律职业的资质，而若以律师、法官或检察官的身份进行执业，则需要进一步取得相应职业资质。因此，取得法律职业资格证的公职人员并不具有律师身份。然而，仅取得法律职业资格证的公职人员不符合我国《企业破产法》第 24 条规定的担任管理人资格主体范围。《企业破产法》第 24 条规定："管理人可以由有关部门、机构的人员组成的清算组或者依法设立的律师事务所、会计师事务所、破产清算事务所等社会中介机构担任。人民法院根据债务人的实际情况，可以在征询有关社会中介机构的意见后，指定该机构具备相关专业知识并取得执业资格的人员担任管理人。有下列情形之一的，不得担任管理人：（一）因故意犯罪受过刑事处罚；（二）曾被吊销相关专业执业证书；（三）与本案有利害关系；（四）人民法院认为不宜担任管理人的其他情形。个人担任管理人的，应当参加执业责任保险。"因此，在我国尚不存在对管理人身份单独认定的情况下，个人取得律师、会计师的执业资格是从事管理人工作的前提条件，故而仅取得法律职业资格证的公职人员不具有我国《企业破产法》中管理人的任职条件。

其二,仅将取得法律职业资格的公职人员作为公职管理人可能存在限制其他群体担当公职管理人之嫌。当前,我国管理人体制正在面临一系列的改革,其中,社会反映声音较大的就是放开管理人的任职条件,允许金融、资产管理等公司主体进入管理人市场。以《深圳经济特区个人破产条例》为例,该条例第157条第2款对担任管理人的资格予以放开,具体内容为:“律师、注册会计师以及其他具有法律、会计、金融等专业资质的个人或者相关中介服务机构,经破产事务管理部门认可,可以担任管理人。管理人的任用、履职和报酬管理具体办法,由市人民政府制定。”所以,公职管理人不能仅将取得法律职业资格的公职人员作为任职资格,还需要考虑取得其他资质的公职人员担任公职管理人的情况。

因此,笔者认为,设置公职管理人的任职资格应当分以下阶段进行:

1. 在当前公职管理人制度的探索阶段,可以维持现状,即凡是具有法律职业资格证的公职人员就可以享有担任公职管理人的资质。与此同时,公职管理人可将具有公职律师的人员作为享有公职管理人任职资格的人员。公职律师制度作为我国律师制度中的组成部分之一,在实践中切实发挥其实际作用。2018年司法部颁布的《公职律师管理办法》标志我国公职律师制度逐渐走向完善。

2. 在未来阶段,随着我国管理人体制改革的推进,以及公职管理人实践经验的积累,可以考虑逐步放宽公职管理人的职业资格的限制,即对于尚未取得公职律师身份的,但取得法律、会计或金融等行业资格证的公职人员,也应当允许其担当公职管理人。

(二)选任公职管理人的主体

在比较法上,管理人的选任程序主要存在如下模式:(1)专门由法院进行指定,大陆法系多采用这种模式;(2)由债权人会议选任;(3)由债权人会议选任,法院等机构选任可作为补充;(4)原则上由法院进行选任,但债权人会议可以更换管理人。①

---

① 参见汤维建:《优胜劣汰的法律机制——破产法要义》,贵州人民出版社1995年版,第131页。

除上述选任方式外，美国《联邦破产法典》现行管理人选任程序通常是由联邦托管人选任，如在第7章程序中，各辖区的联邦托管人先应负责编录破产管理人名册，然后通过随机指定的方式选任1名名册中的管理人担当临时管理人，同时，债权人会议可以更换管理人，但因"程序由全体债权人主导"在实践中被证明失败，而法律又规定债权人更换管理人需要全体债权人与另任管理人达成一致，所以实践中很少出现债权人更换管理人的情况；在第12章、第13章程序下，因案件流程烦琐且报酬不多，以致私人管理人很少对此有积极性，所以法律设立了由联邦托管人指定的常设管理人担当此类案件的债务人代理付款人。①

另外，俄罗斯也创设了一种管理人新型选任方式。债权人会议在破产程序中可向管理人协会提出申请，协会通过集体决策的方式选出3名符合条件的管理人候选人并将名单报送法院、债权人与债务人，再由债权人与债务人各自排除1名候选人，而最终保留的候选人由法院指定作为正式管理人。② 管理人选任程序折射出不同破产法立法例的取向不同但也各自存在利弊，如由法院指定程序虽然具有高效率、节约成本等特点，但可能存在法院中立性受到质疑的问题，而以债权人会议选任程序虽体现了债权人意思自治，但也会出现债权人操控甚至管理人操控程序等问题，③且管理人并非仅是债权人的代理人，故也不应由债权人会议选任。④ 因此，有观点认为，管理人选任模式上各立法例基本都在寻求一种融法院指定与债权人选任于一体的方法，选任权限交由任何一方主体绝对行使难以符合现代破产法的发展规律。⑤

但同时也应当看出，就美国和俄罗斯的管理人选任程序的发展而言，选任主体不再局限于法院与债权人之间，而是吸纳案外第三方主体参与其中，这种

---

① 参见王之州：《市场与规制的二重奏：美国破产管理体制的变迁与改革》，载陈夏红、闻芳谊主编：《破产执业者行业自治》，法律出版社2018年版，第134～139页。

② 参见王欣新：《企业破产法》（第4版），中国人民大学出版社2019年版，第81页。

③ 参见王欣新：《企业破产法》（第4版），中国人民大学出版社2019年版，第80页。

④ 参见陈荣宗：《企业破产法》，台北，三民书局1986年版，第148页。

⑤ 参见汤维建：《优胜劣汰的法律机制——破产法要义》，贵州人民出版社1995年版，第131页。

方式会进一步克服法院指定或债权人会议选任模式所带来的弊端。进言之,美国与俄罗斯法规定的第三方选任主体或参与选任的主体实质上均是负责管理人行政管理的机构或组织,所以由负责管理人的行政管理机构进行个案中管理人的选任工作具有合法与合理的双重属性。

我国在公职管理人制度时间探索中,将公职管理人的选任权交由其管理机构行使。故而我国未来在建立公职管理人制度时,由公职管理人的管理部门负责个案选任公职管理人,具有可行之处。

(三)选任公职管理人的具体程序操作

因公职管理人具有公益性与补充性的特点,这决定了即便案件类型符合指定公职管理人的规定,但也不能直接选任公职管理人。因此,除在审查受理程序以及在程序进行中原管理人被更换的真空阶段可指定公职管理人作为临时管理人外,指定私人管理人具有优先性,即法院应当优先指定私人管理人,公职管理人的指定应当劣后于私人管理人的指定。

笔者认为,将上述原理落实于具体程序上时,应当按以下程序步骤进行:首先,管理人协会应当建立社会公益管理人目录,在出现可以指定公职管理人案件的情况时,法院应优先指定私人公益管理人。当前,我国管理人协会正在如火如荼地进行当中,已经成为管理人自治的重要社会力量。在具体职能上,协会应当发挥资格认证、教育培训、奖励惩戒、互助管理等职能,因此,协会应当对有志于从事无产可破等公益破产案件的管理人建立相应的名册,法院在受理这类案件中可优先从该名册中指定私人公益管理人。其次,当私人公益管理人数量较少、而此类案件数量较多,社会力量已经不能满足于此类案件的需求时,法院应当在裁定受理案件之前,通知公职管理人的管理部门指定公职管理人,当管理部门收到法院通知后应当立即指定担当个案管理人的公职管理人,并将指定通知回传至法院,法院收到公职管理人管理部门的指定通知后应依法作出相应裁定。

(四)对公职管理人的更换

与私人管理人一样,公职管理人在选任后如果出现法律规定的情形,那么相关主体可以更换公职管理人。我国法仅作出了债权人会议可以申请更换管理人的规定，而最终决定权则由法院行使。就比较法对管理人的监督而言，在我国实践中，对管理人的监督不够，主要体现在一是监督主体不多元，如缺乏债务人对管理人的监督、行业协会对管理人的自律监督等，二是监督形式有所欠缺，如没有设置履职保证金制度等。[①] 有观点认为，对于管理人的监督没有顾及破产程序中的利害关系人对管理人的监督，也没有摆脱以法院为主导的程序模式。因此，建议赋予公司债权人、职工、债务人公司股东、原债务人的经营管理层以及其他对破产财产享有直接或间接利益的主体相应的监督权；同时，在对管理人实施经营控制权的监督模式上更多地体现市场经营为主导的模式。[②] 笔者认为，作为维护社会公共利益代表的公职管理人，在破产程序中接受多方主体的监督是公职管理人的公职属性所直接决定的。因此，对于公职管理人的监督，不仅应当赋予破产程序中的债务人、债权人以及法院对管理人享有监督的权利，公职管理人的行政管理机构以及其所加入的管理人协会均有对公职管理人监督的职责。具体可表现为，赋予债务人以及债权人申请更换公职管理人的权利，赋予法院决定更换公职管理人的权力，赋予行政管理机构剥夺其担当公职管理人资格的权力，赋予管理人协会对公职管理人日常考评的权利等。

四、结语

公职管理人的出现，意味着我国破产法理念已经开始发生变化：由仅关注债务人与债权人团体利益保护的当事人利益本位论逐渐向社会公共利益本位论发生移转。选任公职管理人是公职管理人制度中最核心的一环，因在选任程序中需要论证公职管理人的特性、适用案件范围、选任主体以及选任程序等具体方面以为实践提供理论指导。我国未来破产法中设置公职管理人制度具有必要性。在选任公职管理人实质条件上，应当重点考察公职管理人的特质即公职性、公益性以及补充性，同时以公职管理人应具有

---

① 参见王之州：《市场与规制的二重奏：美国破产管理体制的变迁与改革》，载陈夏红、闻芳谊主编：《破产执业者行业自治》，法律出版社2018年版，第134页。

② 参见齐明：《破产法学：基本原理与立法规范》，华中科技大学出版社2013年版，第95页。

的特质为依据合理规制选任公职管理人的案件范围。在选任公职管理人的程序要件上,应当分阶段设置公职管理人的任职条件,明确赋予公职管理人的行政管理机构享有选任权,设置相应的选任程序以及拓宽对公职管理人的更换机制。

第十四章　庭外债务清理 ADR 机制的构建

对于债务超负问题的处置办法，无非是通过削减债务或者延期债务的偿还时间来进行。然而，债务人除可以通过法庭内的司法程序解决债务超负问题外，还可以通过法庭外的各种机制来解决债务超负问题。在域外，相较庭内程序，庭外程序被更多地应用于实践当中，以起到减轻司法负担、降低司法与当事人的成本的作用。大多数国家在建立庭外债务清理机制的前提，是已经有较完备的个人破产法作为庭外债务清理机制的后盾基础。因此，庭外债务清理机制与庭内债务清理程序，共同构成了个人债务清理机制的内容，二者缺一不可。[①] 总之，除关注庭内债务清理程序各项规定的建立健全外，笔者认为，还应当注重建设相对应的庭外债务清理机制。

一、庭外债务清理 ADR 机制概述

（一）庭外债务清理 ADR 机制的概念

ADR（Alternative Dispute Resolution）机制，是指替

---

① 参见王欣新：《个人破产法的立法模式与路径》，载《人民司法》2020 年第 10 期。

代性纠纷解决机制。所谓庭外债务清理 ADR 机制,是指当债务人出现支付不能或濒临支付不能时,通过法庭外的非诉纠纷解决机制,解决债务人的债务危机,而不是直接进入法院启动正式的破产程序进行债务清理。

通常所说的 ADR 机制包括协商、和解、调解、仲裁等方式,其本质是通过一种友好平和的氛围,整理当事人双方的矛盾焦点并努力进行化解。由此看来,债务清理 ADR 机制应由两部分内容组成:一部分是程序上的内容,债务人与部分或全体债权人通过协商、和解、调解或仲裁等非诉方式化解债务人的债务问题,并在此期间暂停债权人的追债行为;另一部分是实体上的内容,借助程序上的便捷促使债务人与部分或全体债权人达成关于债务清偿内容的变更。

(二)庭外债务清理 ADR 机制的功能

1. 沟通对话功能

在理论上,在破产程序性质的划分上存在"诉讼事件说"、"非讼事件说"以及"特别事件说"等学说。同时,破产程序往往被认为是一个财产分配程序,因此程序在设计上也忽视了债务人与债权人之间的对话交流机制。在破产程序中,债务人与债权人之间原本平等的法律关系也变得不平等,如我国《企业破产法》第 15 条规定,债务人在破产程序中负有"列席债权人会议并如实回答债权人的询问"的义务。具体而言,这种不平等表现在:第一,债务人面对的并非单一债权人,而是面对债权人团体,尽管债权人团体是以债权人大会或债权人委员会作为集体行动的代表,但是这种人数上的差距,已经给双方带来了心理上的不平等。第二,无论从法律文本的表述或是从破产案件的实操中可以看出,法律上的这种单向"你问我答"式的规定,已经在某些程度上限制了债务人与债权人团体之间的对话权利,从而造成了双方沟通方式上的不平等。

因此,正式的破产程序并未给双方营造一个平等对话的空间。但可以理解的是,在企业破产清算程序中,债务人与债权人团体对话与否已经不存在太大的意义,因为企业经破产清算后会被注销。但是,对于自然人债务人来说,要求债务人与债权人团体进行平等对话具有化解矛盾纠纷的重要意义。所以,当正式的破产程序没有强调这种平等沟通对话功能之时,作为一种替代性或补充性的债务清理机制,就应当充分发挥破产程序中没有的功能——增强债务人与债权人团体之间的沟通对话。

2. 纠纷解决功能

庭外债务清理 ADR 机制的沟通对话功能是该机制的手段性功能，而目的性功能则在于化解债务人与债权人团体之间的纠纷。不可否认的是，当债务人处于事实破产状态时，其与债权人的矛盾纠纷基本上已经处于不可调和的状态。债权人会发动各种手段，向债务人追讨债务。因此，调和好债务人与债权人团体之间的矛盾，是债权人团体最终接受债务人清偿结果的前提条件之一。换言之，只有尽量化解债权团体与债务人之间的矛盾，调和双方之间的纠纷，才能促使债权人团体与债务人之间达成庭外调解协议，并最终保证该协议得到有效的执行。基于此，庭外债务清理 ADR 机制可给予双方充分对话的空间，让债务人充分地向债权人去解释自己不能清偿到期债务的原因，去展示自己真实的财务情况；同时让债权人去说明自己努力向债务人讨债的原因，可以发泄情绪、表达不满。通过双方多轮对话或第三方调解，庭外债务清理 ADR 机制意在尽可能地解决双方之间的纠纷。

3. 债务清理功能

庭外债务清理 ADR 机制在本质功能上与庭内的破产程序是一致的——债务清理功能。债权人团体与债务人之间无论是对话或者是矛盾化解，其最终目的是达成和解协议或调解协议，实现债务人的债务清理。如果债权人团体与债务人之间仅仅停留在对话或矛盾化解阶段，而最终没有达成和解或调解协议，那么该机制是没有任何存在的价值与意义。因此，庭外债务清理 ADR 机制可以通过各种各样的方法促使债权人团体与债务人之间达成和解或调解协议，以实现债务清理的目标与功能。

4. 分流司法压力、降低当事人维权成本功能

如果没有庭外债务清理机制，那么所有的破产案件都将涌入法庭。然而，当前的司法人员数量是无法做到与个人破产案件数量相匹配的。[①] 因此，为了减轻司法压力、节约司法成本，应当在建立庭内债务清理程序的基础上，建立

---

① 参见李曙光：《制定个人破产法需着重解决好五大问题》，载《中国证券报》2008 年 6 月 14 日，A16 版。

健全庭外债务清理机制。如此，可以将一部分本不用进入到庭内债务清理程序的案件，利用庭外债务清理机制进行清理债务。这样就起到了繁简分流、降低司法压力的作用。另外，与正式的庭内债务清理程序相比，庭外债务清理机制较方便、灵活，运行成本较低且效率较高，可以节约双方当事人的时间与金钱等维权成本。

二、庭外债务清理 ADR 机制的模式

庭外债务清理 ADR 机制虽然在本质上是要实现债务人所负债务的减免或延期履行，但其仍然在技术层面存在多种模式与表现形式。因此，如何建立适合我国国情的庭外债务清理 ADR 机制模式是一个应当探讨的问题。

具体而言，理论界对在庭外债务清理 ADR 机制中涉及的执行程序是否暂停行使、债权利息是否停止计算、免于破产的财产范围，以及债权的免责等问题，究竟是采取完全依靠当事人之间自主协商的模式，抑或是赋予某种强制效力的模式是存在不同观点的。① 例如，有学者认为，基于我国的具体情况，我国庭外债务清理 ADR 机制应当采用具有强制力的模式，而不应当采用当事人选择性的模式，这是因为若采用后者，则可能会造成庭外债务清理的工作徒有其表等问题。② 与其观点相对，有学者认为，我国应当设立非强制性的破产程序前置的自然人债务清理咨询制度，在该制度中，债务人可以自由地选择是否聘任咨询人享受咨询服务，以解决自身债务问题，该制度可以在正式的自然人破产制度缺失时发挥独立的作用。③ 此外，当事人在申请启动正式的破产程序之前，是否应当强制性地进入庭外债务清理机制进行债务清理，也是一个应当考虑的问题。笔者就不同模式的庭外债务清理 ADR 机制进行对比，具体论述如下。

---

① 参见王欣新：《个人破产法的立法模式与路径》，载《人民司法》2020 年第 10 期。

② 参见刘冰：《论我国个人破产制度的构建》，载《中国法学》2019 年第 4 期。

③ 参见范志勇：《自然人债务清理咨询制度研究：域外经验与启示》，载《税务经济》2020 年第 3 期。

(一) 强制型庭外债务清理 ADR 机制模式与选择型庭外债务清理 ADR 机制模式

所谓强制性的庭外债务清理机制,是指债务人在向法院申请启动破产程序之前,应当接受有关机构提供的债务清理相关服务与工作,这样的服务与工作主要包含两部分内容:其一,债务人可以在相关机构获得关于其如何解决过度负债问题的咨询意见;其二,相关机构可以作为中间方,努力促使债务人与债权人达成和解协议。①

具有强制力的庭外债务清理 ADR 机制模式是较常见的。例如,德国的个人破产法就设置了债务清偿庭外和解程序和庭内和解程序,当事人只有在这两种前置程序中均未达成和解协议后方可正式启动破产清算程序。② 笔者认为,强制性的庭外债务清理机制通常具有如下特点:

1. 庭外债务清理机制是启动庭内债务清理程序的前置性要件。债务人若想启动庭内债务清理程序,则应当事先在庭外债务清理机制当中,与相关债权人就负债清理问题进行协商。如果债务人没有启动庭外债务清理机制,则其不能顺利地启动庭内债务清理程序。

2. 债务人掌握了庭外债务清理机制的启动权。债务人对自身的负债情况是最清楚的,即债务人对自己是否出现因过度负债而不能或者濒临不能清偿到期债务情况最为了解。然而,因债权人不完全掌握债务人的负债情况以及资产状况,以至于在大多数情况下,债权人不清楚债务人是否真正处于不能清偿到期债务的破产境况。因此,将庭外债务清理机制的启动权赋予债务人,有利于债务人根据自身实际情况,及时启动庭外债务清理机制。

3. 债务的性质具有一定的特殊性。并非任何性质的债务均可通过庭外债务清理机制而被清理,而是将债务的性质基本限定在对金融机构所负的金融债务之内。如此做法,可能是因为在自然人破产案件中,债务人的债权人多数为金融机构债权人。由于在破产程序之中,债权人会通过债权会议对债务人的各项决议进行表决。因此,那些占据债务人负债总额较大比例的债权人对

---

① 参见刘冰:《论我国个人破产制度的构建》,载《中国法学》2019 年第 4 期。

② 参见赵万一、高达:《论我国个人破产制度的构建》,载《法商研究》2014 年第 3 期。

债务人清理债务各项决议享有相当重要的话语权。因此,为了能够使庭外债务清理机制与庭内债务清理程序相互顺利衔接,并且充分发挥庭外债务清理机制的相关功能,债务人应当与其最大债权金融机构就债务清理问题进行协商。但是,如同各个立法例所规定的个人破产程序的内容不同,庭外债务清理机制的内容亦不相同。例如,英国法当中的债务纾缓程序就仅限债务人负以下债务适用:(1)信用卡消费、透支以及借贷产生的债务;(2)欠缴的房屋租金、公用事业收费、电话费、市政税、个人所得税;(3)劳动和养老金部门多发放的受益金;(4)分期付款买卖和附条件销售协议产生的债务;(5)“先购买—后付款”产生的债务;(6)兽医和律师提供服务后应当收取的费用;(7)债务人对朋友和家人所负的债务;(8)商业性债务。同时,该程序还将下列债务予以排除:(1)治安法庭的罚款以及针对犯罪行为颁发的没收(充公)令产生的债务;(2)孩子的抚养费;(3)学生贷款;(4)社会基金贷款;(5)死亡和人身伤害赔偿金。①

4. 债权人在庭外债务清理机制当中应当充分享有信息权。② 在庭外债务清理机制中,由于信息的不对称,可能会产生债权人不了解债务人真实的财产状况与负债情况,致使不能最终达成和解协议,或者产生所达成的和解协议并非最优方案的问题。为了避免以上情况的发生,债权人在庭外债务清理机制中应当享有充分的信息权,即可通过相关机构调查债务人的负债情况与财产信息。

5. 关于执行程序中止的问题。不同立法例对此规定并不一致。有的立法例虽然未直接规定是否可以中止执行程序,但却可以推论出,在庭外债务清理机制中,执行程序应当中止。然而,在韩国庭外债务重组制度中,凡是加入庭外重组协议的债权人,均应当停止行使债权,以保障庭外债务重整能够获得成功。③ 笔者认为,为了最终达成庭外债务清理机制的目的,有必要规定在庭外债务清理机制当中,债权人应当停止行使债权或者停止启动执行程序。同时,

① 参见徐阳光:《英国个人破产与债务清理制度》,法律出版社 2020 年版,第 126 页。

② 参见许德凤:《论个人破产免责制度》,载《中外法学》2011 年第 4 期。

③ 参见[韩]吴守根:《韩国个人破产制度实施现状、争议以及面临的课题》,陈景善译,载《中国政法大学学报》2020 年第 2 期。

为了尊重债权人意愿,避免债务人滥用庭外债务清理机制而产生的拖延时间、消耗成本等问题,应当设置债权人可以恢复行使债权或启动执行程序的条件。

至于选择型庭外债务清理 ADR 机制的内容,除在启动强制性上与强制型存在差异外,在具体的机制内容上似乎并没有太大差别。当然,在选择型庭外债务清理 ADR 机制中,更加强调当事人之间的意思自治,故而会缺乏相应的机制约束。

(二)民间型庭外债务清理 ADR 机制模式与司法型债务清理 ADR 机制模式

以上两种庭外债务清理 ADR 机制是根据庭外债务清理机制与正式的破产程序之间的关系而划分的。除前一种划分方法外,还可以根据第三方的性质,以及所达成的最终债务清理协议是否具有强制力等标准,将庭外债务清理 ADR 机制区分为民间型庭外债务清理 ADR 机制模式与司法型债务清理 ADR 机制模式。

日本法就是采用了这种区分模式,将庭外债务清理 ADR 机制分为司法 ADR 程序——特定调解制度以及民间 ADR 程序——信用咨询制度。① 其中,日本《特定调停法》对特定调解制度进行了规定:在适用主体方面,主要以失业的工薪阶层、承担房贷的债务人居多;在调解的主体上,主要由具有从事司法工作经验的调解委员承担具体工作;在调解的内容上,主要是关于调整履行债权本金的期限以及减免相应利息等问题。应当注意,为了确保特定调解程序的顺利进行,日本《特定调停法》规定,参与调解程序的当事人应当负有相应的配合义务,如果没有按照调解委员的指示履行相应的配合义务,则可能会被处以罚款等惩戒,但就整体而言,特定调解制度节约了当事人与司法机构的金钱成本与时间成本,并且因适用该程序的债务人所负债务本身不大,故而所达成的调解协议也具有较高的可履行性。② 另外,在信贷咨询制度中,主要依靠日本信贷咨询协会来进行金融消费者的债务清理问题。具体而言,在适用主体上,该制度仅限于金融消费者;在具体的组织形式上,主要由律师担任咨询员,申请咨询

---

① 参见[日]山本和彦:《日本倒产处理法入门》,金春等译,法律出版社 2016 年版,第 22 页。

② 参见[日]山本和彦:《日本倒产处理法入门》,金春等译,法律出版社 2016 年版,第 35 ~ 39 页。

服务的债务人提供法律咨询、拟定清偿方案、与债权人进行和解等服务。①

英国法中的庭外债务清理ADR机制形式是多种多样的。不仅有具有司法性质的债务纾缓程序，还有各种各样的民间庭外债务清理ADR机制：象征性支付计划、债务注销、与债权人的非正式安排、全部一次性解决方案以及债务管理计划等。值得注意的是，在英国民间庭外债务清理ADR机制中，有的机制仅由当事人双方达成协议即可，无须第三方参与其中；有的机制可以委托专门的债务咨询公司进行；还有的机制，法律对之虽未明确规定，但是一些管理部门或者行业组织对之已经做出了指导性意见。②

三、我国庭外债务清理ADR机制的构建

（一）我国庭外债务清理ADR机制的模式选择

经前文论述可知，庭外债务清理ADR机制是存在多种模式的，因此，如果仅将该机制理解成为债权人团体与债务人之间的一种对话方式，而无须建立相应规则的观点是不妥的。这是因为，如果任凭债权人团体与债务人双方之间进行自我磋商而达成和解协议，而不需要建立任何规则的话，会造成债权人或债务人不重视庭前债务清理工作。如此，便是架空了庭外债务清理ADR机制的功能，使其沦为一种形式或者是"走过场"。然而，也不能过分地强调庭外债务清理ADR机制规则的建设，不可将该机制设置为另一个仅是名称上存在差别，但与破产程序没有差别的债务清理机制，否则会产生让已经丧失清偿能力的债务人与债权人，过分消耗自己的时间成本与金钱成本，却最终没有实现债务清理的后果。③

笔者认为，模式选择虽是我国庭外债务清理ADR机制当中至关重要的一环，但并非关键问题之所在。我国庭外债务清理ADR机制建立的关键在于究竟由哪一个第三方机构来负责债务清理工作。换言之，如果该机构有能力承

---

① 参见［日］山本和彦：《日本倒产处理法入门》，金春等译，法律出版社2016年版，第35～39页。

② 关于英国法中的庭外债务清理ADR机制的详细介绍，参见徐阳光：《英国个人破产与债务清理制度》，法律出版社2020年版，第153～163页。

③ 参见熊杰：《个人破产救济程序的选择与建构》，载《人民司法》2020年第10期。

担起债务清理工作，那么该机制就可以发挥前文所论述的机制功能，我国就可以建立起强制型的庭外债务清理机制模式。反之，如果该机构不能承担债务清理工作，即便我国采取强制性的庭外债务清理机制模式，该机制的功能自然亦不会得到有效的发挥。

为此，笔者认为，应当着重考虑如下问题：第一，采用市场化的调解机构还是采用公权力机关的调解机构。第二，具体应当由哪个部门承担该职能是本论题的最优解。具体论述如下：

1. 关于是否采用市场化的调解机构的问题。在域外，庭外债务清理的具体运行工作多由市场化的债务咨询公司承担，然而，我国是否也应当在建立庭外债务清理 ADR 机制时，推行完全市场化的第三方债务清理机构？笔者认为，就现阶段而言，直接推行完全市场化的债务清理公司并不可行，反而由政府主导的有关部门担当庭外债务清理的调解机构是较合适的。这是因为，当债务人处于破产的事实下，债权人与债务人之间的矛盾往往已经不可调和。此时，由第三方对双方的矛盾进行疏解、促成双方达成和解协议，需要第三方不仅保持一个相对中立的立场，还要具有一定的公信力，这样才会使双方真正地信服第三方有资格作为其调解人，也会使最终达成的调解协议更具可执行性。因此，政府部门作为第三方调解机构，可以让当事人双方对调解组织产生一种信赖，有利于调解或和解协议的达成以及后续的执行。尽管市场化的调解组织在市场竞争中会不断进行自我完善，但其可能在公信力与中立性方面仍存在一定的缺失。因此，笔者建议，我国庭外债务清理 ADR 机制中关于调解组织的设置问题，可以采用“两条腿走路”的方式，即在政府部门设置相应的调解组织的同时，鼓励市场中提供有关社会服务的机构也参与其中，让当事人充分享有选择权。

2. 关于政府部门中调解机构设置的问题。当前，我国已经建立了较丰富的“半政府型”或群众性调解组织，包括最普遍、常见的人民调解委员会，以及各种针对特定纠纷的专业调解委员会，如医疗纠纷人民调解委员会、证券期货纠纷专业调解组织等。笔者认为，可以充分发挥人民调解委员会的相应职能，对于债权人人数不多、债务金额较小、不存在担保债权等简易性案件可以由人民调解委员会负责调解。与此同时,对于金融消费者因过度消费而负债破产的案件,为了保障债务人能够与金融债权人达成和解协议,建议由银保监会牵头组建相应的调解机构来处理这类案件。另外,对于个体工商户为债务人的案件,建议由市场监督管理部门牵头组建相应的调解组织来处理这类案件。

笔者还认为,对于金融消费者因生活消费的债务清理案件、个体工商户的债务清理案件,可采用强制型模式,即两类案件在进入破产程序之前,应当在庭外债务清理 ADR 机制清理债务。对于其他类型的案件,当事人既可以选择适用庭外债务清理 ADR 机制,也可以直接向法院申请启动破产程序。

(二)庭外债务清理 ADR 机制的相关内容

庭外债务清理 ADR 机制的相关内容即适用债权的性质、调整方案、履行期限、强制执行程序的暂停行使、停止计息等问题在前文中已经有所提及。然而笔者认为,在庭外债务清理 ADR 机制中,应当对该机制的程序效力即暂停强制执行程序等问题予以重点关注,至于所适用的债权性质、调整方案以及利息等实体问题,属于当事人之间的意思自治范围,最终结果只要不违反法律强制性规定即可,故而无须对实体问题作出刚性规定。

但在程序问题上,应当规定强制执行程序暂停行使规则。强制执行程序的暂停行使,既可以给债务人提供一个喘息的机会,也可以让债权人暂时放下法律赋予其行使的强制性武器,为债权人与债务人之间营造一个良好的沟通对话的客观环境。当然,强制执行程序的暂停行使,并不意味着强制执行程序的终结。如果在庭外债务清理 ADR 机制当中,债务人故意拖延程序、没有谈判意向、所得结果不能够让债权人满意或者债务人不履行和解协议的,则债权人可以向法院申请恢复强制执行程序。

但就实际而言,即便债权人恢复进入强制执行程序,可能也是无意义的。因为,已经具备破产原因的债务人仍可以在庭外债务清理机制失败之后,主动向法院申请启动破产程序。此时,债权人申请恢复的强制执行程序又会因破产程序的启动而暂停。对于债权人来说,维护其合法权利的最佳方式,就是保留相应证据,并在破产程序正式启动后,向法院申请对债务人的不当行为予以惩戒。

此外,在庭外债务清理机制中,也无须引入管理人制度。调解组织应当担负起相应的管理人职责，调查债务人的财产状况、力促债权人与债务人之间达成和解协议、拟定协议等职能。同时，法律还应当要求债务人承担一些强制性的法律义务，例如，如实回答调解组织的相关问题，接受债权人的询问、如实向债权人以及调解组织提供真实的财产状况、接受调解组织的调查等。如果债务人在庭外债务清理机制当中，违反了相应的法律义务，则调解组织可在职权范围内对债务人进行处罚。例如，如果个体工商户在庭外债务清理机制当中没有提供真实的财产信息状况，则市场监督管理部门可对之处以罚款，甚至吊销营业执照等。此外，调解组织还可以向法院申请对违反法律义务的债务人施以相应的破产惩戒措施。

（三）与正式破产程序相衔接的问题

庭外债务清理机制与正式破产程序相衔接的重点问题，就是债务人与债权人所达成的和解协议的效力性问题，即是否应当赋予债务清理协议的强制执行效力。

对此，笔者认为，对于那些能够及时履行的和解协议，无须赋予其强制执行效力，但是对于那些具有履行期限的和解协议，则当事人在达成协议之后，可向有管辖权的法院申请确认该协议的法律效力。

在和解协议履行过程中，如果因为债务人的主观因素，而违反和解协议的有关条款的，则债权人向法院启动破产程序时，可将此协议直接作为破产和解协议或重整协议的主要内容。

四、结语

庭外债务清理 ADR 机制与个人破产程序共同构成了个人债务清理机制的两种方法。这两种方法在解决个人过度负债而破产问题的思路是一样的，即减免债务或者延期债务的履行时间。在构建我国庭外债务清理 ADR 机制中，还应当与我国具体的文化观念、现实情况以及正式的法律规定相结合。如此，方可充分发挥庭外债务清理 ADR 机制的作用，让其与正式的个人破产程序在各自的轨道上更好地实现个人债务清理的目标。

附件一:中华人民共和国个人破产法立法建议稿及理由论证

第一章　总　　则

第一条　立法目的

为规范个人破产程序,公平清理债权债务,保护债权人与债务人的合法利益,维护社会主义市场经济秩序与社会公共利益,根据《宪法》,制定本法。

第二条　调整对象

本法所称的债务人是指自然人、个体工商户以及农村承包经营户。

可以针对遗产申请破产程序。

【说明】

破产法的适用范围上存在商人破产主义与一般破产主义之分,我国应采取一般破产主义的立法模式。在个人破产法中明确调整范围是自然人、个体工商户以及农村承包经营户,同时建议企业破产法将合伙企业以及个人独资企业纳入调整范围内。

第三条　破产原因

债务人不能清偿到期债务或者即将不能清偿到期债务的,依照本法规定清理债务。

债务人停止清偿到期债务的，则推定其不能清偿到期债务。

【说明】

在比较法上，关于破产原因主要存在3种类型：无支付能力、资不抵债以及停止支付。在判断标准上，无支付能力与资不抵债通常是对债务人内部的自身情况而言，对于债权人很难把握债务人内部是否具备上述破产原因，因此通过支付不能来推定债务人具备破产原因。我国企业破产法中规定的破产原因是立法中妥协的结果，其缺乏立法的逻辑性与科学性，因此应当在个人破产法中予以纠正。即以无支付能力为破产原因，以停止支付作为推定原因，同时考虑到本法采取的是重整优先主义模式，因此将即将无支付能力也作为破产原因。

第四条　破产管辖

破产案件由债务人住所地人民法院管辖。

企业法人的股东、实际控制、法定代表人等，合伙企业的合伙人以及个人独资企业的出资人的破产案件，可与企业破产案件合并审理，并由企业住所地人民法院管辖。

【说明】

企业法人的股东、法定代表人或其他人员，以及合伙企业的合伙人、个人独资企业的出资人的个人破产并不一定触及企业本身的破产，但是企业的破产可能会连带上述个人的破产。但从责任承担方式来看，合伙企业的合伙人、个人独资企业的出资人对企业承担的是无限连带责任，企业法人的有关人员因为互保的关系也对企业的债务承担连带责任。因此，如果企业破产同时也导致上述个人的破产，那么破产案件合并审理更为适合。

第五条　准用法律

破产案件审理程序，本法没有规定的，适用企业破产法、民事诉讼法的有关规定。

第六条　国际破产

依照本法开始的破产程序，对债务人在中华人民共和国领域外的财产发生效力。

第二章　申请和受理

第一节　申　　请

第七条　申请主体

债务人有本法第三条规定的情形，债权人或债务人可以向人民法院申请破产程序的开始。

债务人明知自己具备本法第三条规定的情形时，应在三十日内向人民法院申请破产程序。

第七条之一　人民检察权之权利

人民检察院可以申请债务人破产。

申请人向人民法院申请破产的，人民检察院可以支持其申请。

申请人已经向人民法院提交申请的，但人民法院未在本法规定的时间内作出裁定的，可向人民检察院申请立案监督。

【说明】

《企业破产法》第7条与第2条在逻辑上有待优化衔接。

我国检察机关作为法律监督机关对法律的实施享有监督权，以往对于民事诉讼的监督主要体现在针对审判人员违反行为的监督、再审监督以及执行监督，这种监督具有事后性的特点。近年来，随着公益诉讼的发展，检察院在公益诉讼监督领域大有作为。破产法同样需要检察院参与其中并进行监督，有了作为公共利益的代表的检察机关的介入，破产程序可以更顺利推进。

第八条　申请书与证据

向人民法院提出破产申请，应当提交破产申请书和有关证据。

破产申请书应当载明下列事项：

（一）申请人、被申请人的基本情况；

（二）申请目的；

（三）申请的事实和理由；

（四）人民法院认为应当载明的其他事项。

债务人提出申请的，还应当向人民法院提交财产状况说明、债务清册与债权清册等。

第九条 申请撤回

人民法院受理破产申请前，申请人可以请求撤回申请。

第二节 受 理

第十条 破产申请的处理

债权人提出破产申请的，人民法院应当自收到申请之日起五日内通知债务人。债务人对申请有异议的，应当自收到人民法院的通知之日起七日内向人民法院提出。人民法院应当自异议期满之日起十日内裁定是否受理。

除前款规定的情形外，人民法院应当自收到破产申请之日起十五日内裁定是否受理。

有特殊情况需要延长前两款规定的裁定受理期限的，经上一级人民法院批准，可以延长十五日。

第十一条 债务人提交资料

人民法院受理破产申请的，应当自裁定作出之日起五日内送达申请人。

债权人提出申请的，人民法院应当自裁定作出之日起五日内送达债务人。债务人应当自裁定送达之日起十五日内，向人民法院提交财产状况说明、债务清册、债权清册等。

第十二条 裁定驳回申请与不予受理的救济

人民法院裁定不受理破产申请的，应当自裁定作出之日起五日内送达申请人并说明理由。申请人对裁定不服的，可以自裁定送达之日起十日内向上一级人民法院提起上诉。

人民法院受理破产申请后至破产宣告前，经审查发现债务人不符合本法第三条规定情形的，可以裁定驳回申请。申请人对裁定不服的，可以自裁定送达之日起十日内向上一级人民法院提起上诉。

第十三条 指定管理人

人民法院裁定受理破产申请的，应当同时指定管理人或重整人。

人民法院可以指定公职管理人。

【说明】

在清算程序与重整程序当中,破产机构的称谓是不一致的,同时也决定了职责的各不相同。管理人职责即财产调查、处置与分配的职能是清算程序的内在要求。重整程序中包含了债务人自行管理与他人管理两种模式,但在个人破产中,域外立法例基本采用债务人自行管理模式,管理人多充当监督者或者款项代付人的角色,因此职责也较清算程序中管理人的职责少了许多。因此,本稿建议引入重整人的角色,将之与清算程序中的管理人角色进行区分。

第十四条 公告

人民法院应当自裁定受理破产申请之日起二十五日内通知已知债权人,并予以公告。

通知和公告应当载明下列事项:

(一)申请人、被申请人的名称或者姓名;

(二)人民法院受理破产申请的时间;

(三)申报债权的期限、地点和注意事项;

(四)管理人或重整人的名称或者姓名及其处理事务的地址;

(五)债务人的债务人或者财产持有人应当向管理人清偿债务或者交付财产的要求;

(六)第一次债权人会议召开的时间和地点;

(七)人民法院认为应当通知和公告的其他事项。

第十五条 债务人之义务

自人民法院受理破产申请的裁定送达债务人之日起至破产程序终结之日,债务人应当承担下列义务:

(一)妥善保管其占有和管理的财产、账簿、文书等资料;

(二)根据人民法院、人民检察院、管理人、重整人或监督人的要求进行工作,并如实回答询问;

(三)列席债权人会议并如实回答债权人的询问;

(四)未经人民法院许可,不得离开住所地;

(五)担任过破产企业的法定代表人或其他高级管理人员的债务人,不得新任其他企业的董事、监事、高级管理人员。

第十六条　个别清偿无效

人民法院受理破产申请后,债务人对个别债权人的债务清偿无效。

第十七条　次债务人与财产持有人的交付义务

人民法院受理破产申请后,债务人的债务人或者财产持有人应当向管理人或重整人清偿债务或者交付财产。

债务人的债务人或者财产持有人故意违反前款规定向债务人清偿债务或者交付财产,使债权人受到损失的,不免除其清偿债务或者交付财产的义务。

第十八条　合同履行与解除

人民法院受理破产申请后,管理人或重整人对破产申请受理前成立而债务人和对方当事人均未履行完毕的合同有权决定解除或者继续履行,并通知对方当事人。管理人或重整人自破产申请受理之日起二个月内未通知对方当事人,或者自收到对方当事人催告之日起三十日内未答复的,视为解除合同。

管理人或重整人决定继续履行合同的,对方当事人应当履行;但是,对方当事人有权要求管理人或重整人提供担保。管理人或重整人不提供担保的,视为解除合同。

第十九条　民事程序的中止

人民法院受理破产申请后,已经开始而尚未终结的有关债务人的民事诉讼或者仲裁应当中止;在管理人接管债务人的财产后,该诉讼或者仲裁继续进行。

第二十条　破产衍生诉讼管辖

人民法院受理破产申请后,有关债务人的民事诉讼,只能向受理破产申请的人民法院提起。

第三节　保　　全

第二十一条　保全申请

申请人向人民法院递交破产申请时,可以同时递交保全申请。

第二十二条　保全裁定的作出

人民法院可以依申请人申请,或依职权对债务人的行为或财产作出保全裁定。

债务人对保全裁定不服的,可以申请复议,复议期间不停止执行。

【说明】

破产申请至法院决定受理破产案件中间需要间隔一段时间,在这段时间极易发生债务人转移财产的情况,因此本稿建议明确保全措施的申请以避免债务人的财产不当减少或者防止债务人作出不利于债权人之债权的行为。

第二十三条 保全解除与执行程序中止

申请人递交破产申请时,还可同时申请人民法院解除有关债务人财产的其他保全措施及中止执行程序。

人民法院可以经申请人申请,或依职权裁定解除有关债务人财产的其他保全措施及中止执行程序。

申请人向人民法院递交第一款所规定的申请时,应当与本法第二十一条所规定的内容同时申请。

申请人未递交第一款所规定的申请的或人民法院未作出第二款所规定的裁定的,自人民法院受理破产申请后,有关债务人财产的保全措施应当解除,执行程序应当中止。

【说明】

诉讼程序、仲裁程序、执行程序中止以及保全措施的解除自破产程序启动后中止效力表现。但是中止效力起始点各国法律规定的并不一致,如日本《破产法》规定在破产申请时即可发出中止命令。如此做法有利于防止债务人财产的减少。而我国现行《企业破产法》所规定的民事程序中止的时间点是在法院受理破产案件之后,如果个人破产法也采用这种立法,可能出现如下情况:若债务人的财产(假设为不动产)已经有了保全措施,申请人在申请时同时递交保全申请,那么在债务人财产应当成立轮候查封,此时如果债务人不进入执行程序则不会出现不利于全体债权人的状况,但若在执行程序中破产法院所作的查封措施仅是轮候查封,在破产案件未受理的情况下,无法阻挡在前执行法院的执行行为。因此,若仍然采用在破产案件受理后方可对执行程序产生中止效力的立法例模式,则可能会导致本稿第21条被架空。因此,本稿建议将破产程序对执行程序的中止效力提前至破产申请时,同时建议《企业破产法》作出同步修改。

第三章 债务人财产

第二十四条 与亲属之间交易无效

债务人与亲属之间于破产申请前一年内发生的有偿行为,管理人有权请求人民法院予以撤销。

前款所称的亲属为配偶、血亲、姻亲以及与债务人共同生活的人。

亲属关系的解除不影响第一项撤销权的行使。

【说明】

债务人易与亲属之间进行财产转移,这些交易活动即便是有偿行为,但是也应当视为无偿转让行为予以撤销。

第二十五条 个体工商户债务人财产范围

个人经营的个体工商户债务人,个人的全部财产等同于个体工商户的财产。

家庭经营的个体工商户债务人,家庭成员的全部财产等同于个体工商户的财产。

【说明】

"个体工商户"这个称谓在比较法上较少见,在我国它是一种广泛的经营主体。根据我国《民法典》的规定,当个体工商户破产时,个体工商户债务人的财产范围与经营者的财产范围保持一致。

第二十六条 农村承包经营户债务人财产范围

农村承包经营户破产的,该户的家庭成员的共同财产为农村承包经营户的财产。

【说明】

关于是否允许农民破产问题也是个人破产法争论问题之一。本稿认为,应当允许农民破产,因为要正视存在农民事实破产的情况存在。允许农民破产不是会造成农民破产,而仅是解决农民破产之后的债务清理问题,因此对于事实破产的农民来说,个人破产法的出台完全不是导致其破产的原因。

第二十七条　免于破产的财产范围

根据《民事诉讼法》的规定,不得成为执行标的的财产为债务人的免于破产的财产。

债务人因客观经济环境所致破产的,则其职业工具可以作为免破财产,但价值较大的除外。

对债务人具有重要意义的宠物或植物,可以作为免破财产,但价值较大的除外。

第二十七条之一　免破财产的其他规定

管理人应当制作免破财产清单。

对债务人免破财产范围有异议的,应当向人民法院提出异议,人民法院对此作出裁定。对裁定不服的,可向上一级人民法院申请复议。

【说明】

免破财产制度是自然人债务人申请破产的"三大利好"制度之一。免破财产制度的范围各国规定的均不一致。我国当前已经对执行豁免财产作出了相应规定,在破产程序中也应当进行借鉴,即免破财产的范围可与执行豁免财产的范围大体保持一致,但也有相应区别之处。

此外,免破财产的多寡直接影响清算程序中债权人分配财产的数额多少,因此管理人制作免破财产清单后,无论是债权人或是债务人对范围有异议的,均可提出异议,保障当事人的程序性权利。同时,为了保障破产程序的快速进行,对免破财产的认定事项不采用诉讼程序进行,而是采用非讼程序进行。

第二十八条　准用企业破产法之规定

本法有关债务人财产之规定,除本法有特别规定之外,准用企业破产法第三十、三十一、三十二、三十三、三十四、三十七、三十八、三十九、四十条之规定。

【说明】

就债务人财产范围而言,无论是企业还是个人,其中的规定均大致相当。因此,本章仅对债务人财产的特殊情况作出规定,参照《企业破产法》之规定进行。

第四章 破产费用和共益债务

第二十九条 破产费用

人民法院受理破产申请后发生的下列费用,为破产费用:

(一)破产案件的诉讼费用;

(二)管理、变价和分配债务人财产的费用;

(三)管理人执行职务的费用、报酬和聘用工作人员的费用;

(四)债务人及其负有扶养义务人员的必要生活费。

【说明】

在比较法上,德国、日本将债务人以及亲属的必要生活费视为破产费用可以随时清偿,这体现了破产法对人关怀的人文价值。因此,在本稿中予以吸纳。

第三十条 共益债务

人民法院受理破产申请后发生的下列债务,为共益债务:

(一)因管理人或者债务人请求对方当事人履行双方均未履行完毕的合同所产生的债务;

(二)债务人财产受无因管理所产生的债务;

(三)因债务人不当得利所产生的债务;

(四)管理人或者相关人员执行职务致人损害所产生的债务;

(五)债务人财产致人损害所产生的债务。

本法有关破产费用和共益债务之规定,除本法有特别规定之外,准用企业破产法四十三条。

第五章 破产债权

第三十一条 合伙企业合伙人的债权人申报

债务人是合伙企业合伙人的,其债权人只能向该合伙人申报债权,不得直接向合伙企业申报债权。

合伙企业与合伙人同时破产的,合伙企业的债权人应当先向合伙企业申报债权,合伙企业的财产不能清偿全部债权的,则由合伙企业的管理人统一向合伙企业的合伙人申报债权。

【说明】

在合伙企业与合伙人的破产问题处理上，大陆法系与英美法系存在两种不同的立法例。英美法系秉持“双重优先原则”，即合伙人的债权人与合伙企业的债权人分别在其各自的债务人的破产财产内进行优先清偿。如果合伙人的个人破产财产在清偿后尚有剩余的，则并入合伙企业破产财产进行分配；如果合伙企业破产财产分配后尚有剩余的，则按照合伙人出资比例交付各合伙人。而在大陆法系，以德国法为例，合伙企业的债权人可以同时参加合伙企业以及合伙人的破产程序并同时申报债权。两项思路各有利弊。

我国民法典将非法人组织确定为一种独立的民事主体，因此其财产与其合伙人、出资人的财产具有一定的相对独立性。因此，根据债权相对性原则，合伙人的债权人仅能申请合伙人破产，不能申请合伙企业破产，所以在债权申报方面，也只能向合伙人进行申报而不能向合伙企业进行申报。反之，尽管普通合伙人对合伙企业承担无限连带责任，但是这种责任具有补充性与后置性，即合伙企业的债权人应当先申请合伙企业破产并同时申报债权，如果其破产财产不能清偿全部债权的，则由合伙企业的破产管理人统一向合伙人申报未偿债权。

第三十二条　个人独资企业出资人的债权人申报

债务人是个人独资企业出资人的，其债权人只能向该出资人申报债权，不得直接向个人独资企业申报债权。

个人独资企业与出资人同时破产的，个人独资企业的债权人应当先向个人独资企业申报债权，个人独资企业的财产不能清偿全部债权的，则由个人独资企业的管理人统一向个人独资企业的出资人申报债权。

【说明】

理由同第31条。

第三十三条　个体工商户的债权人申报

个体工商户破产的，债权人对个体工商户及其经营者的所有债权，应当同时申报。

【说明】

个体工商户破产与合伙企业、个人独资企业破产不同,个体工商户与经营者实际上是一致的,个体工商户仅是经营者取得市场准入资格的体现,其本身完全不具备任何独立性。因此,个体工商户的债务就是经营者的债务,而经营者的债务也是个体工商户的债务,二者本质上没有任何区别。所以,无论是否与个体工商户经营活动而产生的债权,债权人均可申报。

第三十四条　农村承包经营户的债权人申报

农村承包经营户破产的,债权人对户内所有家庭成员的债权,应当同时申报。

【说明】

理由同第33条。

第三十五条　准用企业破产法之规定

本法有关破产债权之规定,除本法有特别规定之外,准用《企业破产法》第四十四、四十五、四十六、四十七、四十八、四十九、五十、五十一、五十二、五十三、五十四、五十五、五十六、五十七、五十八条之规定。

【说明】

企业破产法在破产债权这一章规定得较详细,本稿仅将合伙人、出资人等特殊情况进行列举,其余情况参照《企业破产法》执行。

第六章　破产程序的机构

第一节　债权人会议

第三十六条　债权人会议的职权

债权人会议行使下列职权:

(一)核查债权;

(二)申请人民法院更换管理人、重整人,审查管理人、重整人的费用和报酬;

(三)监督管理人、重整人;

(四)核查免破财产清单;

(五)通过重整计划;

(六)通过和解协议;

(七)通过债务人财产的管理方案;

(八)通过破产财产的变价方案;

(九)通过破产财产的分配方案;

(十)人民法院认为应当由债权人会议行使的其他职权。

债权人会议应当对所议事项的决议作成会议记录。

【说明】

根据本稿新设的破产程序的机构及其他内容增设、删减部分内容。

第三十七条　准用企业破产法之规定

本法有关债权人会议之规定,除本法有特别规定之外,准用《企业破产法》第五十九、六十、六十二、六十三、六十四、六十五、六十六条之规定。

第二节　管　理　人

第三十八条　管理人的义务

管理人依照本法规定执行职务,向人民法院报告工作,并接受债权人会议和监督人的监督。

管理人应当列席债权人会议,向债权人会议报告职务执行情况,并回答询问。

第三十九条　管理人职责

管理人履行下列职责:

(一)接管债务人的财产、印章和账簿、文书等资料;

(二)调查债务人财产状况,制作财产状况报告;

(三)制作免破财产清单;

(四)管理和处分债务人的财产;

(五)代表债务人参加诉讼、仲裁或者其他法律程序;

(六)提议召开债权人会议;

(七)免责期间内,代替破产人收取财产收入并向债权人分配;

(八)人民法院认为管理人应当履行的其他职责。

本法对管理人的职责另有规定的,适用其规定。

【说明】

需要解释的是第七项内容。在债务人获得免责后,关于债务人是否仍应当向债权人偿债存在两种立法例:一种以德国为代表,即债务人即便获得余债免责但是在行为妥善期间内的收入除保留生活必要开支外,仍应当向债权人支付;另一种是美国、日为代表,即免责之后无须向债权人进行偿债。

本稿采用第一种立法例,并且在此期间由管理人担任代替债务人收取收入并向债权人分配的职责。

第四十条　管理人调查权的行使范围

管理人依照本法第三十九条第一款第二项行使权利时,可以同时调查债务人之配偶、直系血亲、三代以内旁系血亲及姻亲等亲属的财产情况。

管理人向上述人员进行财产情况调查时,上述人员应当予以配合。

【说明】

在涉及自然人破产中,债务人很容易将财产转移至亲属名下,然后再申请破产。如此将损害债权人的合法利益。因此,为了防止此种情况出现,本稿建议将管理人的财产调查权扩大至债务人的近亲属范围内,并通过"等"来确定调查范围的空间大小。

第四十一条　准用企业破产法之规定

本法有关管理人之规定,除本法有特别规定之外,准用《企业破产法》第二十二、二十三、二十四、二十六、二十七、二十八、二十九条之规定。

第三节　重　整　人

第四十二条　重整人的产生

人民法院受理重整的,应当同时指定重整人。

债务人在被宣告破产之前,经债务人或债权人申请转入重整程序的,被指定的管理人为重整人。

第四十三条　对重整人的监督

重整人依照本法规定执行职务,向人民法院报告工作,并接受债权人会议和监督人的监督。

重整人应当列席债权人会议,向债权人会议报告职务执行情况,并回答询问。

第四十四条　未经重整人同意的债务人行为

人民法院在指定重整人决定书中应当列明未经重整人的同意,债务人不得作出的行为种类。

债务人未经重整人同意而作出人民法院列明禁止行为的,该行为无效。

【说明】

本稿中,对于个人的重整拟采取"DIP"模式,即债务人自主管理模式。放弃企业破产法中管理人管理与债务人自主管理的两种选择模式。因此,在这种模式下,重整人的角色多偏向监督者的角色,职责也围绕对债务人行为的监督、财产调查、重整计划的协助制订、重整计划的履行监督等。

第四十五条　重整人之撤销权

重整程序中,企业破产法第三十一、三十二、三十三、三十四条规定的权利由重整人行使。

【说明】

关于重整程序中撤销权的行使问题也是学界争论的问题之一。有观点认为,由债务人自行管理模式中,撤销权也可以由债务人自行行使。但本条规定撤销权仍然应当由重整人进行行使,以防止债务人财产不当减损。

第四十六条　重整人之职责

重整人依照本法第三十九条第一款第二、六、八项及第二款,第四十条之规定履行职责。

【说明】

理由同第44条。

第四十七条　重整人之重整计划的制作

重整人应当协助债务人制作、修改重整计划。

【说明】

企业破产法中,重整计划的制订与重整模式有关,即选择债务人自主管理模式的,由债务人自行制订重整计划。由管理人管理模式的,则由管理人负责制订重整计划。本稿采用的模式为以债务人制定为主,重整人协助债务人制订重整计划。

另外,如果债权人对重整计划有异议的,重整人可以协助债务人进行计划修改。

第四节 监 督 人

第四十八条 监督人的担当

人民检察院是破产程序中的监督人。

【说明】

关于监督人的学说主要存在"债权人会议代表说"、"破产财团机关代表说"以及"管财人附随机关说"等。我国《企业破产法》采用了第一种代表学说,并设立债权人委员会作为监督人的角色。该制度存在如下问题:其一,债委会不是严格意义上的常设机关,债委会的设立时需要债权人会议决定。因此,债权人会议不决定设立的,则没有必要设立债委会。其二,债委会不能代表全体债权人利益,债委会的构成人员既是委员会本身的成员又是债权人,因此债委会成员首先考虑的是自身利益是否能够维护,并不具有代表性。其三,当前企业破产法对于债委会的监督职能仅限于管理人向债委会报告,但没有实质上的处理权限。以上问题导致债委会作为破产程序的监督人不能够起到监督的应有之义,且实践情况运行得并不良好,因此在本稿中,建议取消债委会作为破产程序监督人,由检察院担任破产程序的监督人。

第四十九条 监督人的选任

人民法院受理破产案件后,应当立即将案件受理通知书送达同级人民检察院。

人民检察院接到人民法院通知后,应当根据案件难易程度,指派一至两名检察员负责监督工作。

第五十条　监督人职权

监督人行使下列职权：

(一)监督债务人财产的管理和处分；

(二)监督破产财产分配；

(三)提议召开债权人会议；

(四)监督管理人、重整人的履职；

(五)法律规定其他监督事项。

管理人、重整人等人员对其职权范围内的事务作出说明或者有关文件应当向监督人提供，监督人可以发表意见。

【说明】

本条系对监督人的职权范围进行规定，并对《企业破产法》中的监督方式作出了改进。

第五十一条　管理人的行为报告

管理人实施下列行为，应当及时报告监督人：

(一)涉及土地、房屋等不动产权益的转让；

(二)探矿权、采矿权、知识产权等财产权的转让；

(三)借款；

(四)设定财产担保；

(五)债权和有价证券的转让；

(六)履行债务人和对方当事人均未履行完毕的合同；

(八)担保物的取回；

(九)对债权人利益有重大影响的其他财产处分行为。

监督人对管理人的以上行为，可以发表意见。

【说明】

本条大多采纳了《企业破产法》中关于管理人向债权人委员会报告的内容。不同的是，在以往的管理人报告义务之外，增加了监督人发表意见的环节，以防止管理人滥用职权。

第七章 重　　整

第一节 通常程序

第五十二条　重整申请

债务人、债权人或人民检察院依照本法第七条提出申请时，可以直接向人民法院申请重整。

人民法院受理破产案件后，在宣告债务人破产以前，债务人、债权人或者人民检察院，可以向人民法院申请重整。

人民法院适用合议制审理案件。

【说明】

重整申请基本与《企业破产法》保持一致，仅将出资人申请予以剔除，同时增加检察院的申请权。

第五十三条　重整申请的驳回

有下列情况之一的，人民法院应当裁定驳回重整申请：

（一）适用清算程序更有利于债权人利益的；

（二）重整计划不能按时提出的；

（三）重整计划显然不能成立的；

（四）债务人曾因违反本法或《企业破产法》的规定而受到刑事处罚的；

（五）其他应当被驳回重整申请的情况。

重整申请被驳回的，申请人可向上一级人民法院提出上诉。

【说明】

破产程序是给予债务人可以喘息的机会，其中的重整程序具有积极的帮助债务人恢复重整的功能。但是重整程序亦不能被债务人利用为故意拖延清偿债权的程序。因此，在法定情况下，应当驳回重整申请。参考上述立法例，本稿综合采纳了5种可以驳回重整申请的情况。

第五十四条　债务人自行管理

重整期间，债务人在重整人的监督下自行管理财产和其他事项。

【说明】

自然人重整的步骤原本就要比企业重整简单。自然人重整不涉及对于自然人内部营业的干预,因此采用债务人自我管理的重整模式。

第五十五条　重整计划的提出

债务人应当在重整人的协助下,自人民法院裁定债务人重整之日起的三个月内提交重整计划草案。

【说明】

重整计划草案应当由债务人自行制作,重整人对此提供必要的帮助。另外,自然人重整计划草案的提出应当来说简单方便,所以提交时间缩短为三个月。

第五十六条　重整计划草案应当包含的内容

重整计划草案应当包括下列内容:

(一)债务人履行重整计划的财产来源;

(二)债权分类;

(三)债权调整方案;

(四)债权清偿方案;

(五)重整计划的执行期限;

(六)重整计划执行的监督期限;

(七)家庭住宅贷款担保债权的特别条款;

(八)其他有利于债务人重整的方案。

本法所称的家庭住宅贷款担保债权是指债务人为建造或购买生活必需之家庭住宅进行贷款,并以该家庭住宅作为抵押物设立抵押权的担保债权。

重整计划的执行期限最长不得超过八年,但重整计划中有约定家庭住宅贷款担保债权的特别条款时,债务人经与债权人协商,可以至多延长至十年。

【说明】

重整计划草案是重整程序当中的核心要素。在个人破产中,由于家庭住宅的保留对于恢复债务人生活具有至关重要的意义,因此本稿参考域外破产法关于家庭住宅借款的特殊处理方式,并将其纳入重整计划草案当中。

同时在履行期方面,本稿设置最长履行期为八年,但有家庭住宅贷款担保债权特别条款的则可以最多延长至十年。

第五十七条　家庭住宅贷款担保债权的特别条款

债务人可与家庭住宅贷款担保债权人进行协商,并拟定家庭住宅贷款担保债权特别条款。

双方无法达成协议的,可以参照以下模式进行协商:

(一)就原约定家庭住宅贷款债务未清偿的本金、已到期的利息及人民法院裁定开始重整程序前已发生的违约金总额,在原约定最后清偿期前,按月平均摊还,并在各期给付时,就未清偿本金,依原约定利率计付利息。

(二)第一项内容不具备批准之可能性时,则于重整计划所定最终清偿期届满前,仅就原约定家庭住宅贷款债务未清偿的本金,依原约定利率按月计付利息;该期限届满后,就该本金、前已到期的利息及人民法院裁定开始重整程序前已发生的违约金总额,于原约定最后清偿期前,按月平均摊还,并于各期给付时,就未清偿本金,依照原约定利率计付利息。

(三)第二项内容不具备批准之可能性时,则可延长家庭住宅贷款合同中约定的最终清偿期,但是家庭住宅贷款未偿还的本金、已到期的利息、重整计划批准之后财产的利息以及人民法院裁定开始重整程序前已发生的违约金总额应当全部清偿。

【说明】

贷款买房已是中国社会中的普遍现象,一旦债务人陷入破产的情况,那么其房产可能会面临丧失的危险。所以在重整程序中,通过程序上的规定限制担保物权的行使,给债务人留有安身之所,是帮助债务人恢复重建的基本要求。但是,破产程序仅是在程序上限制担保物权的行使,却并不会实质上作出对担保物权不利改变的后果,因此担保物权绝对保护原则在重整程序当中也有所体现。

第五十八条　须经过债权人同意减免的债务

以下债务,未经债权人同意的,不得减免:

(一)债务人因故意侵权行为所产生损害赔偿的债务;

（二）债务人履行法定扶养义务的费用。

前款未经债权人同意减免的债务，在重整计划确定的清偿期间届满后，债务人仍应负清偿责任。

【说明】

在清算程序当中，存在不予免责的债务类型。在重整程序中，也存在不予减免的债务类型。减免的债务类型情况不一，本稿采纳了两种需要经过债权人同意方可减免的债务类型。对于罚金、罚款以及滞纳金来说，本着鼓励债务人积极选择重整程序的原则，将上述债权不纳入需要债权人同意方可减免的债权。

第五十九条　重整计划草案表决

重整计划草案作出后，应当提交债权人会议表决。

重整计划草案中包含家庭住宅贷款担保债权的特别条款的，家庭住宅贷款担保债权人对重整计划草案没有表决权。

【说明】

因自然人重整程序中着重强调保护债务人自身的恢复重建。因此，当重整计划草案当中包含家庭住宅贷款担保债权特别条款时，该项债权人不享有对重整计划草案的表决权。

第六十条　人民法院不予批准的情况

在重整计划通过后十日内，债务人或者重整人应当向人民法院提出批准重整计划的申请。但有下列情况之一的，人民法院裁定不予批准：

（一）重整计划违反法律强制性规定的；

（二）以不正当的方式通过重整计划的；

（三）重整计划中有家庭住宅贷款担保债权的特别条款，但债务人仍有丧失家庭住宅所有权的可能的；

（四）重整计划不具备可执行性。

人民法院裁定不予批准重整计划草案时，应当裁定终止重整程序并宣告债务人破产。

【说明】

《企业破产法》对于人民法院不予认可的情形并没有作出规定,因此本稿对此问题作出了规定。

第六十一条　强制批准的例外

有下列情形之一的,人民法院不得裁定强制批准重整计划草案:

(一)债务人在八年内曾依本法规定获得免责的;

(二)具备本法第六十条规定的情形的;

人民法院裁定不予批准重整计划草案时,应当裁定终止重整程序并宣告债务人破产。

【说明】

强制批准权在《企业破产法》中有规定,因此本稿仅就个人破产中的特别事项作出规定,包括申请时间的间隔以及不予批准的情形等原因。

第六十二条　重整计划的延期

重整计划经人民法院批准后,债务人非因自身原因而导致重整计划执行困难的,可以向人民法院申请延长执行期限,但最长执行期间不得超过本法第五十六条所规定的期限。

债务人可供处分的财产在扣除个人以及依法应当由债务人扶养的家庭成员的必要生活费后,连续三个月低于重整计划设定的清偿数额的,则推定债务人具有前款事由。

重整计划执行期经延长后,重整计划的执行仍存在重大困难的,债务人对各个债权人的清偿数额已达到重整计划中约定的四分之三时,且普通债权受偿总额已超过清算程序所得受偿总额时,人民法院可以根据债务人或重整人的申请,裁定债务人免责。

人民法院依照前款规定裁定债务人免责之前,应当听取债权人、监督人的意见。

家庭住宅贷款担保债权不适用本条规定。

【说明】

本条规定的是重整计划执行过程中发生困难时的处理办法。一种是延长重整计划的执行期间,但是延长执行期间也不得超过法律规定的最长期间,否则长时间的债务偿还对于债务人或债权人来说都是不利益的;另一种是让步原则,即债务人虽未能完整执行重整计划,但是已经执行重整计划大部分内容的,仍可申请法院获得免责。

第六十三条 准用企业破产法之规定

本法有关重整程序之规定,除本法有特别规定之外,准用企业破产法第七十一、七十二、七十五、七十六、七十八、七十九、八十二、八十四、八十六、八十七、八十八、八十九、九十、九十一、九十二、九十三、九十四条之规定。

第二节 简易程序

第六十四条 准入条件

人民法院在受理破产重整案件时,同时具有下列情况的,则适用本节之规定:

(一)债务人在未来能够持续地或重复地取得收入;

(二)债务人负债中的普通债权总额不超过三百万元。

人民法院适用简易程序时,适用独任制审理。

第六十五条 债权人申报债权

人民法院受理破产案件后,应当确定债权人申报债权的期限不得超过三十日。

第六十六条 重整计划提交时间

自人民法院裁定债务人重整之日起,债务人应当在一个月内提交重整计划草案。

第六十七条 重整人撤销权之行使禁止

重整人在简易程序中,不得行使本法第四十五条规定之权利。

【说明】

本条与第69条相互搭配。本条的意义主要在于体现小规模债务重整程序的效率性,因撤销权引发的撤销诉讼会造成重整程序的延迟,因此为了保证程序的快速推进,法律上禁止重整人行使撤销权。

同时,与第 69 条相互搭配的后果就是,即便不规定撤销权的内容,但如果重整计划受偿额度要低于清偿程序时,重整仍然得不到通过。因此,以清算程序作为类比,此时考虑到行使撤销权而增加债权人财产的总数额。

第六十八条　重整计划草案之表决

重整计划草案作出后,应当由重整人当日向债权人送达。

债权人对重整计划草案有异议的,应当于收到重整计划草案时起的三日内通过书面方式向重整人提出异议,逾期未提出异议的,视为债权人同意重整计划草案。

同意及视为同意重整计划草案的已申报普通债权人过半数,且其所代表之债权额超过已申报普通总债权额之二分之一时,视为债权人会议通过重整计划。

【说明】

关于重整计划的表决方式与通常程序不一致。在本程序下采用的表决方式更灵活、高效,有利于重整计划的迅速通过并使重整计划得以快速执行。

第六十九条　重整计划批准之例外

重整计划通过后的三日内,债务人或者重整人应当向人民法院提出批准重整计划的申请。

除本法第六十、六十一之外,债权人根据重整计划的受偿额度不能高于经清算后受偿额度的,人民法院裁定不予批准重整计划。

【说明】

本条与第 67 条相互搭配。

第七十条　审限

人民法院适用简易重整程序审理案件,应当在立案之日起三个月内审结。

【说明】

重整程序审限的起算点为受理重整案件之日至批准重整计划日。我国《企业破产法》并没有规定重整程序的审限问题,但在实践中已有高级人民法院对此作出规定。鉴于在通常重整程序中,可能存在自然人与企业合并破产重整的情况,因此不在通常程序中对此问题作出规定。但在简易程序当中,对此问题作出明确规定,以方便程序的进行。

第七十一条　重整计划延期

重整计划经人民法院批准后,债务人非因自身原因而导致重整计划执行困难的,可以向人民法院申请延长执行期限,但最长执行期间不得超过本法第五十六条所规定的期限。

债务人可供处分的财产在扣除个人以及依法应当由债务人扶养的家庭成员的必要生活费后,连续三个月低于重整计划设定的清偿数额的,则推定债务人具有前款事由。

重整计划执行期经延长后,重整计划的执行仍存在重大困难的,债务人对各个债权人的清偿数额已达到重整计划中约定的四分之三时,且普通债权受偿总额已超过清算程序所得受偿总额时,人民法院可以根据债务人或重整人的申请,裁定债务人免责。

人民法院依照前款规定裁定债务人免责之前,应当听取债权人、监督人的意见。

家庭住宅贷款担保债权不适用本条规定。

第七十二条　重整人代为收取债务人收入

重整人应当开立专门账户用于收取债务人收入。

重整人应当通知债务人的用人单位或次债务人应当向重整人专门账户按月支付债务人工资或清偿债务。

第七十三条　重整计划的执行

在重整计划执行期间,重整人代为收取债务人的收入,每月向债权人进行分配。

【说明】

因为简易程序的要件之一就是债务人在未来存在持续地或重复地获得收入或其他财产来源,因此在此条件下,每月由重整人代位收取债务人的收入并在债权人之间进行分配。

第八章　和　　解

第一节　破产申请前的和解

第七十四条　和解申请

债务人根据本法之规定申请破产前,应当与其债权人就其债务清理问题请求和解，也可以向其住所地的人民调解委员会申请调解。

债务人进行前款所规定的请求或申请时，应当提供下列文件：

（一）申请书；

（二）和解协议草案；

（三）财产状况说明书、债务清册、债权清册。

第七十五条　财产调查

债务人根据本法第七十四条之规定提出请求或申请的，则视为同意并授权债权人核查债务人资信情况。

第七十六条　和解成功

债务人与债权人达成和解协议或调解协议的，应当于三日内向人民法院申请确认协议的效力。

第七十七条　调解失败

有下列情况之一的，应当视为和解或调解失败：

（一）自债务人向债权人提出和解请求后，债权人在三十日内不与债务人和解或明确反对与债务人进行和解的；

（二）债务人与债权人在六十日内仍然无法达成和解或调解协议的；

（三）债务人与债权人和解或调解期间，任一债权人向人民法院申请强制执行程序或恢复强制执行程序的。

和解或调解失败后，债务人或债权人可以向人民法院申请破产。

【说明】

破产程序是法律为债务人提供的债务清理机制，但是我们仍然鼓励债务人与债权人就债务清理问题进行意思自治，也鼓励社会力量参与债务清理的解决当中。因此，本稿设立本项规则，即在债务人申请破产之前，应当向债权人请求和解或申请调解，促进双方达成彼此接受的和解或调解方案。

第二节　破产申请后的和解

第七十八条　准用企业破产法之规定

本法有关破产申请后和解程序之规定，准用企业破产法第九十五至一百零六条之规定。

第九章 破 产 清 算

第一节 通 常 程 序

第七十九条 准用企业破产法之规定

本法有关破产清算通常程序之规定,准用企业破产法第一百零七至一百二十四条之规定。

第二节 简 易 程 序

第八十条 准入条件

人民法院在受理破产清算案件时,同时具有下列情况的,则适用本节之规定:

(一)债务人财产状况简明清晰;

(二)债权人人数不超过二十人;

(三)债务人负债中的普通债权总额不超过三百万元。

人民法院适用简易程序时,适用独任制审理。

【说明】

简易程序的设置相比通常程序要简单易行,其在保障各方利益的基础上快速进行法律程序,以达到兼顾公平与效率的目的。本稿设定了3个适用简易程序的要件,即债务人财产状况简明清晰、债权人人数以及普通债权总额,只要符合上述3个条件的,那么法院就应当主动适用简易程序来处理破产清算案件。

第八十一条 债权人申报债权

人民法院受理破产案件后,应当确定债权人申报债权的期限不得超过三十日。

【说明】

此为债权人申报债权的时间,因同为简易程序,所以与本稿第65条保持一致。这样保持了无论是清算程序还是重整程序债权申报时间的一致性。

第八十二条　简易分配

经管理人或未指定管理人案件中的债务人申请,如果债务人在人民法院指定期限内,向管理人或未指定管理人案件中向人民法院支付一笔相当于向债权人分配的破产财产价值的货币,人民法院应当裁定不对破产财产的全部或者部分进行变价分配。人民法院作出该裁定前,应当听取债权人意见。

债务人在指定期间内或在申请免责之前仍未支付前款所规定的款项的,债权人可向人民法院申请对债务人不予免责,人民法院在裁定前应当听取债务人意见。

【说明】

简易程序中不必要对所有案件都依照财产调查、处置、分配的流程进行。对于债务人可以提供相当于破产财产变价的货币时,则不必仍然按照上述流程进行操作。

第八十三条　审限

人民法院适用简易清算程序审理案件,应当在立案之日起三个月内审结。

第十章　免 责 程 序

第八十四条　债务人的申请

免除剩余债务清偿责任的申请应当由债务人在申请破产时一并提出。

债权人或人民检察院申请破产的,债务人应当于人民法院受理破产案件时的两周内提出免除剩余债务清偿责任的申请。

债务人未提出免除剩余债务清偿责任的申请的,破产清算程序终结后,仍应承担清偿责任。

【说明】

剩余债务免除在比较法上存在两种立法例:一种是以德国为代表的即破产程序终结后并不立即免除债务人的剩余债务,而是经过一段时间后,方可对债务人进行免责;二是以美国、日本为代表的,即破产程序终结后,同时裁定免除债务人的剩余债务。本稿认为,第一种立法例更能适合我国国情,且在2004年《企业破产法(草案)》就采用的此种立法例。

第八十五条　免责前的债务清偿

在破产案件终结后,债务人依照本法第八十七条的规定被免责前,应当以其取得的全部财产,对破产债权未受清偿的部分,继续承担清偿义务。

前款规定的破产人在被免责前,不得有任何高消费或者投资行为。

本条第一款规定的破产人,可以就破产案件终结后的债务清偿,拟订偿债计划,在破产案件终结前,提交债权人会议认可。经债权人会议认可的偿债计划,对双方当事人具有约束力。

第八十六条　对破产人不予免责的情况

破产人具有下列情形之一的,人民法院应在破产清算程序终结时,同时裁定不予免责:

(一)曾在十年内根据本法规定获得免责的;

(二)捏造或承认虚假债务的行为;

(三)申请破产清算前两年内,因高消费、赌博或其他行为而支出的总额超过该期间破产人及其负有扶养义务人员的必要生活费的一半,或超过申请破产清算时普通债权的一半;

(四)申请破产清算一年内,明知存在破产清算的可能性,但故意隐瞒事实,导致他人与之交易产生损害的;

(五)有本法第八十五条第二款,《企业破产法》第一百二十六、一百二十七、一百二十八、一百二十九及一百三十条规定的行为之一的。

人民法院根据前款规定作出不予免责裁定前,应当听取普通债权人的意见。普通债权人一致同意对破产人免除剩余债务清偿责任的,人民法院可以不作出不予免责裁定。

【说明】

对债务人不予免责与不予免责的债务不同,后者基于国家管理或避免道德风险的原因,而对一些特定债务不予免责。但对于前者来说,主要是基于防止债务人恶意利用破产程序而进行的"逃废债"行为。因此,如果存在债务人恶意利用破产程序进行"逃废债",或者在破产程序中存在不实行为,那么已经违背个人破产是为诚实而不幸的债务人提供债务清理机制的本质目的,所以债务人存在上述行为的,即便清算完毕,但是对于剩余债务仍然不予免责。

第八十七条　免责内容

破产案件终结后,具备下列情形之一的,对于普通破产债权的未受清偿部分,人民法院作出免除破产人剩余债务清偿责任的裁定:

(一)在破产案件终结时,全部破产债权的百分之四十以上已经获得清偿的,自破产案件终结之日起满三年;

(二)在破产案件终结时,全部破产债权中已获得清偿的部分达到百分之三十以上,但不足百分之四十的,自破产案件终结之日起满四年;

(三)在破产案件终结时,全部破产债权中已获得清偿的部分达到百分之二十以上,但不足百分之三十的,自破产案件终结之日起满五年;

(四)在破产案件终结时,全部破产债权中已获得清偿的部分达到百分之十以上,但不足百分之二十的,自破产案件终结之日起满七年;

(五)在破产案件终结时,全部破产债权中已获得清偿的部分不足百分之十的,自破产案件终结之日起满十年。

破产人获得免责后,自愿对已免责债务予以清偿的,债权人所得的清偿利益,受法律保护。

【说明】

在2004年《企业破产法(草案)》的基础上进行改动。2004年《企业破产法(草案)》第150条规定:"破产案件终结后,具备下列情形之一的,对于普通破产债权的未受清偿部分,除故意侵犯人身权的损害赔偿外,免除破产人的清偿责任:(一)在破产案件终结时,全部破产债权的百分之四十以上已经获得清偿的,自破产案件终结之日起满三年;(二)在破产案件终结时,全部破产债权中已获得清偿的部分达到百分之三十以上,但不足百分之四十的,自破产案件终结之日起满四年;(三)在破产案件终结时,全部破产债权中已获得清偿的部分达到百分之二十以上,但不足百分之三十的,自破产案件终结之日起满五年;(四)在破产案件终结时,全部破产债权中已获得清偿的部分达到百分之十以上,但不足百分之二十的,自破产案件终结之日起满七年;(五)在破产案件终结时,全部破产债权中已获得清偿的部分不足百分之十的,自破产案件终结之日起满十年。有本法第一百四十九条第二款、第一百五十二条、第一百五十三条、第一百五十四条、第一百五十五条、第一百五十六条、第一百五十八条、第一百六十条规定的行为之一的,不予免责。破产人获得免责后,自愿对已免责债务予以清偿的,债权人所得的清偿利益,受法律保护。”

第十一章 失权与复权

第八十八条 失权期间

破产清算程序终止至破产人获得免责裁定之前为失权期间。

行为人有故意违反本法规定的其他内容的,法院可以根据行为人的主观恶意程度、行为危害性等因素,延长失权期间,但最长不得超过十五年。

债务人在失权期间内,需要努力工作,没有工作的应当积极、及时寻找工作,接受监督人、管理人的监督,并继续向债权人履行清偿义务。

第八十九条 失权内容

失权人具体的失权内容,依照其他法律规定。

第九十条 失权裁定的作出

人民法院在作出终止破产清算程序的同时应当作出失权裁定。

人民法院作出失权裁定之前,应当听取失权人、债权人、管理人及监督人的意见。

第九十一条 失权裁定的救济

对失权裁定不服的,可以申请复议。

第九十二条 复权

人民法院作出免除剩余债务清偿责任的裁定的同时,应当根据失权人的申请,作出复权裁定。

第十二章 遗产破产程序之特殊规定

第九十三条 破产原因

遗产破产程序的开始原因为资不抵债。

【说明】

遗产的破产原因采用简单的债务超过即可,即债务超过遗产的总数即可申请破产。

第九十四条 管辖

遗产破产案件由被继承人死亡时住所地或者主要遗产所在地人民法院管辖。

第九十五条 申请人

遗产债权人、继承人、被遗赠人、遗嘱执行人、遗产管理人以及人民检察院可以向人民法院申请遗产破产。

第九十六条 申请期限

自遗产分割后已经超过两年的,遗产债权人不得申请遗产破产程序。

【说明】

遗产破产的对象是针对遗产,对于继承人来说其责任财产构成部分包括继承的遗产以及自有财产,如果两个财团融合已久,那么很难将二者进行区分。所以,本稿规定了申请破产期限。

第九十七条 可撤销的继承人的法律行为

遗产破产程序开始的,继承人、受遗赠人或遗嘱执行人就遗产具有企业破产法第三十一至三十三条规定的行为时,视为破产人所进行的行为,管理人应当行使本法第二十八条规定的权利。

管理人可以撤销继承人在遗产破产程序开始前从遗产中履行特留份额请求权、继承或遗赠的行为。

【说明】

被继承人在生前如果存在诈欺或偏颇行为的,管理人应当撤销之。同样,如果继承人、受遗赠人以及遗嘱执行人在破产程序开始时,也同样存在针对遗产财产而具有的偏颇或者诈欺行为的,管理人同样应当予以撤销。

遗产在破产程序中同样分为现有财团与应有财团。通常而言,继承或遗赠应当发生在遗产对债权人清偿之后,因此在此之前发生的继承行为应当是可被撤销的,以此来增加破产财团。

第九十八条　破产费用

人民法院受理遗产破产申请后发生的下列费用,视为破产费用:

(一)被继承人的丧葬费;

(二)宣告被继承人死亡的诉讼费用;

(三)遗产管理人、遗嘱执行人履职中发生的费用。

【说明】

本稿中的费用也应当由遗产随时清偿,因此将之视为破产费用。

第九十九条　遗产债权人以及被遗赠人的地位

遗产债权人与被遗赠人、特留份额权利人均可参加遗产破产程序,但遗产债权人的债权优先于被遗赠人的债权与特留份额权利人的债权。

继承人的债权人不得在遗产破产程序中申报债权。

【说明】

遗产破产程序解决的是在发生继承之前,对遗产所负债务进行清理。所以遗产债权人可以申报自己的债权,如果继承人对被继承人享有债权的,那么也同样可以申报债权。对于遗赠以及遗赠扶养协议的相对人来说,其对遗产也享有请求权,但是其请求权应当劣后于普通遗产债权。特留份额制度是法律上保护尚未出生的胎儿存在的制度,因此其也应当劣后于遗产债权人的债权,与被遗赠人债权保持相同顺位。

第一百条　其他规定

本法有关于遗产破产程序之规定,除本章特殊规定之外,准用于本法有关破产清算程序之规定。

第十三章　法 律 责 任

第一百零一条　法律责任

本法有关法律责任之规定,准用企业破产法第十一章之规定。

本法自通过之日起生效。

附件二：中华人民共和国企业与个人破产法（专家建议稿）

第一章　总　　则

第一条　为规范企业与个人破产程序，公平清理债权债务，保护债权人和债务人的合法权益，维护社会主义市场经济秩序，根据《宪法》，制定本法。

第二条　债务人不能清偿到期债务或者即将不能清偿到期债务的，依照本法规定清理债务。

债务人停止清偿到期债务的，则推定其不能清偿到期债务。

第三条　破产案件由债务人住所地人民法院管辖。

企业法人的股东、实际控制、法定代表人等，合伙企业的合伙人以及个人独资企业的出资人的破产案件，可与企业破产案件合并审理，并由企业住所地人民法院管辖。

第四条　破产案件审理程序，本法没有规定的，适用民事诉讼法的有关规定。

第五条　依照本法开始的破产程序，对债务人在中华人民共和国领域外的财产发生效力。

对外国法院作出的发生法律效力的破产案件的判决、裁定，涉及债务人在中华人民共和国领域内的财产，申请或者请求人民法院承认和执行的，人民法院依照中华人民共和国缔结或者参加的国际条约，或者按照互惠原则进行审查，认为不违反中华人民共和国法律的基本原则，不损害国家主权、安全和社会公共利益，不损害中华人民共和国领域内债权人的合法权益的，裁定承认和执行。

第六条 人民法院审理破产案件，应当依法保障企业职工的合法权益，依法追究破产企业经营管理人员的法律责任。

第二章 申请和受理

第一节 申 请

第七条 债务人有本法第二条规定的情形，可以向人民法院提出重整、和解或者破产清算申请。

债务人明知自己具备本法第二条规定的情形时，应在三十日内向人民法院申请破产程序。

债务人不能清偿到期债务，债权人可以向人民法院提出对债务人进行重整或者破产清算的申请。

企业已解散但未清算或者未清算完毕，资产不足以清偿债务的，依法负有清算责任的人应当在三十日内向人民法院申请破产清算。

第七条之一 人民检察院可以申请债务人破产。

申请人向人民法院申请破产的，人民检察院可以支持其申请。

申请人已经向人民法院提交申请的，但人民法院未在本法规定的时间内作出裁定的，可向人民检察院申请立案监督。

第八条 向人民法院提出破产申请，应当提交破产申请书和有关证据。

破产申请书应当载明下列事项：

(一)申请人、被申请人的基本情况；

(二)申请目的；

(三)申请的事实和理由；

(四)人民法院认为应当载明的其他事项。

债务人提出申请的,还应当向人民法院提交财产状况说明、债务清册、债权清册、有关财务会计报告、职工安置预案以及职工工资的支付和社会保险费用的缴纳情况。

第九条 人民法院受理破产申请前,申请人可以请求撤回申请。

第二节 受 理

第十条 债权人提出破产申请的,人民法院应当自收到申请之日起五日内通知债务人。债务人对申请有异议的,应当自收到人民法院的通知之日起七日内向人民法院提出。人民法院应当自异议期满之日起十日内裁定是否受理。

除前款规定的情形外,人民法院应当自收到破产申请之日起十五日内裁定是否受理。

有特殊情况需要延长前两款规定的裁定受理期限的,经上一级人民法院批准,可以延长十五日。

第十条之一 人民法院可以在受理阶段指定临时管理人。

第十一条 人民法院受理破产申请的,应当自裁定作出之日起五日内送达申请人。

债权人提出申请的,人民法院应当自裁定作出之日起五日内送达债务人。债务人应当自裁定送达之日起十五日内,向人民法院提交财产状况说明、债务清册、债权清册、有关财务会计报告以及职工工资的支付和社会保险费用的缴纳情况。

第十二条 人民法院裁定不受理破产申请的,应当自裁定作出之日起五日内送达申请人并说明理由。申请人对裁定不服的,可以自裁定送达之日起十日内向上一级人民法院提起上诉。

人民法院受理破产申请后至破产宣告前,经审查发现债务人不符合本法第二条规定情形的,可以裁定驳回申请。申请人对裁定不服的,可以自裁定送达之日起十日内向上一级人民法院提起上诉。

第十三条 人民法院裁定受理破产申请的,应当同时指定管理人。

第十四条 人民法院应当自裁定受理破产申请之日起二十五日内通知已知债权人,并予以公告。

通知和公告应当载明下列事项:

(一)申请人、被申请人的名称或者姓名;

(二)人民法院受理破产申请的时间;

(三)申报债权的期限、地点和注意事项;

(四)管理人的名称或者姓名及其处理事务的地址;

(五)债务人的债务人或者财产持有人应当向管理人清偿债务或者交付财产的要求;

(六)第一次债权人会议召开的时间和地点;

(七)人民法院认为应当通知和公告的其他事项。

第十五条 自人民法院受理破产申请的裁定送达债务人之日起至破产程序终结之日,债务人或债务人的有关人员承担下列义务:

(一)妥善保管其占有和管理的财产、印章和账簿、文书等资料;

(二)根据人民法院、人民检察院、管理人的要求进行工作,并如实回答询问;

(三)列席债权人会议并如实回答债权人的询问;

(四)未经人民法院许可,不得离开住所地;

(五)不得新任其他企业的董事、监事、高级管理人员。

前款所称有关人员,是指企业的法定代表人;经人民法院决定,可以包括企业的财务管理人员和其他经营管理人员。

第十六条 人民法院受理破产申请后,债务人对个别债权人的债务清偿无效。

第十七条 人民法院受理破产申请后,债务人的债务人或者财产持有人应当向管理人清偿债务或者交付财产。

债务人的债务人或者财产持有人故意违反前款规定向债务人清偿债务或者交付财产,使债权人受到损失的,不免除其清偿债务或者交付财产的义务。

第十八条 人民法院受理破产申请后，管理人对破产申请受理前成立而债务人和对方当事人均未履行完毕的合同有权决定解除或者继续履行，并通知对方当事人。管理人自破产申请受理之日起二个月内未通知对方当事人，或者自收到对方当事人催告之日起三十日内未答复的，视为解除合同。

管理人决定继续履行合同的，对方当事人应当履行；但是，对方当事人有权要求管理人提供担保。管理人不提供担保的，视为解除合同。

第十九条 人民法院受理破产申请后，有关债务人财产的保全措施应当解除，执行程序应当中止。

第二十条 人民法院受理破产申请后，已经开始而尚未终结的有关债务人的民事诉讼或者仲裁应当中止；在管理人接管债务人的财产后，该诉讼或者仲裁继续进行。

第二十一条 人民法院受理破产申请后，有关债务人的民事诉讼，只能向受理破产申请的人民法院提起。

第三节 保 全

第二十二条 保全申请

申请人向人民法院递交破产申请时，可以同时递交保全申请。

第二十三条 保全裁定的作出

人民法院可以依申请人申请，或依职权对债务人的行为或财产作出保全裁定。

债务人对保全裁定不服的，可以申请复议，复议期间不停止执行。

第二十四条 保全解除与执行程序中止

申请人递交破产申请时，还可同时申请人民法院解除有关债务人财产的其他保全措施及中止执行程序。

人民法院可以经申请人申请，或依职权裁定解除有关债务人财产的其他保全措施及中止执行程序。

申请人向人民法院递交第一款所规定的申请时，应当与本法第二十二条所规定的内容同时申请。

申请人未递交第一款所规定的申请的或人民法院未作出第二款所规定的裁定的，自人民法院受理破产申请后，有关债务人财产的保全措施应当解除，执行程序应当中止。

第三章 管 理 人

第二十五条 管理人由人民法院指定。

案件受理阶段、无产可破案件以及个人破产案件，人民法院可以指定公职管理人。

债权人会议认为管理人不能依法、公正执行职务或者有其他不能胜任职务情形的，可以申请人民法院予以更换。

指定管理人和确定管理人报酬的办法，由最高人民法院规定。

第二十六条 管理人依照本法规定执行职务，向人民法院报告工作，并接受人民检察院、债权人会议的监督。

管理人应当列席债权人会议，向债权人会议报告职务执行情况，并回答询问。

第二十七条 管理人可以由有关部门、机构的人员组成的清算组或者依法设立的律师事务所、会计师事务所、破产清算事务所等社会中介机构担任。

人民法院根据债务人的实际情况，可以在征询有关社会中介机构的意见后，指定该机构具备相关专业知识并取得执业资格的人员担任管理人。

公职管理人应当取得法律职业资格证等职业资格证书。

有下列情形之一的，不得担任管理人：

（一）因故意犯罪受过刑事处罚；

（二）曾被吊销相关专业执业证书；

（三）与本案有利害关系；

（四）人民法院认为不宜担任管理人的其他情形。

个人担任管理人的，应当参加执业责任保险。

第二十八条 管理人履行下列职责：

（一）接管债务人的财产、印章和账簿、文书等资料；

(二)调查债务人财产状况,制作财产状况报告;

(三)决定债务人的内部管理事务;

(四)决定债务人的日常开支和其他必要开支;

(五)在第一次债权人会议召开之前,决定继续或者停止债务人的营业;

(六)管理和处分债务人的财产;

(七)代表债务人参加诉讼、仲裁或者其他法律程序;

(八)提议召开债权人会议;

(九)制作免破财产清单;

(十)免责期间内,代替破产债务人收取财产收入并向债权人分配;

(十一)人民法院认为管理人应当履行的其他职责。

本法对管理人的职责另有规定的,适用其规定。

第二十九条 在第一次债权人会议召开之前,管理人决定继续或者停止债务人的营业或者有本法第八十条规定行为之一的,应当经人民法院许可。

第三十条 管理人应当勤勉尽责,忠实执行职务。

第三十一条 管理人经人民法院许可,可以聘用必要的工作人员。

管理人的报酬由人民法院确定。债权人会议对管理人的报酬有异议的,有权向人民法院提出。

第三十二条 管理人没有正当理由不得辞去职务。管理人辞去职务应当经人民法院许可。

第四章 债务人财产

第三十三条 破产申请受理时属于债务人的全部财产,以及破产申请受理后至破产程序终结前债务人取得的财产,为债务人财产。

第三十四条 个人经营的个体工商户债务人,个人的全部财产等同于个体工商户的财产。

家庭经营的个体工商户债务人,家庭成员的全部财产等同于个体工商户的财产。

第三十四条之一 农村承包经营户破产的,该户的家庭成员的共同财产为农村承包经营户的财产。

第三十五条 根据民事诉讼法的规定,不得成为执行标的的财产为债务人的免于破产的财产。

债务人因客观经济环境所致破产的,则其职业工具可以作为免破财产,但价值较大的除外。

对债务人具有重要意义的宠物或植物,可以作为免破财产,但价值较大的除外。

第三十六条 管理人应当制作免破财产清单。

对债务人免破财产范围有异议的,应当向人民法院提出异议,人民法院对此作出裁定。对裁定不服的,可向上一级人民法院申请复议。

第三十七条 人民法院受理破产申请前一年内,涉及债务人财产的下列行为,管理人有权请求人民法院予以撤销:

(一)无偿转让财产的;

(二)以明显不合理的价格进行交易的;

(三)对没有财产担保的债务提供财产担保的;

(四)对未到期的债务提前清偿的;

(五)放弃债权的。

第三十八条 人民法院受理破产申请前六个月内,债务人有本法第二条第一款规定的情形,仍对个别债权人进行清偿的,管理人有权请求人民法院予以撤销。但是,个别清偿使债务人财产受益的除外。

第三十八条之一 债务人与亲属之间于破产申请前一年内发生的有偿行为,管理人有权请求人民法院予以撤销。

前款所称的亲属为配偶、血亲、姻亲以及与债务人共同生活的人。

亲属关系的解除不影响第一项撤销权的行使。

第三十九条 涉及债务人财产的下列行为无效:

(一)为逃避债务而隐匿、转移财产的;

(二)虚构债务或者承认不真实的债务的。

第四十条 因本法第三十七条、第三十八条或者第三十九条规定的行为而取得的债务人的财产,管理人有权追回。

第四十一条 人民法院受理破产申请后,债务人的出资人尚未完全履行出资义务的,管理人应当要求该出资人缴纳所认缴的出资,而不受出资期限的限制。

第四十二条 债务人的董事、监事和高级管理人员利用职权从企业获取的非正常收入和侵占的企业财产,管理人应当追回。

第四十三条 人民法院受理破产申请后,管理人可以通过清偿债务或者提供为债权人接受的担保,取回质物、留置物。

前款规定的债务清偿或者替代担保,在质物或者留置物的价值低于被担保的债权额时,以该质物或者留置物当时的市场价值为限。

第四十四条 人民法院受理破产申请后,债务人占有的不属于债务人的财产,该财产的权利人可以通过管理人取回。但是,本法另有规定的除外。

第四十五条 人民法院受理破产申请时,出卖人已将买卖标的物向作为买受人的债务人发运,债务人尚未收到且未付清全部价款的,出卖人可以取回在运途中的标的物。但是,管理人可以支付全部价款,请求出卖人交付标的物。

第四十六条 债权人在破产申请受理前对债务人负有债务的,可以向管理人主张抵销。但是,有下列情形之一的,不得抵销:

(一)债务人的债务人在破产申请受理后取得他人对债务人的债权的;

(二)债权人已知债务人有不能清偿到期债务或者破产申请的事实,对债务人负担债务的;但是,债权人因为法律规定或者有破产申请一年前所发生的原因而负担债务的除外;

(三)债务人的债务人已知债务人有不能清偿到期债务或者破产申请的事实,对债务人取得债权的;但是,债务人的债务人因为法律规定或者有破产申请一年前所发生的原因而取得债权的除外。

第五章 破产费用和共益债务

第四十七条 人民法院受理破产申请后发生的下列费用,为破产费用:

(一)破产案件的诉讼费用;

（二）管理、变价和分配债务人财产的费用；

（三）管理人执行职务的费用、报酬和聘用工作人员的费用；

（四）债务人及其负有扶养义务人员的必要生活费。

第四十八条 人民法院受理破产申请后发生的下列债务，为共益债务：

（一）因管理人或者债务人请求对方当事人履行双方均未履行完毕的合同所产生的债务；

（二）债务人财产受无因管理所产生的债务；

（三）因债务人不当得利所产生的债务；

（四）为债务人继续营业而应支付的劳动报酬和社会保险费用以及由此产生的其他债务；

（五）管理人或者相关人员执行职务致人损害所产生的债务；

（六）债务人财产致人损害所产生的债务。

第四十九条 破产费用和共益债务由债务人财产随时清偿。

债务人财产不足以清偿所有破产费用和共益债务的，先行清偿破产费用。

债务人财产不足以清偿所有破产费用或者共益债务的，按照比例清偿。

债务人财产不足以清偿破产费用的，管理人应当提请人民法院终结破产程序。人民法院应当自收到请求之日起十五日内裁定终结破产程序，并予以公告。

第六章 债权申报

第五十条 人民法院受理破产申请时对债务人享有债权的债权人，依照本法规定的程序行使权利。

第五十一条 人民法院受理破产申请后，应当确定债权人申报债权的期限。债权申报期限自人民法院发布受理破产申请公告之日起计算，最短不得少于三十日，最长不得超过三个月。

第五十二条 未到期的债权，在破产申请受理时视为到期。

附利息的债权自破产申请受理时起停止计息。

第五十三条 附条件、附期限的债权和诉讼、仲裁未决的债权，债权人可以申报。

第五十四条 债权人应当在人民法院确定的债权申报期限内向管理人申报债权。

债务人所欠职工的工资和医疗、伤残补助、抚恤费用,所欠的应当划入职工个人账户的基本养老保险、基本医疗保险费用,以及法律、行政法规规定应当支付给职工的补偿金,不必申报,由管理人调查后列出清单并予以公示。职工对清单记载有异议的,可以要求管理人更正;管理人不予更正的,职工可以向人民法院提起诉讼。

第五十五条 债权人申报债权时,应当书面说明债权的数额和有无财产担保,并提交有关证据。申报的债权是连带债权的,应当说明。

第五十六条 连带债权人可以由其中一人代表全体连带债权人申报债权,也可以共同申报债权。

第五十七条 债务人的保证人或者其他连带债务人已经代替债务人清偿债务的,以其对债务人的求偿权申报债权。

债务人的保证人或者其他连带债务人尚未代替债务人清偿债务的,以其对债务人的将来求偿权申报债权。但是,债权人已经向管理人申报全部债权的除外。

第五十八条 连带债务人数人被裁定适用本法规定的程序的,其债权人有权就全部债权分别在各破产案件中申报债权。

第五十九条 管理人或者债务人依照本法规定解除合同的,对方当事人以因合同解除所产生的损害赔偿请求权申报债权。

第六十条 债务人是委托合同的委托人,被裁定适用本法规定的程序,受托人不知该事实,继续处理委托事务的,受托人以由此产生的请求权申报债权。

第六十一条 债务人是票据的出票人,被裁定适用本法规定的程序,该票据的付款人继续付款或者承兑的,付款人以由此产生的请求权申报债权。

第六十二条 债务人是合伙企业合伙人的,其债权人只能向该合伙人申报债权,不得直接向合伙企业申报债权。

合伙企业与合伙人同时破产的,合伙企业的债权人应当先向合伙企业申报债权,合伙企业的财产不能清偿全部债权的,则由合伙企业的管理人统一向合伙企业的合伙人申报债权。

第六十三条 债务人是个人独资企业出资人的,其债权人只能向该出资人申报债权,不得直接向个人独资企业申报债权。

个人独资企业与出资人同时破产的,个人独资企业的债权人应当先向个人独资企业申报债权,个人独资企业的财产不能清偿全部债权的,则由个人独资企业的管理人统一向个人独资企业的出资人申报债权。

第六十四条 个体工商户破产的,债权人对个体工商户及其经营者的所有债权,应当同时申报。

第六十五条 农村承包经营户破产的,债权人对户内所有家庭成员的债权,应当同时申报。

第六十六条 在人民法院确定的债权申报期限内,债权人未申报债权的,可以在破产财产最后分配前补充申报;但是,此前已进行的分配,不再对其补充分配。为审查和确认补充申报债权的费用,由补充申报人承担。

债权人未依照本法规定申报债权的,不得依照本法规定的程序行使权利。

第六十七条 管理人收到债权申报材料后,应当登记造册,对申报的债权进行审查,并编制债权表。

债权表和债权申报材料由管理人保存,供利害关系人查阅。

第六十八条 依照本法第六十七条规定编制的债权表,应当提交第一次债权人会议核查。

债务人、债权人对债权表记载的债权无异议的,由人民法院裁定确认。

债务人、债权人对债权表记载的债权有异议的,可以向受理破产申请的人民法院提起诉讼。

第七章 债权人会议

第一节 一般规定

第六十九条 依法申报债权的债权人为债权人会议的成员,有权参加债权人会议,享有表决权。

债权尚未确定的债权人,除人民法院能够为其行使表决权而临时确定债权额的外,不得行使表决权。

对债务人的特定财产享有担保权的债权人,未放弃优先受偿权利的,对于本法第七十一条第一款第七项、第十项规定的事项不享有表决权。

债权人可以委托代理人出席债权人会议,行使表决权。代理人出席债权人会议,应当向人民法院或者债权人会议主席提交债权人的授权委托书。

债权人会议应当有债务人的职工和工会的代表参加,对有关事项发表意见。

第七十条 债权人会议设主席一人,由人民法院从有表决权的债权人中指定。

债权人会议主席主持债权人会议。

第七十一条 债权人会议行使下列职权:

(一)核查债权;

(二)申请人民法院更换管理人,审查管理人的费用和报酬;

(三)监督管理人;

(四)核查免破财产清单;

(五)决定继续或者停止债务人的营业;

(六)通过重整计划;

(七)通过和解协议;

(八)通过债务人财产的管理方案;

(九)通过破产财产的变价方案;

(十)通过破产财产的分配方案;

(十一)人民法院认为应当由债权人会议行使的其他职权。

债权人会议应当对所议事项的决议作成会议记录。

第七十二条 第一次债权人会议由人民法院召集,自债权申报期限届满之日起十五日内召开。

以后的债权人会议,在人民法院认为必要时,或者人民检察院、管理人、占债权总额四分之一以上的债权人向债权人会议主席提议时召开。

第七十三条 召开债权人会议，管理人应当提前十五日通知已知的债权人。

第七十四条 债权人会议的决议，由出席会议的有表决权的债权人过半数通过，并且其所代表的债权额占无财产担保债权总额的二分之一以上。但是，本法另有规定的除外。

债权人认为债权人会议的决议违反法律规定，损害其利益的，可以自债权人会议作出决议之日起十五日内，请求人民法院裁定撤销该决议，责令债权人会议依法重新作出决议。

债权人会议的决议，对于全体债权人均有约束力。

第七十五条 本法第七十一条第一款第八项、第九项所列事项，经债权人会议表决未通过的，由人民法院裁定。

本法第七十一条第一款第十项所列事项，经债权人会议二次表决仍未通过的，由人民法院裁定。

对前两款规定的裁定，人民法院可以在债权人会议上宣布或者另行通知债权人。

第七十六条 债权人对人民法院依照本法第七十五条第一款作出的裁定不服的，债权额占无财产担保债权总额二分之一以上的债权人对人民法院依照本法第七十五条第二款作出的裁定不服的，可以自裁定宣布之日或者收到通知之日起十五日内向该人民法院申请复议。复议期间不停止裁定的执行。

第二节 监督人

第七十七条 人民检察院是破产程序中的监督人。

第七十八条 人民法院受理破产案件后，应当立即将案件受理通知书送达至同级人民检察院。

人民检察院接到人民法院通知后，应当根据案件难易程度，指派一至两名检察员负责监督工作。

第七十九条 监督人行使下列职权：

（一）监督债务人财产的管理和处分；

(二)监督破产财产分配;

(三)提议召开债权人会议;

(四)监督管理人履职;

(五)法律规定的其他监督事项。

监督人执行职务时,有权要求管理人、债务人的有关人员对其职权范围内的事务作出说明或者提供有关文件,监督人可以发表意见。

第八十条 管理人实施下列行为,应当及时报告监督人:

(一)涉及土地、房屋等不动产权益的转让;

(二)探矿权、采矿权、知识产权等财产权的转让;

(三)全部库存或者营业的转让;

(四)借款;

(五)设定财产担保;

(六)债权和有价证券的转让;

(七)履行债务人和对方当事人均未履行完毕的合同;

(八)放弃权利;

(九)担保物的取回;

(十)对债权人利益有重大影响的其他财产处分行为。

监督人对管理人的以上行为,可以发表意见。

第八章 重 整

第一节 重整申请和重整期间

第八十一条 债务人或者债权人可以依照本法规定,直接向人民法院申请对债务人进行重整。

债权人申请对债务人进行破产清算的,在人民法院受理破产申请后、宣告债务人破产前,债务人或者出资额占债务人注册资本十分之一以上的出资人,可以向人民法院申请重整。

第八十二条 人民法院经审查认为重整申请符合本法规定的,应当裁定债务人重整,并予以公告。

第八十二条之一 有下列情况之一的，人民法院应当裁定驳回重整申请：

（一）适用清算程序更有利于债权人利益的；

（二）重整计划不能按时提出的；

（三）重整计划显然不能成立的；

（四）债务人曾因违反本法的规定而受到刑事处罚的；

（五）其他应当被驳回重整申请的情况。

重整申请被驳回的，申请人可向上一级人民法院提出上诉。

第八十三条 自人民法院裁定债务人重整之日起至重整程序终止，为重整期间。

第八十四条 在重整期间，经债务人申请，人民法院批准，债务人可以在管理人的监督下自行管理财产和营业事务。

有前款规定情形的，依照本法规定已接管债务人财产和营业事务的管理人应当向债务人移交财产和营业事务，本法规定的管理人的职权由债务人行使。

第八十五条 管理人负责管理财产和营业事务的，可以聘任债务人的经营管理人员负责营业事务。

第八十六条 在重整期间，对债务人的特定财产享有的担保权暂停行使。但是，担保物有损坏或者价值明显减少的可能，足以危害担保权人权利的，担保权人可以向人民法院请求恢复行使担保权。

在重整期间，债务人或者管理人为继续营业而借款的，可以为该借款设定担保。

第八十七条 债务人合法占有的他人财产，该财产的权利人在重整期间要求取回的，应当符合事先约定的条件。

第八十八条 在重整期间，债务人的出资人不得请求投资收益分配。

在重整期间，债务人的董事、监事、高级管理人员不得向第三人转让其持有的债务人的股权。但是，经人民法院同意的除外。

第八十九条 在重整期间，有下列情形之一的，经管理人或者利害关系人请求，人民法院应当裁定终止重整程序，并宣告债务人破产：

(一)债务人的经营状况和财产状况继续恶化,缺乏挽救的可能性;

(二)债务人有欺诈、恶意减少债务人财产或者其他显著不利于债权人的行为;

(三)由于债务人的行为致使管理人无法执行职务。

第二节 重整计划的制定和批准

第九十条 债务人或者管理人应当自人民法院裁定债务人重整之日起六个月内,同时向人民法院和债权人会议提交重整计划草案。

前款规定的期限届满,经债务人或者管理人请求,有正当理由的,人民法院可以裁定延期三个月。

债务人或者管理人未按期提出重整计划草案的,人民法院应当裁定终止重整程序,并宣告债务人破产。

第九十一条 债务人自行管理财产和营业事务的,由债务人制作重整计划草案。

管理人负责管理财产和营业事务的,由管理人制作重整计划草案。

第九十二条 重整计划草案应当包括下列内容:

(一)债务人的经营方案;

(二)债权分类;

(三)债权调整方案;

(四)债权受偿方案;

(五)重整计划的执行期限;

(六)重整计划执行的监督期限;

(七)有利于债务人重整的其他方案。

第九十二条之一 债务人可与家庭住宅贷款担保债权人进行协商,并拟定家庭住宅贷款担保债权特别条款。

双方无法达成协议的,可以参照以下模式进行协商:

(一)就原约定家庭住宅贷款债务未清偿的本金、已到期的利息及人民法院裁定开始重整程序前已发生的违约金总额,在原约定最后清偿期前,按月平均摊还,并在各期给付时,就未清偿本金,依原约定利率计付利息。

(二)第一项内容不具备批准之可能性时,则于重整计划所定最终清偿期届满前,仅就原约定家庭住宅贷款债务未清偿的本金,依原约定利率按月计付利息;该期限届满后,就该本金、前已到期的利息及人民法院裁定开始重整程序前已发生的违约金总额,于原约定最后清偿期前,按月平均摊还,并于各期给付时,就未清偿本金,依照原约定利率计付利息。

(三)第二项内容不具备批准之可能性时,则可延长家庭住宅贷款合同中约定的最终清偿期,但是家庭住宅贷款未偿还的本金、已到期的利息、重整计划批准之后财产的利息以及人民法院裁定开始重整程序前已发生的违约金总额应当全部清偿。

第九十三条 下列各类债权的债权人参加讨论重整计划草案的债权人会议,依照下列债权分类,分组对重整计划草案进行表决:

(一)对债务人的特定财产享有担保权的债权;

(二)债务人所欠职工的工资和医疗、伤残补助、抚恤费用,所欠的应当划入职工个人账户的基本养老保险、基本医疗保险费用,以及法律、行政法规规定应当支付给职工的补偿金;

(三)债务人所欠税款;

(四)普通债权。

人民法院在必要时可以决定在普通债权组中设小额债权组对重整计划草案进行表决。

第九十四条 重整计划不得规定减免债务人欠缴的本法第八十二条第一款第二项规定以外的社会保险费用;该项费用的债权人不参加重整计划草案的表决。

第九十五条 人民法院应当自收到重整计划草案之日起三十日内召开债权人会议,对重整计划草案进行表决。

出席会议的同一表决组的债权人过半数同意重整计划草案,并且其所代表的债权额占该组债权总额的三分之二以上的,即为该组通过重整计划草案。

债务人或者管理人应当向债权人会议就重整计划草案作出说明,并回答询问。

第九十六条 债务人的出资人代表可以列席讨论重整计划草案的债权人会议。

重整计划草案涉及出资人权益调整事项的,应当设出资人组,对该事项进行表决。

第九十七条 各表决组均通过重整计划草案时,重整计划即为通过。

自重整计划通过之日起十日内,债务人或者管理人应当向人民法院提出批准重整计划的申请。人民法院经审查认为符合本法规定的,应当自收到申请之日起三十日内裁定批准,终止重整程序,并予以公告。

第九十八条 部分表决组未通过重整计划草案的,债务人或者管理人可以同未通过重整计划草案的表决组协商。该表决组可以在协商后再表决一次。双方协商的结果不得损害其他表决组的利益。

未通过重整计划草案的表决组拒绝再次表决或者再次表决仍未通过重整计划草案,但重整计划草案符合下列条件的,债务人或者管理人可以申请人民法院批准重整计划草案:

(一)按照重整计划草案,本法第九十三条第一款第一项所列债权就该特定财产将获得全额清偿,其因延期清偿所受的损失将得到公平补偿,并且其担保权未受到实质性损害,或者该表决组已经通过重整计划草案;

(二)按照重整计划草案,本法第九十三条第一款第二项、第三项所列债权将获得全额清偿,或者相应表决组已经通过重整计划草案;

(三)按照重整计划草案,普通债权所获得的清偿比例,不低于其在重整计划草案被提请批准时依照破产清算程序所能获得的清偿比例,或者该表决组已经通过重整计划草案;

(四)重整计划草案对出资人权益的调整公平、公正,或者出资人组已经通过重整计划草案;

(五)重整计划草案公平对待同一表决组的成员,并且所规定的债权清偿顺序不违反本法第一百三十四条的规定;

(六)债务人的经营方案具有可行性。

人民法院经审查认为重整计划草案符合前款规定的,应当自收到申请之日起三十日内裁定批准,终止重整程序,并予以公告。

第九十九条 重整计划草案未获得通过且未依照本法第九十八条的规定获得批准,或者已通过的重整计划未获得批准的,人民法院应当裁定终止重整程序,并宣告债务人破产。

第三节 重整计划的执行

第一百条 重整计划由债务人负责执行。

人民法院裁定批准重整计划后,已接管财产和营业事务的管理人应当向债务人移交财产和营业事务。

第一百零一条 自人民法院裁定批准重整计划之日起,在重整计划规定的监督期内,由管理人监督重整计划的执行。

在监督期内,债务人应当向管理人报告重整计划执行情况和债务人财务状况。

第一百零二条 监督期届满时,管理人应当向人民法院提交监督报告。自监督报告提交之日起,管理人的监督职责终止。

管理人向人民法院提交的监督报告,重整计划的利害关系人有权查阅。

经管理人申请,人民法院可以裁定延长重整计划执行的监督期限。

第一百零三条 经人民法院裁定批准的重整计划,对债务人和全体债权人均有约束力。

债权人未依照本法规定申报债权的,在重整计划执行期间不得行使权利;在重整计划执行完毕后,可以按照重整计划规定的同类债权的清偿条件行使权利。

债权人对债务人的保证人和其他连带债务人所享有的权利,不受重整计划的影响。

第一百零四条 债务人不能执行或者不执行重整计划的,人民法院经管理人或者利害关系人请求,应当裁定终止重整计划的执行,并宣告债务人破产。

人民法院裁定终止重整计划执行的,债权人在重整计划中作出的债权调整的承诺失去效力。债权人因执行重整计划所受的清偿仍然有效,债权未受清偿的部分作为破产债权。

前款规定的债权人,只有在其他同顺位债权人同自己所受的清偿达到同一比例时,才能继续接受分配。

有本条第一款规定情形的,为重整计划的执行提供的担保继续有效。

第一百零五条 按照重整计划减免的债务,自重整计划执行完毕时起,债务人不再承担清偿责任。

第四节 个人破产重整的特殊规定

第一百零六条 人民法院在受理个人破产重整案件时,同时具有下列情况的,则适用本节之规定:

(一)债务人在未来能够持续地或重复地取得收入;

(二)债务人负债中的普通债权总额不超过三百万元。

第一百零七条 人民法院受理破产案件后,应当确定债权人申报债权的期限不得超过三十日。

第一百零八条 自人民法院裁定债务人重整之日起,债务人应当在一个月内提交重整计划草案。

第一百零九条 重整计划草案作出后,应当由重整人当日向债权人送达。

债权人对重整计划草案有异议的,应当于收到重整计划草案时起的三日内通过书面方式向重整人提出异议,逾期未提出异议的,视为债权人同意重整计划草案。

同意及视为同意重整计划草案的已申报普通债权人过半数,且其所代表之债权额超过已申报普通总债权额之二分之一时,视为债权人会议通过重整计划。

第一百一十条 重整计划通过后的三日内,债务人或者重整人应当向人民法院提出批准重整计划的申请。

债权人根据重整计划的受偿额度不能高于经清算后受偿额度的,人民法院裁定不予批准重整计划,但本法另有规定的除外。

第一百一十一条 重整计划经人民法院批准后,债务人非因自身原因而导致重整计划执行困难的,可以向人民法院申请延长执行期限,但最长执行期间不得超过本法所规定的期限。

债务人可供处分的财产在扣除个人以及依法应当由债务人扶养的家庭成员的必要生活费后,连续三个月低于重整计划设定的清偿数额的,则推定债务人具有前款事由。

重整计划执行期经延长后,重整计划的执行仍存在重大困难的,债务人对各个债权人的清偿数额已达到重整计划中约定的四分之三时,且普通债权受偿总额已超过清算程序所得受偿总额时,人民法院可以根据债务人或重整人的申请,裁定债务人免责。

人民法院依照前款规定裁定债务人免责之前,应当听取债权人、监督人的意见。

第一百一十二条 重整人应当开立专门账户用于收取债务人收入。

重整人应当通知债务人的用人单位或次债务人应当向重整人专门账户按月支付债务人工资或清偿债务。

第一百一十三条 在重整计划执行期间,重整人代为收取债务人的收入,每月向债权人进行分配。

第九章 和 解

第一百一十四条 个人债务人根据本法之规定申请破产前,应当与其债权人就其债务清理问题请求和解,也可以向其住所地的人民调解委员会申请调解。

个人债务人根据前款之规定提出请求或申请的,视为同意并授权债权人核查债务人资信情况。

第一百一十五条 个人债务人与债权人达成和解协议或调解协议的,应当于三日内向人民法院申请确认协议的效力。

第一百一十六条 有下列情况之一的,应当视为和解或调解失败:

自个人债务人向债权人提出和解请求后,债权人在三十日内不与债务人

和解或明确反对与债务人进行和解的;

个人债务人与债权人在六十日内仍然无法达成和解或调解协议的;

个人债务人与债权人和解或调解期间,任一债权人向人民法院申请强制执行程序或恢复强制执行程序的。

和解或调解失败后,个人债务人或债权人可以向人民法院申请破产。

第一百一十七条 人民法院经审查认为和解申请符合本法规定的,应当裁定和解,予以公告,并召集债权人会议讨论和解协议草案。

对债务人的特定财产享有担保权的权利人,自人民法院裁定和解之日起可以行使权利。

第一百一十八条 债权人会议通过和解协议的决议,由出席会议的有表决权的债权人过半数同意,并且其所代表的债权额占无财产担保债权总额的三分之二以上。

第一百一十九条 债权人会议通过和解协议的,由人民法院裁定认可,终止和解程序,并予以公告。管理人应当向债务人移交财产和营业事务,并向人民法院提交执行职务的报告。

第一百二十条 和解协议草案经债权人会议表决未获得通过,或者已经债权人会议通过的和解协议未获得人民法院认可的,人民法院应当裁定终止和解程序,并宣告债务人破产。

第一百二十一条 经人民法院裁定认可的和解协议,对债务人和全体和解债权人均有约束力。

和解债权人未依照本法规定申报债权的,在和解协议执行期间不得行使权利;在和解协议执行完毕后,可以按照和解协议规定的清偿条件行使权利。

第一百二十二条 和解债权人对债务人的保证人和其他连带债务人所享有的权利,不受和解协议的影响。

第一百二十三条 债务人应当按照和解协议规定的条件清偿债务。

第一百二十四条 因债务人的欺诈或者其他违法行为而成立的和解协议,人民法院应当裁定无效,并宣告债务人破产。

有前款规定情形的,和解债权人因执行和解协议所受的清偿,在其他债权人所受清偿同等比例的范围内,不予返还。

第一百二十五条 债务人不能执行或者不执行和解协议的,人民法院经和解债权人请求,应当裁定终止和解协议的执行,并宣告债务人破产。

人民法院裁定终止和解协议执行的,和解债权人在和解协议中作出的债权调整的承诺失去效力。和解债权人因执行和解协议所受的清偿仍然有效,和解债权未受清偿的部分作为破产债权。

前款规定的债权人,只有在其他债权人同自己所受的清偿达到同一比例时,才能继续接受分配。

有本条第一款规定情形的,为和解协议的执行提供的担保继续有效。

第一百二十六条 人民法院受理破产申请后,债务人与全体债权人就债权债务的处理自行达成协议的,可以请求人民法院裁定认可,并终结破产程序。

第一百二十七条 按照和解协议减免的债务,自和解协议执行完毕时起,债务人不再承担清偿责任。

第十章 破产清算

第一节 破产宣告

第一百二十八条 人民法院依照本法规定宣告债务人破产的,应当自裁定作出之日起五日内送达债务人和管理人,自裁定作出之日起十日内通知已知债权人,并予以公告。

债务人被宣告破产后,债务人称为破产人,债务人财产称为破产财产,人民法院受理破产申请时对债务人享有的债权称为破产债权。

第一百二十九条 破产宣告前,有下列情形之一的,人民法院应当裁定终结破产程序,并予以公告:

(一)第三人为债务人提供足额担保或者为债务人清偿全部到期债务的;

(二)债务人已清偿全部到期债务的。

第一百三十条 对破产人的特定财产享有担保权的权利人,对该特定财产享有优先受偿的权利。

第一百三十一条 享有本法第一百三十条规定权利的债权人行使优先受

偿权利未能完全受偿的,其未受偿的债权作为普通债权;放弃优先受偿权利的,其债权作为普通债权。

第二节　变价和分配

第一百三十二条　管理人应当及时拟订破产财产变价方案,提交债权人会议讨论。

管理人应当按照债权人会议通过的或者人民法院依照本法第七十五条第一款规定裁定的破产财产变价方案,适时变价出售破产财产。

第一百三十三条　变价出售破产财产应当通过拍卖进行。但是,债权人会议另有决议的除外。

破产企业可以全部或者部分变价出售。企业变价出售时,可以将其中的无形资产和其他财产单独变价出售。

按照国家规定不能拍卖或者限制转让的财产,应当按照国家规定的方式处理。

第一百三十四条　破产财产在优先清偿破产费用和共益债务后,依照下列顺序清偿:

(一)破产人所欠职工的工资和医疗、伤残补助、抚恤费用,所欠的应当划入职工个人账户的基本养老保险、基本医疗保险费用,以及法律、行政法规规定应当支付给职工的补偿金;

(二)破产人欠缴的除前项规定以外的社会保险费用和破产人所欠税款;

(三)普通破产债权。

破产财产不足以清偿同一顺序的清偿要求的,按照比例分配。

破产企业的董事、监事和高级管理人员的工资按照该企业职工的平均工资计算。

第一百三十五条　破产财产的分配应当以货币分配方式进行。但是,债权人会议另有决议的除外。

第一百三十六条　管理人应当及时拟订破产财产分配方案,提交债权人会议讨论。

破产财产分配方案应当载明下列事项：

（一）参加破产财产分配的债权人名称或者姓名、住所；

（二）参加破产财产分配的债权额；

（三）可供分配的破产财产数额；

（四）破产财产分配的顺序、比例及数额；

（五）实施破产财产分配的方法。

债权人会议通过破产财产分配方案后，由管理人将该方案提请人民法院裁定认可。

第一百三十七条 破产财产分配方案经人民法院裁定认可后，由管理人执行。

管理人按照破产财产分配方案实施多次分配的，应当公告本次分配的财产额和债权额。管理人实施最后分配的，应当在公告中指明，并载明本法第一百三十八条第二款规定的事项。

第一百三十八条 对于附生效条件或者解除条件的债权，管理人应当将其分配额提存。

管理人依照前款规定提存的分配额，在最后分配公告日，生效条件未成就或者解除条件成就的，应当分配给其他债权人；在最后分配公告日，生效条件成就或者解除条件未成就的，应当交付给债权人。

第一百三十九条 债权人未受领的破产财产分配额，管理人应当提存。债权人自最后分配公告之日起满二个月仍不领取的，视为放弃受领分配的权利，管理人或者人民法院应当将提存的分配额分配给其他债权人。

第一百四十条 破产财产分配时，对于诉讼或者仲裁未决的债权，管理人应当将其分配额提存。自破产程序终结之日起满二年仍不能受领分配的，人民法院应当将提存的分配额分配给其他债权人。

第三节 破产程序的终结

第一百四十一条 破产人无财产可供分配的，管理人应当请求人民法院裁定终结破产程序。

管理人在最后分配完结后,应当及时向人民法院提交破产财产分配报告,并提请人民法院裁定终结破产程序。

人民法院应当自收到管理人终结破产程序的请求之日起十五日内作出是否终结破产程序的裁定。裁定终结的,应当予以公告。

第一百四十二条 管理人应当自破产程序终结之日起十日内,持人民法院终结破产程序的裁定,向破产人的原登记机关办理注销登记。

第一百四十三条 管理人于办理注销登记完毕的次日终止执行职务。但是,存在诉讼或者仲裁未决情况的除外。

第一百四十四条 自破产程序依照本法第四十三条第四款或者第一百二十条的规定终结之日起二年内,有下列情形之一的,债权人可以请求人民法院按照破产财产分配方案进行追加分配:

(一)发现有依照本法第三十七条、第三十八条、第三十九条、第四十二条规定应当追回的财产的;

(二)发现破产人有应当供分配的其他财产的。

有前款规定情形,但财产数量不足以支付分配费用的,不再进行追加分配,由人民法院将其上交国库。

第一百四十五条 破产人的保证人和其他连带债务人,在破产程序终结后,对债权人依照破产清算程序未受清偿的债权,依法继续承担清偿责任。

第四节 个人破产清算程序特殊规定

第一百四十六条 人民法院在受理个人破产清算案件时,同时具有下列情况的,则适用本节之规定:

(一)债务人财产状况简明清晰;

(二)债权人人数不超过二十人;

(三)债务人负债中的普通债权总额不超过三百万元。

第一百四十七条 人民法院受理破产案件后,应当确定债权人申报债权的期限不得超过三十日。

第一百四十八条 经管理人或未指定管理人案件中的债务人申请,如果债务人在人民法院指定期限内,向管理人或未指定管理人案件中向人民法院支付一笔相当于向债权人分配的破产财产价值的货币,人民法院应当裁定不对破产财产的全部或者部分进行变价分配。人民法院作出该裁定前,应当听取债权人意见。

债务人在指定期间内或在申请免责之前仍未支付前款所规定的款项的,债权人可向人民法院申请对债务人不予免责,人民法院在裁定前应当听取债务人意见。

第一百四十九条 人民法院适用简易清算程序审理案件,应当在立案之日起三个月内审结。

第十一章 免 责

第一百五十条 个人债务人破产免责的,适用本章之规定。

第一百五十一条 免除剩余债务清偿责任的申请应当由债务人在申请破产时一并提出。

债权人或人民检察院申请破产的,个人债务人应当于人民法院受理破产案件时的两周内提出免除剩余债务清偿责任的申请。

债务人未提出免除剩余债务清偿责任的申请的,破产清算程序终结后,仍应承担清偿责任。

第一百五十二条 在破产案件终结后,债务人依照本法第一百五十四条的规定被免责前,应当以其取得的全部财产,对破产债权未受清偿的部分,继续承担清偿义务。

前款规定的破产人在被免责前,不得有任何高消费或者投资行为。

本条第一款规定的破产人,可以就破产案件终结后的债务清偿,拟订偿债计划,在破产案件终结前,提交债权人会议认可。经债权人会议认可的偿债计划,对双方当事人具有约束力。

第一百五十三条 破产人具有下列情形之一的,人民法院应在破产清算程序终结时,同时裁定不予免责:

(一)曾在十年内根据本法规定获得免责的;

(二)捏造或承认虚假债务的行为;

(三)申请破产清算前两年内,因高消费、赌博或其他行为而支出的总额超过该期间破产人及其负有扶养义务人员的必要生活费的一半,或超过申请破产清算时普通债权的一半;

(四)申请破产清算一年内,明知存在破产清算的可能性,但故意隐瞒事实,导致他人与之交易产生损害的;

(五)有本法第一百五十二条第二款、第一百六十九条、一百七十条、一百七十一条、一百七十二条及一百七十三条规定的行为之一的。

人民法院根据前款规定作出不予免责裁定前,应当听取普通债权人的意见。普通债权人一致同意对破产人免除剩余债务清偿责任的,人民法院可以不作出不予免责裁定。

第一百五十四条 破产案件终结后,具备下列情形之一的,对于普通破产债权的未受清偿部分,人民法院作出免除破产人剩余债务清偿责任的裁定:

(一)在破产案件终结时,全部破产债权的百分之四十以上已经获得清偿的,自破产案件终结之日起满三年;

(二)在破产案件终结时,全部破产债权中已获得清偿的部分达到百分之三十以上,但不足百分之四十的,自破产案件终结之日起满四年;

(三)在破产案件终结时,全部破产债权中已获得清偿的部分达到百分之二十以上,但不足百分之三十的,自破产案件终结之日起满五年;

(四)在破产案件终结时,全部破产债权中已获得清偿的部分达到百分之十以上,但不足百分之二十的,自破产案件终结之日起满七年;

(五)在破产案件终结时,全部破产债权中已获得清偿的部分不足百分之十的,自破产案件终结之日起满十年。

破产人获得免责后,自愿对已免责债务予以清偿的,债权人所得的清偿利益,受法律保护。

第十二章 失权与复权

第一百五十五条 破产清算程序终止至破产人获得免责裁定之前为失权

期间。

行为人有故意违反本法规定的其他内容的，法院可以根据行为人的主观恶意程度、行为危害性等因素，延长失权期间，但最长不得超过十年。

债务人在失权期间内，需要努力工作，没有工作的应当积极、及时寻找工作，接受监督人、管理人的监督，并继续向债权人履行清偿义务。

第一百五十六条 失权人具体的失权内容，依照其他法律规定。

第一百五十七条 人民法院在作出终止破产清算程序的同时应当作出失权裁定。

人民法院作出失权裁定之前的，应当听取破产人、债权人、管理人及监督人的意见。

第一百五十八条 对失权裁定不服的，可以申请复议。

第一百五十九条 人民法院作出免除剩余债务清偿责任的裁定的同时，应当根据失权人的申请，作出复权裁定。

第十三章 遗产破产程序之特殊规定

第一百六十条 遗产破产程序的开始原因为资不抵债。

第一百六十一条 遗产破产案件由被继承人死亡时住所地或者主要遗产所在地人民法院管辖。

第一百六十二条 遗产债权人、继承人、被遗赠人、遗嘱执行人、遗产管理人以及人民检察院可以向人民法院申请遗产破产。

第一百六十三条 自遗产分割后已经超过两年的，遗产债权人不得申请遗产破产程序。

第一百六十四条 遗产破产程序开始的，继承人、受遗赠人或遗嘱执行人就遗产具有本法第三十七至三十九条规定的行为时，视为破产人所进行的行为，管理人应当行使撤销权。

管理人可以撤销继承人在遗产破产程序开始前从遗产中履行特留份额请求权、继承或遗赠的行为。

第一百六十五条 人民法院受理遗产破产申请后发生的下列费用，视为

破产费用:

(一)被继承人的丧葬费;

(二)宣告被继承人死亡的诉讼费用;

(三)遗产管理人、遗嘱执行人履职中发生的费用。

第一百六十六条 遗产债权人与被遗赠人、特留份额权利人均可参加遗产破产程序,但遗产债权人的债权优先于被遗赠人的债权与特留份额权利人的债权。

继承人的债权人不得在遗产破产程序中申报债权。

第一百六十七条 本法有关于遗产破产程序之规定,除本章特殊规定之外,准用于本法有关破产清算程序之规定。

第十四章 法律责任

第一百六十八条 企业董事、监事或者高级管理人员违反忠实义务、勤勉义务,致使所在企业破产的,依法承担民事责任。

有前款规定情形的人员,自破产程序终结之日起三年内不得担任任何企业的董事、监事、高级管理人员。

第一百六十九条 有义务列席债权人会议的债务人的有关人员,经人民法院传唤,无正当理由拒不列席债权人会议的,人民法院可以拘传,并依法处以罚款。债务人的有关人员违反本法规定,拒不陈述、回答,或者作虚假陈述、回答的,人民法院可以依法处以罚款。

第一百七十条 债务人违反本法规定,拒不向人民法院提交或者提交不真实的财产状况说明、债务清册、债权清册、有关财务会计报告以及职工工资的支付情况和社会保险费用的缴纳情况的,人民法院可以对直接责任人员依法处以罚款。

债务人违反本法规定,拒不向管理人移交财产、印章和账簿、文书等资料的,或者伪造、销毁有关财产证据材料而使财产状况不明的,人民法院可以对直接责任人员依法处以罚款。

第一百七十一条 债务人有本法第三十七条、第三十八条、第三十九条规定的行为,损害债权人利益的,债务人的法定代表人和其他直接责任人员依法承担赔偿责任。

第一百七十二条 债务人的有关人员违反本法规定,擅自离开住所地的,人民法院可以予以训诫、拘留,可以依法并处罚款。

第一百七十三条 管理人未依照本法规定勤勉尽责,忠实执行职务的,人民法院可以依法处以罚款;给债权人、债务人或者第三人造成损失的,依法承担赔偿责任。

第一百七十四条 违反本法规定,构成犯罪的,依法追究刑事责任。

第十五章 附 则

第一百七十五条 本法施行后,破产人在本法公布之日前所欠职工的工资和医疗、伤残补助、抚恤费用,所欠的应当划入职工个人账户的基本养老保险、基本医疗保险费用,以及法律、行政法规规定应当支付给职工的补偿金,依照本法第一百三十四条的规定清偿后不足以清偿的部分,以本法第一百三十一条规定的特定财产优先于对该特定财产享有担保权的权利人受偿。

第一百七十六条 在本法施行前国务院规定的期限和范围内的国有企业实施破产的特殊事宜,按照国务院有关规定办理。

第一百七十七条 商业银行、证券公司、保险公司等金融机构有本法第二条规定情形的,国务院金融监督管理机构可以向人民法院提出对该金融机构进行重整或者破产清算的申请。国务院金融监督管理机构依法对出现重大经营风险的金融机构采取接管、托管等措施的,可以向人民法院申请中止以该金融机构为被告或者被执行人的民事诉讼程序或者执行程序。

金融机构实施破产的,国务院可以依据本法和其他有关法律的规定制定实施办法。

第一百七十八条 本法通过起施行,《中华人民共和国企业破产法》同时废止。

后　记

本书系 2019 年司法部国家法治与法学理论研究项目“个人破产制度构建的难点与对策研究”(项目编号:19SFB2030)的最终成果。该成果由我和我的博士研究生胡守鑫合作完成。具体分工是:导论一“制定我国个人破产法的必要性”、导论二“个人破产立法应当处理好的几对关系”由我完成,第二章“我国社会对个人破产制度认识的实证考察”(第四部分除外)以及第十章“特别破产撤销权”由我和胡守鑫共同完成,其他各章由胡守鑫撰写。感谢徐阳光教授给予的出版支持和帮助;欢迎各位读者对本书提出宝贵意见。

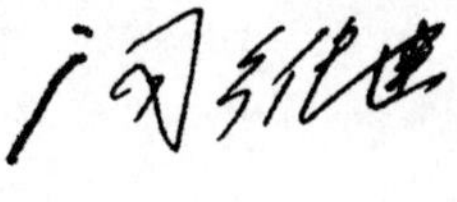

2021 年 10 月 1 日　明德楼